21世纪全国高等院校旅游管理类创新型应用人才培养规划教材

旅游企业战略管理

主　编　王　慧
副主编　刘　蕾　郭慧萍　杨　雷

北京大学出版社
PEKING UNIVERSITY PRESS

内 容 简 介

本书根据企业战略管理的一般理论及旅游业的特点，较为全面系统地阐述了旅游企业战略管理的基本理论与方法。本书不仅包括先进的战略管理理念与基本原理，以及国内外旅游企业战略管理理论的最新研究成果，而且针对旅游企业特别是中国旅游企业面临的实际问题，引用了大量案例进行分析说明，并论述了旅游企业战略管理的未来发展趋势。本书内容深入浅出，既适合初学者，又能为具有一定理论和实践基础者提供新鲜的素材及启发，进一步提升对旅游企业战略管理的认识与应用能力。

图书在版编目(CIP)数据

旅游企业战略管理/王慧主编. —北京：北京大学出版社，2014.1

(21世纪全国高等院校旅游管理类创新型应用人才培养规划教材)

ISBN 978-7-301-23604-8

Ⅰ. ①旅…　Ⅱ. ①王…　Ⅲ. ①旅游企业—企业管理—战略管理—高等学校—教材　Ⅳ. ①F590.65

中国版本图书馆CIP数据核字(2013)第305722号

书　　名：旅游企业战略管理

著作责任者：王　慧　主编

策 划 编 辑：刘　翯

责 任 编 辑：刘　翯

标 准 书 号：ISBN 978-7-301-23604-8/C・0971

出 版 发 行：北京大学出版社

地　　址：北京市海淀区成府路205号　100871

网　　址：http://www.pup.cn　新浪官方微博：@北京大学出版社

电 子 信 箱：pup_6@163.com

电　　话：邮购部62752015　发行部62750672　编辑部62750667　出版部62754962

印　刷　者：北京京华虎彩印刷有限公司

经　销　者：新华书店

787毫米×1092毫米　16开本　19印张　480千字

2014年1月第1版　2016年8月第2次印刷

定　　价：38.00元

前　言

作为世界第一大产业，旅游业无疑具有广阔的发展前景。发达国家的旅游业已经进入成熟阶段，但不断变化的外部环境特别是知识经济的到来，使其旅游业发展面临新的挑战。对于新兴国家和地区而言，虽然近几十年来旅游业取得了长足进展，对国民经济中的影响日益增强，但从总体上看，旅游产业发展还不够成熟，突出表现在市场集中度低，企业经营管理水平和经济效益不高，缺少国际化的领军企业等。如何解决这些问题，是旅游业发展面临的重要而紧迫的课题。

企业战略管理作为管理的高级形态形成于 20 世纪 60 年代，经过几十年的发展，理论与实践都日趋完善。如今，战略管理已经成为各行业大企业普遍的管理行为。在市场经济条件下，战略管理能够帮助企业在激烈的环境变化中捕捉机会，打造独特的竞争优势，实现可持续发展。旅游企业要适应内外部环境的不断变化，构建持久的竞争优势，必须实施战略管理。然而，与其他行业相比，对于众多旅游企业而言，企业战略管理还是一个较新的课题。由于旅游产业和旅游服务产品的特殊性，旅游企业战略管理既具有一般战略管理的共性，又有其自身的特点和规律，有待于深入了解和总结。在积极努力进行实践探索的同时，迫切需要相关理论的指导。目前旅游企业战略管理类教材数量极为有限，作为承担本门课程教学数年的教学人员，深感为适应形势发展的需要，新编写一本旅游企业战略管理教材的必要性和迫切性。

一本优秀的教材既要能寓基本原理于其中，又要能紧跟时代前沿；既紧密结合战略管理实践的现实，又有助于培养战略管理思维和能力。本书正是以此为目标，结合旅游企业战略管理课程的教学实践积累编写而成。本书力求在为读者打开一扇旅游企业战略管理之窗，展示其风采的同时，尽可能追求较强的实用性和先进性，使读者既能了解本学科理论与实践的前沿，又能掌握实际知识，做到学有所用。

相比于国内目前已出版的旅游企业战略管理教材，本书的特色主要体现在以下方面。

一是系统性。本书各章节的内容涵盖了旅游企业战略管理的基本问题，不仅包括先进的战略管理理念和企业战略管理的基本原理，而且包括旅游企业战略管理的方法和程序，体系完整，涵盖面广，如行业分析用了行业发展趋势、行业结构、战略组群三种分析方法。

二是前沿性。在编写本书过程中，编者大量采用国内外最新的理论研究成果，介绍先进的管理方法，深入分析旅游企业战略管理的前沿问题和发展趋势。有很多新增加的内容，如行业发展现状、企业形象塑造、企业外包、发展展望等。同时，大量采用新案例，增加时代感和新鲜度。

三是应用性。本书根据旅游管理专业实践性强的特点，在强化基本理论的基础上，注重应用性，为此不仅引用了大量国内外旅游企业战略管理的成功案例进行总结和分析论证，而且更注重中国旅游企业战略管理实际问题的研究，旨在建立一个从理论到实践的平台，提高读者实际应用能力。

四是形式灵活性。从章节知识框架、教学目标与要求、导入案例、阅读案例到篇末的案例分析、阅读材料、本章小结、思考题，一应俱全。而且，全书穿插大量图表，有效避免了纯文字阅读的单调、枯燥。

五是广泛性。本书深入浅出，既能够引领初学者步入旅游企业战略管理的殿堂，又能为具有一定理论和实践基础的人员提供新鲜的素材，进一步提升旅游企业战略管理的认识和能力。

本书共分 11 章：第 1 章是导论，主要对旅游企业特征、战略管理的产生与发展、旅游企业战略管理的一般规定性等基本问题做了必要的说明；第 2 章是主要从企业愿景、企业使命、战略目标等方面对旅游企业战略管理实施的基础进行了阐述；第 3 章是外部环境分析，主要从宏观环境、行业环境等方面进行了分析；第 4 章是内部条件分析，主要从企业内部的资源条件与竞争优势等进行分析；第 5 章是企业发展战略分析，主要包括一体化、多元化、国际化等战略，并对这些战略的动因、风险、条件与管理要点进行了分析；第 6 章是旅游企业的经营战略，主要从常规竞争战略选择、企业动态竞争优势构建，包括旅游企业战略联盟与业务外包等方面做了比较全面的分析；第 7 章是旅游企业的职能战略，主要从营销战略、财务战略、人力资源战略等方面，探讨了支撑经营战略的职能战略；第 8 章是旅游企业战略危机管理，主要阐述了旅游企业战略危机的内涵、特征及管理流程；第 9 章是旅游企业战略实施，从旅游企业信息管理、制度管理、企业文化三个层面作了系统分析；第 10 章是旅游企业战略评价与实施控制，从战略实施的控制主体、控制机制与评价体系三个方面阐述了战略管理的要求与方法；第 11 章是旅游企业战略管理的新发展，对本领域的前沿问题和发展趋势进行了分析概括。

本书由沈阳师范大学王慧教授担任主编，负责拟定编写大纲，提出编写要求设计，组织协调编写工作，对初稿进行审定，提出具体修改意见，并进行局部修改，最后完成统稿。各章具体编写分工如下：王慧教授编写了第 1～3 章；沈阳师范大学刘蕾博士编写了第 4 章；刘蕾博士、沈阳师范大学杨雷博士编写了第 5～8 章；沈阳师范大学郭慧萍博士(副教授)编写了第 9～11 章。王慧教授指导的研究生郭新星、杜源源等同学参与了部分资料的收集工作，为本书提供了一些有用的素材。

在编写本书过程中，编者引用了众多专家学者的成果和一些企业的资料；同时，得到了北京大学出版社的大力支持，在此一并表示诚挚的谢意。由于受水平和时间所限，错讹之处难免，敬请读者批评指正。

编　者

2013 年 4 月

目　录

第1章　导　　论

章节知识框架

战略管理理论的形成与发展
旅游企业的特征
旅游企业战略管理的内涵
旅游企业战略管理的层次
旅游企业战略管理的过程

教学目标与要求

通过对本章的学习，学生应了解战略管理的含义，战略管理理论的形成与发展阶段，旅游企业的特征，理解旅游企业战略的内涵、层次及原则，并在此基础上掌握旅游企业战略管理的程序。

导入案例

浦西洲际酒店自行撤牌，高速扩张致业绩不佳

平均入住率不足50%，两年多流失了1 400多名员工，开业不到三年的浦西洲际酒店无奈与业主方摊牌。

近日，洲际酒店集团发表声明称，自2012年9月1日零时起，停止对上海浦西洲际酒店的管理，该酒店将不再使用洲际酒店及度假村品牌。洲际将与酒店业主方共同办理酒店管理权的交接。

撤牌风波的背后是该酒店业主方与洲际管理方长期的宿怨：业绩未达业主方预期、采购方面存在问题、人员出现大量流失等多重矛盾，最终导致双方“离婚”。

而“离婚”或许仅是个开始，业主方认为洲际管理方违约，给其当初投资15亿元的酒店造成巨大经济损失，业主方拟通过法律途径索赔。

1. 两年换四任总经理

现面临撤牌的浦西洲际酒店在2009年年底开业，其模式与中国区大多数豪华酒店一样——由一家房地产公司投资建设，为业主方，由一家国际酒店集团管理，业主方向管理方支付管理费。

开业初期，业主方上海耀达房地产开发有限公司和管理方洲际酒店集团也有过“蜜月期”，原本是想将该酒店打造成洲际酒店集团在上海浦西地区的“旗舰店”。

“可好景不长，两年多内，居然换了四任总经理、五任市场总监、四任餐饮总监、四任财务总监，最离谱的是浦西洲际酒店(以下简称洲际)共 700 多名员工，每年的员工流失

率高达 50%，两年多内居然离职了 1 400 多名员工，等于整个酒店‘换血’了两次。”业主方耀达房地产相关负责人称，如此频繁的人事变动使酒店管理极为混乱，业绩也出现大问题。2011 年，洲际仅完成业主预期业绩的 30%，平均入住率都不到 50%，最低时仅有 10% 的入住率，作为一家豪华五星级酒店，其房价甚至一度跌到 500～600 元/晚，而市场同档次酒店平均价格至少是 1 000 多元/晚。

在上述背景下，业主方在两年多期间曾数次暂停向洲际支付管理费，于是洲际多次与业主方磋商。业主方坦言，最初洲际态度不错，其向业主方表示过歉意，甚至自愿减少一部分管理费，所以业主方恢复支付管理费。

未收全管理费或许还不是洲际最忌讳的，还有一项补差额隐患。根据业主方出示的合约资料，如果洲际业绩不达标，则需支付业主方差额。“据计算，从 2011 年 4 月到 2012 年 6 月，洲际应向我们支付 7 700 万元，但两年多内，洲际总共只获得 2 000 多万元管理费，他们怎么会愿意支付差额？”业主方财务代表透露。

于是 2012 年 7 月，洲际给业主方发函称，洲际酒店集团大中华区管理层一致认为，目前双方最佳的选择就是和平解约。

尽管洲际不愿回应太多，但在洲际给业主方的相关函件中显示，洲际与业主方最大矛盾点在于拖欠管理费及业主方干扰日常运营管理。

2. 症结与“离婚”伤痛

为何知名的洲际会发生上述管理问题？

“这是多方面因素叠加造成的，而洲际过快的扩张势必导致人力跟不上。有数据显示，洲际酒店集团在华已有约 170 家酒店，还计划五年内将在华酒店数量增加到 300 家。”华美首席知识专家赵焕焱指出。

有接近洲际酒店集团的人士透露，在洲际酒店集团内部，酒店总经理人选是双向选择，一些偏远位置或三四线城市酒店并不容易招到一流的高级管理人才。

业主方透露，“换血”的四任浦西洲际酒店总经理都存在对中国市场不了解的通病，难以本土化运作就导致了一系列问题。

“选址是第二大问题。火车站区域的地理位置并不适合‘洲际’品牌，五星级酒店品牌有各自文化定位，差异化很大，最初的定位错误导致之后的入住率、房价走低。”赵焕焱分析。

人力和选址不适导致酒店经营业问题频现。业主方耀达方面透露，由于人力跟不上，员工质素参差不齐，使酒店固定资产流失严重，业主方也采取过法律手段处理。

对撤牌事件，业主方律师表示拟采取法律行动，其认为洲际酒店集团单方面的解约行为，违反双方 2007 年 10 月 10 日签订的关于管理上海浦西洲际酒店的管理合同，根据合同，管理期限应为 20 年，如今才执行两年多。其次，当初合约中有排他性协议，指明上海浦西大部分地区不得再开设“洲际”品牌酒店，但如今洲际酒店集团与瑞金签约，挂牌为上海瑞金洲际酒店，有违约之嫌。

业主方透露，当初完全按洲际高标准建设酒店，投资 15 亿元，如今洲际撤牌，假如更换管理方，则又要按新品牌重新装修，耗资巨大。

资料来源：新浪财经，2012 年 09 月 10 日，作者：乐琰

问题：

1. 洲际酒店集团是如何进行扩张的？
2. 你认为洲际酒店集团自行撤牌的深层次原因是什么？

作为企业管理的高级阶段，战略管理能够帮助企业在变化激烈的环境中捕捉机会，打造独特的竞争优势，实现可持续发展。因而成为当代企业发展的必然选择和企业管理的重点领域。旅游企业要适应内外部环境的激烈变化，构建持久的竞争优势，必须实施战略管理。由于旅游产业和旅游服务产品的特殊性，旅游企业战略管理既具有一般战略管理的共性，又有其自身的特点和规律，需要人们深入了解和把握。

1.1 战略管理理论的形成与发展

迄今为止，企业管理经历了从生产管理到经营管理及战略管理三个阶段的发展。战略管理是在资本主义经济迅速发展、科技创新、国际竞争加剧的过程中产生的。战略管理理论诞生于20世纪60年代，是在吸收科学管理及现代管理理论精华的基础上，顺应时代的要求而逐渐形成与发展起来的。

1.1.1 战略管理理论的形成

现代战略管理思想可以追溯到19世纪末20世纪初，随着资本主义经济的发展，外部环境的变化，在激烈的市场竞争中，不少企业开始立足于长远发展、总体发展来考虑对环境压力作出反应。今日看来，其一系列思想方法反映了战略管理理论的渊源与发展脉络。20世纪60年代，国外很多商学院把战略管理视为管理专业一门独立完整的基础学科。与此同时，战略管理逐渐成为企业高层在谋求企业长期发展时必须考虑的问题。制定和实施企业战略，被看作是企业成功的关键逐步普及起来，并成为独立的战略管理体系。具体而言，从萌芽到形成，企业战略管理主要经历了以下四个阶段。

1. 计划与控制阶段

计划与控制管理制度开始出现在20世纪初。在此阶段，基于企业所处环境大致稳定的假设，企业开始建立标准化的管理程序和操作方法，财务预算成为重要的计划与控制手段，企业内生产、销售、财务等部门分别制订年度预算计划，并将实际状况与之比较，以求控制和调整企业行为。这种管理制度的重点在于对偏差的控制。在财务预算的执行过程中，如果出现偏差，要找出原因，并采取必要的修正措施，以便实现既定的预算计划。

2. 长期计划阶段

长期计划阶段开始于20世纪50年代初期，持续到60年代初期。长期规划理论是战略管理理论的雏形，这种理论的实质是根据历史情况及未来环境的变化，预测企业的成长，在此基础上，制订企业的长期计划。企业的各种资源根据计划而重新配置，以求帮助企业实现潜在的增长或对付可能的不利环境。“长期规划”产生的原因，是由于进入50年代后，第二次世界大战(简称二战)后经济的发展，市场购买力的提高，技术进步的刺激，创造了大量的需求和新的经营机会。同时，全球性竞争日益激烈，社会、政府和顾客等提高了对企业的要求和限制等方面，发达国家的企业(主要是美国企业)的外部环境发生了很大的变化，从而使企业的产品结构、运营方式、管理思想受到挑战，创新压力日趋加大，使企业面临着许多挑战，正是这些变化迫使企业管理人员延展传统的管理概念寻求新的管理技术，建立大胆进取目标，以寻求更快的成长。于是，“长期规划”应运而生，明显标志是延长预算(计划)的时间跨度。可以根据情况延长至两年、五年，甚至十年。应用长期规划这一管理技术有两个前提：一是认为促使环境变化的主动权在于企业本身，企业对环境的变化具有很大的影响力；二是认为外部环境是可以预测的，企业总可以制订计划以应对未来的变化。

3．战略规划阶段

战略规划由长期规划转变而来。这一时期开始于20世纪60年代初，持续到70年代初。20世纪60年代后，由于政府严格的管制和各种调节政策，企业失去了对环境的控制，而且由于外部环境的复杂性和交互作用使得企业难于预测环境变化，企业要发展，必须对其所处的复杂的外部环境作一个总体性的考察和评估，不断进行战略调整，制定新的经营方针，增强企业对环境的应变能力和市场竞争能力。因此，战略规划取代了长期规划，成为公司生死攸关的大事，战略管理被正式引入企业经营管理领域。战略规划不仅重视市场环境的预测，而且重视对市场环境的深入了解，特别是对竞争对手和市场的了解，以把握环境变动对企业的影响。战略规划的核心在于制定有效的经营战略，以适应经济、市场的变化和冲突。在这一时期，以肯尼斯·安德鲁斯(Kenneth Andrews)为核心的几位学者，为规划战略管理奠定了坚实的基础，形成战略规划基本框架。1962年艾尔弗雷德·钱德勒(Alfred Chandler)的《战略与结构》、安德鲁斯的《商业政策：原理与案例》和1965年伊戈尔·安索夫(Igor Ansoff)的《公司战略》成为战略管理的三部开创性著作。

4．战略管理阶段

战略管理开始于20世纪70年代初期，它是一种全面地对战略进行的管理，也是一种动态的管理过程。其特点是将所有的管理层次都不同程度地纳入战略管理体系之中，把战略规划与战略管理纳入一个统一过程，将因地制宜和周期性程序结合，以主动应对环境突变及出现的机会和威胁，制定和实施战略并作为重点。在战略管理中，企业不仅要全面分析外部环境的各种复杂因素，而且要分析内部的资源条件以求与外部环境的适应和平衡。战略管理有效克服了战略规划忽略企业能力这一关键因素的缺点，并且随时根据环境条件的变化，修改、调整原有战略，或者制定新的经营战略，从而开创了企业战略管理的新阶段。这个阶段战略管理理论有两个主要进展，一个是由以迈克尔·波特(Michael Porter)为代表的战略定位观；另一个是以普拉哈拉德(Prahalad)和加里·哈默尔(Gary Hamel)为代表的资源基础观。

总之，在过去几十年中，企业所处的外部环境因素发生的翻天覆地的变化，促使了战略管理的诞生和发展。它开始于计划与控制理论，逐渐演进到长期规划理论、战略规划理论，最后发展成既包括战略决策又包括战略制定、战略实施的全面的、系统的战略管理理论。

1.1.2 战略管理理论的新发展

企业战略管理作为一门学科诞生于20世纪60年代。随着社会的进步，企业战略管理理论也在不断发展。20世纪90年代以来，企业经营环境十分严峻。一方面，技术创新加剧，国际竞争日趋激烈，顾客需求日益多样化等外部环境因素对企业管理的挑战越来越大；另一方面，员工素质普遍提高、自我发展意识日渐增强，组织趋向扁平化和弹性化等内部因素的变化使得传统的战略管理面临挑战。在急剧变化的环境中，企业如何赢得持久的竞争优势，许多战略管理学家在认真思考，从而促使了战略管理理论的新发展。下面介绍几种比较有影响力的理论。

1. 核心能力理论

20世纪90年代以后，随着经营环境中不确定性的增大，产业边界日益模糊，产业结构的稳定性日益下降，在这种严重的挑战面前，竞争优势理论重点开始转向以资源为基础的竞争优势观，并出现了核心能力等一系列新的理论与模型。最有影响和代表性的是伦敦商学院的哈默尔与密歇根大学的普拉哈拉德于1990年在《哈佛商业评论》上发表的文章《公司的核心能力》一文。他们认为，一个公司可以获得超出市场平均水平的利润，原因在于它能够比竞争者更好地掌握和利用某些核心能力，而核心能力是企业长期积累而形成的一种独特能力，难以模仿复制或超越，并具有持久性，是企业可持续竞争优势与新事业发展的源泉，企业只有把获取核心能力看作是公司战略的焦点时，才能在全球竞争中取得持久的领先地位。核心能力可以通过向外辐射，作用于其他各种能力，影响着其他能力的发挥和效果。核心能力的形成要经历企业独特的资源、技术和知识的积累与整合过程。并不是企业所有的资源、知识和能力都能形成持续的竞争优势，而只有当资源"知识和能力同时符合珍贵、异质、不可模仿、难以替代的标准之时，它们才成为核心竞争力，并形成企业持续的竞争优势"。

2. 超越竞争理论

进入20世纪90年代以后，随着产业环境的激烈变化，技术创新的加快，竞争的国际化和顾客需求的日益多样化，创新和创造未来日益成为企业战略管理研究的重点，在此背景下，超越竞争成为战略管理理论发展的一个新热点。其中，巴林顿·摩尔(Barrington Moore)提出的企业生态系统合作演化理论和金伟灿(W. Chan Kim)提出的蓝海战略理论有较大影响和代表性。

1) 企业生态系统合作演化理论

美国学者摩尔以生物学中的生态系统这一独特视角来描述当今市场中的企业活动，提出的"商业生态系统"这一全新的概念，打破了传统的以行业划分为前提的战略理论的限制，力求"共同进化"。该理论的一个贡献是超越了20世纪90年代以前的战略管理理论偏重竞争而忽视合作的缺陷，给出了在产业融合环境下理解企业经营的整体生态系统的基本框架，以及企业如何在其中发展并取得领导地位的战略管理方法。所谓的企业生态系统，就是以组织和个人的相互作用为基础的经济联合体。这种经济联合体生产出对消费者有价值的产品和服务，消费者是企业生态系统的成员。企业经济业绩不仅是企业内部管理好坏和行业平均利润的函数，而主要是企业在生态系统中联盟和网络关系管理好坏的函数，企业要想在新经济中发展壮大，必须密切关注与理解相关的经济环境及影响其进化的组织，想办法在其中作出独特的贡献。企业高层经理人员要经常从顾客、市场、产品、过程、组织、风险承担者、政府与社会七个方面来考虑商业生态系统和自身所处的位置：系统内的公司通过竞争可以将毫不相关的贡献者联系起来，创造一种崭新的商业模式。在这种全新的模式下，制定战略应着眼于创造新的微观经济和财富，即以发展新的循环来代替狭隘的以行业为基础的战略设计。一个企业生态系统的演化大约经历四个阶段：开拓阶段、扩展阶段、领导阶段及重生阶段，每个阶段都有不同的任务和目标。

2) 蓝海战略理论

蓝海战略理论是由金伟灿和勒妮·莫博涅(Renee Mauborgne)提出的。蓝海战略理论认为，任何一家企业都不可能永葆卓越，正如任何一个行业都无法长盛不衰一样。为了使企业更加成功，需要研究和认识造成积极变化的那些行为，以及如何才能系统性地复制此类正确的行为。起中心作用的战略行为就是开创蓝海。所谓蓝海是相对于已知市场空间的“红海”竞争而言，是指新的没有竞争的市场。运用蓝海战略，视线将超越竞争对手移向买方需求，跨越现有竞争边界，将不同市场的买方价值元素筛选并重新排序，从给定结构下的定位选择向改变市场结构本身转变。蓝海战略理论的目标是在当前的已知市场空间的“红海”竞争之外，构筑系统性、可操作的蓝海战略，并加以执行。只有这样，企业才能以明智和负责的方式拓展蓝海领域，同时实现机会的最大化和风险的最小化。

价值创新(Value Innovation)是蓝海战略的基石。价值创新让企业将创新与效用、价格与成本整合一体，不是比照现有产业最佳实践去赶超对手，而是改变产业境况重新设定游戏规则；不是瞄准现有市场“高端”或“低端”顾客，而是面向潜在需求的买方大众；不是一味细分市场满足顾客偏好，而是合并细分市场整合需求。

蓝海战略共提出六项原则，包括四项战略制定原则，即重建市场边界、注重全局而非数字、超越现有需求、遵循合理的战略顺序；以及两项战略执行原则，即克服关键组织障碍、将战略执行建成战略的一部分。

3. 基于信息技术的战略管理理论

信息技术革命使人类的经济、政治、军事、文化生活正经历着深刻的变化。信息技术对战略管理的影响问题受到了不少战略管理理论界人士的关注，因而纷纷提出了基于信息技术的战略管理理论。

美国学者查尔斯·惠兹曼(Charles Wiseman)于 1988 年出版了《战略信息系统》一书，首次系统地探讨了战略信息系统的概念：一个成功的战略信息系统是指，运用信息技术来支持或体现企业竞争战略和企业计划，使企业获得或维持竞争优势，或削弱对手的竞争优势。这种进攻—反攻形式表现在各种竞争力量的比较之中(如企业与供应力、配销渠道、顾客或直接对手之间为不同目的而展开的竞争)，而信息技术的应用可以影响竞争的平衡。为了搞好企业现有的经营项目，更为开辟新项目的重大使命，要求新型的信息技术部门应运而生。这类信息技术部门将工作重心从低价值的软件实际编制中转移出来，有能力迅速开发、设计和集成新的产品和系统，信息技术部门必须掌握传统信息技术范畴以外的商业技巧，诸如供应商的管理及合同谈判等。

基于信息技术的战略管理理论认为信息技术及信息系统与产业结构、核心能力、资源具有至少同等的重要性，而不依附于它们。主张通过利用信息技术或建立战略信息系统来实现企业竞争战略，获得竞争优势，以实现企业的使命和目标。

1.2 旅游企业的特征

1.2.1 旅游企业的界定

1. 旅游企业的含义

现代汉语中“企业”一词源自日语，是日本在明治维新以后，引进西方的企业制度过程中，从西文翻译而成。戊戌变法之后，这些汉字词汇由日语被大量引进现代汉语。在《现代汉语词典》(第6版)中，对“企业”的解释为：“从事生产、运输、贸易、服务等经济活动，在经济上独立核算的组织，如工厂、矿山、铁路等”。《辞海》1979年版中，对“企业”的解释为：“从事生产、流通或服务活动的独立核算经济单位。”一般认为，企业是从事生产、流通、服务等经济活动，以生产或服务满足社会需要，实行自主经营、独立核算、依法设立的一种营利性的经济组织。

关于旅游企业的定义，人们的观点莫衷一是。“旅游企业，通常是指主要和直接为旅游者的旅游活动提供产品和服务的企业，包括旅行社、旅游酒店、旅游景区和旅游交通四大类企业。旅游企业的定义还可扩展至为人们外出旅行提供产品和服务的企业。除上述四类企业外，还包括餐饮、会展策划和汽车租赁等”①。“旅游企业一般指为旅游者的旅游活动提供产品和服务的企业，主要包括旅行社、企业、餐馆、景区景点、旅游交通、旅游商店等企业”②。旅游企业是能够以旅游资源为依托，以有形的空间设备、资源和无形的服务效用为手段，在旅游消费服务领域中进行独立经营核算的经济单位”③。

我们认为旅游企业是指运用各种生产要素，从事旅游产品生产和服务等经济活动，以满足社会需要，依法设立、自主经营、独立核算的一种营利性的经济组织。从狭义上，旅游企业特指旅行社、旅游酒店、旅游景区、旅游交通、旅游咨询服务、旅游网站等企业，从广义上，旅游企业泛指经营满足旅游者吃、住、行、游、购、娱等需求的一切企业，除了旅行社、酒店、旅游景区、旅游交通、旅游咨询服务等企业之外，还包括餐饮、汽车租赁、娱乐、航空等旅游服务公司。旅游企业是旅游经济活动的主体，是旅游市场的重要组成部分。

旅游企业是社会分工的产物，并因社会分工的发展而成长壮大。分工和交易的深化，促进了旅游活动的发展；而旅游活动的发展也加速了分工和交易深化。原因如下。首先，

① 曾国军．旅游企业战略管理[M]．北京：旅游教育出版社，2010：2.

② 邹益民．旅游企业战略管理[M]．北京：中国人民大学出版社，2009.

③ 严伟．旅游企业战略[M]．上海：上海交通大学出版社，2009：3.

分工提高了劳动生产率，人们有了更多的收入和闲暇追求精神上的满足，这为旅游企业发展创造了客观条件；其次，分工也带来了工作的单一性或复杂性，为了寻求二者的平衡，出游放松身心成为人们的主要需求。可见，旅游企业的产生和发展得益于社会分工，是社会分工的产物，而其产生和发展使社会分工更加明确。

1845 年，托马斯·库克(Thomas Cook)在英国的莱斯特开办了世界上第一家旅行社——托马斯·库克旅行社。1923 年，陈光甫在上海商业银行成立旅行部，即中国旅行社，这是中国第一家旅行社。随着旅游经济的发展，旅游企业的数量不断增多，规模不断扩大。目前世界上既有国际化的大旅游企业集团，也有为数众多的中小旅游企业。

2. 旅游企业的类型

1) 按照从事旅游产品经营的产业链划分

按照从事旅游产品经营的产业链进行划分，旅游企业可分为直接旅游企业、间接旅游企业、旅游配套企业三大类。

(1) 直接旅游企业。是指直接和专门经营旅游业务的企业，如旅行社、酒店、旅游汽车公司、旅游咨询服务公司等，它们是旅游企业的主体。

旅行社是旅游经济活动的组织者和参与者。它的主要任务是联系客源，招徕接待旅游者，组织旅游活动，提供导游服务等。旅行社的客源组织能力对各种类型旅游企业的经营效果起着十分重要的作用。

酒店是为旅游者提供食宿、购物和综合服务，并拥有一定数量的固定资产和流动资金的经济组织。酒店作为一种综合性的企业，是发展旅游业的物质基础和旅游接待能力的重要标志。

旅游景区包括风景区、旅游度假区、自然保护区、主题公园、森林公园、地质公园、游乐园等具有明确的区域场所，能够满足游客游览观光、消遣娱乐、康体健身、求知等旅游需求，应具备相应的旅游服务设施并提供相应旅游服务的经济组织。

旅游交通企业是为旅游者提供交通服务为主的企业，包括旅游汽车租赁公司、轮渡公司等。

(2) 间接旅游企业。指并不是专为旅游接待而建立的企业，它们同时也为国民经济其他部门和人员服务，如商店、舞厅、影剧院、公共交通运输等企业，但它们在旅游经济活动中也发挥着非常重要的作用。

(3) 旅游配套企业。是指为旅游企业提供配套产品和服务的企业，如装饰企业、建筑企业、副食品生产商、旅游纪念品及其他旅游相关商品的生产企业，还有为旅游企业提供设备和供应服务的其他企业等。

2) 按照旅游企业所服务及与旅游活动的关系划分

按照旅游企业所服务及与旅游活动的关系进行划分，可以将旅游企业分为供应商、运输商、旅游中间商三大类。

(1) 旅游供应商包括企业、餐饮、游轮公司、博彩、汽车租赁公司和旅游景点等。

(2) 旅游运输商包括航空公司、轮渡服务公司、铁路部门、汽车公司等。

(3) 旅游中间商包括旅游代理商、旅游批发商和经营商、奖励旅游策划机构、会议策划机构等。

旅游代理商是指受旅游产品生产者或提供者的委托，在委托权限内代理销售生产者或提供者的旅游产品的旅游中介机构。传统的旅游代理商业务上较多地依赖于旅游运输商、供应商及其他旅游中间商，主要靠为这些企业做代理收取佣金。信息技术的发展对传统的旅游代理商提出了很大的挑战，大部分旅游代理商面临流程再造的问题，以期为顾客提供更多的附加值。

旅游批发商通常是指将航空运输或其他交通运输服务与地面接待服务组合成一项旅游产品，并通过一系列的渠道向公众销售的商业实体。旅游批发商不直接向公众进行产品销售，而只接受其他旅游中介组织的预订。

奖励旅游策划机构则是专业的奖励旅游批发商，向委托机构直接提供服务。

会议展览策划机构是专门从事会议和展览策划的企业，除了组织好会议以外，通常还从事旅行社的相关业务，如选择会议目的地、住宿和会议设施，安排奖励旅游的行程等。

随着旅游业的发展，旅游产业链不断深化和融合，旅游企业之间横向或纵向联合兼并日益频繁，许多非旅游企业通过控股、持股等方式直接或间接地涉入旅游企业的经营，同时，旅游企业的业务范围不断扩大，形成一批跨行业的、规模巨大的企业集团，如旅行社控股或参股企业、景区景点，从而实施垂直一体化经营，在这种情况下，旅游企业的边界日益模糊，旅游企业的类型将越来越难以明确划分。

知识链接 1-1

旅游产业链系列之一：掌控资源，渗透客源，积聚竞争优势

根据旅游六要素，我们构建了旅游产业链分析框架。产业链上游是景区，中游是餐饮、住宿、交通、购物、娱乐等供应商，接下来就是旅行分销渠道，最后是游客。普遍认为，旅游企业核心竞争力体现在对上游稀缺旅游资源的占有，以及对下游规模客源的掌控及有效利用。

(1) 观光游与休闲度假游共存的景区行业。景区行业是旅游产业链的中心环节，是利润的重要来源。我们认为影响景区企业业绩增长的驱动因素，短期看是“提价周期+交通改善”，长期看是纵深开发能力和资源整合能力的提升。而产业融合、消费升级、创新驱动将是景区行业发展的必由之路。

(2) 周期性较强的酒店行业。酒店业发展受宏观经济影响较大，呈现较明显的周期性。目前，我国酒店行业的市场集中度在逐步提升，但是国内酒店管理公司与国际巨子仍然存在较大差距。高星级酒店市场竞争正向二线城市延伸，经济型酒店市场竞争格局已基本形成。

(3) 逐步改善的旅游交通业和稳定增长的餐饮行业。高铁的兴起将极大地促进旅游业的发展；居民生活水平的提高使得邮轮旅游进入高速发展期；自驾游的升温推动汽车宿营地建设加快。目前我国餐饮行业整体规模不断扩大，连锁餐饮发展迅速，但是行业市场集中度仍然偏低，餐饮百强的市场占有率不到 10%。随着国民经济和居民生活水平的提高，我国餐饮业具有较大的发展空间。

(4) 新兴的旅游演艺行业。这是一个将旅游产业和文化产业融合发展的新兴产业。该行业资产轻，附加值高，填补了夜间旅游市场空白，并得到地方政府大力扶持。预计我国旅游演艺行业 2016 年的市场规模有望达到 173 亿元，行业目前仍处于蓝海阶段。

(5) 政策驱动下的免税行业。随着政策空间的不断释放，我国免税业将迎来新一轮高速增长，而且我国免税行业在全球中的地位逐步提升，中国免税品运营商开始崭露头角。

(6) 技术进步影响下的旅行分销行业。随着互联网技术的发展，线下旅行社市场份额不断降低，而线上 OTA(Over the Air Technology，空中下载技术)竞争又越来越激烈，纷纷掀起价格战。不过，我们相信，中国在线旅行预订市场会继续高增长，在线旅游渗透率会不断提高。

资料来源：新浪财经，2012-09-05，作者：沈周翔

1.2.2 旅游企业的行业特征

作为在传统服务业的基础上成长和发展起来的一个新型的综合性产业，旅游业与其他产业相比具有明显不同的特征。

1. 产业波动性大

旅游产品属于非基本生活用品，旅游消费随着人们收入的变化而变化，即其需求收入弹性较大。同时，旅游业对外部环境敏感度高，政治、经济、文化、社会、技术、外交等因素的变化，以及自然灾害、疾病流行，都会影响到人们的旅游消费，造成旅游业的波动。而且，旅游业本身又有明显的季节性，表现在产品旺季时供不应求、淡季时供过于求，这种季节性波动也会带来旅游业经营的不稳定。产业波动性大，决定了旅游企业的经营往往带有一定的风险性。例如，金融危机、恐怖事件、战争爆发等，都会对区域和全球旅游业带来严重冲击，给相关旅游企业造成了巨大损失，而且这些事件往往是事先无法预料的。

2. 内部行业种类多

旅游产品包括吃、住、行、游、购、娱六个环节，在旅游活动的不同环节要求不同的旅游部门提供不同的服务。旅游企业分属于内部不同的行业，具有各自的特点，如旅行社和酒店，以及旅游景区、旅游交通企业等具有明显的不同。同时，同一行业内企业具有不同的规模，如酒店业从五星级酒店到经济型酒店、青年旅馆等；景点业从世界文化遗产、5A 级景区到农家乐，从享誉世界的迪士尼乐园到鲜有人知的儿童游乐场，提供的服务产品不尽相同。这就一方面要求区域旅游产业结构合理，另一方面又要求企业从战略角度出发，正确处理联合和竞争的关系，加强旅游企业之间及旅游企业与其他产业之间的联系，实现旅游产业的稳定与健康发展。

3. 行业内企业间关系复杂

一方面，企业间相互依赖性强。每生产一种旅游产品和提供一次旅游服务，旅游企业之间都需要密切配合：旅行社负责组织游客，旅游交通公司提供客运服务，企业宾馆提供食宿服务，餐馆、旅游商店及其他企业提供配套服务，其中任何一个环节出现问题，都可能导致失败。因此，旅游企业之间具有较强的相互依赖性。旅游企业只有相互协调、才能

为旅游者提供完整的旅游产品。另一方面，企业间冲突现象较多。旅游企业之间关系的复杂性、相互依赖性、分销渠道的多样性，以及由于中小企业数量较多，导致旅游企业之间竞争十分激烈，经常会出现冲突。这种冲突既表现在处于同一产业链的企业之间客源的竞争、价格的竞争、营销策略的竞争，也表现在不同产业链中的企业，包括拖欠款纠纷及由于信息不对称带来的纠纷等。旅游业产业链上的各领域如图 1.1 所示①。

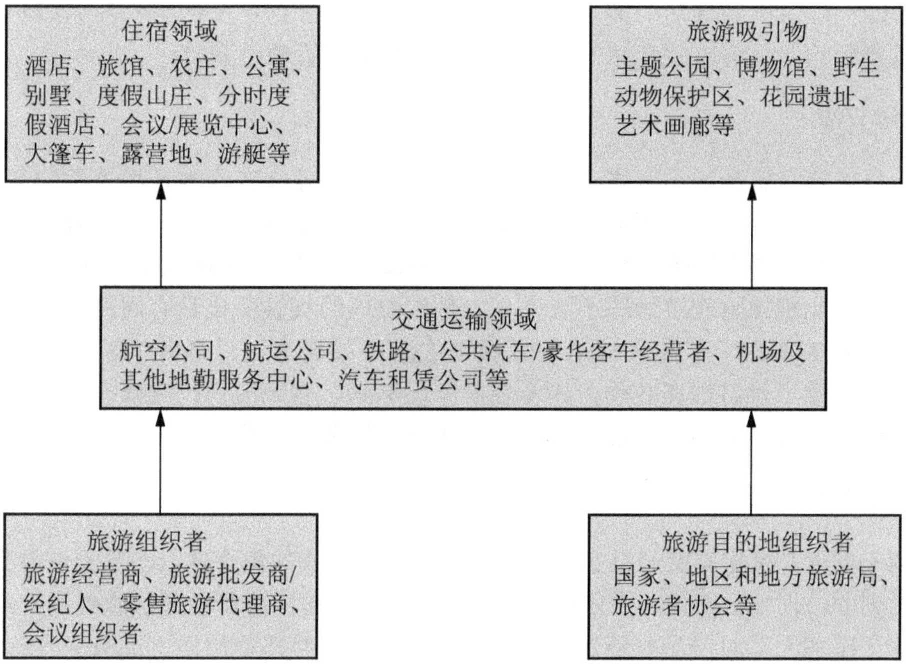

图 1.1 旅游业产业链上的各领域

4．对相关产业依赖性强

旅游业与国民经济众多产业相互依存、相互影响。旅游业作为服务业，一般不创造实物产品，旅游业的生产过程需要其他产业部门的多种投入要素，其发展离不开相关产业特别是物质产业的支撑。交通、通信、电力等为其提供基础条件，农业、食品加工业等为其提供旅游者所需各种生活用品的供应，装备制造业为其提供生产设备，而文化教育、医疗保健、金融保险等又构成区域旅游业发展的环境条件。旅游业对相关产业具有较强的依赖性，旅游业的发展取决于国民经济的发展程度。

5．行业技术水平差异明显

作为现代新型产业，旅游业对技术水平有较高的要求，表现在旅游产品开发、旅游装备制造、旅游辅助设施建设等方面广泛应用现代科技，有力推动了旅游业发展。但同时旅游业又属于服务业，需要提供人对人、面对面的服务，而且游客对个性化服务的需求，是

① 埃文斯，等. 旅游企业战略管理[M]. 马桂顺译. 沈阳：辽宁科学技术出版社，2005.

无法用先进设施完全取代手工操作和劳务活动的，如导游、烹调、餐厅服务等，都要靠人工服务完成。因此，在旅游设施完备的条件下，旅游企业的实力，主要表现为服务质量的高低。因此，旅游业中先进技术与手工劳动并存。

1.2.3 旅游服务产品的特性

企业的一切生产经营活动都是围绕着产品进行的。旅游产品的特性对旅游企业战略管理有着重要影响，了解旅游产品的特性是做好旅游战略管理的基础。

1．季节性

由于自然旅游资源的不可移动性，很多旅游产品是建立在当地环境条件的基础上，而各地区地理条件的差异，不可避免会带来旅游产品的季节性。一是产品本身的季节性，一些景点只有在某一特定的季节和时间才会呈现出最好的景致，如日本的樱花最适于 3 月底 4 月初观赏；北极探险旅游最适于夏季。二是旅游地的气候变化具有周期性，人们大多倾向于选择最佳的旅游季节和最舒适的气候去旅游，如夏季一直是海滨城市大连的旅游旺季。因此，导致了旅游地在旺季，许多企业床位爆满，客源流失；在淡季，空闲太多，资源过剩，使得旅游产品供给数量和价格在不同季节具有较大的反差。

2．无形性

所谓无形性，是指旅游产品是由“无形”的服务组成的集合体，产品无法看到、摸到、嗅到或尝到的，也难于衡量、描述或标准化，在销售之前，消费者无法感受到产品的品质，只有接受了服务才能对产品有所了解。而且，顾客购买并消费旅游产品只能得到一种主观感受和体验，而这种感受和体验对于顾客来说确实是无形的。与有形产品相比，旅游服务提供是一种经历，它们由消费者来判断，产品质量受消费者认知的影响。因此，对于旅游服务产品来说，消费者的口碑十分重要。为了保证质量，旅游企业经营者就必须认真倾听来自顾客的意见，并作出符合顾客需要与偏好的改变。同时，旅游企业也应通过将自己的产品有形化，如网络宣传和旅行手册等方式，使消费者能够感受到他们的产品，在一定程度上克服产品无形性的不利。

3．生产与消费的不可分割性

与实物产品不同，旅游产品生产与消费同时进行，不可分割，产品在开始生产的同时消费也即刻启动，消费结束时生产也不再进行，也即顾客要参与服务生产的过程，成为合作生产者，顾客的消费过程，也就是旅游产品的生产过程。由于顾客不可能事前检测服务，服务不可能储存或让顾客预览，只有当顾客开始消费后，才能体验到他们所购买的产品或服务。这使生产者难于对服务质量进行控制，使得旅游企业提供的产品具有较高的质量风险。因此，在服务过程中，提高员工素质，并尽可能减少由于顾客参与所导致的不确定性，是确保服务产品质量持续稳定的有效途径。

4. 难以储存性

物质产品如工业品，生产之后如果不立即使用，可以储存，供应下一次消费。而旅游产品则不同，由于生产与消费是同时进行的，因此无法预先生产储存，如果不能及时销售出去，就会失去其使用价值，造成资源的浪费，如设备的闲置、人员的空闲，并且失去的这部分收入永远也得不到补偿。而另一方面，旅游产品的季节性、时间性又很强，导致旺季时产品供不应求，淡季时供过于求，供给失衡，而由于产品不可储存性，也无法对供给进行调整，当淡季产品供过于求时，无法生产储存，当旺季服务供不应求时，也不能把以前闲置的资源拿出来使用，因而可能失去给顾客提供服务的机会。虽然在实际生产中，企业经常会使用价格策略的营销方式，以应对服务产品的这一特点，但旅游企业产能的充分利用仍是旅游企业面临的挑战。

阅读案例 1-1

节后旅游价格跳水超六成

经国家旅游局、国家统计局汇总，2013 年春节黄金周期间，全国接待的 2.03 亿人次中，过夜游客(仅限于住在宾馆企业和旅馆招待所)为 4 825 万人次；一日游游客为 1.55 亿人次。

而随着春节假期的结束，旅游价格也陡然回落。国内三亚、云南等旅游价格齐跳水，降幅多数在 50%左右，而海岛游降幅尤其明显，比如入住五星豪华酒店的三亚 5 日自由行的春节高峰期间起价 5 000 元，节后下降到 1 800 元起，降幅达 60%以上。

“今年春节的出境游人数同比上涨五成以上，各目的地的旅游价格也上涨，从 2 月初到大年初一价格一直都呈上涨趋势，初二开始逐步回落，随着假期的结束价格更是陡降，2 月下旬和 3 月上旬是出境游价格的最低谷。”芒果网旅游业务部助理总经理侯楠楠表示。

据有关旅行社和航空公司反映，节后部分出境游线路最高下降 7 000 元。欧美非出境长线游价格回落，节日期间卖到约 2 万元的澳大利亚游以不到万元价格“甩卖”。美国游节后机票、地接价格明显回落，大部分线路的降幅都在 3 000 元以上。今年二三月份产品预订进度达到五成以上，以“洛杉矶+拉斯维加斯”等西海岸和“全景东西海岸+夏威夷”连线产品最为热门。欧洲游节后产品价格相对春节有约 10%的降幅，较热门的目的地是西欧的法国、意大利、瑞士，以及相对较温暖的南欧国家。

资料来源：http://www.eastmoney.com/2013 年 02 月 18 日 04:08，作者：乐琰

5. 产品的异质性

服务产品不同于大批量生产的商品，是以人为中心的，人的因素起决定性作用。特别是旅游产品的生产过程相对复杂，需要生产者与消费者共同完成，因而产品质量具有较大的差异性。这一方面是由于旅游产品是由人提供的，而同一家旅游企业员工的工作态度、技能水平各有不同，即使同一员工，受服务期间体力、情绪变化等的影响，在不同时间和场合或对不同对象所提供的同一服务产品也往往难以保证服务质量始终如一。另一方面，

服务质量的高低是由顾客的感知来衡量的，而顾客自身的特点也直接影响质量的感知。因此，同一服务生产者生产出来的产品，对于不同的消费者来说是不同的，甚至同一消费者接受的两次同样的服务产品，也会因为时间、场合、心情等不同而有差异。因此，服务质量很难达到标准化。服务的标准化与个性化的关系成为旅游企业质量管理的一个重要问题。

6. 所有权的不可转移性

一般而言，在商品交换过程中，某种产品的所有权会从生产者转到消费者手里，即发生所有权的转移。但当消费者购买旅游服务产品时，却只是获得一定时间内产品的使用权，并没有发生所有权转移，或者说消费者得到的只是无形产品所带来的感受和体验，而得不到任何实体产品或者所有权证明，也无法转移给第三方。由于所有权的转移没有涉及与顾客关系的建立，因此企业很难保留顾客和培养顾客的忠诚度。这一点会对企业的管理活动产生影响。

1.3 旅游企业战略管理概述

1.3.1 旅游企业战略管理的内涵

1. 旅游企业战略管理的定义

“战略”一词古已有之，原本是军事术语，意指指挥官采用一定的谋略来对抗敌军。《辞海》中对战略一词的定义是：“军事名词。对战争全局的筹划和指挥。它依据敌对双方的军事、政治、经济、地理等因素，照顾战争全局的各方面，规定军事力量的准备和运用。”简单而言，早期的战略就是指在战争中指挥和领导全局作战的谋略。后来，随着人类社会实践的发展，战略一词被人们广泛地应用于军事之外的领域，包括社会、经济、文化、教育等领域。到了20世纪，随着外部环境的变化，商场如战场，企业之间竞争激烈，以期将竞争对手挤出市场，因此，必须将战略思想运用于企业的经营管理之中，与竞争对手竞争，就产生了企业战略这一概念。

关于企业战略，迄今为止还没有一个统一的定义，如著名学者钱德勒将企业战略定义为“战略是一种明确地设定企业的长期目标和短期目标，制订达到这些目标所需的主要行动计划，并部署必要资源的一种方法”。著名学者迈克尔·波特将战略定义为“公司为之奋斗的一些终点(目标)与公司为达到它们而寻求的方法(政策)的结合物”。诸多学者从不同角度对战略进行的描述对我们全面理解企业战略有非常重要的参考价值。

企业战略管理是在企业战略的基础上产生的。1971年，哈佛商学院的肯尼斯·安德鲁斯在其所著《公司战略概念》一书中首次提出公司战略管理问题，以及制定与实施公司战略的两阶段基本战略管理模式，并将战略管理定义为“公司能够做的(组织优势和劣势)与可能做的(环境机会和威胁)之间的匹配”，构建了制定战略过程中的SWOT分析框架。

此后，其他许多战略研究学者也提出了不同的见解。如果把各学者的主张概括起来，可以归纳为两种类型。即广义的战略管理与狭义的战略管理。广义的战略管理认为，企业战略管理是运用战略对整个企业进行管理，从宏观整体上对企业进行管理。狭义的战略管理认为，企业战略管理是对企业战略的制定、实施、控制和修正进行的管理，并将整个战略管理的过程分解成战略制定、战略实施和战略评价三个阶段。这三个阶段相互制约、相互影响、相互作用。

由于研究视角不同，关于旅游企业战略管理的定义也不尽相同。

(1) 旅游企业战略管理是在充满变化与竞争的环境中，旅游企业为谋求长期生存与发展而实施的既定的长期经营目标，选择实现目标的途径和取得竞争优势的方针对策所进行的谋划。①

(2) 旅游企业战略管理，是指旅游企业通过对现有环境和企业内部实力的分析，制订出适合企业使命、符合企业长期发展目标的前瞻性计划并进行有效实施②。

(3) 在市场经济条件下，旅游企业为谋求长期生存和发展，在外部环境和内部条件分析研究的基础上，以正确的指导思想，对企业主要目标、经营方向、重大经营方针、策略和实施步骤作出长远的、系统的和全局的谋划③。

(4) 旅游企业战略管理是指对其经营战略的分析、选择、实施与评价过程所进行的管理④。

(5) 旅游企业战略管理则是对企业战略的一种“管理”，具体地说就是对企业的“谋划或方案”的制定、实施与控制⑤。

综合以上观点，我们认为，旅游企业战略管理可定义为：企业为谋求自身在竞争激烈的市场经济环境中长期生存和发展而对企业经营管理进行长远性、全局性谋划和决策，并最终实现企业目标的一个动态过程。战略管理是对企业战略的一种“管理”，它是一个全面的、复杂的管理过程和一门综合性、多功能决策的管理科学。

旅游企业战略管理与其他企业战略管理相比既有共性又有差异。一方面，旅游企业战略管理需要遵循一般企业战略管理的基本原理，其战略计划实施的基础同样包括分析经营环境、确定战略方向和组织目标、制订可实施的行动计划。但另一方面，旅游服务产品的属性和旅游业的行业特征，决定着旅游企业战略管理与其他类型企业之间具有差异性，表现在不论企业的运营模式还是管理者的思维方式都受到旅游市场结构、市场行为及其绩效的影响，具有自身的特点。

2．旅游企业战略管理的基本要素

1) 战略目标

旅游企业战略目标是指旅游企业根据企业愿景和企业使命延伸展开确定的企业的具体期望，是企业的努力方向。在战略制定中，战略目标至关重要。一般而言，如果方向错误，

---

① 陈继祥，王家宝. 旅游企业战略管理[M]. 北京：旅游教育出版社，2006.

② 曾国军. 旅游企业战略管理[M]. 北京：旅游教育出版社，2010.

③ 黎洁，赵文红. 旅游企业经营战略管理[M]. 北京：中国旅游出版社，2000.

④ 邹益民. 旅游企业战略管理[M]. 北京：中国人民大学出版社，2009.

⑤ 马桂顺. 旅游企业战略管理[M]. 北京：中国旅游出版社，2008.

一切努力都是枉然。因此，只有确定了正确的战略目标，才能使全体员工对未来发展达成一致性认识，才能在目标顾客的头脑中占据一个特定的位置。确定战略目标需要将一般企业战略思想与旅游企业的特点相结合，明确旅游企业战略的要素、条件、步骤及策略，使目标既具有挑战性，又具有可实现性，真正成为成功的第一步，为企业带来较大的竞争优势。

2) 战略手段

确定战略目标之后，还需要明确的战略手段来保证目标的实施，否则目标只能是空中楼阁。战略手段涉及旅游企业战略全过程，既要考虑战略设计的方式，也要考虑优化战略实施、战略控制的方式。战略措施设计战略措施是指为贯彻战略思想，实现战略目标，完成战略重点而采取的重要对策，即旅游企业为实现使命目标而采取的重要措施和重要手段，它具有阶段性、具体性、针对性、灵活性等特征。战略举措是实现战略目标、突出战略重点与兼顾战略全局的重要保证，但由于外部环境的不确定性，战略措施应保持机动灵活，以适应变化了的新环境。

3) 资源条件

资源，尤其是战略性资源，是旅游企业战略实施的保障。在不同的业务范围和职能领域如何进行分配是战略实施的一个关键问题。战略资源是持续优势的来源，具有价值性、稀缺性、不完全模仿性和不可替代性等特征。战略的成功在很大程度上必须依托自己的资源禀赋，因此旅游企业必须不断积累与优化配置自身的资源。在任何组织内，一流人才是最稀缺的战略资源。因此，旅游企业必须把人才当作资产看待，用发展的眼光来确定如何分配人力资源，并详细评估人才的使用结果。培养、引进与配置具有预见性、洞察力与系统性思考的人才资源，是打造旅游企业核心竞争力的必然选择。

3. 旅游企业战略管理的特征

旅游企业战略管理是旅游企业为实现长远的、全局的目标而在不同阶段上实施的不同方针和对策，不同于某一次具体的经营策略和措施，是指导旅游企业实现某种趋势的行为准则和目标，具有以下几个特征。

1) 全局性

旅游企业战略是对企业总体的长远的目标、发展方向及所采取的基本行动方针、重大措施和基本步骤的规划和设计，具有行动纲领的意义。它关系到企业的整体、企业与其所处环境的联系，而不仅仅是企业的某个局部，因此没有全局的观点就制定不了旅游企业战略。这是企业战略最根本的特征。

2) 长远性

旅游企业战略不是着眼于企业眼前的问题，而是谋求企业未来相当长一段时期内的总体发展问题，企业战略通常着眼于未来 3～5 年乃至更长远的目标。并不是考虑短期内该做什么。评价一个战略优劣的一个重要标准就是看其是否有助于企业长期发展。企业的战略虽然要立足当前，但却是着眼于未来，重点是谋求企业的长期发展和长远利益。

3) 风险性

企业战略对企业未来的谋划，总是处于不确定的、变化的环境趋势中，企业战略不一定会完全实现，这时它就会给企业带来一定的风险。对此，企业的领导者必须要有清醒的认识，并要有充分的风险防范措施。

4) 指导性

企业战略具有指导性，它规定了企业在一定时期内基本的发展目标，以及实现这一目标的基本途径，指导和激励着企业全体员工努力工作。旅游企业战略关系到企业全局的发展规律，它必须对企业的行动具有指导性，即指明旅游企业行动应遵循的主要原则、方针、模式，这是旅游企业战略规律性的体现。

5) 竞争性

企业战略具有竞争性，其目的是为了克敌制胜，赢得市场竞争的胜利。旅游企业制定战略的目的，是为了能在激烈的市场竞争中获得发展壮大，最终形成竞争对手难以模仿的竞争优势。因此，竞争性是旅游企业战略的本质特征之一。

6) 稳定性

旅游企业战略一经制定后，在较长时期内要保持稳定(不排除局部调整)，以利于企业各部门的贯彻执行。这是由其纲领性和指导性决定的。同时，战略的展开又是一个动态的过程，它应该在基本方针、模式等基础上，根据企业内外部环境的变化而有所调整。因此，战略具有相对稳定性的特征。

7) 动态性

旅游企业战略管理不是一次性的、静态的管理工作，而是一个无止境的、循环往复的动态的管理过程——即一个有头无尾的管理过程——只要企业的生命存在，就一直需要实施战略管理。这是战略管理与传统的战略规划的主要区别，也是战略管理能够适应环境变化的关键所在。

1.3.2 旅游企业战略管理的意义

1. 旅游企业战略管理的必要性

无论是总收入、就业，还是投资、纳税，旅游产业对世界各国经济的发展都发挥着举足轻重的作用。随着产业结构的优化和人们消费结构的升级，旅游产业还有巨大的上升空间，其对全球经济社会发展的作用将日益显著。

经过改革开放30多年的发展，我国已经成为世界第二大经济体，2012年我国人均GDP已超过5 000美元。随着综合国力和人民生活水平的显著提升，我国旅游业得到快速发展。2013年全国旅游业发展的预期目标为旅游总收入2.85万亿元，增长11%；国内旅游32亿人次，增长10%，国内旅游收入2.49万亿元，增长12%；入境旅游1.34亿人次，增长1%，其中，过夜旅游5 850万人次，增长2%，旅游外汇收入500亿美元，增长3%；出境旅游9 200万人次，增长15%。新增旅游直接就业50万人左右。2012年，我国以近30亿人次的国内旅游市场规模，位居世界第一；出境旅游人数超过8 000万人次，居世界第三，对世界旅游市场贡献率超过7%；入境过夜旅游人数达5 772万人次，继续位居世界第三。随着旅游业进入大众化发展阶段，旅游消费需求逐渐升级，度假休闲需求日益旺盛，我国旅游业在国民经济中的战略地位将日益显现。

旅游业的快速发展也为旅游企业带来了挑战。旅游市场竞争越发激烈，企业面临的压力不断加大。特别是我国目前旅游业发展中还存在诸多问题，突出表现在市场集中度和经济效益低、产品结构和产品体系不合理，旅游企业经营管理水平低，经营观念落后，效益不高，与其他行业和发达国家的旅游企业相比还有较大的差距。而且20世纪90年代中后期以后，我国的旅游企业也开始面临较为严峻的经营环境，国内旅游市场呈现出供大于求的买方市场状况，市场需求增长缓慢，外资与内资旅游企业的竞争日益激烈，国际旅游市场更加动荡不定。在这种情况下，旅游企业要在激烈的市场竞争中获得竞争优势，必须实施更高层次的战略管理。

阅读案例 1-2

酒店盈利的少数派

2012年1月14日，盛高置地发布盈利预警，预计2012年度将转为亏损。主要由于已交付物业较少，以及酒店营运业务产生亏损。

盛高置地拥有上海外滩半岛酒店和上海浦东假日，在苏州还拥有辉盛阁酒店式公寓。公司2011年年报显示，2011年共获得酒店及配套服务收入约8 100万元人民币，进入2012年则变为亏损。

如家快捷酒店集团也曾在2012年年初经历亏损。这家国内最大的经济型品牌连锁酒店以-1.03亿元人民币的净利润身陷亏损泥潭。在业内人士看来，如家亏损的原因是行业性的。人工及物业成本的飙升，给经济型连锁酒店带来巨大的经营压力。另外，品牌低端及行业高速扩张，也导致酒店的客房价格难以提升。而国际国内逐步走弱的经济环境，令整体消费受到抑制。汉庭一季度也出现940万元的亏损。

如果说经济型酒店出现亏损，高端酒店、五星级酒店会赚钱吗？根据中国企业行业协会2012年5月公布的一份统计数据，全国五星级酒店去年一季度平均入住率为53.7%，同比和环比都呈下降趋势。

以海南为例，海南已经超过北京、上海，成为中国高星酒店和品牌酒店最多的地方，仅三亚现有各类酒店800家，纳入统计的酒店224家，客房总共35 000间。海南全省的酒店则超过530家，但新酒店仍在持续、大规模扩张。

前几年，一到春节期间，海南酒店就水涨船高，平均四五百元一晚的客房涨至2 000多元，1 000多元一晚的客房涨到七八千元，即使如此，有的酒店仍一房难求。

但2012年，三亚酒店业经营状况总体回落。有数据显示，2012年仅“五一”假期期间，三亚市酒店的开房率同比下降了12.1%，而客房量却同比增长了5.7%。同质化的酒店激增，使三亚酒店总体年入住率下滑。去年总体年均入住率仅为60%，有的酒店甚至低于50%。

2012年年初，如家等酒店集团发布季报时，外界充满着对酒店全行业亏损的担心。不过到二季度，情况明显好转。根据如家、7天、汉庭国内经济型酒店三大巨头公布的2012年二季度业绩显示，如家、汉庭已分别实现3 640万元和7 500万元的净利润。

专业的酒店集团盈利尚且不易，以酒店作为住宅和商业配套的开发商，要想靠酒店挣钱就更难了。某知名开发商目前已投入运营的四家四星级以上酒店，只有一家酒店做到盈亏平衡。

在今典集团董事长张宝全看来，要想通过酒店赚钱，除了做好常规工作外，还得另辟蹊径。2012 年 9 月 19 日，三亚湾红树林度假世界一期开业。按照酒店业的常规情况。通常是开业第一年亏损、第二年持平、第三年盈利。据今典方面透露，红树林酒店一期开业的业态中，客房部分收入只占 40%，其他商业、艺术、娱乐业态占到 60%。其中，红树林娱乐吧对酒店的经营业绩贡献尤为突出，许多客人正是冲着红树林娱乐吧提供的娱乐体验而来。最令张宝全意外的是今日艺术汇。今日艺术汇，提供艺术展览，艺术品、创意设计品、艺术图书出售，陶艺、咖啡休闲的艺术空间。据悉，开业至今，今日艺术汇每个月平均营业收入 200 万元左右。张宝全打算将商业、娱乐、文化、艺术消费直接引入酒店运营，形成特色商业模式。

资料来源：http://www.eastmoney.com/2013 年 01 月 17 日 05:03

问题：

1. 你认为我国酒店行业亏损有必然性吗？
2. 你认为我国酒店行业应该如何实现盈利？

2. 旅游企业战略管理的作用

1) 实现超越发展

当今时代，旅游企业要在日益激烈的市场竞争中获胜并取得长久的竞争优势，依靠常规的发展已经远远不够，必须谋求通过有效的资源整合，实现超越发展。因此，经营者必须时刻思考旅游企业如何才能在复杂多变的环境中获得快速发展的问题。而要达到此目标，就需要审时度势、发挥优势、把握机遇。这正是企业战略管理的任务之一。战略管理不仅有助于寻求内部资源与外部环境的匹配，而且可以促进企业改进决策的方法，优化组织结构，保持组织结构与战略的匹配性，提高旅游企业各方面的层次与水平，增强其发展潜力与竞争优势，对传统业务的突破和企业的转型升级，从而实现超越发展。

2) 构建竞争优势

随着世界经济一体化进程的加快，国际竞争的加剧，旅游企业已有的竞争优势会在竞争中不断削弱，如果满足现状，再强的竞争优势最终也将消失。旅游企业要获得动态竞争优势，必须重视创新。通过创新，可以获得新的竞争优势，或者提高现有的竞争优势，强化竞争能力，就可以进一步限制和阻止竞争者通过其资源和能力优势来快速模仿自身的优势，使竞争优势或动态竞争优势成为持续优势。旅游企业制定战略的过程，就是企业的创新过程。面对国内众多竞争对手及国外著名旅游品牌的侵入，旅游企业战略如何通过各种要素的重新组合和机制的合理变革，构建与保持竞争优势，对旅游企业的生存与发展具有重要意义。因此，旅游企业能否建立和维持长期的竞争优势，关键在于能否制定一个适合自身实力和环境要求的战略，并有效地加以实施。

3) 确保长远发展

在不同时期、不同的发展阶段，不同旅游企业所选择的经营战略各有不同，但都需要考虑长远的发展战略问题，即需要根据企业使命与战略目标，选择旅游企业可以竞争的经营业务领域，通过合理配置企业经营所必需的资源，使各项经营业务相互支持、相互协调。

有没有一个好的战略不仅是企业能否实现长远发展的关键，也是一个企业是否成熟的重要标志。那些取得巨大市场成功的旅游企业，无不具有长远的战略目标和眼光。面对日益复杂多变的国内外市场环境，旅游企业要想生存并获得长远发展，仅仅有完善的内部管理体系和优异的服务是不够的，它还必须要研究市场的变化趋势，认真谋划自己的行动战略。战略管理的意义在于在不确定环境中，通过持续地改善与创新，不断地寻求变革与发展，获得长期的生存与发展。

4) 避免无序竞争

企业战略的好处决定了单个企业能否取得和维持竞争优势，而且还深刻地影响着行业结构、市场竞争态势和总体布局。社会经济的发展促进了人们消费范围的扩大和消费欲望的增强，旅游消费呈现出多层次、多方位、多样化的特点。旅游企业需要通过提供多样化的产品来更好地满足市场需求，获得更大的市场份额。然而，在多数企业没有明确目标的情况下，最容易形成多家企业将目标集中在一个狭小的市场，从而造成过度竞争的局面。进入壁垒较低、模仿性较强等特点，一方面会造成旅游企业生产能力过剩，产品雷同，最终必然会导致价格战，结果削弱了行业获利能力；另一方面，一些消费者的需求则得不到满足。而企业战略管理依据企业使命和战略目标，通过环境分析，把握消费者的需求动向，开发多样化的产品，准确进行市场定位，并制定有效的竞争战略，能够优化产品结构和产业结构，在一定程度上避免无序竞争。

1.3.3 旅游企业战略的层次

在旅游企业战略管理中，通常将战略分为总体战略、事业部战略和职能层战略三个层次。

1．总体战略

总体战略又称公司层次战略，是企业最高层次的战略。总体战略的主要内容包括企业战略决策的一系列最基本的因素。总体战略的侧重点在三个方面：一是公司整体方向是什么？二是从公司全局出发，根据外部环境的变化及企业的内部条件，选择企业所从事的经营范围和领域，即要回答这样的问题——我们应该做什么业务？我们怎样去发展这些业务？三是在确定所从事的业务后，要在各项事业部之间进行资源配置，以实现公司整体的战略意图，这也是实施总体战略目标的关键。

2．事业部战略

事业部战略也称业务层次战略，或者是分公司战略。它是指在总体性的企业公司战略指导下，各个战略业务单元(Strategic Business Unit，SBU)制定的部门战略，是公司战略下的子战略。主要研究竞争战略与合作战略，它一般包括以下几方面的内容：产品-市场的范围；地理范围；各职能战略的支持与配合；事业的宗旨和战略目标。它处于战略结构中的第二层次。业务层次战略的重点在于改进一个经营单位在它所从事的行业某一特定的细分市场中所提供的产品和服务的竞争地位。这种战略所涉及的决策问题是在选定的业务范围内或在选定的产品-市场区域内，事业部应在什么样的基础上来进行竞争与合作，以取得超过其他竞争对手的竞争优势。其目的从企业外部来看主要是建立一定的竞争优势，即在某一特定的产品-市场领域取得超额利润；从企业内部来看主要是获得一定的协同效应，即统筹安排和协调企业内部的各种生产、财务、研究开发、营销等业务活动。事业部战略与总体战略的根本不同点在于，总体战略目标要从整体上统筹规划多个事业部的选择、发展、维持或放弃，而事业部战略只是就本事业部所从事的业务来规划。事业部战略更为具体，它关注企业如何在一个行业或产品细分市场上竞争，应发展何种持续的竞争优势，或维持成功的竞争。经营战略决定一个企业的竞争方法。这一层次战略的重要问题是：企业的核心能力是什么？企业的竞争优势是什么？这一战略涉及的时间范围为 1～5 年，通常总经理、事业部经理负责这一层次战略的制定。

3. 职能层战略

职能层战略是指在职能部门中，由职能管理人员制定的短期目标和规划，目的是为贯彻、实施和支持公司层次和经营层次的战略计划。由于通常是短期的、局部的，因而称为“策略”可能更为准确，强调“将事情做好”。在企业既定的战略条件下，企业各层次职能部门根据其职能战略采取行动，集中各部门的潜能，支持和改进公司战略的实施，保证企业战略目标的实现。与总体战略和事业部战略相比，企业职能战略更为详细、具体和具有可操作性。实际上，职能战略是事业部战略的具体化，使企业的经营计划更为可靠、充实与完善。它是由一系列详细的方案和计划构成的，涉及企业经营管理的所有领域，包括市场战略、服务生产战略、财务战略及人力资源战略等。

1) 市场战略

市场战略是旅游企业对市场调研、市场开发和市场营销组合等活动的战略。主要包括市场细分战略、市场定位、市场开拓战略、定价战略、营销战略、促销战略等。

2) 服务生产战略

旅游企业业务的核心是服务的生产与管理和组织接待业务。它涉及确定服务程序、质量水平、服务的计划与控制、生产能力平衡、企业原材料采购与存货控制等。

3) 财务战略

财务战略是有关资金筹措、分配和运用的战略，包括资本投资战略、资本结构战略、资金融通战略、财务预算与控制战略、资产管理战略等。

4) 人力资源战略

人力资源战略包括人力资源规划，员工的选拔、培训、考核及发展、劳资关系等。

上述三个层次的战略之间既有区别，又相互联系、相互作用和制约，在旅游企业内构成了一个有机统一的、分层次的战略体系。低一级的战略为高一层次战略目标的实现提供保障和支持。即各职能部门的策略是为了保证实现业务层次战略服务，而各业务层次战略是为了实现公司战略服务的。因此，总体战略目标、业务层次战略和职能层次策略之间必须保持高度的统一和协调。不同层次战略的特点见表 1-1。

表 1-1　不同层次战略的特点

层次＼特点	公司层	业务层	职能层
性质	观念型	两者兼有	操作型
制定者	高层	中层	基层
时间期限	长期	中期	短期
影响范围	整个组织	SBU 或职能部门	职能部门
明确程度	抽象	居中	具体
可衡量性	以定性评价为主	部分定量评价	可定量评价
频率	定期或不定期	定期或不定期	定期
与现状的差距	大	中	小
风险程度	大	中	小
灵活性	大	中	小
所需资源状况	部分满足	部分满足	基本满足
协调要求	高	中等	低

1.3.4　旅游企业战略管理的原则

旅游企业进行战略管理，必须遵循科学的原则。成功的战略管理通常是在以下原则的指导下进行的。

1．适应环境原则

旅游企业的战略决策活动无不与外部环境有关，这就要求旅游企业在进行战略制定时，必须随时监视和扫描内外部环境的震荡变化，分析机遇与威胁的存在方式和影响程度。重视的是企业与其所处的外部环境的互动关系，其目的是使企业能够适应、利用甚至影响环境的变化。旅游企业高层管理者在制定和实施企业战略的过程中，要清楚地了解哪些内外部因素影响企业，这些影响发生的方式、性质和程度，以便制定新的战略或及时对企业现行战略进行调整。只有准确地把握住环境动态，才能使旅游企业战略决策适应环境的变化，充分体现市场变化的要求，不断满足顾客的需要，使旅游企业经营长期立于不败之地。

2．整体最优原则

成功的旅游企业战略管理，是将企业视为一个不可分割的整体来加以管理的，其目的是提高企业的整体优化程度。具体来说，企业战略管理不是强调企业某一个战略经营单位或职能部门的重要性，而是通过制定企业的宗旨、目标、战略和决策来协调各部门、各单位的活动，使得战略方案的整体功能达到最大化。要实现整体性，旅游企业必须聚焦自身的主营业务，将整体业务流程的优化作为获取经营优势的手段。整体业务流程优化应聚焦于构建企业、员工与顾客三方良性互动的运营流程，确立并形成一种他人难以仿效的能力，并使其转变成战略能力，以达到为顾客提供超值服务的目标。

3. 全员参与原则

旅游企业战略实施的效果，是企业整体业务流程运作的综合反映，它涉及企业各个部门和全体员工。企业战略管理不仅要求企业高层管理者的支持，而且也需要中下层管理者和全体职工的参与和支持。尤其是企业战略选择确定以后，企业战略的实施就在相当大的程度上取决于企业中下层及全体职工的理解和支持。只有全员参与战略制定与实施过程，各自承担相应的责任，才能促进战略目标的有效完成。

4. 反馈修正原则

企业战略管理的时间跨度一般在 3 年以上，10 年以内。企业战略的实施通常包括一系列中短期行动计划，它们使战略在行动上具体化和可操作化。然而，企业战略的实施不会是一帆风顺的，只有不断地跟踪反馈才能确保企业战略的适应性。从某种意义上说，对现行战略管理的评价和控制是新一轮战略管理的开始。

5. 科学组合原则

科学组合的主要目的是确定旅游企业的经营领域，即明确旅游企业的业务组合策略，如专精还是多元，单一品牌还是多种品牌，实体经营还是虚拟经营。其目的是使各种业务间相互协同、相互支撑。进一步需要明确的是：进入哪些新业务领域？发展、维持、紧缩哪些业务领域？放弃哪些业务领域？对于拥有多种品牌、多种业务的旅游企业集团来说，需要根据战略目标，实现各业务间的协同作用。例如，国外旅游企业集团大多开发了针对不同细分市场的品牌，推动品牌向系列化、多样化方向发展，从而实现了理想的范围经济效应。

1.3.5 旅游企业战略管理过程

一个规范性的、全面的战略管理过程可大体分解为战略分析、战略制定、战略实施、战略控制四个阶段，各阶段之间是相互制约、相互作用的，分析战略时已经开始实施了，实施的过程中又在不断地分析，不断地修订，这是一个不断重叠、持续发展的过程。正确处理好它们之间的关系，是提高旅游企业战略管理整体运行效率的关键。

1. 战略分析

战略分析是指对影响企业现在、未来生存和发展的一些关键因素进行分析，是战略管理的第一步。一般来说，战略分析包括下列活动：剖析企业的外部机会与威胁，识别企业的内部优势与弱点，明确其愿景、使命与长期目标，提出备选战略方案。战略分析主要包括外部环境分析、内部环境分析两个方面。

1) 外部环境分析

企业都处在复杂的经济、政治、技术、文化、社会等环境中。旅游企业也不例外。某一环境变量的变化，对其可能产生重大影响，因此，把握外部环境对于战略制定是非常重要的。当然部分环境变量会给企业带来机会，而有些环境因素则给企业带来威胁，企业必须分析影响战略制定的关键外部环境要素。企业面临的外部环境主要有宏观环境和行业环境。外部环境分析的主要目标在于找出企业所面对的机会和威胁。

2) 内部环境分析

除了分析外部环境要素外，还需要考虑企业内部的要素，即考察企业所具有的优势和存在的弱点。界定这些优势与弱点也就是对企业的资源与能力状况进行较为全面的分析，分析影响战略形成与选择的内部关键要素。需要引起重视的是，组织文化和核心价值观是企业内部非常重要的因素。企业文化对整个战略活动过程会时时产生影响，高层管理者尤其是企业创始人的个人价值观与核心信仰，对战略分析与选择甚至会产生全局性的影响。企业内部环境分析主要包括企业独特竞争力分析、管理能力分析、财务资源分析、市场营销能力分析、人力资源状况分析、生产运作分析及企业文化分析等。对这些方面的因素进行系统的分析与评价，可以了解企业的现状及其所存在的优势与弱点。

2. 战略制定

1) 明确制定战略的基本准则

(1) 科学性准则。这一准则要求企业要依据科学的原理制定战略，要使用定量和定性的方法，经过科学的分析，提出可行的战略方案。

(2) 实践性准则。这一准则要求企业战略的制定要尊重企业发展的客观规律，从实践中来再回到实践中去，不仅要学习成功的经验，更要从失败的教训中总结出适合企业具体情况的可借鉴的经验，以便使制订的企业战略更符合企业实际状态，并给企业带来预期的效果。

(3) 风险性准则。这一准则要求决策者必须具有强烈的风险意识和充分的心理准备，要对战略的风险性进行详细的分析评估，并制定必要的防范预案。

2) 制定战略目标

企业的战略目标就是企业在遵循自己的使命时所要达到的长期的特定地位，它可以看作是企业活动在一定时期所要得到的结果。企业使命为企业高层管理者选择要达到的战略目标提供了方向和依据。战略目标是企业使命的具体化、数据化，如市场占有率、利用率等。

3) 战略方案的评价与选择

战略方案的评价与选择是旅游企业战略制定的最后一项工作。企业高层管理者在作战略决策时，应尽可能地考查可供选择的战略方案。在综合评价的基础上，提出候选方案。然后根据企业的发展方向与战略目标，选择可行的战略。这也要取决于管理者对风险的估计、企业文化及价值观的影响、利益相关者的期望、企业内部的权力及政治关系等。因此，战略选择的过程是对各种方案进行比较权衡，进而决定一个较为满意的方案的过程。当然，战略决策者在选择战略方案时需要考虑到方案实施中可利用的资源。在选择相对满意方案时，一个有用的规则是使执行方案中可能出现的问题的数量减少到最少，而执行方案对实现目标的贡献最大。

3. 战略实施

企业的战略实施是指通过提出具体实施措施、编制经费预算、建立运作程序，将战略方案转化为实际行动并取得成果的过程。战略实施意味着动员企业所有员工将已制定的战略付诸行动。战略实施往往被看作是战略管理过程中难度最大的阶段。实际上，对于大多数企业而言，较之制订企业战略规划，将战略计划付诸行动之中，设法使其在客观条件的允许下顺利地运行无疑需要更多的时间。在战略实施中，一个关键的问题是组织上下如何就战略方向及其实施达成共识，把组织的整体战略目标、职能部门目标与个人目标有效地统一起来。战略实施阶段需要进行以下主要工作以便使企业的内部结构与企业战略相适应。

1) 组织变革

组织结构是战略实施的基础和保障。为了实施既定的战略，组织结构也需要作出相应变革。在明确组织结构与战略关系的基础上，通过对组织结构的科学整合，将旅游企业的总体战略分解成各个层次和各个方面的具体战略，分阶段、分步骤地贯彻实施，以确保战略目标的顺利实现。

2) 资源的规划与配置

资源，尤其是稀缺性资源，在不同的业务范围和职能领域如何进行配置是战略实施的一个关键问题。除了核心的实物资源和无形资源外，对于任何企业而言，人力资源特别是第一流人才都是最稀缺的资源。因此，企业必须高度重视人力资源，把人才当作资产看待，用发展的眼光来确定如何分配人力资源，并详细评估人才的使用结果，确保战略实施中人力资源的优化配置。

3) 企业文化创新

企业文化也是影响战略实施的重要因素。在战略管理中，优秀的企业文化可以突出企业特色，形成员工的共同信念，统一员工的行为，大大推动企业战略的实施。但是企业文化并不总是适应企业战略。由于企业文化的刚性与连续性，往往很难针对新制定的战略作出及时变革。对于欲实施新型战略的企业来说，就必须在分析现有文化现状的基础上进行不断创新，努力实现战略与文化的协调。

4) 制度优化

在战略实施过程中，还必须以企业的制度保证为基础。因为一方面也许所有员工都知道战略的重要性，但不知道如何去运作，这就需要具体的实施步骤和操作程序指导所有员工如何去做；另一方面也不可能寄希望于所有员工会有实施现行战略的主观能动性，从企业的角度看，必须通过制度优化来保证员工的积极行为与战略的有效实施。

4. 战略控制

战略控制就是将经过信息反馈回来的实际战略实施成效与预定战略目标进行比较，检测二者的偏离程度，并采取有效措施进行纠正，以实现战略目标。

在旅游企业战略实施过程中，还需要实时地进行评价、监控与指导，应对各种突发情况，并及时采取必要的调整措施。

1) 建立业绩评价标准

战略评价的重要前提是明确评价内容与价值标准。有效的战略评价，不但需要分析战略是否在按原计划实施，而且需要分析战略是否取得了预期的效果。这一切并不是要等到战略实施完毕之后才进行，是与战略实施过程同步进行的。因此，旅游企业在进行战略评价与监控时，必须要能够获得及时、精确的信息。

评价的目的是为了确保企业战略的有效实施与企业使命和目标的顺利达成，因此业绩标准的制定必须以企业使命与战略目标为前提。评价业绩标准可分为定量标准与定性标准两大类。在定性评价标准方面，国外提出了以下六种标准。

(1) 战略内部各部分内容具有统一性。

(2) 战略与环境保持平衡性。

(3) 战略执行中注重评估其风险性。

(4) 战略在时间上保持相对稳定性。

(5) 战略与资源保持匹配。

(6) 战略在客观上保持可行性和可操作性。

在定量评价标准方面，常用的衡量标准包括劳动生产率、销售增长、投资报酬率、销售额、净利润、市场占有率、产品质量、新产品开发、成本费用等。

企业战略的各项定量标准应用本行业的有关资料进行比较，特别是要与竞争对手的有关资料进行比较，还要与国外同行业领先者的资料对比才能确定。

2) 衡量实际业绩

实际工作成果是战略执行过程中实际达到目标程度的综合反映。管理者的主要工作就是根据所确定的评价内容与标准，按时对企业运作的实际业绩进行测评与记录，从而为战略监控提供最基础的数据。实际业绩的衡量取决于有关信息的准确性与及时性，要求有关部门必须建立管理信息系统，并运用科学的控制方法和控制系统。

3) 进行差异分析

通过将实际业绩与预期业绩进行比较，确认企业战略管理过程是否存在偏差，并据此对实际业绩进行评估，找出产生偏差的原因，从而制定相应对策以消除偏差。若无偏差，战略管理过程将照原计划进行；若存在偏差，就要了解偏差是否在业绩标准容许的偏差范围内。对于实际情况与目标预期之间的偏差，大到足以引起注意的程度或超出容许的偏差范围，则需要分析偏差出现的原因，以便为相应措施的出台提供依据。

4) 采取纠偏行动

在深入分析偏差产生原因的基础上，管理者应及时采取有效措施进行调整。必须针对其产生的深层原因采取纠正措施，这样才能真正达到战略控制的目的。有三种方式可供选择：①常规方式，根据最常规的方式去解决偏差；②专题解决方式，就目前所出现的难题进行专题重点解决；③事先计划方式，对可能出现的问题事先有准备，以增强处理意外事件的能力。

案例分析

肯德基在中国的成功战略分析

1987 年 11 月 12 日，中国第一家肯德基餐厅在北京前门开业，从而开始了肯德基在这个拥有世界最多人口的国家的发展史。1992 年开业 10 家，1996 年开业 100 家，2004 年开业 1 000 家，2007 年开业 2 000 家。截至 2013 年底，肯德基在中国餐厅数量有 3 000 多家。我们不得不说，肯德基在中国已取得了巨大的成功。

肯德基在中国的成功是建立在其专业的战略分析、科学的战略选择和有效的战略实施基础上。其中既是最重要的又是不可忽略的几点如下。

1. 进入中国时机及选址的正确性

1986 年 9 月下旬，肯德基公司开始考虑如何打入人口最多的中国市场，发掘这个巨大市场中所蕴含的巨大潜力。虽然前景乐观，但是诸多难题也使肯德基的决策者们倍感头痛，犹豫不决。对这家全球知名的快餐公司来说，面前的中国市场是完全陌生的：肯德基的纯西方风味是否能为中国消费者所接受？开发中国市场，不但需要技术资源，更重要的是还需要宝贵的管理资源。此外，从中国不能汇出大量的硬通货利润，即使是中等水平的汇出也不大可能。最为关键的是，要打入中国市场就必须选择一个特定的投资地点。而这又带有很大的不确定性。在情况并不明朗，肯德基决定对中国市场进行更全面、更彻底的调查。面临的首要问题是：第一家肯德基店址应当选在何处？这一决策将对今后的盈利，对在中国其他地区的进一步开拓，以及对投入管理资源时的决心等产生重要影响。他们对中国的四个城市进行了调查、分析和比较。

1) 天津

优势：肯德基已同天津市政府建立了非常友好的关系；另外天津是政府直接领导的三个直辖市之一(当时是三个)。

弱点：首先，天津缺乏供应方便的谷物饲养的肉鸡；其次，西方旅游者一般不经常光顾该城市，最后，最重要的是该城市不具备这项宏伟计划所需的形象和影响力。

2) 上海

优势：中国最大的市场，最繁荣的商业中心。工业总产值占全国的 11%，外贸出口占全国的 17%，是直辖市之一；上海与西方的外交历史悠久；上海的明显优势是在这里容易获得合乎质量的充足的肉鸡供应。

弱点：它的噪声和污染却令旅游者感到沮丧。

3) 广州

优势：在批准外资项目、减免税收和鼓励技术开发方面被授予更多的自主权；西方商人经常光顾，同时也是旅游者从香港出发一日游的好地方。

弱点：离内地远。

4) 北京

优势：是中国政治文化中心；北京的外来人口数量众多，有潜在的顾客群体；北京还是中国的教育中心，是高等学府聚集地。所有这些因素都造成人口大量涌入和人民智力启蒙，这对肯德基的销售是极为重要的；是旅游胜地，将会有稳定的外汇收入；如果从北京开始，无疑将吸引人们更多的注意力，并且表明当权人的赞同态度。这将有助于今后往其他城市的进一步发展。

弱点：选择北京可能比选择其他几处城市更具有冒险性。一个成功的惹人注目的买卖会增加政府干预的可能性。

肯德基通过把降低风险的可能性与通过投资可能得到的潜在的收益加以比较，且考虑到当时在中国没有其他竞争者，是进入的最佳时机，于是，在平衡了可能的风险和收益后，决定暂时把北京作为一个起点。把北京作为肯德基进入中国的首选城市为肯德基在中国的成功奠定了坚实的基础。

2. 西方文化和中国特色相结合的战略制定

在如此竞争激烈的快餐服务业，究竟为何肯德基能始终保持强劲的发展势头呢？我们认为，是其在进入中国市场的不同发展阶段，制定了既符合组织文化又符合战略逻辑的战略。

首先是进入期，主要战略为引入西方式的全新的快餐服务体系和餐饮理念。

(1) 以其统一标识、统一服装、统一配送方式的全新连锁经营模式，并最终依靠其优质的产品、快捷亲切的服务、清洁卫生的餐饮环境确立了其在中国市场的地位。

(2) 一直坚持做到员工100%的本地化，并不断投入资金、人力进行多方面各层次的培训。从餐厅服务员、餐厅经理到公司职能部门的管理人员，公司都按照其工作的性质要求，安排科学严格的培训计划。为使管理层员工达到专业的快餐经营管理水准，肯德基还特别建立适用于餐厅管理的专业训练基地——教育发展中心。

(3) 肯德基“以速度为本”的快餐业企业精神使其特别注重发挥团队精神，依靠其团队合作达到的高效率，从而保证了营业高峰期服务的正确和迅速。使其形成了高效灵活、完善先进的管理激励机制，其团队合作精神和出色的管理水平正是肯德基立足于市场的秘诀。

(4) 优质的服务，在肯德基，你得到的服务会比你原来希望得到的服务要多。肯德基的宗旨是顾客至上，正是这一宗旨使每一位来就餐的顾客，无论是大人还是小孩，都会有一种宾至如归的感觉。

3. 在成熟期，制定了中西方相结合的战略

(1) 肯德基聘请了10多位国内的专家学者作为顾问，负责改良、开发适合中国人需求的快餐品种。为迎合中国人的口味相继推出了备受中国人民欢迎的肯德基“辣鸡翅”、“鸡腿堡”、“芙蓉鲜蔬汤”等品种，对肯德基这家一向注重传统和标准化的老店来说，这是前所未有的转变。

(2) 肯德基特别成立了中国健康食品咨询委员会，研究、开发适合新一代中国消费者品味的饮食新产品，以进一步做大市场。

4. 特许经营方式的建立

与其他地区的经营一样，特许经营对肯德基公司在中国的扩张中起了重要作用。

因为中国当时尚未对外开放，肯德基在中国发展的政治风险较大，且中国的文化分隔较严重，所以特许经营成为肯德基进入中国市场的首选经营方式。特许经营的另一个好处是肯德基公司可以保证在投资很少的情况下确保得到稳定的收入，它会对现有的经营状况产生杠杆作用。在那些能轻易避免特许商偏离肯德基公司经营规程的行为的地方，这是一个非常具有吸引力的选择。

正是由于正确地制定了进入中国的市场战略，肯德基公司在1986年从美国引入到中国以来，就在中国“遍地开花”了。

资料来源：职业餐饮网，2010-08-11 15:53:51

问题：

1. 你认为肯德基成功最主要的因素是什么？
2. 肯德基的成功对我国旅游企业有何启示？

阅读材料

美国运通国际旅游公司

美国运通公司是国际上最大的旅游服务公司，是在反映美国经济的道琼斯工业指数30家公司中唯一的服务性公司。在美国《商业周刊》和国际品牌咨询公司英特(Interbrand)联合发布的2006年度全球最具价值品牌100强中名列14，价值196亿美元。美国运通公司通过在全世界几千个美国运通旅游办事处这一庞大网络，向美国运通卡会员及顾客提供统一标准及第一流的旅游服务，包括提供签账卡、信用卡及旅行支票，同时也向公司客户提供公司卡和开销管理工具，帮助这些公司在管理公干旅行及采购方面的开支，公司同时还向世界各地的个人和公司提供旅游及相关咨询服务。

美国运通公司创立于1850年，地址设在纽约，最早经营快递业务。1891年，公司发行了全球第一张旅游支票，并在发行后的10年内保持着每年超过6亿美元的高销售额。1915年，开办美国运通旅行社，该公司的核心业务是信用卡业务和旅游业务。1915—1925年10年间，美国运通公司将旅游业的经营扩大到欧洲、南美洲、远东、西印度等地区。接下来的数十年内，美国运通公司经营侧重旅游业的发展，而传统的旅游支票和银行汇票业务与公司旅游产业的发展相辅相成，相得益彰。

1958年，美国运通公司发行了第一张签账卡，短短5年的时间，超过100万张的签账卡在国内外大约85 000个机构中广泛应用。1966年，美国运通公司发行了第一张金卡，为持卡人提供大额旅游支付服务。20世纪70年代末期，和同时代的很多大公司一样，美国运通开始了全球整合战略，但事情的发展并没有预想的顺利，公司高层所设想的各分支机构和谐发展的局面终究没有形成。在一连串高额收购后，运通公司制定了与先前稍许不同的发展战略，即以公司核心业务为主，非核心业务为辅助的经营方针。到了1995年，运通公司与旅游相关的业务占总收入的66%，这一年38万运通卡用户的刷卡总额为1 620亿美元，旅行支票的销售额达到260亿美元。上述两项无现金产品，是美国运通利润的主要来源。

随着运通卡的受理环境不断扩大，受理区域更广，行业更多，重新建立与商户间的关系成为运通公司的第一要务。公司有选择地与全球范围内的航空公司、银行、零售商和其他核心商户达成战略联盟。这些联盟取得了巨大成果，运通公司和他们的合作伙伴达成共赢，更有效地服务于双方共同的客户，壮大了双方的品牌力量。

今天，美国运通公司更具竞争力。它服务个人客户、机构和公司类客户，是全球信用卡和签账卡的领导者。它是全球最大的旅游代理机构，提供全球范围内的旅游和相关财务咨询服务。现今，它仍然为客户提供最具价值和创新精神的服务，公司始终保持着本身的核心价值。

美国运通公司在160多年的发展中，由一家快递小公司发展成为现在的从事金融和旅游服务的顶级公司，是美国企业史上的一个典型范例。美国具有百年以上历史的大公司有很多，但像运通这样从包裹快递起家，历经汇票、旅行支票业务、旅游服务公司、信用卡、综合性金融服务公司等多次脱胎换骨式的改造，仍然不断创新、与时俱进的大企业，可以说绝无仅有，这其中的奥秘自然值得探究。

本章小结

作为企业管理的高级形态，战略管理是确定企业全局性、长远性、根本性的目标并加以实施以谋求企业持续发展的过程。企业战略管理理论的产生有深刻的时代背景。从萌芽到形成，企业战略管理主要经历了计划与控制阶段、长期计划阶段、战略规划阶段、战略管理阶段四个阶段。

战略管理是旅游企业发展的必然选择。由于旅游业的行业特点和旅游服务产品的特殊性，旅游企业战略管理除了具有一般战略管理的共性之外，还具有自身的独特的内在规律。旅游企业战略分为总体战略目标、事业部战略和职能层战略。旅游企业战略管理应遵循相应的原则，经过战略分析、战略制定、战略实施、战略控制四个相互制约、相互作用的过程。

思考题

一、名词解释

旅游企业　直接旅游企业　旅游企业战略管理　旅游企业总体战略　旅游企业事业部战略

二、简答题

1. 简述旅游企业行业特性。
2. 简述旅游企业战略管理的内涵。
3. 简述企业战略管理理论发展的主要阶段。
4. 简述旅游企业战略管理的必要性。
5. 简述旅游企业战略的层次。
6. 简述旅游企业战略管理的基本要素。

三、论述题

1. 试述旅游产品和服务的特性。
2. 试述旅游企业的战略管理过程。

第 2 章　旅游企业愿景、使命与战略目标

章节知识框架

旅游企业愿景
旅游企业使命
旅游企业战略目标
旅游企业战略目标的制定程序
旅游企业战略目标的制定基本方法

教学目标与要求

通过本章的学习，学生应了解旅游企业的愿景、使命及其特征、作用、相互关系，了解旅游企业战略目标的特点、作用，掌握旅游企业战略目标体系的层次、内容、制定程序，以及基本方法。

导入案例

中国国际旅行社总社有限公司的企业愿景、使命与发展目标

中国国际旅行社总社有限公司(简称国旅)成立于 1954 年，是目前国内规模最大、实力最强的旅行社企业集团，荣列国家统计局公布的“中国企业 500 强”，是 500 强中唯一的旅游企业。国旅总社在海外 10 多个国家和地区设有 14 家分社，在全国 122 个城市拥有 20 多家控股子公司和 122 家国旅集团理事会成员社，与全球 1 400 多家旅行商建立了长期稳定的合作关系，拥有稳定的销售网络和完整的接待体系。

1. 企业愿景

中央企业群体中最具市场竞争力的旅行社集团。

中国最强的跨国旅游运营商。

全球最为著名的旅游业品牌之一。

2. 企业使命

专业创造价值：在客户眼里，国旅 50 年积累的经验和专业服务增加了旅游的价值。

工作提升生活：在国旅员工眼里，工作在国旅，不但提升自身生活品质，而且以“国旅人”而自豪。

经营保证回报：在股东眼里，能够获得稳定而有竞争力的回报。

核心理念：发展是企业第一要务。

人文理念：企业靠人，人企合一。

发展理念：高起点，高水平，高效益，可持续发展。

质量理念：质量是品牌，质量是生命，质量是效益。

营销理念：诚信为本，客户至上，真诚伙伴，互利共赢。

人才理念：发展的企业为人才的发展提供广阔的平台；发展的人才为企业的发展创造无限的空间；只有人的全面发展，才会有企业的更快发展。

从业理念：忠诚企业，敬业爱岗，快乐工作，提升生活。

3. 发展目标

中国旅游产业领域中拥有旗舰地位的企业集团。

4. 发展路径

运用收购、合资、特许经营等手段，吸纳国旅系列的旅行社企业，形成绝对规模优势。利用央企旅游产业重组的历史机遇，扩充集团泛旅游类资源，涉足新的产业领域，形成相关多元化发展格局。根据旅游市场需求的变化，运用上市等资本市场路径调整集团发展重心。

未来五年，国旅仍然以旅行社为主营业务，不断向产业上下游延伸，向上控制客源，向下渗透资源，同时，扩展传统旅行社的服务内涵，成为国际上最具影响力的中国第一旅游运营商。

资料来源：中国国际旅行社总社有限公司官网

问题：

1. 如何理解中国国际旅行社总社有限公司的企业愿景与使命？
2. 你认为中国国际旅行社总社有限公司能顺利实现发展目标吗？

成功的旅游企业都拥有明确的愿景、使命与战略目标。愿景是旅游企业努力的方向，使命是旅游企业区别于其他组织而存在的原因和目的，战略目标是旅游企业使命的具体化和现实化。确定愿景、使命与战略目标是旅游企业实行战略管理的首要任务，是确保企业战略成功的关键，而这需要在明确愿景、使命与战略目标内涵的基础上，依照科学的程序，采用有效的方法。

2.1 旅游企业愿景与使命

2.1.1 旅游企业的愿景

1. 企业愿景的含义

“愿景”一词出自学习型组织的创始人彼得·圣吉(Peter Senge)的管理学巨著《第五项修炼》。他在书中第一次提出了以实现“共同愿景”为核心的自我超越的修炼这一重要的管理学思想。企业愿景，也称远景，是指高层管理者对企业发展前景和发展方向一个高度概括的描述，是企业发展的蓝图，表明企业未来发展所要达到的目标和状态，以及对企业未来发展方向的一种期望、预测和定位。通过愿景，管理者搭建了一座非常重要的联系企业现在和未来的桥梁，使企业的全体员工及时、有效地通晓企业的使命和责任，从而激发出强大的力量，使企业不断地增强自身解决问题的力度和强度，实现其人生哲学与企业哲学的终极发挥。愿景的本质是将企业的存在价值提升到极限。愿景的力量应该是在于它是处于可实现而又不可实现的模糊状态，它既是宏伟的又是激动人心的，能够让人有一种热情，一股冲动，心甘情愿地为之奋斗。彼得·德鲁克(Peter Drucker)认为企业需要思考三个问题：第一，我们的企业是什么？第二，我们的企业将是什么？第三，我们的企业应该是什么？这三个问题集中起来体现了一个企业的愿景，即企业愿景需要回答以下三个问题：我们要到哪里去？我们未来是什么样的？目标是什么？一般而言，企业愿景大都具有前瞻性的计划或开创性的目标，作为企业发展的指引方针。

企业愿景由企业核心理念(核心价值观、核心目的)和对未来的展望(未来10～30年的远大目标和对目标的生动描述)两部分构成。

1) 核心理念

核心理念是企业的灵魂，用以规定企业的基本价值观和存在的原因，是企业长期不变的信条，如同把组织聚合起来的黏合剂，对企业员工具有凝聚力，激励他们不断进取，因而必须被全体员工共享，它的形成是企业自我认识的一个过程。核心理念由核心价值观和核心目的构成。核心价值观是一个企业最基本和持久的信仰，是组织内成员的共识。核心目的是企业存在的根本原因。优秀的企业愿景一定要能够体现出企业的核心理念。例如，迪士尼的核心价值观是崇尚想象力和乐趣，核心目标是给人们带来快乐。

2) 对未来的展望

未来展望是企业未来10～30年欲实现的宏大愿景目标及对它的生动描述。它代表着企业追求和努力争取的东西。宏大愿景目标能够激发个人潜能，激励员工竭尽所能，同时也给员工一种安全感和归属感。宏大愿景目标不能停留在抽象的概念上，必须要用生动形象的语言加以描述，要激起员工的热情和激情，得到他们的认同。

许多杰出的企业大多强调企业愿景的重要性，因为唯有借助愿景，才能有效地培育与鼓舞组织内部所有人，激励员工的团队精神和创造力，增强组织生产力，达到企业的目标。

旅游企业的愿景主要是由高层管理者来制定，高层管理者必须首先在头脑中建立组织未来可能的、并值得为之奋斗的蓝图，作为企业努力的方向，但是企业的愿景不只专属于企业高层管理者所有，企业内部每位成员都应参与构思制定愿景与沟通共识，透过制定愿景的过程，可使得愿景更有价值，企业更有竞争力。

一般来讲，企业的愿景通常包含四个方面的内容。

(1) 造福于整个社会。例如，有些企业的愿景就表达出企业的存在就是要为社会创造某种价值。

(2) 实现企业的兴旺发达。例如，美国航空公司提出要做“全球的领导者”，这就是谋求企业的繁荣昌盛。

(3) 员工能够敬业乐业。

(4) 使客户心满意足。客户满意是最基础的愿景，因为客户是企业成功最重要的因素，如果客户对企业的愿景不能认同，那么愿景也就失去了意义。

实际上，一些企业的愿景并不一定包括上述所有内容，而往往是强调其中的一、两个方面。

阅读案例 2—1

旅游企业愿景实例

(1) 迪士尼公司：成为全球的超级娱乐公司。

(2) 香格里拉集团：成为客人、同事、股东和经营伙伴的首选。

(3) 美国运通集团：成为全球最受人尊敬的服务品牌。

(4) 万豪集团：打造世界第一酒店品牌。

(5) 中青旅：国际化大型旅游运营商。

(6) 如家集团：成为大众住宿业的卓越领导者。

(7) 净雅食品股份有限公司：成为世界最受尊敬、最伟大的公司。

① 简单、清晰、高效的商业模式。

② 履行社会责任。

③ 投资收益持续稳定增长。

④ 员工人人有目标，在组织内快乐幸福成长。

⑤ 人人创造文化的公司，文化的传承从个人到家庭、到社会，文化复制力和影响力强。

⑥ 整个企业是学习型组织。

(8) 7 天连锁酒店：建成业内规模最大的连锁酒店，并保持最大规模、忠诚度最高的会员体系。通过快乐服务，努力为消费者带来多层面的快乐消费体验，满足客户核心需求，提供舒适睡眠；24 小时便利自主预订方式，多方面满足客户需求。

实现企业方向的方式显然是通过恪尽职守的员工的努力工作，这一点需要 7 天进一步扩大规模，增开门店数量力争覆盖所有有业务需求的地区。利用完善的电子商务平台、庞大的会员体系满足其业务需求，为公司带来可观的利润。

2. 企业愿景的作用

企业愿景对于旅游企业来说十分重要。人们经过长期的实践研究发现，优秀企业都有明确的企业愿景，并成功地将它扎根于员工之中，成为一股经久不衰的推动力，激励着这些企业不断向前。只有具备全体员工共同拥有的企业愿景，企业才有了成长为优秀企业的基础。没有愿景，企业的发展就没有了方向和指导。旅游企业不但要制定好愿景，而且要按照愿景的要求和方向对企业的发展进行有效的监控。具体而言，企业愿景的作用主要体现在以下方面。

1) 为企业提供未来的发展方向

愿景可以向企业提供未来的发展方向，为企业指明发展道路，使企业认识到未来的机会，根据愿景设定战略，并根据战略正确合理地将企业有限的资源分配到未来的机会上，从而占据竞争的主动，赢得先动者优势。如果企业没有愿景，就像一个人从来没有完全清楚自己的人生目标一样，企业很可能就会随波逐流，不可能发展成为行业的领先者，即使短期内有不错的业绩，也会因为和长期目标不够一致，各种力量会互相抵消，甚至被淘汰。

2) 具有凝聚功能

企业愿景能够统一员工的认识，并在情感上激起员工的热情、团队精神和创造力。通过培育企业成员的认同感和归属感，企业愿景能建立成员与企业之间的相互依存关系，使个人的行为、思想、感情、信念、习惯与企业的目标有机地统一起来，形成相对稳固的文化氛围，凝聚成一种无形的合力与整体趋向，激发员工个人发展的欲望，用创造的观点来面对自己的工作、生活与生命，把个人事业上的成就感作为衡量自我超越程度的一个尺度，努力去实现企业的共同目标。企业的每个员工都拥有了自我超越能力，企业也就有了力量的源泉。企业愿景这种自我凝聚、自我向心、自我激励的作用，构成了企业生存发展的基础和不断前进的动力。因此，彼得·圣吉说“自我超越”和“愿景”是组织生命力的源泉。

3) 对战略的制定具有重要价值

愿景是战略制定的基础。愿景为战略指明了长远的方向，战略将围绕愿景制定阶段战略指标体系、年度经营计划及关键业绩考核系统。因此战略思维的过程就是愿景梳理、提炼的过程。没有愿景说明企业所追求的长期目标，很难明确表述战略。愿景不仅明确了战略的目标，而且有助于形成优秀的战略，特别是对于新组织或战略方向正发生根本变化的企业来说，要吸引和激励员工及投资者，提出清晰的愿景及战略至关重要。

4) 协调利益相关者关系

对于一个特定的组织来说，利益相关者通常是指那些与组织有利益关系的个人或者群体。旅游企业的利益相关者包括员工、游客、股东、政府、批发商、经销商、债权人、社会公众等。如果企业忽略了某个或者某些能够对企业产生影响的群体或者个人，就有可能导致经营失败。企业愿景为企业的客户、供应商等提供了可能的期望，是企业与外部利益集团进行交流的最好形式之一，它使外部利益集团能了解企业的发展动向，企业对自己的设想和企业努力的方向，因而能更实际地支持企业的活动。

5) 应对企业危机

现代企业所处的环境要素复杂多变，加上行业自身的敏感性和脆弱性，旅游企业的生存时刻面临着极大挑战，处理不慎就可能演变为致命危机。明确的企业愿景是企业应对危机的必要条件和准则。以愿景为危机处理的基准才能保证企业的长远利益和社会认同，还有可能将危机转化为机遇。为了保证愿景的贯彻，一些成功的企业在面对危机时不惜牺牲巨大的短期利益以维护社会利益，这无形中提升了企业形象，提高了在消费者心目中的地位，有助于企业以后的市场开拓。

3. 旅游企业愿景确定程序

建立旅游企业愿景的核心工作，就是设计和发展出持续的工作流程，使企业所有员工都可以由衷地说出他们最关心的事情，同时高级主管和其他人也都能听到他们所说的话。在旅游企业愿景的制定程序上，没有普遍使用的程序。一般来说，旅游企业愿景确定分五个步骤。

(1) 提出任务。高层管理者提出愿景规划，明确企业愿景的重要意义和作用，企业将遵循决策者的意愿，确定企业愿景。

(2) 成立规划小组，成员由来自各部门的员工代表组成。规划小组将进行相关训练，帮助员工更好地理解他人心目中对企业将来形象的期望。

(3) 形成核心要素并讨论。规划小组每个成员设想并描述企业的未来情形状态，并加以讨论，形成一些可能的要素清单，最后判断哪些对愿景是关键的。

(4) 进行测试。针对愿景具体内容的一些想法，选用多个部门来测试，看他们对愿景的反应是积极还是消极，经过反复测试，最后由高层管理者确定愿景。

(5) 共同创造。旅游企业战略决策者整合旅游企业的愿景，在向下传播之前，从旅游企业员工中发掘创新性的意见。旅游企业战略决策者和企业上下经过合作，一起建立共同愿景。真正的旅游企业愿景是不可能由某个人来决定的，而只能来源于一系列的反思和对话过程。

4．旅游企业愿景陈述

旅游企业愿景的表述具有重要的意义。美好的、激励性的表述可以带给每个员工以极大的动力。一般来说，企业的愿景应当为企业清楚地描述一个逼真的、可信的、有吸引力的未来，描述一个在某些重要方面优于企业当前状态的未来状态。要使愿景中确认的机会得到普遍认可，并能指导战略分析，对机会的描述需要有针对性，可以具体一些，但不应该局限在具体的产品或具体的细分市场上。实践中，也很可能会出现企业制定的愿景激动人心，令人慷慨激昂，但脱离实际，与企业的资源、可能的市场、企业的竞争性毫不相关的情况，这是应该避免的。

哈默尔和普拉哈拉德提出了愿景陈述是否恰当的五条标准，并具体地给出了评价愿景陈述的标准。在这个标准中，将企业愿景是否恰当归结为预见性、涵盖面、独特性、共识及可行性五个方面，见表 2-1。

表 2-1　考查企业愿景的五个判断标准

标准	考查的关键领域
预见性	愿景勾画了一幅怎样的未来蓝图，时间进度是如何安排的
涵盖面	愿景在多大范围内考虑了企业所在行业可能发生的变化及造成这些变化的驱动力量
独特性	企业愿景是否对未来有独特设想，竞争对手是否会对此感到惊异
共识	企业内部是否就企业未来达成了一致性。如果没有，则同时追求不同愿景将会产生问题
可行性	愿景是否包括目前采取的行动，是否拥有必需的技术和技能去实现企业的愿景，市场机会把握得如何

2.1.2　旅游企业使命的内涵

1．旅游企业使命的含义

企业使命来源于企业愿景。确定企业使命是制定战略目标的前提和依据，也是企业战略的一个重要组成部分。所以，在确定战略目标体系与制定方法之前，首先需要弄清企业使命的含义。

旅游企业使命是指企业区别于其他类型组织而存在的原因或目的，包括根本性质和宗旨、信念，以及所从事的事业范围和界限。即说明企业的经营事业是什么，事业的范围有哪些，事业怎样改变，事业的发展方向是什么。旅游企业使命反映了企业最为基本的价值观，揭示了本企业与其他企业根本性的差异，界定了企业为社会服务的范围和所满足的社会基本需求。旅游企业使命作为企业“立身之本”的宣言，为员工、顾客及其他有关组织和个人提供一个认同的形象，使之了解企业的发展方向。旅游企业使命有狭义和广义之分。狭义的企业使命是产品导向的；广义的企业使命是从本企业的实际条件出发，以市场为导向来定义的，着眼于满足市场的某种需要。企业使命不是企业经营活动具体结果的表述，而是为企业提供一种原则、方向和哲学。绝大多数的企业使命是高度抽象的。

在实际中，企业使命陈述的表现形式不仅仅局限在“使命”这一词。“使命”可以被“纲领”、“目的”、“哲学”、“信念”、“原则”、“战略意图”、“战略计划”和“业务范围”等词代替。使命陈述有的取名“企业文化”、“企业宗旨”、“企业精神”等。国内企业使命陈述表达形式包括自我评价、企业精神、企业宗旨、企业价值观、企业基本政策与信念、企业经营原则等。

阅读案例 2-2

旅游企业使命实例

(1) 如家酒店集团：用我们的专业知识和精心规划，使我们服务和产品的效益最高，从而为我们的客户提供“干净、温馨”经济型酒店产品；要让我们的员工得到尊重，工作愉快，以能在“如家”工作而自豪；同时使得投资者能够获得稳定而有竞争力的回报；由此创造我们的“如家”品牌。

为宾客营造干净温馨的“家”；为员工提供和谐向上的环境；为伙伴搭建互惠共赢的平台；为股东创造持续稳定的回报；为社会承担企业公民的责任。

(2) 净雅食品股份有限公司：领航中华餐饮文化，推动社会和谐发展。

(3) 雅高集团：致力于酒店与观光事业，并行发展餐饮业、赌场业和旅行社业。

(4) 7天连锁酒店：让出行在外的人们更多、更好地获得干净、健康、便捷、安全的高性价比酒店服务。

(5) 东方航空公司：让旅客安全舒适地抵达。

(6) 携程网：可以使通过旅游供应链的优化组合为顾客创造价值。

建立一个企业的使命并不容易，这一点毋庸置疑。彼得·德鲁克指出：定义企业的目的和使命是很困难、很痛苦和具有风险的事情。但是只有如此，才能使企业设立目标、发展战略、集中资源和正常运营；只有如此，才能使企业进行有效管理并最终取得绩效。

美国管理学家 M. C. 金尼斯(M. C. Ginnis)认为一个好的使命应该包括以下特征。

(1) 应该明确企业生存的目的。

(2) 应该既宽泛，以允许企业有创造性地发展，同时又对企业的一些冒险行动有所限制。

(3) 应该使本企业区别于其他同类企业。

(4) 应该作为评价企业现在和未来的活动的框架。

(5) 应该清楚明白，易于为整个企业所理解。

旅游企业的使命可以根据组织本身和它的文化、企业资源和旅游产品、顾客旅游需求及市场等方面来界定。但一般而言，企业使命至少应当具备以下五个要素。

(1) 反映企业定位，包括赢利方式、企业的社会责任及市场定位的企业价值。

(2) 有导向作用。明确的企业使命能够明确企业未来发展方向，能为有效分配和使用企业资源提供一个基本的行为框架，避免向某些严重偏离企业发展方向的领域进行投资，从而做到方向明确，力量集中。

(3) 说明业务范围，即生产什么产品，在哪个领域经营。

(4) 有利于界定企业自身形象，加深顾客对企业的认识。

(5) 企业使命取决于影响战略决策的利益相关者的相对能力。

企业使命不是一成不变的，而是具有动态性。彼得·德鲁克曾提到："关于一个企业的宗旨和使命的定义，很少有维持到30年的，更不用说50年了，一般只能维持10年。"在企业成立之初，使命可能会是非常简单的。但随着业务的成功、企业的发展，原来的使命可能显得狭窄。必须通过制定企业战略，对企业使命进行研究并重新定位，以适应新的环境条件。

2. 旅游企业使命的构成

一般而言，旅游企业使命的内容包括三个方面：企业经营哲学、企业宗旨和企业形象。

1) 企业经营哲学

所谓企业经营哲学，又称经营理念，是指旅游企业为其经营活动方式所确立的价值观、信念和行为准则，是企业在社会活动及经营过程中起何种作用或如何起这种作用的一个抽象反映。它表明旅游企业看重什么、崇尚什么、鼓励和提倡什么。企业哲学的形成，会对旅游企业活动发挥指导作用。任何企业为了生存并获得成功，必须树立一套正确的信念，作为一切方针和行动的前提，为企业全体成员处理与各种内外利益相关者的关系提供明晰的指导。企业哲学是旅游企业全体员工共同拥有的，是它们共同的奋斗目标和行为规范。它影响着企业的全部经营活动和企业员工的行为，决定着企业经营的成功与失败。一般来说，企业经营哲学由于受文化的影响而具有较大的共性；同时，不同国家的企业在管理理念上又表现出明显的差别。例如，山东净雅食品股份有限公司的经营哲学是"烹小鲜若治大国"，康辉旅游集团的经营理念是"让旅游者满意"。

阅读案例 2-3

喜达屋集团价值观

在喜达屋，我们将所有人都认同的价值观称为"承诺"。"承诺"是我们日常行为的指路明灯，也可使我们对相互间可以获得的期望达成共识。

1. 喜达屋的价值观

(1) 通过采取可建立持久联系及忠诚度的措施来做得更多。

(2) 通过全球合作及企业内部跨团队的合作来展现团队精神。

(3) 通过正确的判断及对社区、员工、业主、合作伙伴和环境的重视做正确的事。

我们始终致力于将公司创建成最佳的工作地点，同时提供非凡的客户体验和巨大的投资回报，并不断迅速成长、强健发展、稳步前进。

2. 多元化与包容性

凭借 1 134 家酒店及 154 000 多名员工，我们拥有多元化的员工队伍和客户基础。我们不仅要做到为我们的员工、顾客和供应商营造一个包容性的环境，更要把这项工作作为我们的业务核心。

3. “全球公民”计划

喜达屋酒店有为我们开展经营的社区提供妥善关怀的优良传统，因此“全球公民”计划应运而生。我们以环境和社区为工作重点，并在工作过程中充分利用我们的人员、品牌、关系及全球影响力。

资料来源：喜达屋集团官网

2) 旅游企业宗旨

所谓企业宗旨是企业生存的目的，是对规定企业去执行或打算执行的活动，以及现在的或期望的企业类型的具体阐述，即企业准备为什么类型的顾客服务，以及将来成为什么类型的组织或者所期望的企业类型是什么，而不是说明企业要生产某种产品。例如，日本 JTB 企业集团的经营宗旨是：通过扩大国内外人们之间的交流履行发展旅游业的职责，为实现和平而又具有丰富精神面貌的社会做出贡献。

企业宗旨是企业使命的核心内容，它集中反映了旅游企业的发展方向和战略意图，对旅游企业经营思路的拓宽和经营业务的展开具有积极的指导作用。因此，明确旅游企业宗旨具有非常重要的作用，因为没有具体的宗旨，要制定清晰的目标和战略实际上是不可能的，此外，一个企业的宗旨不仅要在创业之初加以明确，而且在发展的关键时期也必须经常再予确认。要了解一个企业，可以先看它的企业宗旨。彼得·德鲁克曾指出：企业宗旨的唯一定义是“创造顾客”，因此，要确定一个企业的宗旨，首先必须确定其现有的和潜在的顾客。

旅游企业宗旨总体上会涉及两个方面：旅游企业的业务发展方向和旅游企业的规模地位。业务方向反映的是旅游企业准备为什么类型的顾客服务。企业宗旨一般对下列问题进行分析和回答：①市场发展趋势及市场潜力如何；②顾客的哪些现有需求还未得到充分的满足？③随着经济的发展、消费风尚的改变或竞争的推动，市场结构会发生哪些变化；④何种革新将改变顾客的购买习惯；⑤企业的经营业务是否适当，是否应根据外部环境的变化来改变其经营业务。旅游企业规模和地位反映的是旅游企业所希望成为的组织在社会经济发展中所扮演的角色和在本行业发展中的竞争地位，有的旅游企业在企业宗旨中明确提出了要成为该行业第几名就是对这方面的表述。例如，中国康辉旅行社的经营宗旨是“高质量的服务、高素质的员工、高水平的旅游”，经营目标是“让合作者放心，让旅游者满意”。山东金桥国旅的长期目标是“成为中国旅游电子商务领域的领军者”，短期目标是“打造行业内最卓越的团队，服务于我们的客户”，近期目标是“为山东人创造最优质的旅游出行服务”。

3) 旅游企业形象

企业形象，是指旅游企业以其产品和服务所承担的社会责任给社会公众和企业员工留下的印象。从公共关系理论的角度来看，一个企业组织的营运过程，一般有员工、股东、顾客、供应商、竞争者、社区、舆论界、政府等基本公众。每一企业在其特定的公众心目中，都有自己的形象。例如，顾客普遍认为万豪酒店集团是高端酒店企业，如家集团是大众住宿企业等。企业形象的定位可以通过企业形象识别系统来体现。对公众形象的重视反映了企业对环境影响及社会责任的认识。特别是对于一个成长中的企业，良好的企业形象意味着旅游企业拥有了长期信誉，是吸引顾客的重要因素，因此旅游企业在设计使命时，应把社会信誉和形象放在首位。研究表明，对于不同行业的企业，影响企业形象的主要因素各不相同。旅游企业形象必须根据其总体发展目标和市场环境加以确定，向公众传递良好的服务质量、清洁程度、现代化等信息可能会有利于树立良好的企业形象等。旅游企业在确立形象时要注意有形证据的开发，以便消费者能够更加深刻地感知其产品或服务。

3. 旅游企业使命与愿景的关系

旅游企业使命与愿景既有区别又有联系。在美国的战略理论界，多数人非常明确地将愿景与使命区分为目标陈述与任务陈述，但也有人将两者统称为目标陈述，有人将两者统称为使命陈述。

愿景是期望的、想要创造的、用现在时态来描绘的未来图像。愿景能够指出要去哪里，以及到达目的地后又会是什么样子。愿景更加注重描述企业将来所希望达到的状态，是企业的抱负、志向或发展方向。使命是组织要完成的任务，侧重于强调企业正在从事或者将要从事的业务范围的规定，更多地涉及企业的现状。二者具体差别如下。

(1) 企业使命是指这个企业的目的，而愿景则描述了这个企业在实现自己的使命时怎么做。

(2) 愿景是个人或群体所渴望的未来的“状态”，使命包括企业广泛的目标，很大程度上包括了长期的愿景。

(3) 企业使命说明的是企业的根本性质和存在的理由，而企业愿景说明的是在这种企业使命下企业如何做才能做得最好，或者说，企业应该怎样做才能实现企业的使命。

(4) 企业使命是比较抽象而长期的，而企业愿景是比较具体的，愿景中描绘的未来图像越翔实、丰富、生动，其发挥的作用就越大。其期限必须与战略期限相一致。

(5) 企业使命决定了企业的愿景，而企业愿景又决定了企业战略，先有使命，才有愿景，再有战略。

如果一个企业使命既清晰地表述现在的业务内容，又阐明企业前进的方向和未来的业务领域时，那么企业两者就统一了。

2.1.3 旅游企业使命的作用

管理学大师彼得·德鲁克认为：“使企业遭受挫折的最主要原因恐怕是人们很少充分地思考企业的使命是什么。”如果使命不清，方向不明，企业就难以确定适合自己的经营目标。国外许多学者就企业使命对于有效进行战略管理的重要性进行了研究。他们发现，制定企业使命与企业绩效之间存在某种正相关关系。一个生动、明确的使命表述，一定能起到激发士气、鼓舞斗志、充分调动整个企业员工积极性，确保企业经营目标的顺利实现。具体说来，使命的作用体现在以下几个方面。

1. 明确战略方向

旅游企业使命明确了企业的前进方向，即企业以何种技术，在哪些地区，以何种可获利价格，向哪些用户提供产品或服务，以及未来企业的理想状况，为企业发展指明了方向，有利于企业集中力量，努力实现既定的战略目标，也有利于社会公众了解企业，进而树立起良好的企业形象。企业使命的调整，常常会引起企业方向、道路的改变，进而引起企业一系列战略性的改变。

2. 指导经营资源配置

企业的各种资源是有限的。资源的积累和配置是旅游企业战略管理的重要任务。只有有了明确的企业使命，企业才能把有限的资源按照业务主次进行合理配置，从而充分保障核心业务的发展需要，确保企业战略目标的实现。

3. 形成企业的共识

在旅游企业经营中长期坚持的经营哲学和宗旨能够形成共同的价值观、行为准则和共同的努力方向及奋斗理想，能够统一旅游企业全体员工的思想，形成共识，以保证企业成员在重大问题的决策方面能做到行动一致，充分发挥各机构的协同作用，增强企业的凝聚力，提高企业整体运行效率。其所起的巨大作用在某种程度上比技术、资金更重要。

4. 激励员工

相对于经济利益，员工往往更加重视自我价值的实现和个人能力的提升。旅游企业使命能够使员工感到自己是未来事业的一部分，是因为他们通过企业使命看到了企业奋斗的目标和企业发展的未来，企业变成了帮助他们实现自我价值的平台，从而能够满足他们成就事业的需要，产生积极工作的态度和行为。这种目标激励的作用是物质激励难以达到的。

5. 协调不同利益相关者的关系

旅游企业的利益相关者包括员工、游客、股东、政府、批发商、经销商等。不同的利益相关者对旅游企业的要求不尽相同，甚至要求可能相反。一个良好的、明确的企业使命，能够起到协调企业利益相关者利益关系的作用，使大多数利益相关者能够理解和支持企业的战略使命，使尽可能多的利益相关者关心和参与企业事业的发展。

6. 为企业战略制定和实施提供依据

企业使命是企业确定战略目标的依据。它规定了旅游企业战略目标的性质、范围与重点，为旅游企业清晰地描述了目标市场、顾客的需要及市场中的价值定位，这些为旅游企业的战略方案选择提供了评价依据。企业在制定战略过程中，无论是制定备选方案，还是进行方案选择，都要把企业使命及其决定的战略目标作为依据，。符合其方向和要求的战略方案才会被采纳。

2.1.4 旅游企业使命的表述

实践中，企业使命表述的形式、内容和措辞变化多样，并没有一个具体的标准。有的言简意赅，有的洋洋万言；有些只针对特定群体(如员工或客户)，而有些则是针对多种目标群体。但总结成功企业的使命表述，一般具有一些共同的要素和特点。

1．旅游企业使命表述的主要因素

(1) 顾客——谁是企业的顾客。这是确定企业使命中需要优先考虑的问题。只有明确界定企业的目标顾客群，识别他们的真正需求及其变化趋势，才有可能进一步开发出满足他们需要的产品或服务。

(2) 产品或服务——企业的主要产品或服务是什么，即阐述企业经营的主要产品或服务领域，以及企业为顾客提供的产品或服务的功能与用途。

(3) 市场——企业主要在哪一个地区或行业展开竞争，即明确界定竞争的空间，在哪些区域为消费群体供应产品或服务，在哪些区域与关键的竞争对手展开角逐。

(4) 技术——企业采用的基本技术是什么，技术竞争力表现在哪里。这要求企业界定为目标顾客提供特殊功能与用途的产品或服务而正在或可能使用的技术。假如企业的战略基于向目标顾客供应领先产品或服务，就必须具有超越竞争者的创新管理能力。

(5) 对生存、发展和盈利的关注——企业对近期、中期和远期的经济目标的态度。企业必须兼顾长期目标与短期目标。只有真正关注长期发展的企业，才能完成自身的特殊使命。

(6) 经营哲学——企业的基本信仰、价值观念和愿望是什么。每个企业都存在随着时间演变的价值观、信念、仪式、故事及实践的体系或模式，这些共有经营理念在很大程度上决定了员工的看法及其对周围环境的反应。

(7) 自我认知——企业最独特的能力或最主要的竞争优势是什么。这主要反映企业对于自身竞争优势或独特资源与能力要素的认知。企业客观地评价自身的优劣要素，明确自身在行业中的位置，是制定企业战略的重要依据。

(8) 对公众形象的关切——企业希望的公众形象是什么。战略决策者应该认真考虑公众对于企业的期望，对社区、社会和环境承担相应的责任，以树立良好的企业声望。

(9) 对员工的关注及其他利益相关者的协调——企业对员工的认识和态度怎样，企业使命的表述是否有效地协调和反映了各相关利益主体。这关系到员工队伍的稳定和凝聚力。企业是否把员工视为宝贵的资产，与企业能否获得长期发展密切相关。因此，企业应考查员工在物质与精神上的需要。

2．旅游企业使命表述的特点

1) 鲜明的独特性

旅游企业使命是旅游企业区别于其他类型组织而存在的原因或目的，是企业所独有的，具有高度个性。由于其使命不同，旅游业中不同企业所追求的战略目标往往存在很大差异。因此，企业的使命必须具有鲜明的独特性，使旅游企业与旅游业中的其他企业区别开来，这样才有助于发挥企业使命的作用。

2) 高度的概括性

有效的企业使命陈述要简单易懂，具有高度概括性。是指企业的事情不能太多、太细致，要高度概括企业的目的、性质和企业社会责任等。过于细致的使命陈述有可能限制管理部门创造力的发挥，使企业无法有效应对复杂多变的环境。

3) 以顾客需求为导向

旅游企业在确定使命的时候，要以顾客的需求为导向，应认定本企业对顾客的功效，强调企业与顾客的关系，而非以企业的产品和技术为导向。因为产品是短暂的，而需求和顾客则是永恒的。立足于需求特别是创造需求来概括企业的存在目的，这样才能保证企业可以长期生存，生产出适应市场需求的产品。

4) 切实可行

企业使命要符合企业自身的情况，是企业通过长期努力可以达到的。如果过于宽泛，或者是企业需要冒极大的风险才能达到的目标，不仅缺乏重点，而且容易挫伤员工的积极性，这种不切实际的使命必须进行调整。

5) 具有激励性

企业使命是旅游企业的指导思想，是企业的定位、目标和理念的总和。因此，旅游企业的使命对企业内部的员工要有激励性，能够激发他们的热情和巨大的潜能。所谓员工的使命感和自豪感，就来源于使命的激励性。

3. 旅游企业使命说明书

企业使命陈述或使命宣言通常反映在企业使命说明书中。使命说明书常出现在企业的公开年报与公司网站上。有些取名为“使命”、“愿景”或“目标”，也有些不用“使命陈述”这个词，取名“企业文化”、“企业宗旨”、“企业精神”等。目前，大部分知名旅行企业都在公司网页上公布使命陈述。国外常取名为“使命”或使命陈述，而国内企业则多用“企业精神”、“经营宗旨”与“发展目标”等名词。将使命、愿景或者目标等形之于文字，放在内外正式文件里，方便有关人士了解企业，清楚解答企业是什么与将是什么的疑惑。

金(King)和克莱兰(Cleland)认为，企业精心定义书面企业使命主要是出于以下一些目的。

(1) 建立统一的企业风气或环境。

(2) 保证整个企业经营目的的一致性。

(3) 为配置企业资源提供基础或标准。

(4) 通过集中的表述，员工认识企业的目的和发展方向，防止他们在不明白企业目标和方向的情况下参与企业活动。

(5) 有助于将目标转变为企业组织结构，包括向企业内各责任单位分配任务。

(6) 使企业的经营目的具体化，并将这些目的转变为目标，以便使成本、时间和绩效参数得到评价和控制。

阅读案例 2-4

深圳航空公司使命说明书

深圳航空奉行"安全第一，正常飞行，优质服务，提高效益"的经营理念。

深圳航空以"立志成为世界上最受推崇和最有价值的航空公司，推动民族航空成为世界首选"为使命，以成为"特色航空的领跑者"为愿景，提出"深情无限，航程万里"的口号，不断创新服务手段、提高服务质量、增加服务种类，追求服务的优质、特色和精细。

1. 文化图腾：民族之鹏

大鹏一日同风起，扶摇直上九万里。

2. 核心理念

(1) 使命，我们立志成为世界上最受推崇和最有价值的航空公司，推动民族航空成为世界首选。我们有责任通过全面创新和持续改进成为世界上最受推崇和最有价值的航空公司之一；作为中国民航业的一员，我们更有责任以自己的努力推动整个民族航空的发展，使中国航空领先世界。

(2) 愿景，特色航空的领跑者，我们将以特色彰显个性，并以成为全球特色航空公司的倡导者与领先者为理想。

(3) 精神(十个字)，拼搏(市场竞争需要拼搏)；热情(永远创业需要热情)；进取(持续发展需要进取)；创新(追求特色需要创新)；责任：企业经营需要责任。

(4) 价值观，我们主张以持续改进来推动深航的不断进步。因为我们深信：没有最好，只有更好。团队是我们持续改进的保证，团队是深航的基本构成元素，是凝聚员工和推动深航不断发展的基石。尊重员工，尊重顾客，尊重社会公众是深航持续改进的动力源泉，深航的和谐发展需要各个方面的认可、信任和支持。

3. 经营准则

(1) 市场准则：今天的质量就是明天的市场。

(2) 战略准则：不争第一，只创特色。

(3) 服务准则：任何时候，自然体贴，深圳航空。

(4) 安全准则：永恒安全，从零开始。

4. 管理法则

(1) 流程法则：精简、精进、精准。

(2) 组织法则：诚信协作、务实高效。

(3) 团队法则：协作共享、包容个性。

(4) 沟通法则：三无沟通。

(5) 人才法则：智信仁勇。

智：高瞻远瞩，持续创新。

信：恪守承诺，担负责任。

仁：严于律己，宽以待人。

勇：勇者无畏，永不言败。

(6) 绩效法则：崇尚业绩，注重能力。

用业绩说话，让有业绩的深航人成为骄傲。用能力证明，让有能力的深航人得到展示。

(7) 学习法则：创新源自学习。

学习是创新的源泉，我们主张全方位地不断学习。向顾客学，向同行学，向同事学。

5. 形象

(1) 企业形象：

与员工共同分享，一个员工热爱的公司。

与顾客共同体验，一个顾客赞誉的公司。

与社会共同进步，一个社会信赖的公司。

(2) 员工形象：有责任，有激情，有能力，有品格。责任，行达致承诺；激情，行源自内心；能力，行医来专业；品格，行止于至善。

(3) 我们的作风：以身作则、雷厉风行。

(4) 标语：任何时候、自然体贴、深圳航空。

标志含义(航徽)：标志以中华传统的红、黄为色调，以象形文字——战国时期大篆体“鹏”为设计原形，寓意深航立志成为“民族之鹏”。

2.2 旅游企业战略目标

企业的愿景和使命从总体上描述了企业存在的理由与发展前景，但要想制定正确的企业战略并加以有效实施，还必须把这些较为抽象和概括的理念进行具体化和现实化，将其转变成为各种可以操作的目标。

2.2.1 旅游企业战略目标的内涵

1．战略目标的含义

战略目标是指企业通过战略期内的战略行动而想达到的结果。它是根据企业愿景和企业使命延伸展开确定的，所能表现的是企业的具体期望，它所指明的是企业的努力方向。战略目标是企业战略的重要组成部分，它反映了战略思想和企业使命，也是制定、选择战略方案和战略实施、控制的依据。战略目标可以是定性的，也可以是定量的，如企业获利能力目标、生产率目标或竞争地位目标等。一般情况下，为了使所制定的目标既具有挑战性，又具有可实现性，在旅游企业目标表述中，必须综合考虑旅游企业长短期发展及内外部环境变化情况，贯彻结果导向的原则。

2．战略目标的特点

1) 总体性

战略目标是总体目标，是对企业全局的一种总体设想，其着眼点是整体而不是局部，是从总体角度对企业的未来所做的较为理想的设计。战略目标提出企业整体发展的总任务和总要求，规定整体发展的根本方向。因此，企业战略目标总是高度概括的，具有总体性特征。

2) 长期性

战略目标是关于企业未来的设想，着眼点是未来和长远，设定的是企业通过长期努力奋斗而达到的超越现实的一种理想状态，规定的是一种长期的发展方向，提出的是长期的任务，要经过企业相当长时间的努力才能实现。

3) 现实性

战略目标着眼于未来，立足于现在。战略目标必须是经过努力可以实现的，即具有达到目标的条件，因而员工对目标的实现充满信心和希望，愿意为之贡献自己的全部力量。在制定企业战略目标时，必须考虑旅游企业的现实能力，在全面分析企业内部环境的优劣和外部环境的利弊的基础上判断企业经过努力后所能达到的程度。目标过高，可望而不可即，必然会挫伤员工的积极性，浪费企业资源。过低的目标容易被员工所忽视、错过市场机会。也就是说，战略目标必须适中、可行。

4) 相对稳定性

战略目标具有长期性，企业战略目标一经制定，应保持相对稳定，这样，企业员工的行动才会有明确的方向，大家对目标的实现才会树立起坚定的信念。当然，强调战略目标的稳定性并不排斥战略目标保持一定的弹性以应对客观环境的变化。

5) 可分解性

战略目标作为一种总目标、总任务和总要求，必须是能够按层次或时间阶段进行分解的，即把总目标分解成一个方面、一个方面的具体目标和具体任务，长期目标分解成一个阶段、一个阶段的具体目标和具体任务，使其成为可操作的东西，从而有效地实施战略。从某种意义上，正因为战略目标是可分的，因此战略才是可实现的。

6) 实效性

战略目标是旅游企业使命的具体阶段体现，必然要求每一个明确的旅游企业战略目标要有实现时间期限，表明起止时间。目标的时间性也意味着企业可以对各项任务按照时间段进行考核，而且一旦出现与预期目标相背离的情况，可以进行适当的调整。

7) 可衡量性

战略目标应该进行相应的量化，以便能够评估目标是否已经实现。目标的量化是使目标具有可检验性的最有效方法。但是，事实上有许多目标是难以量化的，时间跨度越长、战略层次越高的目标越具有模糊性，此时应当一方面明确战略目标实现的时间，另一方面详细说明工作特点，用定性化的术语表达其达到的程度。只有对战略目标的各阶段都有明确的时间要求和定性或定量的规定，战略目标才会变得具体而有实际意义。

3. 战略目标的作用

1) 将旅游企业使命具体化

企业使命是比较抽象的概念，如果不落实为具体的定量化的目标，就有可能成为纸上谈兵。战略目标将企业使命对企业发展的要求具体化，是对旅游企业使命在不同发展阶段的具体体现。同时，企业使命往往需要通过几个战略期限才能最终完成，这样，每一阶段的战略目标就成为实现旅游企业使命的“里程碑”。

2) 为战略决策和战略实施提供评价标准

在旅游企业战略管理中，许多重要决策都与能否完成旅游企业的战略目标相结合，把是否有利于战略目标的实现作为评价战略决策方案的重要标准。有了战略目标，就为评价和优选战略决策方案提供了标准。同时，战略目标也为战略实施结果提供了考核的依据。战略决策方案到期是否完成，首先要将战略目标与实际业绩进行对比，并且据此对各个责任单位、责任人进行奖惩，而这样的评价和奖惩往往容易被旅游企业的员工所接受。

3) 对员工具有激励功能

战略目标是企业使命和功能的具体化，战略目标描绘了企业发展的愿景，表明企业努力达到的超越发展和竞争优势，因此，目标本身是一种激励力量。特别是当企业目标充分体现企业成员共同利益，使战略大目标和个人小目标很好地结合在一起时，可以激发员工积极性和发挥潜力的强大动力，更好地推动旅游企业战略目标的实现。

2.2.2 旅游企业战略目标体系

从企业战略目标的概念与特征不难看出，旅游企业战略目标是由若干个目标项目组成的整体，形成一个战略目标体系，战略目标之间相互联合、相互制约，从而使战略目标体系整体优化，反映企业战略的整体要求。

1. 战略目标的层次结构

在旅游企业战略管理中，通常将战略分为总体战略、事业部战略和职能层战略三个层次，相应地，旅游企业战略目标也可以分为以下三个层次。

(1) 总体战略目标。总体战略目标通常与整个组织和许多关键业务领域相关密切，反映旅游企业的经营范围规模、投资方向、资本运营方面的目标。一般超出一个会计年度。总体战略目标由高层管理者制定，能被同时实施。

(2) 事业部战略目标。事业部战略目标是为实现总体战略目标而设计的执行目标，反映某一具体旅游业务的发展方向、经营水平、竞争方向的目标，事业部战略目标要与总体战略目标相协调，在总体战略目标的指导下制定。

(3) 职能战略目标。职能战略目标是由职能部门的管理人员根据总体战略目标制定的某一职能方面的战略目标。企业职能部门和事业部的职能部门的战略目标都要分别与其对应的上层战略目标相协调，设定具体的战略目标。

在企业使命的基础上，以上三个层次的旅游战略目标形成体系，如图 2.1 所示，共同体现着旅游企业的战略任务。

从中可以看出，企业战略目标体系一般是由企业总体战略目标、事业部战略目标和主要的职能战略目标所组成。在企业使命定位的基础上制定企业总体战略目标，为保证总体目标的实现，必须将其层层分解，规定保证性职能战略目标。也就是说，总体战略目标是主目标，职能战略目标是保证性的目标。

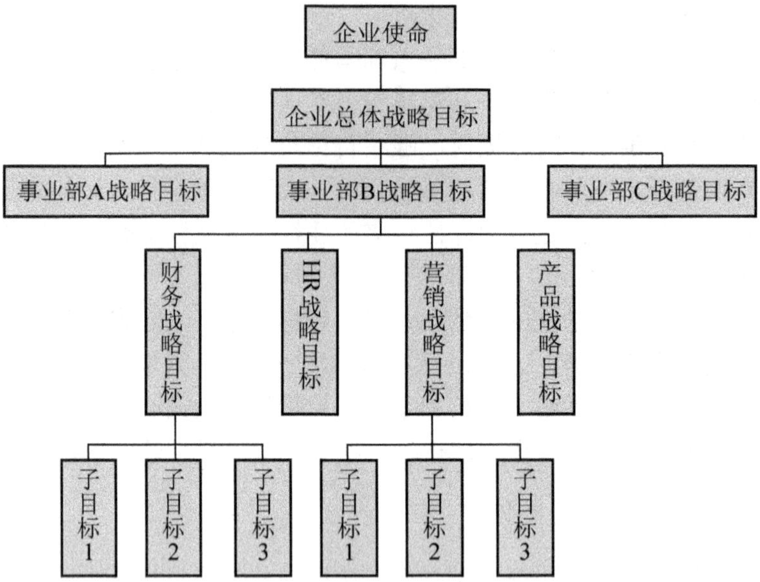

图 2.1　旅游企业战略目标体系

2．战略目标的内容体系

彼得·德鲁克认为，各个企业需要制定目标的领域相同，所有企业的生存都取决于一些同样的因素。在实际操作中，由于企业在不同发展阶段所遇到的经营问题不同，因而其战略目标体系中的侧重点也不同，于是便形成了不同类型的战略目标体系。常见的有三种类型：一是以市场占有率为重点的战略目标体系；二是以创新为重点的战略目标体系；三是以生产率为重点的战略目标体系。

一般而言，旅游企业的战略目标应该包括经济、社会、竞争优势等方面的内容。

1) 经济目标

经济目标是旅游企业的基本目标。从经济学的意义上讲，任何企业的目标都是“利润最大化”。作为旅游企业生存发展的必要条件和限制因素，利润实现既是对企业经营成效的检验，又是整个企业及整个社会发展的资金来源。经济目标包括经营目标和市场目标。

经营目标通常用财务指标来衡量。企业的经营目标主要包括两个方面：一是资金目标。资金是企业正常运行的基本要素。一般可用资本结构、现金流量、新增普通股、运营资本、货款回收期等财务指标来表示。二是盈利能力目标。盈利能力目标反映旅游企业在战略期内经济利益的目标，用来描述投入产出比例。通常包括利润额、资本利润率、销售利润率、投资收益率、每股平均收益率等。例如，在 5 年内实现投资收益中平均每年增长 6%；在 5 年内使年利润额达到 10 亿元。经营目标反映了企业给业主、股东的回报率和经营效益大小。当然，要取得良好的经济效益，除了扩大收入来源外，还必须有相应的成本控制目标。

市场目标表明本企业希望达到的市场占有率或竞争中占据的地位，反映了旅游企业在战略期内目标市场的发展方向和目标。常用的指标有市场占有率、市场覆盖率、销售额、销售量、新市场的开发和传统市场的渗透等。例如，5 年内使接待游客量达到 300 万；5 年内使接待量在西北市场的占有率达到 30%等。

2) 社会目标

社会目标是指企业作为社会公民，为回报社会，履行应尽的社会责任和义务方面的目标。任何企业的生存和发展都依赖一定的社会环境。企业从社会获取各种资源进行生产，其产品由社会消费。离开了社会，企业就成了无源之水、无本之木。应该说，是社会造就了企业，是社会成就了企业。因此，企业必须履行应尽的社会责任。

现代企业越来越多地认识到自身的社会责任。一些旅游企业开始在它们的战略目标中设定社会目标，虽然这些社会目标通常从属于其经济目标；但是，由于这些组织已经意识到了支持当地社区建设或以个人能力支持慈善机构的社会价值，所以仍支持并制定一些社会或环境目标。旅游企业一方面必须对自己造成的社会影响负责；另一方面，旅游企业必须承担解决社会问题的部分责任。只有这样，才能获得良好的社会形象，为自己的产品和服务赢得信誉，同时促进企业本身获得社会的认同。

社会目标反映了企业对社会贡献的程度，具体包括：合理利用自然资源，降低能源消耗，保护生态环境；扩大劳动就业，安排失业人员，保证社会稳定；满足社会需要，积累建设资金，促进地区经济繁荣；支持社会和地区的文化、体育、教育、慈善事业的发展等方面的目标。上述目标可以进行细化，如环境保护目标包含提高资源利用效率、降低环境污染程度、确定合理的环境容量、对环境破坏采取的补救措施等内容。社会目标可以从定性和定量角度，也可以二者结合进行明确的表述，最后要落实到企业财力、物力、人力的投入及所取得的相应效果。

3) 竞争优势目标

一般而言，企业的规模和竞争地位能为企业带来许多优势，这正是那些把发展作为关键目标的企业努力追求的。竞争优势目标关心的是企业与其他公司、尤其是与竞争对手相比的竞争地位问题。如果一家公司能够战胜大量最相近的竞争对手，那么它就取得了竞争优势。竞争优势目标的确定对赶超并打败竞争对手起到了一定的保证作用。竞争优势目标在很大程度上取决于企业的成长或扩张的目标。这一点对于那些必须成长或需要维护其市场地位以便赶超其竞争对手的企业来说尤为重要。另外，企业的核心竞争力也能够形成竞争优势。

现代企业竞争优势可以建立在规模经济、人力资源、技术资源、垄断性的自然资源等基础上，因此，除了提高规模经济方面的目标外，竞争优势目标还应包括以下方面：一是人力资源方面的目标，包括优秀人才的获得、培训和发展，管理人员的培养及其个人才能的发挥，对职工激励、报酬等措施。这项指标可以用引进和培训人数及相关费用来表述。例如，预计在两年内以平均每人 5 000 元的成本，将所有中层以上的管理人员培训一遍。二是技术改进和提高劳动生产率方面的目标，这一目标反映旅游企业在战略期内产品的创新水平和服务水平，包括改进和开发新产品，提供新型服务，如新的旅游线路、新式的旅游方式等，有效地衡量原材料的利用，最大限度地提高产品的数量和质量等。

总之，企业战略目标是由多个目标项目组成的，在数量上和内容上没有固定的模式。一方面，不同的企业会根据各自的使命制定不同的战略目标，另一方面，企业内各个部门的子目标也从不同侧面反映了企业的自我定位和发展方向。因此，企业的战略目标是多元化的，既包括经济目标，又包括非经济目标；既包括定性目标，又包括定量目标。企业应当根据本企业的发展方向和经营重点，设计出符合自身实际情况的目标体系。

2.3 旅游企业战略目标的制定

2.3.1 战略目标制定的原则

旅游企业战略目标是旅游企业使命的具体体现，因而是确定的，而不是想象出来的。确定目标应把握一定的标准，既不能过高，也不能过低，过高的目标让人感到不切实际，反而让企业员工失去信心；过低的目标又会让企业滋生惰性，使旅游企业的优势资源失去活力。一般而言，旅游企业制定战略目标应遵循以下基本原则。

1．关键性原则

任何旅游企业都很难绝对拥有旅游资源总体优势，因为总有比自己企业资源更充足的旅游企业。由于旅游资源的相对稀缺性，就要求企业确定的战略目标必须突出有关企业经营成败的关键问题、有关企业的全局问题，不能只求“大而全”主次不分，以免滥用企业资源而因小失大。关键性原则的目的是通过形成局部的绝对优势，创造竞争优势。

2．平衡性原则

平衡性原则是指旅游企业在制定战略目标时，要注意战略目标不同层次间的平衡，以满足与企业关联的不同利益主体及未来发展等方面的要求。要达到战略目标的平衡，必须以企业使命为指导，一是不同利益间的平衡，二是近期需要与长远需要的平衡，三是总体战略目标与职能战略目标间的平衡。

3．可行性原则

可行性原则即要求旅游战略目标的确定符合旅游企业内外环境的条件和创新空间。要做认真细致的可行性论证。在判定战略时，必须充分考虑企业实际情况和行业发展趋势，谨慎细致地做好决策的可行性论证，时时注意战略目标的现实可能性。这一原则实际上是强调旅游企业目标的客观性和客观标准。

4．可衡量性原则

可衡量性是指战略目标应该是明确的，是可以在事后予以检验的。战略目标的可衡量性应该首先从数量、质量、成本、时间、上级或客户满意程度五个方面进行，如企业生产目标不应是“尽可能多地生产产品，降低成本”，而应是“2012 年产品产量达 50 万个，成本下降 5%”。如果不能进行衡量，应当用定性化的术语来表达其达到的程度，既要明确目标实现的时间，又要详细说明工作特点，作为衡量是否达成目标的依据。

5．权变性原则

权变性原则要求旅游企业在制定战略目标时，为应对客观环境的不确定性，应制定多种方案，降低企业经营风险。旅游业是敏感度较高的行业，任何政治、经济、文化和社会事件都会对旅游业造成冲击，从而对旅游企业的经营造成巨大的影响。因此，旅游企业在制定战略目标时，更要对市场环境进行深入分析，针对各种可能出现的情况，分析各种方案的可行性及利弊，最终选取一种目标，而将其他可行性较强的方案作为备用，同时为选定的目标制定一些相关的特殊应急措施，力争企业总目标的实现。

6. 连续性原则

旅游企业战略目标的实现和相应旅游资源的积累，往往都需要旅游企业进行重大而且持续的投入。如果中途改变，会打断战略的实施过程，导致前功尽弃甚至付出巨大的代价。因此，在战略目标的实现过程中必须保持连续性，在较长的时期内持续地投入与开发，否则旅游企业以往付诸的努力就会失去价值。

2.3.2 战略目标制定的步骤

确定战略目标需要经历战略环境分析、拟定目标、评价论证和目标决断四个具体步骤。

1. 战略环境分析

旅游企业战略目标的确定需要有一定的依据。因此，在制定企业战略目标之前，应首先对环境、条件进行分析，了解旅游企业所面临的有利因素、不利因素和企业自身的优势、劣势，将现在与未来加以对比，理清二者之间的关系，才能为确定战略目标奠定比较可靠的基础。为此，一定要全面进行相关调查研究，侧重点是企业与外部环境的关系和对未来的研究和预测。但是，对战略目标决策来说，与有关企业自身的历史与现状的情况相比，最关键的还是那些对企业未来具有决定意义的外部环境信息。

2. 拟定目标

经过战略环境分析，便可以着手拟定战略目标。拟定战略目标一般要拟定目标方向和目标水平，首先在既定的战略经营领域内，依据对外部环境、需要和资源的综合考虑，确定目标方向，通过对现有能力与手段等诸多条件的全面衡量，对沿着战略方向展开的活动所要达到的水平做出初步的规定，这便形成可供决策选择的目标方案。

实施多元化经营的旅游企业(集团)，在制定战略目标时，不仅要确定企业整体的长期和短期战略目标，还要在各个战略业务单元或职能部门确立自己的战略目标，战略目标的制定由上至下层层推进，由企业整体落实到个人。

3. 评价论证

战略目标拟定之后，要组织多方面专家和有关人员对目标方案进行评价和论证。要围绕一下几个方面进行。

(1) 目标方向是否正确进行。要着重研究：拟定的战略目标是否符合企业精神；是否符合企业整体利益与发展需要；是否符合外部环境及未来发展需要。

(2) 战略目标的可行性。分析企业实际能力，找出目标与现状差距，然后制定用以消除这个差距的措施，而且要进行恰当的运算，尽可能用数据说明。如果途径、能力和措施对消除这个差距有足够的保证，说明这个目标是可行的。

(3) 对拟定的目标完善化程度进行评价。着重考察：①目标是否明确。目标应当是单义的，只能有一种理解，而不能是多义的。战略目标是否能明确重点与非重点。②目标的内容是否协调一致，有无改善的余地。如果内容不协调一致，完成其中一部分指标势必会牺牲另一部分指标，目标内容便无法完全实现。③ 旅游战略目标的阶段性。尽管战略目标是战略期限内的目标，但是根据旅游企业的实际情况可以划分为几个阶段，分阶段完成。这就需要评价在各个阶段每一目标的可行性及其与总体战略目标的衔接。

拟定目标的评价论证过程，也是目标方案的完善过程。要通过评价论证找出目标方案的不足，并想方设法使之完善。如果通过评价论证发现拟定的目标完全不正确或根本无法实现，就要回头重新拟定目标，然后再重新评价论证。

4．目标决断

在评价的基础上，确定付诸实施的战略目标方案。在选定目标时，要注意从目标方向的正确程度、可望实现的程度、期望效益的大小这三个方面权衡各个目标方案，三个方面的期望值都应该尽可能大。目标决断还必须掌握决断时机。因为战略决策不同于战术决策，战术目标决策常常会时间比较紧迫，回旋余地很小。战略目标决策的时间压力相对不大。

从调查研究拟定目标、评价论证到目标决断，确定战略目标，这四个步骤紧密结合在一起，后一步工作要依赖于前一步工作。在进行后一步工作时，如果发现前期工作存在不足，或遇到新的情况，就需要重新进行前一步或前几步工作。

2.3.3　战略目标制定的方法

旅游战略目标的制定需要一定的方法。企业需要根据自己的特点来选择适宜的方法，下面介绍一些常用方法。

1．时间序列分析法

时间序列分析法就是通过编制和分析时间序列，根据时间序列所反映出来的发展过程、方向和趋势，进行类推或延伸，借以预测下一段时间或以后若干年内可能达到的水平。因此，时间序列分析法也叫历史延伸法，或外推法，这一方法一般适用于环境较为稳定情况下对未来的预测。时间序列分析法的特点包括：一是根据过去的变化趋势预测未来的发展，它的前提是假定事物的过去延续到未来。二是时间序列数据变动存在着规律性与不规律性。

运用时间序列法制定战略目标的步骤如下：在固定的时间间隔点上收集年销售额、市场占有率、接待游客数量等与旅游企业战略目标相关的各项指标的历史数值；依据历史数值的时间顺序生成各项指标的时间序列，包括一系列历史观察值集合和一系列未来观察值集合；分析时间序列，从中寻找该社会现象随时间变化而变化的规律；建立合适的预测模型，根据时间序列中的历史数值得出未来观察值的预测值，并根据时间序列绘成统计图；求时间序列的长期趋势(T)、季节变动(s)和不规则变动(I)的值，并选定近似的数学模式来代表它们。对于数学模式中的诸未知参数，使用合适的技术方法求出其值。根据预测值确立旅游企业未来各阶段的战略目标。

2. 盈亏平衡分析法

盈亏平衡点又称零利润点、保本点、盈亏临界点、损益分歧点、收益转折点。通常是指全部销售收入等于全部成本时(销售收入线与总成本线的交点)的产量。以盈亏平衡点为界限，当销售收入高于盈亏平衡点时企业盈利，反之，企业就亏损。盈亏平衡点可以用销售量来表示，即盈亏平衡点的销售量；也可以用销售额来表示，即盈亏平衡点的销售额。运用盈亏平衡分析法制定旅游企业战略目标，就是根据产品的销售量、成本和利润三者之间的关系，分析各种方案对企业盈亏的影响，并从中选择出最佳的战略目标。因为在企业的战略目标中一个最基本的目标就是盈利目标，至少要做到不亏损，作为经营者必须要知道，自己的企业最低限度收入为多少才不会亏损，所以盈亏平衡分析法通常用来寻找旅游企业的销售目标界限。不过，对公司盈亏平衡“点”的最佳估计，往往是一个区间而非一个点。这是因为要获取关于固定成本和可变成本比率的精确数据，实在是具有内在的困难，同时也由于日常管理决策常常改变盈亏平衡点。尽管存在着这些困难，但对于形成有关预算控制、利润计划和生产过程，盈亏平衡点分析是很重要的。它使管理部门能够获悉产量变化或准备采取的行动路线将怎样影响盈亏平衡点和利润。

3. SWOT 分析法

SWOT 分析是一种根据企业的使命与战略目标，运用各种调查研究方法，从内外部环境中找出对企业长期生存与发展起决定作用的关键战略因素，即企业外部环境中的机会与威胁，以及内部环境中的优势与劣势及核心竞争力，根据各个要素的相对重要性给予一个合适的权重，然后进行加权求和，得出关于企业相对经营优势的评价结论，并据此制定合适的战略的分析方法。旅游企业的内部优势与劣势主要表现在企业的资金、技术、专用设备、员工素质、品牌、商誉、管理技术等方面。优势可以是以下几个方面：优秀的品牌形象，忠诚的客户群，强大的融资能力，完善的信息管理系统，领先的革新能力，雄厚的技术实力，丰富的营销经验，上乘的客户服务，卓越的大规模采购技能，对市场环境变化的灵敏反应，市场份额的领导地位，强大的融资能力，丰富的经验组织体系等。可能导致内部弱势的因素有：缺乏有竞争力的有形资产、无形资产、人力资源、组织资产，产品开发周期长，缺乏拥有专长的员工，资金缺乏，关键领域里的竞争能力正在丧失等。

旅游企业外部的机会是指环境中对企业有利的因素，如市场增长迅速、新技术的运用、政府的有力支持、与供应商良好的伙伴关系、顾客的高忠诚度等。旅游企业外部的威胁是指环境中对企业不利的因素，如市场萎缩、政府的干预、汇率和外贸政策的不利变动、人口特征，出现将进入市场的强大的新竞争对手、顾客偏好改变、供应商的讨价还价能力强、市场需求减少、技术落后等。SWOT 分析框架如图 2.2 所示。

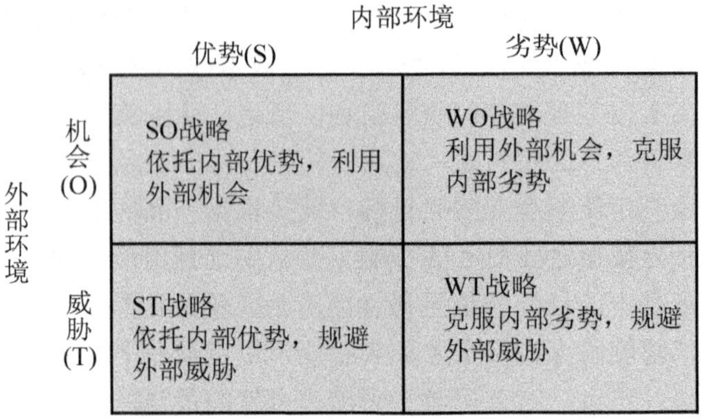

图 2.2　SWOT 分析框架

4．相关分析法

相关分析法是测定经济现象之间相关关系的规律性，并据以进行预测和控制的分析方法。这一方法广泛应用于经济分析。社会经济现象之间存在着大量的相互联系、相互依赖、相互制约的数量关系。这种关系可分为两种类型：一类是函数关系，它反映着现象之间严格的依存关系，也称确定性的依存关系。在这种关系中，对于变量的每一个数值，都有一个或几个确定的值与之对应。另一类为相关关系，在这种关系中，变量之间存在着不确定、不严格的依存关系，对于变量的某个数值，可以有另一变量的若干数值与之相对应，这若干个数值围绕着它们的平均数呈现出有规律的波动。例如，研究消费者收入、年龄、性别、职业等对产品消费量的影响程度，寻求产品的“目标市场”。

5．标杆超越法

标杆超越法最早由美国施乐公司于 1979 年首创，后来美国生产力与质量中心对其进行了系统化和规范化。标杆超越法是一个系统的、持续性的评估过程，通过不断地将企业流程与居于领先地位的企业相比较，以获得帮助企业改善经营业绩的信息。旅游企业运用标杆超越法，就是通过选择标杆企业，将本旅游企业的产品、服务和管理等方面的实际情况与这些标杆进行量化评价和比较，寻找差距进而制定相应的战略目标。

运用标杆超越法关键是正确地选取标杆，要根据企业自身的实力，既可以选择行业最先进的企业为标杆，也可以把主要竞争对手作为标杆。同时，也可以对多种候选标杆进行有效分析和筛选，并根据战略需要进行相应的动态调整。标杆超越法尤其注重不断地比较和衡量，超越的过程自始至终贯穿着比较和衡量。在比较和衡量过程中，必然伴随着新秩序的建立、旧秩序的改变。为此，旅游企业需要强有力的培训和指导，并建立相应的机制来超越标杆。

案例分析

中国航空集团公司的战略目标

中国航空集团公司的战略目标如图 2.3 所示。

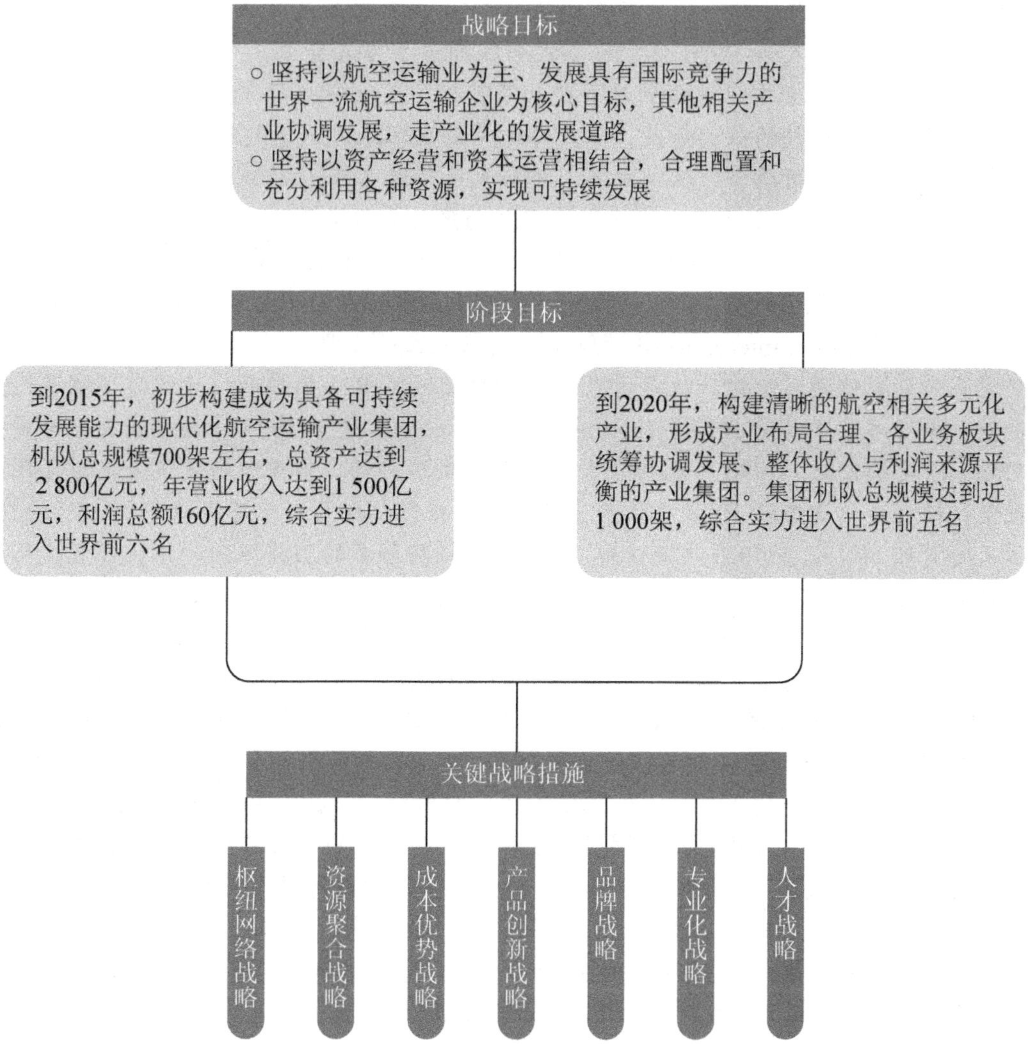

资料来源：中国航空集团公司官网

图 2.3　中国航空集团公司的战略目标

问题：

1. 试说明中国航空集团公司总体目标与阶段目标的关系。
2. 如何评价中国航空集团公司的战略措施？

阅读材料

德国途易集团的成长之路

德国途易(TUI)目前是世界上最大的旅游服务企业之一，2008 年位列世界 500 强企业 260 位，集团旗下拥有旅游和航运两大块业务，2008 年营业收入为 249.1 亿欧元，其中途易的旅游板块营业收入为 186.3 亿欧元，在全球拥有 7 万名员工。

1968 年，德国四家中等规模的旅游经营商签订了成立新公司 TUI 的股东协议，这四家公司都是极富创新精神的旅游企业。第二年途易的顾客人数迅速超过 100 万人次。接下来的几年里，相继又有新的合作伙伴加入，这极大地刺激了 TUI 的成长。这些公司的加盟使得 TUI 的客户基础进一步壮大，能提供给客户的产品和服务更为丰富多样，从而进一步刺激了公司的成长。1974 年，途易的年销售额首次达到了 10 亿马克。1976 年，卡特尔管理当局同意 TUI 对德国另一家领先旅游经营商 NUR Touristik 的收购。1970 年，途易还收购了旅游经营商 Seetours International 的股份，包括三家子公司。

途易早期尝试通过新建和收购方式进入企业领域，1971 年在西班牙组建了鲁滨逊企业俱乐部，1972 年在西班牙收购了 Iberotel 连锁企业公司，还于 1977 年与希腊公司合资兴建了 Grecotel 连锁企业。1990 年途易自身股权也发生了变动，当重新稳定下来之后集团的扩张战略开始加速。途易在 1998 年收购了世界知名旅行社托马斯·库克旅行社 25%的股份，随后又增资到 50.1%; 2000 年途易又以 30 亿欧元收购著名的实施纵向一体化经营战略的英国汤姆逊旅游公司；2002 年途易收购法国旅游经营商 Nouvelles Frontière 100%的股权。到 2006 年年底，集团宣称其旅游部门覆盖整个旅行链，从预订、航空到住宿，为 70 个国家的游客提供一站式旅游度假服务；公司拥有大约 3 200 家旅游代理商、70 个旅游经营商品牌、120 余架飞机、279 座企业(大约 16 万间客房)；公司 2006 年接待游客 2 300 多万人次。

2007 年 3 月途易与英国首选假日公司合并，新公司途易旅行公共有限公司于 2007 年 9 月 3 日在伦敦证券交易所上市，途易拥有新公司 51%的股权。在两者合并后 2006 年的旅游服务销售收入达到 180 亿欧元。集团迅速发展为欧洲最大的、最赚钱的旅游经营商。

在进入航空领域时，途易采取了并购、战略联盟和自建等多种方式。公司 2001 年与波兰 White Eagle Aviation 建立战略联盟，并收购该公司 29.3%的股份；2002 收购意大利 Neos 航空公司；同年在德国成立 Ha-pag-Lloyd Express，2004 年和 2005 年分别在比利时和荷兰成立 TUI Airlines Belgium 和 TUI Airlines Nederland。

2003 年 7 月，途易与法国雅高集团建立战略合作关系，计划从 2004 年夏天开始，途易集团旅游经营商将把雅高 Sofitel、Novotel、Mercure 和 Ibis 品牌在欧洲市场范围内的 180 家企业纳入其产品组合和销售渠道。途易董事长认为，“这一合作将使双方受益匪浅。著名的雅高企业品牌意味着 TUI 的旅游经营商在产品范围上将获得完美的补充，特别是在成长中的城市细分市场。而雅高也获得了拥有 2 000 多万客户的强大新伙伴”。

为了快速扩张旅游产品的分销渠道和实现广泛的地域布局，并加大对分销渠道的控制力，途易于 1999 年接管德国最大的连锁旅行社，2006 年途易的 Wolters Reisen GmbH 收购 Atraveo 大部分股权。2006 年，TUI 在 36 个主要目的地的 35 个地接社中拥有股权。

TUI Hotels&Resorts 运营着 279 家企业，其中 44%属各企业公司所有，11%为租赁，45%以管理合同或特许经营的方式运作。

为不断寻求新的成长空间，寻求旅游价值链的协调和利润最大化，途易一直以来都积极实施国际化成长战略。途易在国际化时一般是从临近国家和文化相近的国家开始其国际化发展，然后再逐渐向较远的地区扩张。有时候出于战略目的，会以某一国家为桥头堡向其他国家扩张，如途易以其在维也纳的途易奥地利控股公司(TUI Austria Holding)的总部为桥头堡进行东扩。

2006 年，途易再次对其管理结构进行了重塑，所有中心和集团整体平台职能将由途易中心执行委员会管理。由分权的国家组织所实施管理的与市场相关的管理职能，将会由那些在大多数情况下直接经管其运营单位的分部主管来负责。组织结构重组之后，途易经营重心已完全转移到旅游和航运两个板块。这一新的管理结构是实施集团战略业务模式的另一逻辑步骤，其新业务模式包括对除中心职能之外的泛客源市场平台职能(航空、企业和地接)的集团层面的控制，同时把对每个国家的客源市场掌握在手中。

资料来源：中国旅游报，途易集团的成长之路，2010-07-19，2010-08-02，2010-08-15，作者：杨宏浩

本章小结

旅游企业的愿景、使命是阐明其作为一个社会经营组织，未来的发展方向及经营范围和界限。对旅游企业愿景、使命的认知是旅游企业战略制定的起点。

战略目标是企业使命的具体化，是对企业使命的进一步具体和明确的阐述。制定旅游企业战略目标必须遵循关键性、平衡性、可行性、可衡量性、权变性、连续性原则。确定战略目标需要经历战略环境分析、拟定目标、评价论证和目标确定四个具体步骤。要科学制定战略目标，必须掌握基本的方法，主要包括时间序列分析、标杆超越法、盈亏平衡分析、相关分析、SWOT 分析等。

思考题

一、名词解释

旅游企业愿景　旅游企业使命　企业经营哲学　企业宗旨　战略目标

二、简答题

1. 简述旅游企业愿景的内涵。
2. 简述旅游企业使命的构成。
3. 简述旅游企业使命的作用。
4. 简述旅游企业愿景、使命之间的区别与联系。
5. 简述旅游企业战略目标的特征。
6. 简述旅游企业战略目标制定的步骤。

三、论述题

1．试说明旅游企业战略目标体系的内容。
2．以具体旅游企业为例，分析其愿景、使命及战略目标。

四、实践题

试为一家拟成立的区域性旅行社制定企业愿景、使命及战略目标。

第 3 章　旅游企业外部环境分析

章节知识框架

旅游企业外部环境构成
旅游企业宏观环境分析的内容
旅游企业微观环境分析的内容
旅游企业外部环境分析的步骤

教学目标与要求

了解旅游企业外部环境构成，以及旅游企业宏观环境和微观环境的内容，掌握旅游企业外部环境分析的步骤。熟悉旅游企业政治环境、经济环境、社会文化环境、技术环境、自然环境因素等，了解旅游行业发展趋势，行业的五种竞争力量，以及战略组群的识别及竞争分析。

导入案例

商务部：春节高端菜肴销量明显下降，鱼翅暴跌七成

2013 年 2 月 20 日，商务部新闻发言人沈丹阳表示，中央八项规定和厉行节约反对浪费的要求出台以来，一些高端餐饮企业的经营和高端白酒的销售出现大幅度的下降，部分高档菜肴如鱼翅消费下降超七成。餐饮业及上游水产、白酒等行业承受重压。

1. 高档菜肴销量暴跌

商务部抽样调查显示，我国高档餐饮企业的营业额，北京市大概下降了 35%，上海市下降超过 20%，宁波市也下降 30%左右。上海餐饮烹饪行业协会副秘书长金培华描述了类似的情况，上海地区高端餐饮销售额下滑两到三成，春节前还有大量退单现象，有三到四成高端餐企业订单遭退订。

而更惨淡的要数高端餐厅的高端菜肴。沈丹阳表示，春节期间，各地高档酒店的高档菜肴销售明显下降，像燕窝、鲍鱼这类产品下降 40%左右，鱼翅下降 70%以上，高档酒店的食品礼盒销售额下降 45%，茅台、五粮液等高档白酒的销售也比以往明显下降，比如 53 度的飞天茅台和 52 度五粮液的标价已经比最高价的时候下降了 30%左右。

特别是鱼翅，去年以来经历了三重打击，市场消费量已经跌到低谷。中国水产流通与加工协会会长崔和表示，去年在多方环保组织呼吁下，鱼翅消费已经出现下滑，而去年下半年大量假鱼翅的出现再次冲击了鱼翅消费，加上中央限制三公消费等措施的出台，致使鱼翅的消费量跌入谷底。

2. 上下游承压

事实上，在高端消费遭遇打击下，高端餐饮产业链承受压力。

首当其冲的要数高端餐饮企业。中国烹饪协会指出，春节期间，个别四星、五星级酒店餐饮甚至首次出现春节歇业现象。俏江南公司相关负责人称，在中央限制三公消费等政策影响下，公司业绩受到一定影响，公司通过取消最低消费等措施吸引顾客。名轩餐饮相关负责人也坦言，受到一定程度冲击。

白酒行业也面临冲击，部分地区经销商坦言，诸如茅台、五粮液等高端白酒销量比往年下降至少两到三成。

由于高端市场中诸如鲍鱼、鱼翅等很多都是水产品，水产品公司也面临压力。一位长期从事水产品销售经销商称，目前鲍鱼、海参的销量出现下滑，鱼翅下滑更明显。

资料来源：http://www.eastmoney.com/2013 年 02 月 21 日 06：41，作者：何天骄

问题：

1. 春节高端菜肴销量大幅下降说明了什么？
2. 餐饮企业应采取何种战略措施应对这种情况？

作为整个社会的一个经济子系统，现代企业总是处在一定的外部环境之中，与外部环境有着密不可分的联系。一方面，环境是企业赖以生存的基础，企业经营的一切要素都要从外部环境中获取，另一方面，企业的产品也必须通过外部市场进行销售，同时，环境能给企业带来机遇，也会造成威胁。因此，旅游企业要想生存和发展，必须适应外部环境的变化，与其保持最佳的动态平衡。旅游企业战略的制定，离不开对外部环境的研究与分析。

3.1 旅游企业外部环境分析概述

3.1.1 旅游企业外部环境构成

顾名思义，企业外部环境，是指影响企业经营活动的各种外部因素的总和。这些因素相互制约、相互作用，成为彼此不可分割的整体。其中一个方面因素的变化，必然会引起其他方面因素的变化，从而引起外部环境总体的变化。外部环境对旅游企业经营与企业前途具有重要影响。企业外部环境有三个显著的特征：一是波动性，即外部环境经常发生变化而且难以预测；二是不可控性，即外部环境的变化不受单个企业的控制；三是差异性，即外部环境对不同类型的企业影响各不相同。一般而言，旅游企业的外部环境又分为宏观环境、微观环境两个层次，其中，微观环境又包括行业环境、竞争环境。

宏观环境又称一般环境、总体环境，是指企业所处行业和市场以外的大环境。宏观环境因素主要包括政治环境、经济环境、社会文化环境、技术环境、自然环境等。其中，每一个因素又是由若干小的方面构成，如经济环境要包括产业发展、收入增长和消费结构、货币流通与物价水平等。宏观环境不受单个企业的影响，旅游企业不可能直接控制这些环境因素。决定企业胜负的很多因素都存在于宏观环境之中，这些因素不只是通过影响企业所在的行业而改变着企业的生存与发展条件，有的还会对企业产生直接的影响。

- 企业外部环境
  - 宏观环境
    - 政治环境
    - 经济环境
    - 技术环境
    - 社会文化环境
    - 自然环境
  - 微观环境
    - 行业环境
    - 竞争环境

图 3.1　旅游企业外部环境因素及其构成

微观环境是指直接影响企业主要经营管理活动，同时也受企业经营管理活动所影响的环境因素或群体，其中涉及行业性质、顾客、竞争者、供应商、中间商及政府部门、股东等多种因素。微观环境的任何变化都对旅游业产生迅速，有时甚至是显著的影响。微观环境又可细分为行业环境和竞争环境。竞争环境与企业所属的特定行业直接相关。竞争环境分析是企业收集并分析有关竞争对手信息的过程。企业了解竞争对手是对总体环境和行业环境分析的必要的补充。

旅游企业外部环境的分析会影响到其战略目标和使命、战略选择及战略实施。旅游企业在外部环境分析的过程中会遇到的问题有：首先，要判断哪些是有用的信息，哪些不是；其次，怎样合理而有意义地组织这些信息。一般而言，宏观环境分析着眼于未来发展；行业环境的分析重点在于了解影响企业盈利能力的条件和要素；而竞争环境分析则主要为跟踪和预测竞争对手的行动、可能的反应及其战略目的。在进行外部环境分析时，要将这三个方面有机地结合起来。

3.1.2　旅游企业外部环境分析的意义

企业对外部环境进行分析的主要目的是使自身对所处的客观环境的现状有充分的了解，获取必要的信息，以便有效地预见未来，采取积极的行动。

1. 更好地适应外部环境

外部环境对于旅游企业而言十分重要。外部环境是旅游企业生存发展的土壤，它既为旅游企业的经营管理活动提供必要的条件，同时也对旅游企业起到制约规范的作用。外部环境变化关系到整个行业的存亡，关系到市场的扩大或缩小，决定行业的竞争力水平、利润空间和许多其他方面。因此，旅游企业必须敏锐地捕捉环境中正在发生的变化和潜在的变化，并能预见这些变化给行业、市场和自身可能造成的影响。如果旅游企业对自己生存和发展的外部环境不了解，或了解不确切，旅游企业战略是无法获得成功的。

2. 把握机遇，规避风险

旅游企业外部环境分析的目的主要在于识别出企业的机会和威胁。旅游企业外部宏观环境分析可以给旅游企业寻求发展的新的机会，避免威胁旅游企业生存的危险。微观环境分析能够帮助企业把握行业的发展趋势和竞争对手的最新动态，抢占市场先机。通过外部环境分析，旅游企业可以敏锐地发现、预见到机会和威胁，以便采取及时捕捉机会，有效地应对威胁的措施。成功的企业一般都能够比较好地识别外界机会并能够调整自己的内部资源来对接外部环境所提供的机会。

3. 有效克服旅游企业本身的脆弱性

外部环境，特别是宏观环境的变化对任何行业、任何企业都会产生影响，但旅游业比其他行业更容易受到外部环境影响，发生任何天灾人祸，旅游业都首当其冲。例如，2001年美国的9·11事件、2008年四川汶川地震等，都给旅游业带来了不可挽回的巨大损失，有些影响甚至是世界范围的。至于宏观经济形势的变化对旅游业的影响就更为明显——当经济低迷时，旅游消费大幅下降，市场萎缩，导致行业困境。凡此种种，以致有人将旅游业比喻为“建在流沙上的大厦”，虽然有点夸张，但也从另一个侧面反映了旅游业的脆弱性，这也是旅游企业无法摆脱的先天不足。而外部环境分析有助于旅游企业及时掌握外部环境的变化，采取有效的应对措施，尽可能减少外部环境变化带来的不利影响，有效克服旅游企业本身的脆弱性，保持战略实施的连续性、稳定性。

3.1.3 旅游企业外部环境分析的步骤

旅游企业外部环境的分析过程，主要包括搜索信息、监测变化、预测结果和评估影响四个步骤，见表3-1。

表3-1 旅游企业环境分析的过程

搜索信息	找出环境变化和发展趋势的早期信号
监测变化	对这些变化及趋势进行持续观察，探究其含义
预测结果	根据所跟踪的环境的变化和趋势，预测结果
评估影响	评估环境变化或趋势对企业产生的影响

1. 搜索信息

旅游企业要对环境进行分析，首先要搜集宏观环境中各种有关因素的资料。通过搜索，企业能够辨认出总体环境潜在变化的早期信号，了解正在发生的变化，看是否有影响企业活动的环境变化。

旅游企业用来进行环境分析的资料来源很多，可以通过统计年鉴、报纸、政府文件、新闻、期刊等方式了解国内外形势和政府的相关政策，还可以通过互联网技术，及时了解周围环境的变化。企业也可以通过参加展览会、贸易洽谈会等方式，了解行业的一些信息。可以利用供应商、分销商、销售人员、顾客及竞争者来获取重要信息。为了提供连续的、及时的战略管理信息，一些大企业往往会派专人监视各种信息来源，并定期向负责外部分析的管理部门(通常指战略规划部或营销策划部)呈交文献游览资料。在搜集信息时要有选择性，选择那些对理解企业战略环境最为重要的信息，要把握住关键的信息。

2. 监测变化

监测是指旅游企业的战略分析家们对环境中的变化进行持续观察，看在那些由搜索定位的领域里是否出现重要的趋势。监测是一个持续的过程，成功监测的关键在于觉察不同环境事件含义的能力。

3．预测结果

所谓预测，是指通过对监测得到的信息进行综合分析，说明由于以上搜索和监测探知的那些变化和趋势，将会发生什么，什么时候发生。例如，企业可能要预测多长时间后，员工的构成会出现某种预期的变化，需要不同的公司培训程序；或者预测政府调整有关旅游的税收政策后会在多长时间内影响到旅游者的购买模式等，进而预测这些信息在今后一段时间内的发展趋势。通过对趋势的预测，企业可以针对环境的变化，调整制定自己的战略和实施方法。预测是一个非常关键的过程，因为这往往需要对大量资料进行分析和处理，并且要大胆地对环境的变化进行预测。预测有可能产生偏差，一般来说，掌握的资料越全面，预测的准确性就越高，当然也不排除有无法预测的可变因素存在。

4．评估影响

经过搜索、监测和预测之后，旅游企业要对环境变化趋势对企业的影响程度进行评估。这就是评估的过程。旅游企业评估的目的在于判断环境变化和趋势对企业战略产生影响的时间和程度。通过搜索、监测和预测过程，企业的战略分析家们应该能够了解企业面临的总体环境，接下来，需要组织一次或一系列的管理者工作，评估企业面临的最重要的机会与威胁。没有评估，企业只不过是得到了一些无用的数据而已，对企业的战略管理没有任何意义。

3.2 旅游企业宏观环境分析

企业宏观环境主要包括政治(Political)环境、经济(Economic)环境、社会文化(Social)环境和技术(Technological)环境四个方面的因素，因此企业的宏观环境分析也简称为PEST分析。而对于旅游企业来说，由于自然环境(Environmental)因素，即一个企业所在地区或市场的地理、气候、资源分布、生态环境等因素也能产生重要的影响，故也有学者将战略管理中常用的PEST分析框架扩展为STEEP分析框架(图3.2)。

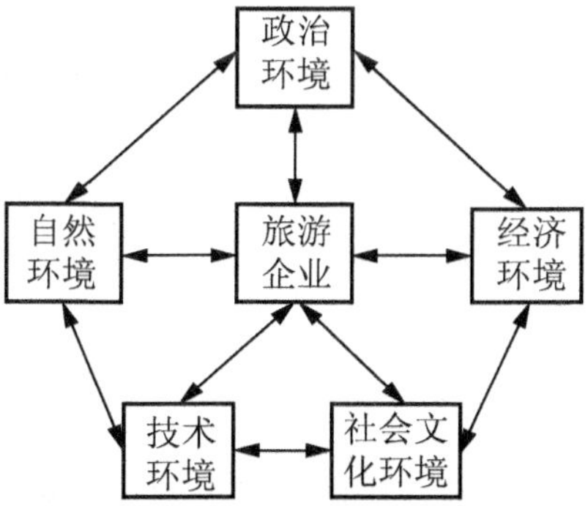

图3.2 旅游企业宏观环境

3.2.1 政治环境

政治环境是指一个国家或地区的政治要素及其运行状态。具体包括政治制度与体制、政治军事形势、方针政策、国际关系、法律法规等。政治因素是确保旅游业稳定发展的必要条件，也是旅游企业经营和管理的基础环境条件。在稳定的政治环境中，企业能够通过公平竞争获取正当权益，得以生存和发展。对跨国经营企业来说，不仅应考虑本国的政治环境，也应考虑外国的政治环境。政治环境对企业的影响特点：一是直接性，即国家政治法律环境直接影响着企业的经营状况。二是难以预测性，企业很难预测国家政治法律环境的变化趋势。三是不可逆转性，政治环境因素企业是驾驭不了的。四是强制性，政治环境要素对企业来说带有强制性的约束力。一般而言，旅游企业面临的政治环境主要可以从以下几个方面进行分析。

1. 政治制度与体制

政治制度与体制会极大影响旅游业在该国家或地区的发展地位、开放程度，从而影响旅游企业的战略决策。例如，我国的政治制度决定了政府管理的范围较为广泛：政府决定是否允许某类企业进入某个市场或者某个行业；政府会对企业的经营规则进行管理，其中包括决定企业采用的经营模式是否会受到限制等。因而，旅游企业的战略制定必须高度重视政治制度与体制，密切注意相关的发展动向，在既定的政治制度与体制框架下寻求最大的发展空间。

2. 法律法规

政府通过颁布法律、法规、条例等，促进或限制企业的发展方向、发展模式，从而间接地影响企业的活动。旅游企业经营者需要全面考虑法律法规对企业的影响。例如，与旅游业发展、旅游企业经营相关的各项法律法规是否完备齐全，使企业经营管理活动处处有法可依；相关法律法规在法律纠纷、争议仲裁过程中能否被公正、无歧视性地以同一标准对待每一个诉讼主体。只有在法律法规完善健全的国家和地区，旅游企业的利益才能得到充分的保障，这也是国家政治先进与民主的体现。

3. 国家政策

国家政策对企业战略的制定，也起到很大的影响作用。例如，我国政府提出将旅游业培育为国民经济的战略性支柱性产业，为旅游企业发展带来难得的机遇和广阔的空间。再如，改革开放政策减少了外商投资的限制，促进了国内旅游企业的招商引资。在经济萧条时期，政府可能会采取措施控制出境旅游，如规定出国携带的外汇数量，通过签证、护照及税收来限制旅游。

4. 国际政局和国际关系

经济全球化使得越来越多的企业在国际化的背景下运作，国际政局和国际关系的变动，可能对本国的政策产生很大影响，也就会相应地影响到旅游企业的发展。尤其对于跨国企业来说，这个因素就更加重要。目标国的国内政治环境恶化，直接导致入境游客的减少。例如，2008 年泰国政局动荡，游客滞留机场，对其旅游业打击很大。紧张的国际关系可能会造成旅游者行程的耽搁，形成一些外出旅游的障碍。例如，因为钓鱼岛争端引发中日关系紧张，导致大量旅游团取消赴日旅游计划，赴日游客数骤减。因此，旅游企业必须密切关注国际环境正在发生的和可能发生的一些变化和趋势，根据自己的判断，做出相关的决策。

阅读案例 3-1

国内多家旅行社暂停赴日旅游业务

2012 年 9 月，随着“钓鱼岛”事件的持续发酵，国内多家旅行社赴日旅游业务逐渐放缓脚步。

9 月 12 日，中国国际旅行社(以下简称中国国旅)负责出境旅游的张姓总经理表示，截至目前，中国国旅原有覆盖东京、北海道、冲绳三大区域的旅游路线已经完全停止业务受理。至于在“钓鱼岛”事件之前受理的赴日旅游项目，已将旅费悉数退还旅客，这其中既有游客单方提出的旅行协议终止，也包括旅行社主动展开的行为。

9 月 12 日上午 10 时，四川康辉国际旅行社有限公司(以下简称康辉国际)在官方微博发布《关于停止销售日本游产品、停止向日本发团的紧急通知》，要求隶属康辉国际的各部门、门市部、分社中的 55 个业务部门、150 家门市和分社自 9 月 12 日 12 时起，停止销售所有日本游产品、停止向日本发团，对于已经报名前往日本旅游的客人，建议其另行选择其他出境旅游产品或办理退团手续，康辉国际将退还一切费用。该公司发言人表示，停止组团前往日本，无疑会损害企业的经济利益甚至影响员工的收入，但是国家主权高于一切，公司宁可承受利益损失。

与此同时，上海旅行社、厦门春辉国旅等数家国内旅行社也已放缓赴日旅游业务的拓展。神舟国旅负责出境旅游的销售代表李让表示，原有赴日旅游的路线包括日本本州 6 天游、北海道、冲绳游等，受当前局势影响，部分同行旅行社已经停止了赴日旅游业务的办理。李让强调，虽然神舟国旅暂未停止受理赴日旅游业务，但目前“都没什么人咨询了”。

资料来源：http://www.sina.com.cn/　2012 年 09 月 13 日 01：31　每日经济新闻，王雅洁 每经记者 原金

总之，政治法律环境因素对企业来说是不可控的，带有明显的强制性约束力，只有适应这些环境的要求，企业才能稳定而持续地生存和发展。

3.2.2　经济环境

经济环境是指一个国家的国民经济发展的总概况、经济形势及经济发展趋势，是企业宏观环境分析最基础的一部分。经济环境对企业组织行为和绩效具有深远的影响。经济繁荣时期，企业能在内部管理欠佳时仍然保持满意的利润水平，然而，当经济不景气时，企业往往陷于不利境地，管理者将面临巨大的压力。企业的经营者必须增强对企业宏观经济环境分析的意识，识别出那些最能够影响战略决策的关键的经济因素，这样才能使企业在

复杂多变的经济环境中取得生存与发展。一般而言，旅游企业面临的经济环境主要可以从以下几个方面进行分析。

1．经济体制

经济体制指国家经济的组织形式，规定了国家与企业、企业与企业、企业与各经济部门的关系，并通过一定的管理手段和方法调控或影响社会经济流动的范围、内容和方式等。改革开放后，我国一直致力于建设中国特色社会主义市场经济体制，与旅游业发展相关的各类市场，包括劳动力市场、技术市场、投资品市场、资本市场等逐步健全，为旅游业发展创造了必要条件。同时国家出台多项改革措施，积极推动我国旅游业产权主体多元化、企业制度现代化和竞争完全化。

2．经济发展水平

经济发展水平是指一个国家经济总量的规模、发展速度和所达到的水准。一般来说，经济发达水平越高，旅游需求的程度就越强。经济增长速度会对旅游企业的市场需求产生重要影响。旅游企业需要考虑对经济增长速度的预测，以决定何时采取投资建设新的接待设施的关键性资源配置决策。

3．宏观经济政策

宏观经济政策是指国家、政党制定的一定时期国家经济发展目标实现的战略与策略，它包括综合性的全国经济发展战略和产业政策、国民收入分配政策、价格政策、物资流通政策、金融货币政策、劳动工资政策、对外贸易政策等。宏观经济政策的出台将对国民经济的各行各业产生广泛的影响，任何企业的管理者都应该高度关注。旅游企业不仅要准确把握宏观经济政策的内容，还应密切关注宏观经济政策的变化，以及时采取有效的应对措施。

4．社会经济结构

社会经济结构是指国民经济中不同的经济成分、产业部门及社会再生产各个方面的相互适应性、量的比例及关联的状况，主要包括五方面的内容，即产业结构、分配结构、交换结构、消费结构、技术结构，其中最重要的是产业结构。目前，发达国家的产业结构呈现出明显的倒金字塔形结构，即第三产业占较大比重，第二产业比重不断缩小，第一产业则已降到 10%以下。改革开放以来，我国的产业结构也逐步由以第一、第二产业为主，到以第二、第三产业为主，由劳动密集型逐步向以资金、技术、知识密集型转变，产业结构不断优化。作为第三产业的重要组成部分，旅游业也将由劳动密集型传统服务业逐步向以知识、技术服务密集型的现代服务业发展，这将给旅游业的发展带来新的机遇和广阔空间。

5．总人口

一个国家和地区的总人口数量往往直接影响着社会生产总规模、市场潜力大小和劳动力数量。人口因素对企业战略的制定有重大影响。随着经济发展水平的提高，对旅游等非基本消费品的需求也将不断增加。人口数量不仅影响地区旅游需求总规模，而且，人口结构的性别比例和年龄、职业结构等在一定程度上决定了旅游需求的结构和水平，进而影响旅游供给结构和旅游企业生产。同时，作为劳动力的来源，人口数量也影响可提供的劳动力数量。

6．基础设施

基础设施条件主要指一个国家或一个地区的运输条件、能源、原材料供应、通信设施及各种商业基础设施(如各种金融机构、广告代理商、分销渠道、营销调研组织)的可靠性及其效率。旅游基础设施的状况在一定程度上决定着旅游企业运营的成本与效率，在旅游者的购买决策过程中起到非常重要的作用，因此许多国家和地区都在致力于改善和提高基础设施的水平。为了吸引旅游者的到来，旅游目的地政府通常也会投入资金改善当地的交通与基础设施条件。交通本身就是旅游产品和服务的一个组成部分。交通状况的改善将会提高一个地区的可进入性，游客的扩散性，为旅游企业的经营提供了便利条件。

3.2.3 社会文化环境

社会文化环境是指一个国家和地区的文化传统、价值观、人口变动趋势、宗教信仰、教育程度、社会结构、风俗习惯等因素。社会文化环境影响社会的价值观、信仰和生活方式，同时，某些社会文化趋势也会跨区域存在。由于旅游企业的客源来自国内和国外，不同的国家有着不同的主导文化传统，也有着不同的亚文化群、社会习俗和道德观念，因此，社会文化环境因素是旅游企业尤其要关注的。旅游企业不仅应关注本国的社会文化环境，还必须全面了解旅游客源国的社会文化环境，通过对社会文化环境分析，为企业提供新的机会，实施合理的战略决策。社会文化环境因素分析主要包括以下几个方面的内容。

1．文化传统

文化传统是一个国家或者地区一段时期内形成的长久的持续性的社会习惯。文化传统对于旅游企业也有一定的影响。旅游产品文化性较强，没有文化内涵的旅游产品缺乏持久生命力。因此，为了满足和丰富旅游者的文化体验，一些国家和地区开始回归自己的文化传统，重新定位和审视自己的文化个性，带有地方色彩的传统文化也开始复兴。例如，中国传统的节日端午节，通过组织赛龙舟等活动，弘扬传统文化，增强人们文化的认同感。文化传统的一个很主要的属性即持续性，对于旅游企业来说是一个很好的契机，旅游企业不仅可以借此机会，宣传本企业的产品，而且每一个周期都可以延续自己的活动，有利于企业的长远发展。但要注意文化的商品化问题，过度追求文化的商品化会对目的地形象造成不良影响，应努力避免。

阅读案例 3–2

山西旅游借传统民俗春节海外抢客

2013 年 1 月，随着春节的临近，山西颇具特色的北方年味越来越浓。在该省以民俗文化为主打的旅游市场，正弥漫着争抢海外游客的“信号灯”。逐年递增的赴晋游客数量及随之有增无减的旅游收入，成为各方下决心使出“杀手锏”的最好理由。

据官方预计，2013 年春节期间，山西省接待海内外旅游者预计超过 400 万人次。

这足以看出，山西的春节民俗游吸引越来越多的海内外游客。以中国传统春节为平台，一场酝酿已久的争夺海外游客战在山西争相展开，扭秧歌、舞龙灯、挂祥铃、逛庙会、新年祈福等传统活动纷纷登场。

世界文化遗产平遥古城首先排在这场争夺赛的前列。“传统的街区灯会、书法名家现场泼墨送春联、迎宾仪式、元宵节民间社火展演和焰火晚会都会在古城内‘上演’，在体验民俗中国年的同时，也将平遥特色传统技艺展示给中外游客”，平遥县县长卫明喜介绍。

相比往年，今年的平遥“出手不凡”，斥资 4.7 亿元人民币的《又见平遥》也将于春节期间与中外游客见面，这部中国第一部室内情景体验剧目，将让海内外游客“穿越”到中国明清时代，“体验”先人的生活片段，如“晋商大院”、“镖局”、“茶馆”、“古代街市”等。

另外，山西五台山的佛情民俗活动；洪洞大槐树的春节祭祖、祈福许愿；舜帝陵、关帝庙、鹳雀楼、普救寺和李家大院等都推出了春节传统节目表演，等待着全球各个角落、拥有不同文化风情的游客前来体验。

山西的另一些景区如明清古堡皇城相府、“中国道教圣地”珏山，以及晋城的蟒河、凤凰欢乐谷等地直接称，在春节期间将对海内外游客在门票、住宿等方面实施大力度的优惠政策。

近年来，民俗文化成为山西春节期间吸引大量游客的“金字招牌”。据统计，2012 年春节期间，山西省共实现旅游总收入 17.07 亿元，比 2011 年同期增长 26.22%。共接待海内外旅游者 375.49 万人次，比 2011 年同期增长 16.72%。

此外，在过去的一年中，山西不断在海外打响旅游牌。“我们邀请更多的游客选择在民俗春节期间入境山西观光”，山西省旅游局称。

有“世界的十字路口”之称的美国纽约时报广场，从 1 月 7 日起山西旅游形象片将在此连续播放 300 天。

资料来源：http://www.eastmoney.com/2013 年 01 月 21 日 20：41，作者：王燕君

2. 价值观

价值观的不同主要体现在国别和地区的差异上，影响人们的偏好、工作态度、对教育和培训的态度、对信用的态度、对企业社会角色的态度和其他许多东西。随着国际化进程的加快和信息化时代的到来，各种文化加速渗透交融，人们的价值观也发生了一定改变。例如，改革开放以来中国人的价值观正由原来东方人典型的封闭、勤俭，到越来越重视身

心的愉悦、个人的发展和个人创造性的发挥。旅游企业只有把握不同的价值观，为不同的消费者提供异质的产品和服务，才能更好地吸引消费者。这一点对于跨国旅游企业极为重要。

3. 人口变动趋势

人口变动趋势包括人口的年龄和地区分布，人口在民族和性别上的比例变化，人口和地区在教育水平和生活方式上的差异、流动情况、离婚率、出生和死亡率，人口的平均寿命等。这些变量会影响到旅游企业战略决策。例如，中国实施计划生育政策后的第一代独生子女已经成家立业，开始成为整个社会的主流消费群体之一。这一消费群体特定的旅游需求有待旅游企业通过进一步的市场细分予以满足。又如，随着老龄化加快，老年旅游者将会成为旅游市场的一个更为重要的组成部分。对于欲以老年人为主要目标市场的旅游企业来说，必须要思考如何为他们提供有效的个性化服务。

4. 宗教信仰

宗教作为文化的一个侧面，在长期发展过程中与传统文化有密切的联系，在一些国家和地区具有举足轻重的作用，广泛影响到社会生活的各个方面。在我国文化中，宗教所占的地位并不像西方那样显著，宗教情绪也不像西方那样强烈，但其作用仍不可忽视。改革开放以来，伴随着社会转型，各种价值观激烈碰撞，宗教影响有逐步扩大的趋向。而在一些民族地区，如西藏，宗教的影响较大。因此，宗教对旅游企业战略也是一个不可忽视的因素，不仅应考虑不同宗教信仰的消费者和旅游目的地的特点，而且在旅游产品开发和经营管理中也应重视宗教因素，适当利用宗教文化，提升产品的文化含量，扩大市场影响力，同时妥善处理好与宗教相关问题，避免引起不必要的纷争。

5. 消费习惯

不同国家和地区由于长期的历史和社会环境形成独特的消费习惯。反映在人们对各类产品消费具有不同的倾向性。例如，我国和西方国家消费习惯不同。信用消费在西方国家比较普及，而我国近些年才开始兴起。不过，随着自身收入水平的提高和社会环境的变化，人们的消费习惯也发生了改变，不仅旅游消费总量大大增加，而且旅游需求将向个性化、知识化、智力化、生态化、大众化方向发展。分析人们的消费习惯，有利于旅游企业抓住消费者的心理，针对消费者的态度，选择恰当的营销方式和产品组合。

6. 社会结构

社会结构指的是社会人口群体的组织方式。社会结构将影响人们的生活方式和期望，并由此影响他们的工作态度，以及对特定产品和服务的需求。近年来，最主要的全球性趋势是中产阶层正在不断扩大。他们所受的教育水平高，所从事的是与脑力劳动有关的工作。因此，他们对旅游活动非常感兴趣，如钓鱼、狩猎、郊游等，这能使他们重新回归大自然。社会结构的变化为旅游企业发展提供了机会。分析社会结构可以更准确地判断和测定消费者的购买意向和购买行为。

总之，不同的国家和地区有着不同的社会文化，社会文化环境分析可为企业提供新的机会，理解和尊重社会的态度可以给消费者、供应商等利益相关者留下良好的组织声誉，可以让旅游企业成为社会可接受、被认同的公司。因此旅游企业必须全面了解当地的文化环境，正确评估社会文化发展趋势对其产品的影响，进而实施合理的经营决策。

3.2.4 技术环境

技术环境是指一个国家或地区的科技要素及与该要素直接相关的各种社会现象的集合。大体包括四个基本要素：社会科技水平、社会科技力量、国家科技体制、国家科技政策和科技立法。技术环境具有变化快、变化大、影响面大(跨越国界)等特点。在知识经济兴起和科技迅速发展的情况下，技术环境对企业的影响可能是创造性的，也可能是破坏性的，企业必须预见这些新技术带来的变化，注意市场对新技术和新产品的需求，认清本企业和竞争对手在技术上的优势和劣势，在战略管理上作出相应的调整，以获得新的竞争优势。技术环境对旅游企业的影响主要体现在以下方面。

1. 商品和服务

技术进步可以产生大量新型的和改进的产品，赋予产品以高科技含量，促进产品升级换代，创造新的市场。例如，依托高科技手段开发的高科技主题公园、高科技观光农业园区等旅游产品。同时，高新技术的融入可以使旅游者的活动空间和体验突破极限，从而不断创造新的旅游消费方式，如星级旅游、极地旅游等。技术进步可以降低资源消耗，增加可替代资源，开发新资源，扩大供给。而且，技术进步能够减少生产成本、降低产品价格、缩短产品的生产周期。当然技术进步也可以使现有产品及服务过时，威胁旅游企业的生存。

2. 信息和通信

现代通信技术的发展可以便利游客与外界、旅游客源地与旅游目的地之间的联系，很大程度上减少了交易费用，增加了相互间的认知度。由于现代通信技术在旅游业发展中作用日益突出，一方面丰富了游客出游选择的方案，节约了搜寻成本，另一方面有助于旅游企业以较低成本来销售旅游产品，也便于及时掌握市场趋势，根据客户需求设计开发新产品。但是，现代通信技术，尤其是信息高速公路也给旅游企业带来了巨大的挑战。例如，信息技术的普及和推广，特别是计算机预订系统的扩张给旅行社业带来了一定的冲击，它们一度被看作是对旅行社业的威胁。

3. 技术装备

现代科技的发展极大提高了旅游业的技术装备水平，对于旅游企业来说，材料和设备的更新有利于企业更好地吸引消费者。例如，观光电梯、缆车、景区照明设施等的应用，大大提高了旅游可进入度，增强了产品的吸引力。在企业中，高新设备的应用带来的推动作用尤其明显。例如，各种高效全能的餐厅烹饪设备，客房智能照明、音响、空调设备，绿色环保的快速洗涤设备，各种智能安防设备，以及为绿色企业开发的各种节能减排设备等，都第一时间在企业中得到广泛的推广，并获得认同。但另一方面，酒店的设备更新速度越来越快，新的酒店层出不穷。这对于一些老酒店形成了很大的压力，更新设备还是利用现有设备提高其他方面的服务水平，是老酒店需要考虑的问题。

4. 运营管理

为旅游业自身运转服务的高新技术，如地区旅游信息系统、企业中央预订系统、旅行社业务信息管理系统等的广泛应用，很大程度上减少了旅游业务的操作环节，降低了运作成本、提高了运作速度，从而极大地促进了旅游业的发展，同时，互联网技术的应用，使旅游企业有机会和有条件开展个性化的定制服务，从而推进旅游企业传统运作方式的变革。

5. 市场营销

现代网络技术的发展为旅游产品营销提供了更丰富的营销工具，而且能够适度减少营销成本，便于营销效果的监控。通过互联网展开营销活功，既可以增强旅游产品在社会认识方面的渗透度和广度，又可以及时收集、整理与分析相关信息，据此开拓新的市场。在线预订是在互联网兴起之后产生的新的旅游企业销售方式，包括酒店、航空公司、景区等都已经开始实施。现代旅游大公司一般都建有自己的网站，向外界传播公司的情况、产品的特点与价格等，弥补了人员促销的某些缺陷。例如，世界各地的旅游资源以高清晰化的数码照相、录音甚至实时播放等，声情并茂地通过网络展示给消费者，这意味着旅游促销方式的革命和潜在客源市场的扩大。随着网络技术的发展，旅游产品实行网上定价和网络预订、网际销售都成为可能。

6. 交通运输

交通运输条件直接影响到旅游目的地的可进入性，从而对旅游需求规模迅速扩大构成制约作用。交通运输条件的发达程度可以视作一国、地区旅游产业的发展标志之一。现代交通技术的发展不仅可以向游客提供速度更快、更安全、更舒适的服务，而且可以适度降低出游的交通支出。同时，利用高科技技术，如计算机技术、地理信息系统技术、数字技术及遥感技术等，合理规划，设计旅游景区内部和外部的线路，在确保旅游产品质量的前提下节约旅行时间和其他费用。随着新技术在交通中的不断应用，交通业发生了巨大的变化，从而促进了旅游的发展，有效地缩短了人类旅游的时空距离。未来的交通业将会通过使用智能卡付款技术向游客提供无票旅游，航空阻塞问题与旅游安全问题也将得到逐步解决。

综上所述，技术环境对旅游企业的影响可以说是全方位的，企业是否采用最新技术与其采用的程度是决定组织是否具备竞争优势的重要因素。因此，企业应始终监测影响其经营和市场的技术因素的变化，并时刻准备采用随时出现的新技术进行创新。

3.2.5 自然环境

自然环境是指旅游企业所处的自然环境与生态环境，包括地理、气候、资源、生态等因素。自然环境的优劣不仅影响到企业的生产经营活动，而且影响一个国家的经济结构和发展水平，使经济环境和人口环境等均受到连动影响。旅游资源的不可移动性，使旅游企业对自然环境具有较强的依赖性。森林、河流、海洋、生物等自然环境因素是旅游企业发展的必要条件。因此，自然环境是旅游企业赖以生存的基本环境。

目前，全球气候变化、臭氧层衰竭、森林过度砍伐、物种消失、土壤侵蚀、土壤沙漠化、酸雨、有毒废弃物和水质污染，以及交通阻塞、噪声污染、历史古迹的损坏、无序的城市规划等环境问题已经成为全人类必须面对的紧迫课题。如何保护环境，实现可持续发展，国际社会为此作出了不懈努力。

自 1987 年世界环境与发展委员会发布布伦特兰报告(Brundtland Report)和 1992 年在世界环境与发展大会上提出的地球增长极限(Earth Summit)以来，可持续发展成为世界各国关注的焦点问题，旅游可持续发展也被提上日程。

1990 年，加拿大国际环保大会明确地提出了旅游持续发展的概念，指出了旅游持续发展的目标：①增进人们对旅游所产生的环境效应与经济效应的理解，强化其生态意识；②促进旅游的公平发展；③改善旅游接待地区的生活质量；④向旅游者提供高质量的旅游经历；⑤保护未来旅游开发赖以存在的环境质量。上述基本表达了旅游持续发展的一般性目标，体现了旅游产业的发展方向。1997 年，联合国第十九届特别会议首次将可持续旅游业列入联合国可持续发展议程。1998 年 10 月，在我国桂林召开的亚太地区议员环境与发展大会第六届年会，将会议主题确定为旅游与环保。各国政府也通过立法和采取其他措施来控制污染，促进旅游可持续发展。例如，中国自 20 世纪 80 年代以来，相继制定了《中华人民共和国环境保护法》、《风景名胜区条例》、《森林公园管理办法》、《中华人民共和国自然保护区条例》等有关法律法规，并对旅游景区、景点的环保指标提出了明确要求，以积极推进旅游资源的保护工作。这表明旅游可持续发展已成为一股势不可挡的世界性潮流。

国际社会的呼吁，政府的措施加上人们对环境友好产品及绿色产品的渴望，一些旅游企业已经意识到要想盈利就必须爱护环境。然而，如何理解和真正实现可持续发展，对许多旅游企业而言，还有待于提高认识并付诸行动。旅游企业的经济活动必须有助于社会进步和在一定环境约束下获得利益。旅游企业被动适应环境变化已远远不够，应该采取战略型环境管理政策，将环境因素纳入长远战略考虑。

可持续发展的重要标志是资源的永续利用和保持良好的生态环境。可持续发展的核心是旅游企业发展与保护资源、保护生态环境的和谐统一。旅游企业应该把改善环境业绩作为一项主动的、持续的行为，作为增加旅游企业竞争力的新机会，而不是把它当成一项任务，甚至一种额外的负担。为实现旅游业的可持续发展，从战略上，旅游企业应将自己定位于符合可持续发展原则的绿色景区、企业或能够自律的旅行社，树立良好的企业形象。旅游企业所经营的旅游产品应该符合可持续发展的要求，因此在产品设计上要引导消费者从粗放式的观光旅游，向深度开发的休闲、文化和生态旅游转变。对旅行社来说，应该对所经营的旅游产品进行严密规划，如接待容量、团队规模、旅游线路，并在经营中自觉遵守相关原则，对旅游者进行教育等，切实做到提高旅游地居民的福利水平，有利于旅游地的环境保护和物种的多样化。对景区而言，开发与保护并重，景区规划与开发主体必须切实关注开发行为给景区环境及社区居民带来的负面影响，并尽量降到最低。对企业和餐饮业来说，创建“绿色企业”已成为企业发展的必然趋势和当然选择。“绿色企业”是指那些为顾客提供的产品与服务符合充分利用资源、保护生态环境要求和对人体无害的企业。

总之，全球性的环境问题使旅游企业战略受到可持续发展原则的影响。旅游企业只有重新审视环境与竞争力之间的关系，以积极主动的战略去面对新的竞争态势，充分利用新的环境技术和环境方法，才能实现在保护环境的既定前提下提高竞争力。

阅读案例 3—3

喜达屋“全球公民”环保计划

喜达屋致力于以通过更多有效举措来减少能源消耗并爱护我们的地球。我们的环保政策可解决六大机会领域的问题，并将最初全球关注重点集中在能源和水方面，致力于在2020年前使能源消耗降低30%，水资源消耗降低20%(以2008年为基准)。

这些目标仅仅是环境可持续性发展的开端；我们还将集中精力制定用于最大限度降低和减少废弃物和碳排放、审查供应链并提高室内环境质量的指导方针。在实施所有这些措施的同时，我们还将继续提供我们引以为傲的卓越客户体验。我们深知，合作是解决这些问题的关键，因此我们于2009年与保护国际基金会(Conservation International，CI)达成合作伙伴关系。通过双方的努力合作，我们共同制定出能源和水资源目标，并建立起一个能够帮助我们实现这些业绩目标的平台。我们将继续与CI展开密切合作以制订各项计划，从而提高人们对环境问题的认识。

资料来源：喜达屋集团官网

3.3 旅游企业微观环境分析

旅游企业的微观环境，通常又称为产业环境或行业环境，是指能够直接影响企业经营活动的外部因素，包括行业性质、竞争者状况、消费者、供应商、中间商、政府相关部门及其他社会公众等。与宏观环境因素相比，微观环境因素对企业的影响更加具体与直接。企业是在一定行业中进行生产经营活动的，微观环境是决定企业生存和发展的基本环境，不仅如此，宏观环境也常常通过行业环境因素的变化对企业产生作用。因此，研究企业外部环境必须掌握行业特点，微观环境分析应该是旅游企业外部环境分析的核心和重点。

3.3.1 行业概貌分析

一个企业是否有长期发展的前景，首先同它所处的行业本身性质有关。作为企业战略的制定者必须了解企业所处行业的发展状况、未来发展前景与趋势。

1. 行业发展状况

1) 世界旅游业的发展

旅游业是朝阳产业。现代旅游业产生于19世纪，在20世纪得到前所未有的发展。特别是二战以后，旅游业获得了相对和平与稳定的发展环境，迅速成为一个新兴产业。1950年，全世界旅游人数仅有2 520万人，旅游收入约21亿美元。此后，世界旅游业平均每年以10%的速度增长，增长水平明显高于其他产业。如今，旅游业已经成为世界第一大产业，在世界经济体系中占据重要地位。2009年旅游业收入占全球GDP总量的9.3%，与旅游业相关的就业人数约有2亿人，占全球就业总量的8%。旅游业还是世界各国税收的主要来源。

随着产业结构的优化和人们消费结构的升级，旅游业还有巨大的上升空间，其对全球经济社会发展的贡献将日益提高。

同时，旅游已经成为人们的基本生活方式。随着经济发展和生活水平的提高，人们对精神文化的需求进一步上升。科学技术的不断进步，又极大地提高了社会劳动生产率，使人们有更加充裕的时间。在这种情况下，旅游成为人们使用闲暇时间的最佳选择之一。近年来，国际旅游在许多国家广泛开展，并迅速形成一股新的时代潮流。据世界旅游组织统计，人们每年参与各种形式的旅游活动达到 40 多亿人次，据预测，2015 年、2020 年全球国际旅游人次将分别达到 12 亿、16 亿人次。国际旅游人口将占世界总人口的 3.5%，其中德国、日本、英国、法国、荷兰、加拿大、俄罗斯、意大利等十大客源国出游总人数将占全球出游人数的 49.2%[①]。

2010 年，世界旅游组织的声明称："在环球经济状况改善的推动下，国际旅游业从全球金融危机和经济衰退中复苏的速度，比预期中来得快。"与 2009 年相比，国际旅游出游人数去年增加 6.7%，为 5 800 万人次，达到 9.35 亿人次，这个数字比经济危机前 2008 年的 9.13 亿人次还要高。

2011 年联合国世界旅游组织的最新统计显示，2011 年全球国际旅游人数达到 9.8 亿人次，同比增长 4.4%。在旅游收入方面，增幅居前几位的是美国、西班牙、中国香港地区和英国。旅游消费最多的是中国、俄罗斯、巴西和印度。近年来国际旅游业收入及其增长率见表 3-2。

表 3-2　近年来国际旅游业收入及其增长率

项目	国际旅游收入(10 亿)						现价增长率			绝对值增长率		
年份	1990	1995	2000	2005	2006	2007	05/04	06/05	07/06	05/04	06/05	07/06
本国货币							6.3%	8.5%	9.1%	3.1%	5.1%	5.6%
按美元计	264	405	475	680	742	856	7.3%	9.2%	15.4%	3.8%	5.8%	12.1%
按欧元计	207	310	515	546	591	625	7.3%	8.2%	5.7%	5.0%	5.9%	3.5%

资料来源：王坚. 2009 世界服务业重点行业发展动态[M]. 上海：上海科学技术文献出版社，2009：317.

2) 中国旅游业的发展

(1) 中国旅游业发展现状。

中国旅游业的发展始于 1978 年，30 多年来取得了巨大的成就。2012 年，中国以近 30 亿人次的国内旅游市场规模，位居世界第一；出境旅游人数超过 8 000 万人次，居全球第三，对世界旅游市场贡献率超过 7%；入境过夜旅游人数达 5 772 万人次，继续位居世界第三。目前，中国旅游直接从业人数超过 1 350 万人，与旅游相关就业人数约 8 000 万人。随

① 中共北京市委研究室，北京市旅游局. 旅游产业作为世界第一大产业发展状况研究[N]. 中国旅游报，2010-5-28.

着旅游产业发展壮大，特别是旅游休闲在乡村拓展，旅游业在吸纳就业方面的功能将会进一步增强。2013 年全国旅游业发展的预期目标为旅游总收入 2.85 万亿元，增长 11%；国内旅游 32 亿人次，增长 10%，国内旅游收入 2.49 万亿元，增长 12%；入境旅游 1.34 亿人次，增长 1%，其中，过夜旅游 5 850 万人次，增长 2%，旅游外汇收入 500 亿美元，增长 3%；出境旅游 9 200 万人次，增长 15%。新增旅游直接就业 50 万人左右。

上述数字表明，改革开放以来，中国旅游业快速发展，产业规模不断扩大，产业体系日趋完善。另一方面，作为世界第二大经济体，2012 年我国人均 GDP 已超过 5 000 美元，达到中等发达国家水平。家庭消费结构发生较明显的变化，其中与旅行、娱乐有关的服务开支将超常增加，旅游业进入大众化发展阶段，旅游消费需求逐渐升级，度假休闲需求日益旺盛，中国已形成了一个独立的多层次的较大规模的旅游市场。随着综合国力和人民群众生活水平的显著提升，中国旅游业将得到更为快速的发展。

(2) 中国旅游业发展的新机遇。

2009 年国务院《关于加快发展旅游业的意见》(以下简称《意见》)提出把旅游业培育成国民经济的战略性支柱产业和人民群众更加满意的现代服务业。《意见》明确了旅游业发展目标：到 2015 年，旅游市场规模进一步扩大，国内旅游人数达 33 亿人次，年均增长 10%；入境过夜游客人数达 9 000 万人次，年均增长 8%；出境旅游人数达 8 300 万人次，年均增长 9%。旅游消费稳步增长，城乡居民年均出游超过 2 次，旅游消费相当于居民消费总量的 10%。经济社会效益更加明显，旅游业总收入年均增长 12%以上，旅游业增加值占全国 GDP 的比重提高到 4.5%，占服务业增加值的比重达到 12%。每年新增旅游就业 50 万人。旅游服务质量明显提高，市场秩序明显好转，可持续发展能力明显增强，力争到 2020 年中国旅游产业规模、质量、效益基本达到世界旅游强国水平。《意见》明确了旅游业在国民经济中的重要地位，为旅游业发展指明了方向。

为促进旅游休闲产业健康发展，2013 年 2 月国务院发布《国民旅游休闲纲要(2013—2020 年)》(下称《纲要》)。《纲要》提出，到 2020 年要基本建成与小康社会相适应的现代国民旅游休闲体系。为保障国民旅游休闲时间，落实《职工带薪年休假条例》，鼓励机关、团体、企事业单位引导职工灵活安排全年休假时间。鼓励企业将安排职工旅游休闲作为奖励和福利措施，鼓励旅游企业采取灵活多样的方式给予旅游者优惠。这对提振国内旅游消费、促进公民福利及旅游业的发展将产生积极影响。对此，业内人士认为，带薪年休假制度的落实，能极大地刺激旅游消费增长，将至少增收 500 亿元以上，同时缓解季节性紧张的供需矛盾。

2. 世界旅游业发展趋势

1) 旅游消费需求向多元化方向发展

旅游消费需求是生产力发展水平的集中反映，受到社会形态、价值观念、行为取向、政治、科学、文化等一系列因素，以及个人所处阶层、教育、经历、职业、性格、性别、兴趣等的影响和制约。纵观世界旅游的发展，人们的旅游消费需求模式经历了一个从单一观光型—观光、度假型—需求多元化的发展过程。随着旅游方式朝个性化、自由化的方向发展，传统的观光旅游、度假旅游和商务旅游已不能满足旅游者的需求，各种内容丰富、新颖独特的旅游方式和旅游项目应运而生、层出不穷。目前，国际旅游消费需求的基本态势是：从人们出游的组织方式来看，随着世界各地旅游设施的建立健全，世界性预订服务网络的普及完善，使散客旅游越来越方便。在追求个性化的浪潮下，目前世界上散客旅游人数已超过旅行社固定包价的旅游人数，散客旅游和中短距离区域内的家庭旅游在旅游者人数中所占比例将逐渐增加，小包价、个人委托代办服务也占有越来越重要的市场份额。从旅游动机和目的来看，特殊旅游、专题旅游更有发展潜力，如生态旅游、文化旅游、探险旅游、考古旅游、修学旅游、蜜月旅游、购物旅游、奖励旅游、民族风俗旅游等，将会形成特色突出的旅游细分化市场。

2) 国际旅游区域的重心向东方转移

20 世纪 80 年代以前，西方发达国家几乎垄断了国际旅游市场，接待人数和旅游收入都占到世界总量的 90%左右。进入 90 年代，出现了由欧洲、美洲、亚太地区、非洲、中东、南亚组成的六大国际旅游市场格局体系，这一市场格局体系的形成标志着旅游大众化时代的到来。特别是东亚、太平洋地区的国际旅游增长率年均达到 7.5%，远高于世界其他地区。随着旅游重心由传统市场向新兴市场转移速度的加快，欧美地区国际旅游市场份额不断缩小，亚太地区成为国际旅游的热点区域。在东亚、太平洋地区、夏威夷及具有丰富海滩资源的泰国、印度尼西亚、中国大陆沿海区域将是旅游者热衷于选择的目标。而主要吸引商务和购物客人的城市型旅游地，如中国香港、新加坡、中国台湾、韩国将会在度假旅游浪潮中失去一部分市场。到 21 世纪末，泰国、夏威夷、中国海南将会取代中国香港、新加坡、印度尼西亚成为东亚、太平洋地区第一位、第二位和第三位的旅游度假目的地。

3) 国际旅游市场竞争与合作并存

国际旅游市场蕴藏着无限商机，也成为竞争最激烈的市场之一。一些国家和地区为了增强旅游竞争力，与邻国结成密切协作关系，相互借鉴先进的技术和管理经验，对共同的客源市场开展联合促销，对人员进行统一培训轮训，旅游区域合作、地区旅游一体化的步伐加快。同时，鉴于旅游产业的敏感性，世界各国与世界旅游组织进一步建立健全旅游合作和发展机制，共同应对自然灾害、疾病疫情及经济危机等各种突发事件对旅游产业带来的负面影响，以实现资源共享、优势互补和协调发展。

4) 度假胜地将成为主流产品和重要支柱

在未来的市场发展中，观光型旅游并不会完全失去市场，但在传统的旅游客源国家中度假旅游将更为盛行，将会逐步取代观光旅游成为国际旅游的主体。以浓厚的区域文化内涵和生态、绿色、低碳的自然资源环境为支撑的度假胜地将是度假旅游产品的重要支柱，这些旅游度假胜地如地中海地区、加勒比海地区仍将是国际旅游者集中的地区。而且，旅游者在旅游中追求更多的参与性和娱乐性。旅游者将转向追求那些富有活力、情趣，具有鲜明特点的旅游场所，喜欢那些轻松活泼、丰富多彩、寓游于乐、游娱结合的旅游方式。能亲身体验当地人民的生活，直接感受异国的民族文化风情，通过参与和交流得到感情的慰藉和心灵的撞击。因此，旅游产品设计开发将更加注重民族风情、地方特色、游娱结合。

5) 老年旅游市场不断扩大

按照世界现行标准，一个国家老年人人口比例超过总人口比例的 7%即为老年型国家，这个比例仍在增加。西方主要客源国大都进入老年型国家，其中英国、德国、瑞士等国老年人比例已超过总人口的 14%。中国等发展中国家老年人口也在不断增加，老年人已经成为一个庞大的社会群体。作为一个有钱、有闲、健康活跃的阶层，老年人在退休后开始人生的第二个春天，对异国、异域的古老传统文化有着强烈的向往，对旅游休闲度假抱有浓厚兴趣。在美国 9·11 事件之后，欧美出现了携孙辈一起出游的现象。中国的夕阳红专项旅游也显示出了旺盛的发展势头。因此，老年旅游市场越来越被各旅游接待国所重视，将来会成为一个很重要的市场。

3.3.2 行业竞争结构分析

行业竞争结构分析是企业外部微观环境分析的重要组成部分。行业竞争结构分析主要掌握该行业的竞争态势。迈克尔·波特提出的竞争结构分析的五力模型是应用最广的行业竞争结构分析模型。他认为行业环境由五种力量构成，即潜在进入者、供应商、买方、替代品及竞争对手，如图 3.3 所示。它们直接影响到一个企业和它的竞争行为。总的来说，这五个因素之间的互动关系决定了一个行业竞争激烈的程度和盈利能力，很好地理解这五个力量的本质和作用力的大小有助于管理者制定组织的竞争战略。

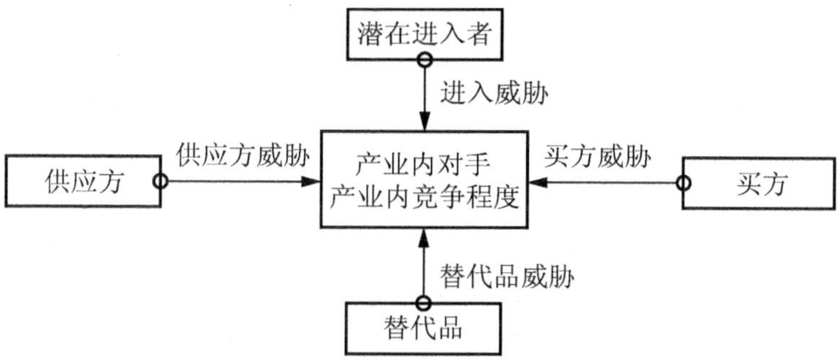

图 3.3 波特的五力模型

1. 潜在进入者的威胁

当某一行业，尤其是某一新兴行业发展快、获得高额利润时，不仅会刺激行业内现有企业增加投资以提高生产能力，而且会吸引行业外企业进入该行业。既然新进入者有这样的威胁，现有企业就总会想方设法地建立本行业的进入壁垒，来限制更多的企业来“分一杯羹”，但究竟能否阻止潜在进入者的入侵，还要取决于进入壁垒的高低及准备进入者可能遇到的现存守城者反击的大小。进入壁垒高，潜在进入者进入的难度就大，相反进入壁垒低，潜在进入者进入的难度就小。如果原有企业激烈反击，潜在的进入者难以进入该行业，进入者的威胁就小。决定进入障碍大小的主要因素有以下几个。

1) 进入的资金成本

资金限制对于潜在进入企业来说，也是一个很关键的限制因素。企业欲进入一个行业(或者行业的一个部门)时所需投资的多少是决定新进入者威胁的大小程度的重要因素，需要投入的资金越多，来自于新进入者的威胁越小。资金越少，威胁就越大。旅游业中，酒店的建造或者景点的修建，显然需要很多资金。尤其是高级酒店，实质上已成为一种资金密集型行业，而且企业都需要投入高风险或不可回收的前期广告费用、营销费用。不过，通过实行所有权与经营权分离可以节省或延付一些资金成本。如在酒店业资本公司拥有实际资产而酒店经营者管理酒店。旅游业的其他部门，如旅游经营公司或是一家旅游代理公司，因为不需要购买昂贵的资产，所以成本相对较低。

2) 规模经济性

如果现有的竞争者的确已经取得了切实的规模经济，那它比新的竞争者具备更大的优势。潜在进入者是无法获得与现存的企业同样低的单位生产成本的。那么潜在进入者就面临着两种选择：一种是以大的生产规模进入。这样必然受到现有企业的强烈抵制，竞争压力变大；另一种就是以小的生产规模进入。这样，对于新进入的企业来说，成本会比其他现有企业高，也限制了企业的进入。无论企业选择哪一种进入方式，规模经济性都对潜在进入企业的进入设置了壁垒。

3) 关键资源的控制

对关键资源的控制一般表现为对自然资源、专利或专有技术、资金、原材料供应、分销渠道等资源的积累与控制。例如，景区就是很多观光型旅游项目的关键资源，其他企业因为没有自然景区的资源而很难组织类似的项目。因此，很多旅游企业都在力求寻找新的旅游吸引物，以获取关键资源进行生产。再如，销售渠道的控制对于旅游企业来说是非常关键的。这也是旅游企业纷纷加入各种销售网络、寻求与有竞争力的销售商进行价值链连接的重要原因。

4) 现有企业的市场优势

这里的市场优势，主要是指企业在长期生产销售过程中积累下来的与业务相关的产品质量、广告宣传、售后服务等优势。这些优势对于企业来说是十分重要的，也是新进入企业无法匹敌的。现有企业只需要做少量的广告投入就可以维持顾客对本产品或服务的忠诚度。而对于新进入的企业来说，想吸引顾客，就要制定更低的价格，进行更多的宣传促销活动，因而面临巨大的成本劣势。因此，很多人认为，市场优势是进入壁垒中最重要的，也是新进入企业最需要考虑的。

5) 产品差异

如果旅游企业产品的差异性大，顾客对其品牌忠诚，那么潜在进入者在进入该行业时会遇到较大的阻力。新进入者与原企业争夺用户，必须花费较大代价去树立企业形象和产品信誉，一旦失败，将丧失全部投资；相反，如果产品的差异性小，顾客对其品牌忠诚度低，则潜在进入者很容易进入。大多数旅游目的地产品是能够完全地与其他产品区分开来，例如，人们只能在美国看到黄石公园，只能在南极看到那里的帝企鹅。因此，想看这些吸引物的顾客绝不能到新进入者那里购买这些产品。

6) 政策与制度

政府对企业的规制，在不同程度上会影响到新企业进入旅游产业的程度，是企业需要在进入某个领域时须事先考虑的问题。如果政府管控严格，往往垄断性高，新企业则很难进入，如果政府只是做一些常规的计划，控制力度很小，行业里的竞争就激烈得多，新企业则容易进入。同时，企业必须遵循国家的政策和制度，否则会导致企业的运营和管理出现障碍。

7) 已有企业的抵制

现有企业的抵制也将对进入的威胁产生影响。如果现有企业对新进入者的进入反应强烈，潜在企业在进入行业时就感觉比较困难。例如，如果已有的企业已获得了规模经济，那么，它们就可以采取削减价格或增加营销费用的手段来阻止新企业进入。限制性定价往往不是一家或者几家企业的行为，而是行业内大部分企业联合应对新进入者的行为。同时，现有企业还可能进入对方领域，其目的在于避免对方的行为给自己带来的风险，抵消进入者首先采取行动可能带来的优势。这是寡头垄断市场上经常出现的一种报复行为。

2. 潜在替代品的威胁

替代品，主要是指行业中能满足顾客同样需求的产品。在旅游业中替代品的实例很多，在旅游交通领域，顾客可以选择不同的交通工具到达目的地，如火车和飞机。不同的交通工具之间就是一种替代关系。替代品的威胁对于企业的竞争来说是很重要的。若替代品的盈利能力强，对现有产品的压力就大，会使本行业的企业在竞争中处于不利地位。因此，管理者必须密切关注那些质量有所改进或价格有所下降的替代品。某个替代品构成的威胁大小取决于以下因素。

1) 替代品与现有产品价格及功能的匹配程度

价格匹配主要体现在，如果新产品的价格低于或者等于原产品的价格，那么消费者可能会接受；那么替代品对行业会构成严重威胁。如果高于原产品，消费者接受的可能性就大大降低。当然，也不排除功能多样、价格升高的情况。如果替代品的性能与行业产品的性能很接近，甚至具有完全的原产品功能，甚至多于原产品功能，那么替代品的替代能力就比较强，替代品对行业的产品会构成严重威胁。如果替代品不能完全发挥原产品的功能，那么替代能力就弱。以旅游交通为例，从产品功能的角度上来说，飞机可以替代火车，功能的匹配程度很高，但是如果想用火车来替代船舶，可能就很难实现，因为火车不能发挥船舶的功能，这样的替代能力是很弱的，甚至是没有替代能力的，那么对行业产品构成的威胁就不大。

2) 购买者的转换成本和意愿

购买者从购买本行业的产品转向购买替代品时，只需承担很小的转换成本，则产品的替代能力就高，替代品的威胁就大。相反，如果转换成本高，购买者不得不固定在原有产品上，则产品的替代能力就低，替代品的威胁就小。购买者的意愿同样是影响替代能力的关键因素。买方的意愿与品牌忠诚度的大小有着密切的联系。虽然可能新产品的功能比原产品多，价格也便宜，转换成本很低，但是消费者还是会因为使用习惯，或者是品牌忠诚等原因，不去选择新产品。在酒店行业中，很多知名的酒店管理集团，如雅高、洲际、马里奥特等酒店管理集团，都拥有自己的常住客奖励计划，通过这种方式来培养顾客的忠诚度。

为了降低替代品的威胁，行业里的竞争者通常会采取改进产品的性能、降低成本和削减价格及实行产品的差异化等策略。当然，替代品的威胁并不一定意味着新产品最终会取代老的产品。几种替代品长期共存的现象是普遍存在的。例如，旅游交通中飞机、汽车、火车、轮船等长期共存，传统的旅行社与旅游网络经营商及各种预订机构共存等。

3．供应商的力量

企业从事生产经营所需各种资源一般都要从供应商处获得，供应商一般都要从价格、质量、服务等方面入手，以谋取更多的利润，从而给企业带来压力。供应商的谈判能力，直接影响了企业的生产成本。供应商的谈判能力主要受到以下几个因素的影响。

1) 供应商所提供资源的独特性和稀缺性

如果提供给行业的资源对该行业来说必不可少，而且没有近似的替代品，供应商对该行业就很可能具有很大的影响力。相反，如果供应商提供的资源很多，可供选择的替代品很多，那么供应商的谈判能力就相对较弱。例如，航空业的供应方就拥有较大的力量，世界上只有两家公司生产大型喷气式飞机——波音与空中客车公司，供应商讨价还价的能力就很强。

2) 对该资源有需求的其他行业的数量

如果供应商向几个行业提供同一种资源，那么它们对一个行业的依赖性就很可能会减少。因此，供应商能向更多行业提供同种资源时，其讨价还价的能力就越强。如果资源的需求行业少，供应商的谈判能力就弱。在我国的二三线城市中，酒店经常要和许多其他行业竞争人力资源，高端酒店也很难招聘到所需要的足够的员工。

3) 转换供应商的成本

如果购买企业认为供应商提供的价格不合理，可以选择其他的供应商，但是转换供应商的过程是需要一定成本的。企业和原有供应商之间已经建立了一种长期的密切的工作关系，新供应商不具备所需的知识和经验，或者提供的系统和服务不符合买方的要求。企业往往需要放弃与供应商达成的原有协议，已建立的长期合作关系被打破，已经十分熟悉和适应的交易方式被改变，而且新供应商的供应模式与其他相关系统和服务不一定可以达到购买企业的要求。因此，转换供应商的成本越高，供应商的谈判能力就越强；反之则越弱。

4) 供应商的数量和大小

如果资源供应商数量很少，那么供应商对行业的组织能力和对资源的控制能力就强，那么讨价还价的能力自然也强。反之，如果每个供应商的规模小、数量多，尤其是供应商的规模比购买资源的组织的规模小，那么可供购买者选择的余地就大，供应商的影响力就相当微弱。例如，向国际酒店集团(如喜来登)供应食品和服务的供应商的力量是很弱的，因为与这个酒店公司相比，供应商规模大都很小。喜来登集团在不同的地方拥有很多的供应商，如果它觉得有必要降低投入成本或要提高产品质量时，它就会更换供应商。

4．购买者的谈判能力

需求方(购买者)，是指购买产品的顾客。顾客谈判能力直接影响着企业的竞争环境。购买者对本行业的竞争压力表现为购买要求提高，如要求低价、高质、优服务等；还表现为购买者利用现有企业之间的竞争对生产厂家施加压力。为了以更低的价格获得更高质量的产品或服务，买方通常都会讨价还价，其结果是行业内企业之间的竞争加剧，导致行业利润下降。顾客的影响力往往决定着企业的获利能力。影响购买者议价的基本因素有需求的数量和购买量、提供产品的企业数量、替代品的可获得性与购买者的转换成本等方面。

1) 需求的数量和购买量

购买者的数量少，购买量大，那么购买者对卖方的控制力就强，当然，讨价还价的能力就强。相反，如果购买者数目庞大，彼此间又相互独立，并且每一个只购买少量的产品，那么购买者讨价还价的能力就弱。如果生产行业急需补充生产能力的话，那么大宗的购买者就更加具有特别有利的竞争地位。例如，以接待团队为主的酒店，往往接待的购买者主要是旅行社。其每次购买的数量都很大，那么购买者的谈判能力就很强。酒店往往需要提供较低的价格来吸引购买者。

2) 提供产品的企业数量

提供产品的企业数量如果很多，那么购买者的选择范围就很大，谈判能力就强；反之，提供产品的企业数量少，购买者的选择范围就相对狭窄，讨价还价的能力就弱。以经济型酒店为例，提供类似产品的酒店数量很多，那么游客的选择余地就会增大，自然讨价还价的能力就强，因此很多经济型酒店不得不以降价行为吸引游客。

3) 替代品的可获得性与购买者的转换成本

购买者同样可以选择替代品。替代品越容易获得，购买者的谈判能力就越强，因为不能以合适的价格购买，购买者就可以直接选择替代品。当然，选择替代品也是需要转换成本的，如果转换成本很低，如果顾客转向购买替代品的成本低(因为替代品与产品在性能和价格上接近)，那么购买者的谈判能力就强。反之，影响力就小。

4) 行业产品的标准化程度

如果从该行业购买的产品属于标准化或差异性小的产品，购买者会确信自己总是可以找到可挑选的供应商，就可以使供应商之间互相倾轧，购买者的影响力就大，反之，影响力就小。另外，购买者对价格的敏感程度、购买者拥有行业内企业成本结构信息的程度、购买者行业与供应商行业的集中程度，以及购买者的后向一体化可能性，也决定着购买者的谈判能力。

5. 现有竞争者

阅读案例 3-4

在线旅游巨头争地盘不惜“以价换量”

在线旅游业价格战在新的一年将继续上演。在线旅游龙头企业携程表示，经历了半年的价格战，2013 年在线旅游巨头之间的价格比拼将趋于常态化。据旅游业内人士预测，2013 年在线旅游价格战将集中在酒店领域。

数据显示，2012 年三季度，携程以 46.3%的市场份额位居在线旅游行业第一，艺龙以 7.9%的份额位居第二，同程网以 5.3%的份额位居第三。其中，在酒店方面，在线旅游预订营收超过 10 亿元，携程和艺龙所占市场份额分别达到 41.8%、13.2%。

携程资深副总裁汤澜认为，短期内的价格战虽然提升了整个在线旅游行业的市场份额，但从长远来看，价格战中没有一方能获利。

在赢得市场份额的同时，携程去年三季度的利润率同比下降了40%。汤澜表示，去年的价格战达到了携程的预期。虽然利润率下降，但凭借机票、度假旅游、商旅服务的利润支撑，携程依然盈利1.94亿美元。竞争对手艺龙的酒店预订量虽然同比增长70%，但却出现三年来的首次季度亏损。

资料显示，艺龙两年前开始返现策略专攻酒店预订市场，酒店预订市场占有率随之提升。在汤澜看来，艺龙的这一举措在前两年确实能提升市场占有率。2012年7月5日，携程开始正面反击，宣布投入5亿美元介入价格战。2012年三季度，携程酒店预订量的增速立即从10%提升至40%。

对于2013年在线旅游行业价格战的走势，汤澜表示会观望竞争对手艺龙的策略。他分析认为，自去年四季度开始，在线旅游价格战的力度有所减缓，预计今年返现力度将维持去年水平，或略有降低。

目前，消费者对旅游产品价格的敏感性高，价格战成为在线旅游企业争夺市场的有效手段。而长远来看，产品质量、供应链衔接、用户体验等才是竞争的核心所在。

资料来源：http://www.eastmoney.com/2013年01月10日 15：38，作者：周妍

问题：

1. 在线旅游巨头争地盘为何不惜“以价换量”？
2. 你认为价格战能否使旅游企业保持长久的竞争优势？

行业内现有企业之间的竞争，这是通常意义下的竞争，企业的竞争方式主要包括价格竞争、服务水平竞争、广告竞争、品牌竞争等。企业通过这些竞争获得市场占有率，在竞争中占据有利地位，以提高经营效率。影响企业竞争能力的主要因素有竞争者的多少及其力量的对比，行业发展的快慢，利润率的高低，行业生产能力与需求的对比，行业进入或退出障碍的大小等。

1) 竞争对手的相对规模

竞争对手的规模直接影响到竞争能力的大小。如果行业里的竞争者势均力敌，意味着它们都有支持竞争和进行强烈反击的资源，那么，行业的竞争就会加剧。如果行业中存在一个垄断企业，竞争就没那么激烈(利润水平也会更高)，这是因为大企业能阻止和减少小企业的行动。例如，国内知名的三家旅行社：中国国际旅行社、中国青年旅行社和中国旅行社。它们的业务遍布全国，占据了国内的绝大部分市场份额。其他旅行社与其竞争就显得十分困难。

2) 行业的属性和市场的成熟度

行业的属性决定着竞争的态势。旅游行业属于第三产业，在服务业中，服务水平和信誉度十分重要。因此，企业都致力于提高服务水平和信誉度，建立良好的品牌，以求在竞争中获得更好的位置。同时，市场的成熟度也影响着竞争的激烈程度。如果市场成熟，意味着市场增长缓慢，市场中的竞争就比快速增长的市场的竞争要激烈。旅游业已经达到了行业生命周期的成熟期，企业想增加销售量，就要从竞争者手中夺取市场份额，使得行业的竞争更为激烈。企业只有不断地完善自己，才能保证在竞争中不被淘汰。

3) 成本

竞争中除价格和服务水平等条件外，成本同样是竞争的焦点，降低了成本就可以相应地降低价格，提高生产效率。如果一个行业是属于具有很高固定成本的资本密集型行业，那么行业中的削价竞争会很激烈。因为削价是填充企业容量和冲淡高额固定成本的唯一途径。所以，在航运、酒店和航空业，在即将出发或营业日结束时，如果还有剩余容量，对产品打折是很平常的事情。这是产品的不可储存性和行业高固定成本的特性决定的。

4) 退出壁垒

退出是指某个(或某些)企业停止作为卖方而从某个行业撤退的行为，包括转产和宣布破产两种方式。旅游行业中，酒店、航空公司等企业的固定资产具有很强的专业特性，不能轻易地转为他用，也不易出售，尤其在经济低迷时期。由于退出壁垒相对较高，经营不好的企业只得继续留在行业里进行经营，这些部门生产能力过剩的现象还会持续一段时间，竞争也将进一步加剧。因此，在酒店、航空公司等行业中，竞争尤为激烈。例如，我国一些地区的酒店市场，生产能力过剩，退出壁垒又高，企业间的竞争十分激烈，行业的利润和投资回报率都有所下降。

5) 政府管制

政府管制会影响到行业内的竞争态势。有些行业受到严格的管制，如对于航空业，许多国家通过签订国际航班的始发地和目的地国家之间的双边合约来管理国际航空旅行，对它实行直接的控制，在一定程度上减少了行业竞争。而有些行业政府的控制力度很小，政府只是做一些常规的计划指导，如国际酒店业、旅行社业，因此，行业内的竞争就激烈得多。

综上所述，潜在进入者的威胁，替代品的威胁，买方的谈判能力，供应商的谈判能力和行业中企业的竞争是影响企业竞争的五种力量。每种力量都以不同的方式影响着企业的竞争态势。这五种力量是相互联系的，每一种力量的变化都可能引起其他因素的变化，彼此关系也会相应地发生改变，见表3-3。通过对五种行业力量的分析，旅游企业必须抓住影响本企业的最关键的力量，并针对这一力量进行战略设计和实施。

表3-3 波特“五力模型”和盈利水平之间的关系

力　量	盈利水平会高	盈利水平会低
供应商的谈判能力	如果弱	如果强
买方的谈判能力	如果弱	如果强
潜在进入者的威胁	如果进入壁垒高	如果进入壁垒低
替代品的威胁	如果很少	如果很多
行业内的竞争	如果微弱	如果激烈

资料来源：(英国)耐杰尔・埃文斯，大卫・坝贝尔，乔治・斯通休萨. 旅游战略管理[M]. (马桂顺译. 沈阳：辽宁科学技术出版社，2005.)

3.3.3 行业内战略组群分析

1．战略组群的内涵

行业竞争分析就是要确定整个产业和所有主要竞争对手多个方面的战略特征。迈克尔·波特所提出的影响行业竞争的五种广义的竞争作用力给出了一个产业中所有公司竞争的环境。该五种力量的互动关系决定了产业中竞争的性质和整个行业的利润能力。但这些问题都是对行业整体状态的一些描述性的回答，而无法解释行业内企业间利润率的差别。因此，仅有基本竞争环境的分析显然是不够的，要想帮助企业作出直观的竞争判断，还要进行战略组群分析，从而说明产业内不同竞争地位的企业间利润的差别。

行业内战略组群的分析，是按照行业内各企业战略地位的差别，把企业划分成不同的战略组群，并分析各集团间的相互关系和集团内的企业关系，从而进一步认识行业及其竞争状况。

1972 年迈克尔·亨特(Michael Hunt)从产业组织理论的角度出发，提出“战略组群”概念，但并未受到重视。直到 1980 年迈克尔·波特从战略管理理论角度将这一概念引入到分析产业结构的特征中，并对战略群体进行了有效的划分，他认为可以通过考虑一定的特征组合来划分战略群体，并根据战略群体的不同而确定环境的机会和威胁。根据迈克尔·波特的定义，所谓战略组群，是指一个行业内执行同样或类似战略并具有类似战略特征的一组企业。它们具有相似的能力，满足相同细分市场的需求，提供具有同等质量的产品和服务。战略组群的划分并不等同于市场细分，而是以战略姿态的广义概念为基础确立的。处于不同战略组群的企业在产品差异化程度、目标市场、品牌的数量、产品的服务与推广以及企业的规模等方面都有很大不同。企业最直接的竞争对手是自己同一个战略组群中的企业，而不是其他战略组群中的企业。战略组群概念介于产业组织理论中将产业作为整体分析和企业管理理论中将企业作为个体分析的两个极端之间，将产业中企业分成特征不同的群体加以研究，为分析产业结构及产业中企业竞争格局提供了一个非常有力的分析工具。

战略组群分析多用于对行业进行分析，可以帮助企业确定环境的机会和威胁。战略组群分析使企业了解行业内各竞争组群的特点及企业所处的竞争组群，以及战略组群内其他企业的竞争模式，能够比较自己和最接近的竞争对手的绩效，包括盈利水平、市场份额、产品或服务、品牌、顾客忠诚、价格等，把握自身准确的定位，从而确定切实可行的发展目标，这对于所有企业来说都十分重要，是制定发展战略的关键。

2．战略组群的识别

一个行业内的企业，在战略上会有许多共同点，但也会有许多不同点。战略的不同点主要表现在以下几个方面。

(1) 纵向一体化的程度不同。有的企业自己生产原材料和零部件，有的则完全从外部采购；有的企业有自己的销售渠道和网点，有的则全靠批发商和零售商。

(2) 专业化程度不同。有的企业只经营某一种产品和服务项目，有的则生产多品种多规格的产品和服务，有的甚至是跨行业经营。

(3) 研究开发重点不同。有的企业注重争取开发新产品的领导地位，不断投放新产品；有的企业把研发重点放在生产技术上，力争在质量和成本上取得优势。

(4) 营销的重点不同。有的企业重视维持高价产品，有的企业则采取低价策略展开竞争；有的企业特别重视对最终用户的推销活动，有的企业主要以为销售者提供优质服务来巩固和扩大疏通渠道。

波特在《竞争战略》一书中，提出了用于识别战略组群特征的一些变量。这些变量包括：产品的服务质量、产品或服务的差异化程度、所使用的分销渠道、各地区交叉的程度、细分市场的数量、所使用的渠道情况、品牌的数量、营销的力度、纵向一体化的程度、技术领先程度(领先追随者)、研究开发能力、成本定位、能力的利用率、价格与设施设备水平、所有制结构、与政府和金融界等外部利益相关者的关系、组织的规模等。

为清楚地识别不同的战略组群，首先要从以上变量中找出两项有代表性的变量，然后按上述差别化特征将产业内所有的企业列于一张双因素变量图上，把大致相同战略空间的企业归为同一个战略组群。最后给每个战略组群画一个圆圈，使其半径与各个战略组群占整个行业销售收入的份额成正比。这样就得到了一张战略组群分析图。制作行业战略组群图有五个主要步骤具体如下。

第一，辨析行业中的各个企业。现代企业的产权关系非常复杂，具有竞争关系的企业很可能拥有相同股东，或者从属于同一公司。因此，绘制战略组群图首先要搞清楚企业、品牌、产品三者之间所有权关系上的不同。

第二，按照差别化的特征，将各个企业列在一张双变量图上。选择一些重要的变量作为坐标轴，如市场占有率、成本定位等，然后根据各个企业在这些变量上的表现给予赋值，可以是数字上的区分，也可以是高、中、低的区分等。最终的目的是使得所有企业都能够在这张图上找到自己的位置。

第三，把大致相同的空间内的企业归为同一个战略组群。根据企业的变量取值的不同，在图上标出企业所占据的点，距离相近的点则可以划分在同一个战略组群里面。

第四，给每一个战略组群画一个圈。用圆圈把位置比较近的点圈起来。这时战略组群图上就会出现多个圆圈，我们就认为在同一圆圈里的企业属于同一个战略组群，它们具有显著的竞争关系特征。而不同圆圈里的企业，可以说明在这一个评估指标里不具有竞争关系，但是如果更换了坐标轴变量，很有可能战略组群就会发生变化。

最后，圆圈的半径使其半径与各个战略组群所占行业销售收入的份额成正比。也就是说行业的一些主导品牌和主导企业，将会在战略组群图上显现出较大的半径，而力量微小的企业，就会处于半径较小的战略圈之内，如图 3.4 所示。

在战略组群图上，战略组群之间的距离越近，企业之间的竞争就越激烈。因为它们具有相同或者相似的战略，在资源使用和对购买者的争取上必然会有很多冲突。同一个战略组群内的企业，是最直接的竞争对手；其次是相距最近的两个组群中的企业。而在图上相距很远的两个企业几乎没有多少竞争。

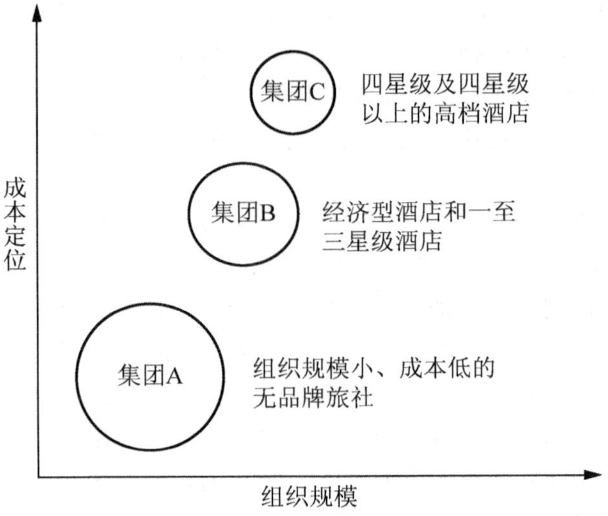

图 3.4　酒店战略组群图

行业战略组群图作为分析工具是一种非常有用的方法，它将一个产业的竞争以作图方式表现出来，用于了解产业如何变化或今后趋势会怎样影响它。它是一种“战略空间”图，而不是价格与数量图。有许多有用的原则：①不该选定两个强相关的变量作为坐标轴变量，否则各个战略组群将在一条线上；②被选变量应该能够体现各个企业所定位竞争目的之间的较大差异；③可以采取多选取变量的方式，从多个角度绘制战略组群图，从不同角度反映行业中的竞争者地位的相互关系；④战略圈的半径和圈内每个企业联合销售额成正比；⑤战略组群图可以做成多个图，从多个视角进行分析。用战略方向的各种组合，帮助分析家认识最关键的竞争问题。

3．战略组群竞争分析

1) 战略组群内的竞争

识别战略组群首先可以让企业识别直接的竞争威胁。由于在同一战略组群中的所有企业都遵循相近甚至相同的发展战略，用户常常将它们的产品或服务看成是可以互相直接替代的。因此，对于某一企业来说，其直接的竞争威胁来源于自己所属的战略组群。

在战略组群内，由于各个企业的优势不同会形成彼此之间的竞争。一般来说，各企业的经济效益主要取决于经济规模。规模大的企业就处于优势地位。另外，同一战略组群内的企业，虽然常常采用相同的战略，但各企业的战略实施能力是不同的，即在管理能力、生产技术和研究开发能力、销售能力等方面是有差别的。能力尤其是创新和学习能力强的企业会占优势，处于较为有利的地位。

2) 战略组群间的竞争

战略组群间的抗衡程度是由许多因素决定的。一般来说，各战略组群的市场占有率相同，而经营战略很不相同，集团间的抗衡就会激烈；或各战略组群的目标是同一类顾客，其战略差异越大，抗衡也就会越激烈；在一个产业中，如果存在两个以上的战略组群，它们之间可能就会为对方设置障碍，导致群体间的竞争。多个集团的存在往往会影响产业总体竞争程度，一般会激化竞争。一个行业内战略组群越多，相互的对抗也就越激烈。如果一个行业中虽然有不少战略组群，但其中少数战略组群处于领导地位，并且市场占有率很高，这个行业战略组群间的对抗就不会激烈。最不稳定、也往往伴随着激烈竞争的情况，是产业中存在几个势均力敌的战略组群，各自奉行全然不同的战略并为争取同一类型基本顾客竞争。因此，战略组群影响着产业竞争的激烈程度。一般来说，下列四个因素决定着一个产业中战略组群之间的竞争激烈程度。

(1) 战略组群间的市场相互牵连程度。就是各战略组群对同一顾客进行争夺的程度，或者说是他们为争取不同细分市场中的顾客进行竞争的程度。当战略组群间的市场牵连很多时，战略组群间将导致剧烈的竞争。当战略组群将目标放在差别很大的细分市场上时，他们对他人的兴趣及相互影响就会小得多。当他们的销售对象区别很大时，其竞争就更像是在不同产业的集团间进行一样。

(2) 战略组群数量及它们的相对规模。一个产业中战略组群数量越多且各个战略组群的市场份额越相近时，则战略组群间的竞争越激烈。战略组群数量多就意味着集团离散，某一集团采取削价或其他战术攻击其他集团的机会多，从而激发集团间的竞争。如果一个行业中虽然有不少战略组群，但其中少数战略组群处于领导地位，并且市场占有率很高，这个行业战略组群间的对抗就不会激烈。因为小集团力量太弱，不大可能以其竞争战术来影响大集团。最不稳定、也往往伴随着激烈竞争的情况，是产业中存在几个势均力敌的战略组群，各自奉行全然不同的战略并为争取同一类型基本顾客竞争。

(3) 战略组群建立的产品差别化。如果各个战略组群各自不同的战略使顾客区分开来，并使他们各自偏爱某些商标，则战略组群间的竞争程度就大大低于集团所销售的产品被视为可替代产品时的情况。

(4) 各集团战略的差异。是指不同战略组群奉行的战略在关键战略方向上的离散程度，这些战略方向包括商标信誉、销售渠道、产品质量、技术领先程度、成本状况、服务质量、纵向一体化程度、价格、与母公司或东道国政府的关系等。如果其他条件相同，集团间的战略差异越大，集团间就越可能只发生小规模的摩擦。集团奉行不同的战略导致他们在竞争思想上有极大的判别，并使他们难以相互理解他人的行为，从而避免茫然的竞争行动和反应。

对于每一种竞争力量而言，不同战略组群处境不同，即各个战略组群之间往往存在利润上的差异。因为各个战略群体内部的竞争程度不同，各个群体所服务的主要客户群的增长率不同。驱动因素和竞争力量对各个群体并不相同。这时企业就会面临究竟应该在哪一战略群组进行竞争的选择，或者说应该制定怎样的发展战略。如果其他的战略组群比企业现属战略组群更具发展前景，进入那些战略组群将是企业进行扩张的发展机会。但这种机会都存在较大的机会成本，主要原因是在组群之间的转移存在移动壁垒。所谓移动壁垒是指阻碍企业在行业不同战略组群之间移动的各种因素，它包括企业进入其他战略组群的阻碍因素和退出现属战略组群的阻碍因素。移动壁垒一般有固定资产的重新投入、用户对企业形象的现有认识的束缚等。这些因素包括进入障碍和退出障碍。专业壁垒的高低可以用于评估一个特定群体的企业受到其他群体企业进入威胁的大小。移动壁垒的存在，是产业内一些企业可长期获得高于其他企业利润的首要原因之一。如果移动壁垒较低，其他群体企业的进入威胁就较大，这在很大程度上限制了企业的价格和利润；如果进入壁垒高，进入威胁就小，在这个受保护的群体中的企业就有机会提高价格，获得更多利润。移动壁垒意味着有些企业可以享有凌驾于他们之上的系统优势，这些优势体现在规模经济、绝对成本优势等方面。移动壁垒是限制企业在一个行业内的不同组群之间转移的因素。

综上所述，旅游企业的盈利性是由旅游业的产业特征、旅游企业所在战略组群的特征、企业在战略组群中的地位所决定。这一系列因素共同决定了各旅游企业的利润及其市场占有率前景。在一个产业中制定竞争战略可看作是选择参加哪个战略组群的问题，除包括选择一个现有集团，也包括建立一个全新的战略组群。

案例分析

我国快餐业行业竞争结构分析

一、我国快餐行业的发展概况

1987 年 4 月，肯德基快餐连锁店进入北京市场，西式快餐开始进入中国。而较有影响的中式快餐企业大多诞生于 20 世纪 90 年代。经过多年的发展，中国快餐业快速增长，市场份额不断扩大。2005 年，我国快餐业占全国餐饮业市场份额已超过 45%；2009 年广东快餐业已占到餐饮业市场份额的 90%，江苏、上海、辽宁、北京、浙江、山东等省市也已达到 50%以上；2010 年，在餐饮业中，快餐企业以营业收入增长率 28.80%、营业利润增长率 32.28%继续保持领跑位置。虽然我国快餐业发展迅速，但在需求一定的市场中，竞争显得尤为激烈。

二、行业竞争结构分析

根据波特的观点，一个行业中的竞争，不只是在原有竞争对手中进行，而是存在着五种基本的竞争力量：潜在的行业新进入者、替代品的竞争、买方讨价还价的能力、供应商讨价还价的能力，以及现有竞争者之间的竞争。以下将运用波特五力模型来分析快餐业的竞争结构。

(一) 现有竞争者之间的竞争分析

(1) 数量多但大多规模小。民族品牌的快餐店如真功夫、面点王、大娘水饺、五芳斋、丽华、齐鼎、肥西老母鸡等，国外品牌进入国内市场的如必胜客、麦当劳、肯德基、德克士等。加之各地本土品牌的兴起，国内快餐企业数量众多。其中仅有少数品牌规模较大、店面较多。基本大中城市都可以见到，而且口碑也不错。但总体而言大多规模较小，甚至就是一个狭小的铺子。

(2) 直营式为主。从 50 强快餐企业来看，根据统计，76%快餐企业连锁经营模式以直营连锁模式为主。

(3) 标准化趋势。自真功夫 1997 年研发出“真功夫电脑程控蒸汽柜”，提出“中餐要实现标准化，关键不在流程，而在设备”后，通过将后勤与店面分离管理，摆脱“前店后厨”模式。众多快餐企业如面点王、大娘水饺、五芳斋开始走标准化之路，进而迈向全国，迈向全世界。

(二) 供应商分析

快餐行业供应商主要有原材料供应商、饮料供应商和餐具供应商。目前市场上快餐行业供应商集中程度较小，餐具、饮料和以农副产品为主的原材料市场基本上都属于完全竞争市场。同类市场众多，供应商不具备太大的议价能力。也就是说如果供应商单方面提高价格，那么快餐企业将会寻找供应商的替代者，这样会使原供应商的利益受损。同时，由于原材料供应、饮料供应、餐具供应等属于低技术含量产业，目前市场上种类繁多，可替代程度高，同行竞争压力大，可选择替换产品众多，供应商品的竞争能力因而受到牵制。那么各供应商为了保持自己的竞争优势，无疑会选择降低价格或者提高产品或服务的质量，对他们来说下游企业的议价能力是比较强的。

(三) 顾客分析

对于快餐企业来说，顾客讨价还价的能力相对较高，原因主要有以下几点：首先顾客的转换成本较低。以武汉为例，目前在武汉的快餐店数量众多且地域集中趋势明显，各快餐店相互之间竞争激烈。虽然有差异化，如真功夫提倡“营养还是蒸的好”，主打美味、营养的原盅蒸汤、蒸饭；大娘水饺以水饺为主；味千主推拉面。当然如果某个快餐店价格太高，即使服务很不错，口味也很好，顾客也会转而选择其他的快餐店，因为顾客的转换成本较低。其次，顾客拥有的信息齐全。快餐店通过促销、广告等方式进行宣传。如利用团购来宣传，现在基本比较有名的快餐店都有自己独立的宣传网站来介绍企业的一些信息，当然主要还是产品、相关服务和价格的介绍。在这一宣传的过程中，顾客可以全面搜集到各个快餐店的具体信息，从而提高讨价还价的能力及资本。

(四) 替代品的威胁分析

就快餐店而言，转到替代品的成本较低，所以餐厅、超市、杂货铺、食堂、家庭厨房等仍然是快餐店的较大威胁。当然替代品的威胁对不同的顾客群体是有差异的。就快餐而言，消费者对快餐的需求主要是在较短的时间满足显性需求，即生理需求(如解决饥饿)，以及隐性需求(如较好的就餐环境及独特的饮食文化体验等)。以填饱肚子为主要目的的顾客群体容易转向替代品的消费；而追求饮食文化、美好就餐体验的顾客群体一般不会选择替代品。这主要是由于当前替代品的消费层次满足不了这类顾客的需求。但相对于巨大的市场而言，快餐业还是有着很大的发展潜力，机遇还是大于威胁的。

(五) 潜在的新进入者分析

潜在的行业新进入者是行业竞争的一种重要力量。这些新进入者大多拥有新的生产能力和某些必需的资源。对快餐业来说，目前国内市场上还没有出现具有完全市场控制力的知名品牌与网络布局。快餐店数量虽然多，但大多数规模都较小，加上资本要求低，该行业进入壁垒相对较低。同时市场中的原有快餐店由于缺乏快捷的信息和加入者众多等原因，所以不太可能采取行之有效的措施来避免潜在的进入者。

资料来源：刘西琴. 我国快餐业行业竞争结构分析及发展战略[J]. 经济视角，2011，7.

问题：

1. 我国快餐业行业竞争结构的特点是什么？
2. 针对我国快餐业行业竞争结构，旅游企业应采取何种对策？

阅读材料

日本JTB百年历史

JTB(前日本交通公社)诞生于1912年，是日本最大、世界排名第四的跨国旅游集团，2010年的销售总额超过我国所有旅行社年营业额之和。

在JTB的百年发展历史中，JTB是随着日本现代旅游业的发展而成长的。1912年3月12日日本旅游局在东京成立，这就是JTB的前身。从1912年成立时铁道局一层西北拐角处的小屋，到如今拥有187家国内外分公司，JTB勾勒出了一个庞大的综合性旅游企业版图。

1915年1月4日，JTB在东京火车站开设服务所，开始代理销售火车票业务；1927年开始，扩大旅游代理销售业务，获得的代理手续费收入逐渐赶超会员会费收入；1925年开始销售联票“游览券”，可根据游客需求确定旅游线路，并为游客提供车、船票及住宿就餐券。

JTB在发展过程中，也并非一帆风顺。1949年，JTB被取消代理销售火车票资格，顿时失去了80%以上的收入，企业陷入生存危机。机会往往酝酿在危机之中。面对困境，JTB积极拓展其他业务渠道，通过销售旅馆住宿券、景点游览券等项目，实现了经营业务的开拓和营业收入的逆转。

在日本大众化旅游时代，除了单一的住宿券、游览券，JTB还推出了可直接购买旅游打包产品及线路的旅游礼品券。这些以旅游代金券、旅游礼品券等形式出售的票据，游客可以自己使用，也可以作为礼物送给别人。旅游券在使用时，相当于现金，且随时可用。旅游券一售出，公司就可以回流资金，这在很大程度上解决了企业经营过程中的现金流问题。

20世纪80年代，JTB将经营范围向金融保险领域延伸。1983年8月发售JTB卡、1985年推出旅行券分期预付款计划、1987年11月发行百货商店通用商品券、1989年7月成立日本国际伤害火灾保险株式会社……作为综合性旅游企业航母，JTB初具规模。

进入21世纪，面对日本国内长期低迷的经济形势，JTB积极寻求新的商务模式，将企业航母驶向新蓝海。2000年2月，“JTB Benefit”在这一背景下成立，旨在为各公司员工提供外包的疗养及度假服务；同年4月，JTB与日本最大的门户网站YahooJapan合资成立“Tavigator”，利用Yahoo的网络召集能力，结合JTB的旅游专业服务，成为了日本网络旅游销售的领先企业。

一家企业何以在竞争激烈的市场上保持百年长青？自成立伊始，JTB就将员工视作企业的财产。JTB十分重视员工的正规化教育。

《JTB服务纲领》明确规定：为了让客人说“这就是JTB”，我们以真挚的笑脸迎接客人；为了让客人感受到“不愧是JTB”，我们用丰富的知识和信息为客人提供专业的服务；为了让客人说“下次还要利用JTB”，我们站在客人的立场上，为客人提供诚心诚意的服务。

塑造自律创造型员工已经成为JTB集团培养员工的目标。为此，JTB构建了187家分公司共同的教育体系——JTB大学。公司会根据员工的工作年限及所处岗位、业务内容，结合网络，开设相对应的研修课程，内容可以说是全方位覆盖。

在日本，“LookJTB”可谓是家喻户晓的海外旅游品牌。每年有超过130万人次以上的游客会选择该品牌的旅游产品。以前，JTB 集团总社有一个部门专门负责该品牌产品的企划制作和销售，后来，成立了专门的公司 JTB World Vacations，负责设计能满足各销售公司需求的“LookJTB”产品。JTB World Vacations 负责企划制作产品，各地分公司进行销售，从中获得提成收入，这极大地提升了各分公司的工作积极性。

2006 年，JTB 集团开始分社化进程。即将一个大集团拆成 14 家子公司。各子公司单独作业。以前都是由 JTB 总部制定各项规章制度，较为呆板。下属公司在做出战略决策时，还要等待总部命令，可能会因此贻误商机。JTB 分社化的原因，是为了帮助子公司更加适应当地市场的发展，同时，也为了有利于公司快速地做出经营决策和判断，成立了 14 家分社，实行独立的经营管理，目前共拥有上千家营业网点。

另一方面，为了杜绝出现分社凝聚力下降，公司还专门召开了全社旅游事业战略会议，提升集团的整体凝聚力和执行力。

2004 年，JTB 把观光旅游业重新定位为文化交流产业，以“人与人的交流”为主旨提供旅游服务。2011 年，JTB 推出新的集团品牌理念，制定“the JTB Way”，确定了“行随感动”的品牌口号。

如今，JTB 仍然是全球旅游业内声名显赫的王者，公司员工逾 26 000 名，业务涉及旅游观光、休闲度假、企业餐饮、会议展览、金融保险、房屋地产、建筑装饰、教育卫生、技术情报、广告娱乐、印刷出版、运输物流、网络 IT 等多个领域。其中 2010 年旅游业比重达到 88.5%，占据绝对份额。

资料来源：张斌. 日本 JTB 百年长青的奥秘[N]. 中国旅游报，2012-07-09.

本章小结

外部环境是企业生存的必要条件。企业必须适应不断变化的外部环境。旅游企业的外部环境可以分为宏观环境、微观环境。宏观环境又称一般环境、总体环境，是指企业所处行业和市场以外的大环境。宏观环境包括政治环境、经济环境、社会文化环境、技术环境、自然环境因素等。宏观环境不受单个企业的影响，旅游企业不可能直接控制这些环境因素。微观环境是指直接影响企业主要经营管理活动，同时也受企业经营管理活动所影响的环境因素或群体，其中涉及行业性质、顾客、竞争者、供应商、中间商及政府部门、股东等多种因素。微观环境是决定企业生存和发展的基本环境，不仅如此，宏观环境也常常通过行业环境因素的变化对企业产生作用。旅游企业外部环境的分析过程，主要包括搜索信息、监测变化、预测结果和评估影响四个步骤。

思考题

一、名词解释

企业外部环境　企业宏观环境　企业微观环境　行业竞争结构分析　战略组群

二、简答题

1．简述旅游企业外部环境分析的必要性。
2．简述旅游企业外部环境分析的步骤。
3．简述旅游企业宏观环境分析的内容。
4．简述技术环境对旅游企业的影响。
5．简述旅游企业行业结构分析的内容。
6．简述旅游行业发展趋势。

三、论述题

1．应用外部因素分析矩阵分析某一旅游企业。
2．试述战略组群的识别及竞争分析。

四、实践题

试用战略组群分析法分析我国旅行社行业环境并画出战略组群图。

第 4 章　旅游企业内部条件分析

章节知识框架

旅游企业内部分析的重要性
旅游企业资源的内涵
旅游企业资源的特点
旅游企业能力及核心竞争力的内涵
旅游企业价值链的内涵
旅游企业价值链的分类

教学目标与要求

通过本章的学习，学生应掌握分析判断旅游企业核心竞争力的能力，了解旅游企业人力资源审核的要领，具备旅游企业财务分析能力，并在此基础上掌握旅游企业实力评估的基本内部条件。

导入案例

“锦江国际”的品牌竞争力分析
——品牌资产经营管理的经验

锦江国际酒店管理有限公司(简称“锦江国际”)，凭借着其成功的品牌资产经营管理战略在短短 20 年的时间里迅速成长为国内第一、世界前 30 强的著名企业集团。“锦江国际”在品牌资产经营管理方面的成功得益于一整套科学、系统的品牌资产经营管理模式，主要体现在以下方面。

1. 塑造鲜明品牌形象

“锦江国际”积极推进品牌形象物化方面的建设。制定了系统的企业形象识别系统发展战略，即确立观念识别、行为识别和视觉识别，统一公司的商标、标识、各类物品的设计和包装。其委托管理的企业在识别标志上都冠以“锦江”的牌号和标志，以便于消费者识别，并从企业文化、管理模式、服务流程与规范等方面进行统一管理。为了提高品牌的市场定位和品牌推广力度，“锦江国际”聘请了国外专业品牌公司进行总体品牌策划，将锦江国际酒店品牌细分为七大品牌，即经典型酒店、五星级酒店、四星级酒店、三星级酒店、经济型酒店、度假村酒店、酒店式公寓等七个品牌；在此基础上，参考借鉴国际经验，实施分品牌的经营战略，编制品牌的基准手册，形成分品牌的营销模式，并加强品牌的市场推广，继续谋求与国际知名酒店管理品牌的合作。

2. 优质服务塑造品牌

“锦江国际”以优质的产品与服务打造国内一流企业品牌，取得了很好的市场效果。一方面，通过严格执行管理模式和操作流程，培养员工的服务意识和主人翁责任感，让满意的员工去为顾客提供满意的服务。另一方面，不断创新产品以适应市场变化。以“锦江之星”产品品牌为例，集团对“锦江之星”产品进行了三次大的产品创新。不断的产品创新适应了市场需求变化，体现了锦江品牌的独特产品个性，从而赢得了市场的认同。“锦江国际”实行严格的质量岗位责任制，实现多方位、全过程的监督和各岗位的自主管理相结合，从而保证了其产品与服务的高质量。优质的企业产品与服务奠定了锦江国内一流企业品牌的地位。“锦江国际”在经营管理过程中十分重视与顾客进行沟通，以了解顾客的需求，改进产品与服务的质量。公司将市场营销网络打造成为服务中心，不仅具有客房预订的功能，而且可以作为与客人互动交流的平台，有效的顾客沟通及多样化的优惠措施提高了顾客的忠诚度。

3. 整合多种营销媒介

“锦江国际”在加强品牌推广与营销手段创新方面注重多种营销媒介与多种营销方式的结合。首先，全面开展企业品牌立体营销，一方面花费巨额资金在电视广播、旅游杂志、宣传册、海报、户外广告等传统营销媒介上开展品牌宣传，另一方面运用以互联网为核心的高科技营销手段推广企业品牌。例如，“锦江之星”网站就是“锦江国际”自主开发的集预订、营销、客户服务等功能于一身的网站。其次，策划主题宣传活动进行特色宣传，公益活动营销、名人营销等。多种营销媒介与多种营销方式的整合大大提高了品牌营销效果。

4. 软性资本扩张模式

锦江酒店采取全权管理、特许经营、带资管理、开业管理、顾问管理、租赁经营等多种方式输出资本、品牌、管理和人才，扩张企业管理版图。在扩张初期，“锦江国际”主要采取投入大量的资金新建高星级旗舰酒店的方式来扩张市场网络。目前主要采用的是锦江国际独立投资或双方合作投资方式，锦江酒店以输出管理和品牌为主，减少资本输出，在一定程度上转变了公司企业业务以往依赖高额不动产投资扩张的增长模式，实现软性扩张，有助于减少资金占用，提高资金周转效率和投资资本回报率。“锦江国际”已经启动了旨在拓展全国市场网络的“全国攻略”，投资30亿元计划在未来3～5年内采取独资或者控股经营形式，以高星级企业引领不同品牌企业参与市场竞争；并以“旗舰酒店”为基地，通过收购、自建、合资合作、加盟联营、租赁改造等多种方式辐射周边市场，逐步形成北方、西南、华中、西北、南方及华东等六大区域性公司，通过发挥辐射功能，组建全国性的酒店网络。

总之，“锦江国际”在品牌资本管理与运营方面的成功做法打造了国内企业集团的第一品牌。

资料来源：http://blog.sina.com.cn/s/blog_62a41b0001013sef.html

问题：

1. “锦江国际”是如何进行品牌资产经营管理的？
2. “锦江国际”的成功经验对其他企业有何启示？

企业战略的核心实际上就是研究“如何才能使企业获得更好的业绩，即如何获得竞争优势”的问题。而这必须立足于企业内部的资源与竞争优势。旅游企业战略的制定和实施，必须清楚外部环境的机会与威胁，又必须建立在现有的企业实力基础上。因此，在对企业外部经营环境进行分析之后，战略管理的重要任务就是分析企业内部的资源与竞争优势。这些资源包括技术、人员、品牌、市场网络、组织结构、信息等方面，而所有的竞争优势都是建立在资源和能力之上。只有弄清内部条件上的优势和劣势，才有可能求得企业外部环境、内部条件和战略目标的动态平衡。

4.1 旅游企业资源与核心竞争力

过去的行业分析理论更强调企业应寻找适宜的行业环境和结构，包括竞争压力、市场定位分析等，从而可以获得竞争优势。但是随着竞争的日益激烈，企业很难找到市场空隙，而且随着技术发展，行业的界限将被战略思维打破。因此，仅仅通过行业选择来争取高额利润是不够的。企业应该兼顾自身的资源和能力，确定自己的竞争优势，以赢得稳定的利润增长。这样，企业家的思考重点和学术界的研究重点都扩展到了企业的内部资源。从企业内部视角来纵观整体战略过程时，就会意识到如果企业试图建立竞争优势，就需要独特的资源、能力的整合，资源和能力是企业成功的关键。

4.1.1 旅游企业资源

1. 旅游资源的内涵

旅游资源是旅游业发展的前提和基础。旅游资源主要包括自然风景旅游资源和人文景观旅游资源。自然风景旅游资源包括高山、峡谷、森林、火山、江河、湖泊、海滩、温泉、野生动植物、气候等，可归纳为地貌、水文、气候、生物四大类。人文景观旅游资源包括历史、文化、古迹、古建筑、民族风情、现代建设新成就、饮食、购物、文化艺术和体育娱乐等，可归纳为人文景物、文化传统、民情风俗、体育娱乐四大类。对于旅游资源的理解体现在以下两个方面。

1) 旅游资源的核心是吸引力

存在形式既有有形物质资源(如山川、河流)，也有无形非物质资源(如神话传说等)，更多的则是有形物质资源和无形非物质资源的结合体，如长城与孟姜女哭长城的故事，故宫与历代王朝的故事，泰山与历代皇帝封禅的故事，杭州的雷峰塔与许仙、白娘子的故事等。

2) 旅游资源并不是一成不变的

旅游资源概念本身具有发展性质。某些事物在其存在之初并没有被作为旅游资源，但随着旅游者需求的变化，它成了具有吸引力的旅游资源；反之亦然。这主要表现在以下几点。

(1) 阶段性。有些现在不是旅游资源的事物，将来就可能成为旅游资源。即所谓未开发的潜在旅游资源和已开发的现实旅游资源。

(2) 定向性。旅游资源吸引力具有群体倾向性或吸引力的定向性，如对城市人来说农村田园风光、对农村人来说城市的高楼大厦都是具有吸引力的旅游资源。

2．旅游企业资源的内涵

旅游企业资源是指在企业经营管理过程中可以使企业获得高额利润或者确保企业长期良好运行的物质、人力、技术和声誉等资源。具体而言，分为财务资源、人力资源、知识和学习能力资源、有形资源和无形资源五种。

1) 财务资源

财务方面的资源，主要是指企业拥有良好的现金流、稳定的资产负债关系、突出的业绩，以及与各金融机构的良好关系。财务资源十分重要，虽然是可模仿的，但仍然是企业竞争优势的来源。财务资源包括以下方面。

(1) 良好的现金流。现金流，即现金数量，在企业运行中十分重要，因为只有获得了良好的现金流，企业才能正常运转。

(2) 稳定的资产负债关系。资产负债关系体现的是企业拥有资产与所负担债务之间的关系。如果企业所负担的债务超出资产可能承担的水平，那么企业则难以运行下去，而如果资产与负债对应成一个合理的比例，那么企业的运行状况就会良好。财务管理学中将资产与负债之间关系用资产负债率来表示，一般资产负债率超过 1 的企业被认为是资可抵债，可继续运行；而如果资产负债率小于 1 则资不抵债，企业将面临破产的威胁。

(3) 突出的业绩。过去几年中的优良业绩，同样是企业资源的一部分，因为过去的业绩可能会作为企业今后发展的借鉴，同样，企业在借款的时候，投资方往往会对企业进行评估，优良的业绩可以让投资方更容易相信企业有良好的盈利能力，可以给股东带来收益。

(4) 与各金融机构的关系。与各金融机构的关系，同样与企业的战略息息相关，旅游企业金融资本运营最主要的方式有三种：股票融资、债券融资及风险资金融资。只有与金融机构建立了良好的关系，企业才能在融资方面获得优势。处理好与金融机构的关系，成为酒店企业获得充足投资资金的保证。

2) 人力资源

人力资源管理的主体和客体都是人。因此，人力资源在企业管理中占据着十分重要的地位。拥有优秀的人力资源，可以保证企业的健康快速发展。

(1) 对首席执行官的人力资源管理。“一只狮子领着一群羊，胜过一只羊领着一群狮子”。这一古老的西方谚语说明企业的成功在更多层面上取决于领导者本人。其一言一行都将影响企业的荣辱兴衰。拥有优秀的人力资源，首先要拥有一位优秀的首席执行官。执行力，是首席执行官最重要的能力，只有具备良好的执行力，才能将企业上层的战略部署执行下去；只有有效的执行力才能促成战略的恰当实施。拥有一位优秀的首席执行官，是企业人力资源的重要财富。

(2) 对管理层的人力资源管理。有了优秀的首席执行官，企业还需要一批有经验的管理者。管理者在企业运行中起到的是具体执行的作用。优秀的管理者善于观察企业的动态和感知环境的变化，并将这些动态和变化适时向上级汇报，为上级制定战略提供有效依据。

管理者同样是下属的榜样，尤其是中、基层管理者，他们也是业务能手，在企业运行中起到承上启下的作用。

(3) 对员工的人力资源管理。员工是企业人力资源最主要的组成部分，数量最大。员工得到良好的训练和激励，并愿意忠实于本企业，将成为企业重要的资源。旅游企业的员工跳槽率高，跳槽频繁发生，人力资源的成本不断提高。企业辛辛苦苦培训出来的员工被其他企业挖走，这是企业难以承受的。要降低员工的流失率，就必须对员工进行恰当的激励，创造良好的工作环境，同时高绩效的组织和文化也是不可或缺的资源。高绩效来自于全体管理人员和员工的共同努力。

3) 知识和学习能力资源

知识和学习能力，是企业资源的一部分。企业拥有的知识和学习能力往往是促进企业发展的关键。企业的知识包括显性知识和隐性知识。显性知识，是指可以用正式语言编码和传递的知识；隐性知识，是指个体持有的很难以正式语言描述或传递的知识。企业的生产和运行是显性知识和隐性知识共同作用的结果。因此，企业不仅要重视显性知识的归纳、总结和传播，也要重视隐性知识的挖掘与共享。

“变化不可怕，可怕的是没有学习能力而不能适应变化。”可见学习能力对企业发展的重要性。随着高新技术的不断涌现，企业的生存环境越来越复杂，面对这样的局面，最有效的措施就是要建立学习型组织。

4) 有形资源

有形资源是指一定时期内企业看得见摸得着的物质资源的总称。毋庸置疑，旅游资源是旅游企业最重要的物质资源，也是旅游核心吸引物。地貌、水文、气候、古迹、古建筑等，特别是世界遗产、风景名胜等自然垄断性资源，具有空间不可移动性、不可再生性，难以复制，而拥有这些旅游资源的企业，就形成了核心竞争优势。除了旅游资源外，有形资源还包括先进的设备、价值增值的优势、优越的地理位置、优质的产品等。

(1) 先进的设备。先进的企业和设备，带来的是先进的生产技术，在大规模机器生产的今天，先进的机器设备就意味着先进的生产技术。企业通过研发或者引进国外先进技术方式，可以获取先进的技术设备，进而在生产技术上有所突破，占据市场优势。

(2) 价值增值的优势。市场过程主要包括创造价值和增加价值两个方面。企业生产出产品是创造价值的过程，而对于产品的包装和附加功能的改进是增加价值的过程。企业产品增值能力的强弱很大程度上影响着企业产品的质量，拥有价值增值处理环境方面的优越性，可以使企业在价值增值过程中更有发挥的余地。

(3) 优越的地理位置。优越的地理位置，绝对是企业的重要资源。旅游行业中，酒店的选址也如此，只有根据区域经济的发展情况恰当地选择酒店的地址，才能让酒店在获得客源上占据优势。例如，随着广交会(中国进出口商品交易会，一般称广交会)的展馆全部迁移至东部，广州西部的酒店面临着全线的窘境，而地处会展商业圈珠江新城内的酒店生意却越来越好，优越的地理位置起到了关键的作用。

(4) 优质的产品。企业总是会立足于生产出极佳的产品与服务。这也是企业的宝贵资源。拥有良好的原材料、优秀的管理水平、管理人员和员工，才能保证生产出优秀的产品。这些因素环环紧扣，缺一不可。原材料，是企业生产的源头，也是企业的资源。选择正确的原材料供应商，有效降低原材料成本，生产出的产品才能真正达到“物美价廉”的要求。优秀的服务，是企业的关键资源，因此，服务质量的好坏直接反映着企业的管理水平和生产能力。

5) 无形资源

无形资源，主要是指除有形资源外影响企业发展的资源的总和。无形资源虽然与产品的生产和销售没有直接的关联，但是却在无形中影响着企业。无形资源主要包括声誉或品牌、专利、排他性、与利益相关者的关系等。

(1) 声誉或品牌。企业建立良好的品牌和声誉，有利于产品的销售。声誉和品牌带给企业的是知名度的提高，是消费者对企业产品认可的表现。消费者很多时候对企业的声誉及产品的品牌产生认可之后，就会带来相应的品牌忠诚度，促使消费者长期习惯性选择该企业生产的产品。

(2) 专利。拥有专利，可让企业获得长久、独特的竞争优势。专利是受法律规范保护的发明创造。它是指一项发明创造向国家审批机关提出专利申请，经依法审查合格后向专利申请人授予的在规定时间内对该项发明创造享有的专有权。专利是具有排他性质的，可使企业独立使用这项技术而避免其他企业的盗用。

(3) 排他性。排他性合同是企业与其他供应商或分销商签订的独立合同。这种合同保证了与这些企业的对口性，即供应企业和分销企业在某些业务上不与其他同类企业签订类似合同，只与本企业合作。这样便有效地保证了本企业对其他竞争企业的排斥。

(4) 与利益相关者的关系。与利益相关者的良好关系也被认为是企业无形资源。其实前面提到的四个方面的资源都与利益相关者有关系。例如，财务方面的某些资源就要依赖于金融机构的帮助，人力资源要依赖于行业协会等培训机构，原材料的供应有赖于供应商的供应等。因此，与利益相关者建立良好的关系，是企业资源的一部分。

3. 旅游企业资源的特点

1) 不可转移性

不可转移性，一方面指空间的不可移动性和资源所有权的不可转让性。例如，“一览众山小”的景象就必须去泰山才能感受到，“一米阳光”的情愫只有到丽江才能释怀。消费者使用旅游产品的过程，所有权基本上没有发生改变，能够获得的只是暂时的使用权；另一方面指劳动的不可替代性，不可使用资本(机器)替代劳动。这是旅游服务的属性决定的，服务的主体是人，不可以用其他生产工具来代替。

2) 需求和供给的非排他性

需求的非排他性，主要是指旅游资源可以共享。例如，千山景区并非只允许一个人能去游览，而是可以很多人一起攀越和观赏。但是需求的非排他性并不意味着不可改变，因为旅游资源是有容量限制的。正如旅游旺季时，在一些著名旅游胜地出现人满为患的现象，成为旅游业的一大顽疾。旅游产品需求的非排他性导致了中短期内只能通过影响需求而非供给来使供需达到平衡。

供给的非排他性，导致了资源的冲突与竞争。例如，珠海的横琴岛，原来是一块军事用地，但被政府规划为旅游用地后，是保持其军事用地的作用，还是兼具旅游功能，会引发激烈的冲突。

3) 依赖性

相互依赖性是旅游企业系统作用的结果，指旅游企业的资源需要相互共享、相互利用。例如，旅行社为顾客提供旅游的相关服务，需要地接社、航空公司、酒店、景区等一系列旅游企业共同合作，这些资源是旅行社与其他企业共享的，只有这些企业共同配合，才能给顾客带来优质、周到的服务。

4) 时间性

购买旅游产品与其他产品不同，除须付出一定数量的金钱外，还要付出一定的时间成本。人们需要花费时间在旅游上，很多时候，旅游所花费的时间会成为消费者的负担，消费者可能会因为节省时间而选择高昂的价格。旅游交通的选择就是很好的例子，很多人愿意乘坐飞机而不愿意选择火车，因为火车要比飞机耗费更多的时间。这就是时间与费用存在的替代关系。

5) 低回报率

旅游业投资额大、回收期长、盈利水平不稳定已经是不争的事实。旅游行业的风险也相对较大，经营过程受各种环境因素的影响，不稳定因素多。因此，投资者对于旅游行业的投资往往是十分谨慎的。

6) 容量约束

容量约束指旅游地的承载力，是一定时期内某一景点、度假区接待旅游活动量的能力。承载力理念是可持续发展观念的核心部分。以西班牙黄金海岸的快速发展为例，从 20 世纪 50 年代起就开始证实有迫切限制发展的需要。沿着马拉加的西海岸不断深入的旅游线发展导致了过度建设。其根本原因在于资源的过度利用导致了过度承载和环境的恶化，从而丧失了吸引游客的核心竞争力。同样，旅游业中的实物资源和运营资源也经常受到容量的制约，至少在中期和短期内是如此。例如，一个酒店或一个航班已被预订客满，这时想要迅速地增加容量显然是很困难的。然而，对于一个加工性产品来说，若面临明显的超额需求，其容量通常能马上通过超时工作、增加额外的工作班次或运营产品线的方式快速增加。相反，旅游业当面对需求波动时，供给常显现出其相对的固定性。

阅读案例 4-1

黄山旅游资源的保护

根据黄山资源的现状和特点，资源保护管理工作的重点主要体现在以下五个方面。

一、森林资源的保护

(一) 坚持护林防火

成立护林防火领导指挥机构，由管委会主要负责人担任指挥长，编制了《森林防火工程规划》、《防火办法》和《扑火预案》，层层落实森林防火目标管理责任制，组建了 50 名事业单位编制的专业防火队伍；配备了交通、通信、人工降雨高炮等防/灭火设施和装备，游道沿途设置防火蓄水池；利用防火宣传站(车)、张贴防火标语、设置禁火标志等形式，对游人进行防火宣传；加强野外用火管理，实行野外用火审批制度；划定外围防火保护带，与景区周围乡镇村签订《联防公约》和《防火协议》，实行联防共保。截至2003年年底，黄山已实现连续24年无森林火灾。

(二) 加强森林病虫害防治

成立了森林病虫害防治指挥部，领导部署全山森林植物检疫和森林病虫防治工作，制定了《黄山森林植物检疫实施办法》；在市政府领导下，积极实施松材线虫病预防工作，在黄山景区周围建设一个宽4千米、长100千米的非松林带，以彻底阻断松材线虫病自然传播的渠道。根据黄山市政府松材线虫病防治工程，编制了《黄山风景区预防松材线虫病目标规划和实施计划》、《松材线虫病防治预案》等规章；还组建了病虫害监测网络，每年春秋两次开展病虫害专项普查；进山各主要路口均设立了森林植物检疫检查站，制定严格的检疫检查制度。

(三) 禁止乱砍滥伐

成立了黄山森林公安分局和两个森林派出所，设立护林点，常年聘请景区周围乡村有威望的老干部担任护林员。实行重点地区驻点值班制度，加强对景区外围地带的巡护工作，有效防止了乱砍滥伐现象的发生。

二、古树名木的保护

设置"资源保护管理科"，成立了"黄山风景区古树名木保护专家组"，每年聘请国内外知名专家教授对景区古树名木的生长环境、分布规律、土壤特征等进行抽查、调研，掌握其生长规律。建立古树名木技术保护微机档案，划定保护范围，设立标志说明牌，实行分级挂牌管理，对列入世界遗产名录的54株古树名木实行责任制管护，将管护责任落实到人。对蹬道旁的名松古树，设立石质围栏或进行竹片围护，防止游人刮刻。对生长衰弱的古树，采取复壮措施，恢复其生机。对迎客松实行特级护理，确定专人全天候守护。

三、生物多样性保护

制定实施了《黄山风景区动植物保护暂行规定》，加强野生动物资源保护。扶持周边乡镇项目建设，开辟了野生短尾猴观赏景点，开展了对属于我国特有的二类保护动物——黄山短尾猴的专业化、科学化保护与管理，不仅保护了猴类种群和生物多样性，维护了自然生态平衡，而且还达到了激发游人的情趣，带动了周边农民致富的目的。

四、生态环境的保护

一是进行能源结构改造。建成山上、山下两座35kV输变电工程，景区实现从烧柴、烧煤、烧油、烧气逐步过渡到目前以用电为主的燃料结构，大大减轻了对环境的污染。二是加大对环境卫生管理软硬件的投入，组建了一支近200人的环卫专业队伍，形成区域、路段责任制卫生清扫、保洁网络。三是控制和减少资源占用及污染物排放，在山外建成洗涤中心、净菜中心、垃圾处理站和生活基地，实行净菜上山，垃圾下山。积极实施餐饮业油烟净化工程。四是狠抓污水处理设施建设，投资1 000余万元建成生活污水处理设施15处，日处理能力达5 000吨。

五、文化遗产的保护

始终坚持自然遗产与文化遗产保护并举，人文胜迹和森林资源保护并重的方针，实现了对文化遗产的有效保护。对列入世界遗产名录的文化遗产有计划、有针对性地进行挖掘、整理、修复。对200多处摩崖石刻涂漆刷新，在慈光阁景区建立了黄山著名石刻碑廊。投资500余万元，建成了黄山博物馆(黄山游人中心)，通过声像、图片、实物、标本等形式，向游人无偿展示深厚的黄山文化、珍贵的遗产资源及遗产保护管理状况，对游客进行珍惜遗产、保护环境的宣传教育。

资料来源：http://zhidao.baidu.com/question/37003785.html

4.1.2 旅游企业的价值链

1. 旅游企业价值链的内涵

企业价值链是波特于1985年提出的，包括基本活动和辅助活动。基本活动涉及企业生产、销售、进料后勤、发货后勤、售后服务等；辅助活动涉及人事、财务、计划、研究、开发、采购等。

1) 基本活动

旅游企业的基本活动，主要是为顾客创造价值，提供优质的产品和服务。在为顾客创造价值的同时，不能忽略对员工的价值分析。因为，旅游产业的产品是以服务为主，服务的主题是企业的员工。考虑为顾客和员工创造价值，最终还是要达到获得利润的目的。旅游企业的基本活动还包括营销与销售、顾客维持、共同合作等。

2) 辅助活动

旅游企业的辅助活动，主要包括人力资源管理、产品和服务开发、技术和系统开发、基础设施建设和采购等。这些虽然不是直接影响基本活动的因素，但其对于企业同样重要，见表4-1。

表4-1 旅游企业的基本活动和辅助活动

辅助活动	企业基础设施建设				
	人力资源管理				
	产品和服务开发				
	技术和系统开发				
	采购				
基本活动	沟通合作	对客服务	营销与销售	顾客维持	边际利润

在不同企业开展的价值活动中，并不是每个环节都创造价值，实际上只有某些特定的价值活动才真正创造价值。这些真正创造价值的经营活动，就是价值链上的“战略环节”。企业要保持竞争优势，实际上就是企业要保持在价值链特定战略环节上的优势。

旅游企业的价值链分析，不仅要面对企业自身的价值链，还要面对与旅游企业相关的整个体系，包括供应商、销售商和分销商。

供应商的价值链意义体现在，供应商活动的成本与质量影响着旅游企业的成本与差别化的能力。旅游企业为降低供应商的成本或提高供应有效性而采取的行为措施，也会提高其自身的竞争力。

分销商的价值链意义体现在三个方面：第一，旅游企业的产业和活动属于服务业。其无形性使得顾客在消费前对其产品或活动的信息掌握不多，在完成消费决策前需要依靠部分分销商的推介；第二，分销商的成本和利润最终会成为顾客所支付价格的一部分；第三，分销渠道或渠道联盟所开展的活动会影响到顾客最终的满意度。

2．旅游企业价值链的分类

旅游企业价值链分为内部价值链和外部价值链两部分。对旅游企业价值链进行分类，须将其供应商、分销商及最终顾客的价值链联系起来进行综合分析，见表 4-2。

表 4-2　旅游企业价值链的分类

内部价值链		外部价值链	
活动类型	举例说明	活动类型	举例说明
基本活动—基本活动	各职能部门的合作	后向价值链	旅游经营商与酒店集团之间的联系
基本活动—辅助活动	计算机销售管理系统	前向价值链	旅游经营商与旅游代理商之间的联系
辅助活动—辅助活动	新技术培训	水平价值链	酒店与航空公司通过战略联盟形式在营销、采购等方面的合作

1) 内部价值链

内部价值链是指发生在旅游企业内部各部门间的业务活动。强调企业内部之间的相关性，基于基本活动和辅助活动之间的互动，分为三种类型。例如，销售业务是基本活动，通过计算机辅助管理，这一基本活动就成为内部价值链管理的一个环节——计算机销售管理系统。

2) 外部价值链

外部价值链是指发生在旅游企业及其上下游相关企业之间的业务活动。分为后向价值链、前向价值链和水平价值链；后向价值链，是指旅游企业与上游供应商的联系；前向价值链，是旅游企业与下游分销商之间的联系；而水平价值链，则是与其他旅游企业的联系。例如，酒店、航空公司就通过战略联盟形式在营销、采购等方面进行合作，也是典型的外部价值链活动。

阅读案例 4-2

大连金石滩：从 5A 景区到国际一流

从 2004 年开始，大连市政府每年都在金石滩主办国际沙滩文化节，到 2011 年已经是第八届。这个年轻的节庆活动已渐渐成为大连城市除赏槐会、服装节、啤酒节之外的又一旅游节庆品牌，一个新的城市节日。大连市民已经习惯在初夏开始就期待这个有着鲜明特点的节日，想去大海边、沙滩上参加各种活动。每一年的沙滩节都会吸引近百万市民和游客，旅游综合收入近亿元。

2011年国际沙滩文化节开幕式由仪式与庆典两部分组成。仪式部分将国家5A级旅游景区揭牌仪式纳入到开幕式之中。庆典部分量身定做了一台从《星光大道》年度总冠军走出来的明星演唱会。凤凰传奇、旭日阳刚、石头、王二妮、杨光、蚂蚁组合等均前来献艺，极大地提升了节日品位和影响力。本届沙滩文化节在保留了往届市民和游客非常喜欢的极限飞盘公开赛、沙雕大赛、人体彩绘邀请赛、发现王国“狂欢加勒比”暑假庆典、“大连小姐”大赛、国际体育舞蹈公开赛、沙滩节摄影大赛等活动的基础上，将首次举办“明星走进金石滩”沙滩足球比赛、沙滩趣味运动会、水上嘉年华等活动。

金石滩成功晋级国家5A级旅游景区行列，2011年又恰逢国家“十二五”开局之年，金石滩已经进入发展的黄金期。按照金州新区建设国际旅游城的发展思路，金石滩度假区将担当起主力军的重任，通过推进金石滩全时旅游，优化旅游产业价值链，加大软环境建设力度，走产业化发展路径向国际一流滨海旅游度假区的目标迈进。

全时旅游是个新鲜的概念。全时旅游指的是两个概念，一是季节，二是昼夜。大连四季分明，对滨海旅游来讲是优势，也是劣势。2011年国际沙滩文化节的提前开幕，也是基于这样的考虑，能够使金石滩的夏季旅游时间得以延长。另一方面，金石滩近年来大力发展冬季旅游项目，共规划建设温泉度假酒店7个，目前已经建成投入使用的1个，正在建设2个，其余在进行动迁工作。金石滩冰雪世界等冬季旅游项目也在积极的筹建中。自2002年举办的大连国际冬泳节暨国际冬泳邀请赛，已经成为大连冬季旅游的“3S”品牌活动……依靠活动促品牌、增效益的模式已经相对成熟。为了延长金石滩游客观光驻足时间，金石滩管委会启动“亮化”工程，让金石滩的夜色也具备观赏价值。

实现全时旅游的关键在于拓展并拉长旅游产业链。金石滩优化旅游产业价值链目标中“优化”包括两层含义：第一层是产业链的拓展与延长，吃、住、行、游、购、娱在金石滩旅游中虽然都未缺失，但任一环节又都有向纵深发展的巨大空间；第二层指各环节之间寻求均衡发展，形成良性的相互带动效应；另外，金石滩作为复合型旅游产品，将重点营造休闲度假概念，最大限度地促进游客在金石滩停留时间的增加。金石滩将引进品牌开发企业，开发中高端居住项目，有节奏地增加并控制金石滩常住人口。据介绍，今年金石滩重点发展商业配套：鲁能金石商业街建成后，可实现零售、餐饮、娱乐、购物等多种生活服务；大商威尼斯水城正在开工建设中；王子假日临街商铺主体已经完成，现在正在招商；目前，金石滩有在建项目10个、拟建项目10个、洽谈项目1个，投资总规模达135亿元。

围绕软环境建设金石滩提出了两个概念：“小”服务和“大”文化。“小”服务的“小”含义是“细微”，指的是服务理念和行为要向纵深发展，强调注重服务细节与品质。旅游产品的价值是游客通过购买行为而完成的一次完整旅游体验。旅游产品的复杂性，要求在链条上的任一环节都不能让游客有所缺憾。某一个环节出现问题，其他环节做得再好，游客都会对整个体验不满意。为此金石滩提出了“金石之旅，从让每一位游客满意开始”的服务理念，力求在中外游客心目中树立起“不到金石滩，枉为大连行”的品牌形象。“大”文化，指的是放“大”旅游文化的影响力。体现在金石滩旅游文化已经形成以“海洋文化”为母体，奇石文化、沙滩文化、绿色生态文化、婚庆文化、休闲运动文化等文化多元发展、包容共生的系统和格局。金石滩的旅游文化不仅通过游客旅游行为的发生渗透到每一个环节中，还通过搭建各种节庆和活动平台，在创造收益的同时，集中高效、有力地扩大旅游文化的影响力。一年一度的大连国际马拉松邀请赛、国际沙滩文化节、国际冬泳节等节庆和活动已经十分成熟并具备很强的品牌影响力。

2011年，金石滩与区域内高校联姻打造了“艺术金石滩”的概念，组织鲁美学院大连校区的师生为金石滩的海岸线设计精品雕塑带，将根据设计作品的质量，采用高品质的经久材料表现。并鼓励师生到金石滩进行写生训练，也可以以勤工俭学的形式为游客服务。沈阳音乐学院大连校区的师生同样被邀请到金石滩进行创作和演出。她们也成为了夏天海边沙滩上、绿地上一道靓丽的人文风景。大连在辽宁沿海经济带上升为国家战略后，作为东北亚发展重心的区位优势日益明显。在这个大背景下，依托得天独厚的自然资源和地缘优势，从人文角度出发，科学谋划，金石滩必将成为大连发展旅游经济最强劲的绿色引擎。

资料来源：http://travel.people.com.cn. 2011年06月03日19：54，作者：王金海、张世安

问题：

1. 大连金石滩是如何做到“从5A景区到国际一流”的？
2. 大连金石滩在哪些方面拓展并延长了旅游产业链？

4.1.3 旅游企业核心竞争力

1．旅游企业核心竞争力的内涵

核心竞争力这个概念首先是由普拉哈拉德和哈默尔于1990年在《哈佛商业评论》上提出的。旅游企业核心竞争力建立在资源和能力的基础之上。

旅游企业能力是指旅游企业一定时期内有效利用和分配资源的平均效率。具体地说，是企业将现有的有形和无形资源进行整合，以建立可持续的优势。要想获得竞争优势，关键要将其能力建立在开发、积累信息及内部员工交流的基础上。旅游企业能力的获得，可以通过内部研发进行，也可以通过外部合作获得。

对于旅游企业来说，其能力也主要体现在产品、服务及其提供方式方面。例如，在我国，一家具有出境权的组团社所具有的能力表现在销售产品和服务的方法即销售渠道的选择；出境旅游权；与各旅游供应商密切配合，共同为游客提供一次难忘的经历；在旅游目的地为客人安排舒适的住宿与饮食等。

核心竞争力(Core Competence)又称核心能力(Distinctive Capability)，是指能为企业带来相对竞争优势的资源和能力。核心竞争力通常表现为企业经营中的积累性学识，尤其是关于如何协调不同生产技能和有机结合多种技术流的学识。

资源、能力与核心竞争力既相互联系，又有明显不同。并不是企业的所有资源、知识和能力都能形成持续的竞争优势，都能发展成为核心竞争力。核心竞争力一定是那些能为企业带来相对于竞争对手来说更好的绩效的资源或能力。核心竞争力是在资源和能力的基础上形成和发展起来的，要经历企业内部资源、知识、技术等的积累、整合过程。

2．旅游企业核心竞争力的特点

1) 有价值

所谓有价值，主要是指企业的核心能力可以为企业的生产作出巨大贡献，可以提高生

产的效率，提高产品的质量。降低成本、提高生产效率和为顾客创造福利的过程，就是体现核心能力价值的过程。

2) 异质性

竞争优势来源于相对于其他企业所独有的能力。这句话描述的就是核心能力的异质性特点。异质性，是指企业所拥有的核心能力在行业中是独一无二的。例如，麦当劳快餐店中的食品，就具有这一性质。其生产工艺在同行业中是独一无二的，要想享受麦当劳的那种味道，就必须到麦当劳店中去购买。因而，麦当劳获得了广阔的消费市场，在快餐业中处于领先地位。

3) 不可模仿性

如果说异质性描述的是核心能力的静态特点，那么不可模仿性，就是描述核心能力的动态特点的。不可模仿性主要是通过企业长期的生产经验积累获得的，所以很难模仿。但是，随着科学技术的不断发展，很多企业的研发或效仿能力在不断提高，不可模仿已经成为一个相对的概念。但是，只要竞争对手在短时间内无法模仿出同样的技术，企业就可以获得竞争上的相对优势。

4) 可扩展性

可扩展性，同样是描述核心能力的动态特点。也就是说，核心能力不仅可以为企业带来生产现有产品的高效率，同样可以扩展到其他的新产品，衍生出更多的新产品和新技术。因此，核心能力管理在产品的研发上具有非常重要的作用。

3．旅游企业核心竞争力的来源

旅游企业与其他企业共同的核心能力来源，可能有卓越的生产能力，优秀的人力资源等，但是，旅游企业与其他企业在能力上有所区别，旅游企业也拥有自己独特的核心竞争力的来源。这些来源主要包括以下几个方面。

1) 战略性资产

所谓战略性资产，就是能为企业带来竞争优势的资产，如垄断性质的旅游景区资源、酒店行业的特许经营权等。旅游企业从这些战略性资产中获得竞争优势，在与竞争对手的竞争中占据不可超越的地位。

2) 服务能力和管理能力

服务能力，是旅游企业核心能力的体现，是影响产品质量和顾客满意度的关键因素。旅游企业的管理能力同样是核心能力的来源。这种管理能力主要体现在构建组织内、外部的关系网络。这种关系网络连接着企业与供应商、分销商和顾客，独特的关系网络是其他竞争对手所没有的。广州南湖国际旅行社在这两方面做得比较好，它把目标指向散客市场，采取简单的广告形式向目标市场不间断地“轰炸”，并在其所在地区设置了 40 多个销售网点，极大地方便了顾客。这样，在每个销售网点只要有 1 个顾客，就会有 40 多个同类型的顾客。那么，此次旅行就可以进行，而不至于像其他旅行社那样因客源不足而发生不得不取消行动计划的尴尬局面，从而使顾客满意并获得更广阔的散客市场，进而在广东旅行社业中起着举足轻重的作用。

3) 创新

创新对于旅游企业的重要性不言而喻。随着人们旅游需求的不断变化，消费者对于旅游的期望值越来越高，给旅游企业带来的压力也就越来越大。如何满足人们日益增长的旅游消费需求，成为很多旅游企业讨论的热门话题。创新能力，已经成为旅游企业核心能力的重要来源之一，创新具有如下几个基本特征。

(1) 创新起源于思维。这种思维在萌芽时可能是很小的，也可能是很不成熟的。实际上，绝大多数的创新性思维不会产生有意义的结构。对旅游企业的领导者来说，应该培育、保护，而不是指责、压制这种思维的萌芽。

(2) 创新依赖于实践。相对于“发明”、“研究”而言，“创新”一词具有浓厚的实践操作意义。市场和顾客是衡量创新效果的标准。

(3) 创新意味着为顾客创造新的价值和新的满足。旅游企业组织并不需要从科学技术重要性的角度来衡量创新，而是对市场和顾客所作贡献的角度来衡量。对旅游企业而言，可以从以下几个方面进行创新：观念创新、产品创新、技术创新、运作创新、人力资源管理模式创新及价值创新。

知识链接 4-1

旅行社企业内生性优势分析

1. 企业资产能力

企业资产能力指有形资产、无形资产及资产的系统构成状况。企业的资产状况包括总资产、净资产、资金及周转，包括资产的综合结构如资产负债率、资产的行业分布、区域分布及资产的保值、增值能力和盈利能力。资产状况是企业竞争力的重要基础。较大的资产规模、合理的负债率、良好的周转情况是资产状况良好的表现。当资产集中于重点企业又适当向上下游企业渗透，不同资产的保值、增值和变现能力强，合资和控股企业及产品的盈利水平高，长期竞争力得到全面、有效保障，企业就能够进入持续发展的轨道。当然，作为企业资产的组成部分之一，无形资产对旅行社企业竞争力的影响越来越明显。

2. 客户服务能力

旅行社作为典型的服务型企业，其服务内容和质量直接影响其生存和发展。根据顾客需求提供高质量的零缺陷服务对于提高顾客满意度，进而培养顾客对旅行社的忠诚度，维持老顾客吸引新客源起着基础性的作用。旅行社客户服务能力具体包含以下两个方面：根据游客多层次的需要提供适当产品的能力、旅游服务质量管理能力。

3. 品牌能力

品牌是用来识别产品或服务的某名称、术语、符号、设计或以上四种的组合，它是整个产品概念的重要组成部分。它的基本功能是把不同企业之间的同类产品区别开来，不至于使竞争者之间的产品发生混淆。由于旅游产品技术含量低，极易被竞争对手模仿，又缺乏专利和商标等知识产权的保护，旅行社企业品牌对产品销售和促销具有重要意义。就旅游者而言，购买有品牌的旅行社所提供的产品，能够降低购买风险，即使所付出的价格高于同种旅游产品的平均市场价格，也愿意购买。

4. 旅游产业链整合能力

我国旅行社急需改进的是竞争业态观念。在链条上竞争才是代表先进旅行社业生产模式的竞争形式。长期以来，传统旅行社作为食、住、行、游、购、娱六大要素的组装者，本身并不是直接生产者。但在目前形势下，我国旅行社行业将进入一个全新的时代——远距离旅行服务时代，这将使得旅行社所依靠的要素更为突出。进入远距离旅行服务时代后，旅行社业竞争的业态就升级到了“企业生产链”的竞争。在这一链条上，谁掌控的资源多，谁就可以处于优势地位，反之将处于劣势地位。

资料来源：黄淑兰，旅行社核心竞争力研究，华侨大学硕士学位论文，2010.

总之，旅游企业作为第三产业服务业的一种，拥有自己企业的特点，无论从企业的资源、能力还是核心能力来看，旅游企业与其他行业的企业相比都有不同之处。详细了解了旅游企业资源与能力的特点，才能进一步对旅游企业的资源与能力进行分析，获取能够形成核心能力的资源或特点。这样才能在与其他同类企业的竞争中占据竞争优势。

4.2 旅游企业内部要素分析

4.2.1 旅游企业财务分析

财务资源涉及企业是否能有效地筹措和使用资金。资金是企业经营和企业战略管理不可缺少的重要资源。在战略管理过程中，企业的财务信息提供了评估目标绩效的量化指标，识别这些指标非常必要。我国从 1993 年 7 月 1 日起实行《企业财务通则》，该《通则》规定，主要以企业的偿债能力、营运能力和获利能力对企业财务状况进行总结和评比。

偿债能力是指企业偿还各种到期债务的能力。偿债能力分析主要分为短期偿债能力分析和长期偿债能力分析：短期偿债能力是指企业偿还流动负债的能力，长期偿债能力是指企业偿还长期债务的能力。

1. 短期偿债能力分析

通常评价企业短期偿债能力的财务比率主要有以下几种。

1) 流动比率

流动比率是企业流动资产与流动负债的比率，可用下列公式计算：

$$流动比率=\frac{流动资产}{流动负债}$$

流动资产主要包括现金、短期投资、应收及预付款项和存货等。流动负债主要包括应付及预收款项、短期借款、各种应交款项、一年内即将到期的长期负债，这些数据都可以从资产负债表中得到。流动比率是衡量企业短期偿债能力的一个重要财务指标。这个比率越高，说明企业偿还流动负债的能力越强，它是判断企业信用状态的指标之一。经验认为，流动比率在 2∶1 左右比较合适。流动比率应结合行业特点及企业流动资产结构等因素，旅行社的流动比率应高于饭店的流动比率。

2) 速动比率

在流动资产中，短期有价证券、应收票据、应收账款的变现能力均比存货强：所谓速动资产是可以立即变现的资产，主要包括现金、有价证券、应收票据、应收账款等。速动资产与流动负债的比率称为速动比率，即

$$速动比率=\frac{速动资产}{流动负债}$$

经验认为速动比率为 1∶1 比较合适，当然该比率也要根据企业所在行业特性及企业特性等因素来综合判断，不可一概而论。

2．长期偿债能力分析

反映企业长期偿债能力的指标有以下几种。

(1) 负债比率(资产负债率)是指企业负债总额与资产总额的比率，计算公式如下：

$$负债比率=\frac{负债总额}{资产总额}$$

(2) 股东权益比率也是评价企业长期偿债能力的指标。计算公式如下：

$$股东权益比率=\frac{股东权益}{资产总额}$$

(3) 产权比率是负债总额与股东权益总额之比。计算公式如下：

$$产权比率=\frac{负债总额}{股东权益总额}$$

(4) 已获利息倍数是指企业经营业务收益与利息费用的比率，用以衡量偿付借款利息的能力。计算公式如下：

$$已获利息倍数=\frac{息税前利润}{利息费用}$$

3．企业资金周转状况分析

旅游企业资金周转状况反映了企业的经营能力，借此可以了解企业的营业状况及经营管理水平，反映企业使用其经济资源或资本的效率及有效性。常用的指标有以下几种。

1) 营业周期

营业周期是指从取得存货开始到销售存货并收回现金为止的这段时间。营业周期的长短取决于存货周转天数和应收账款周转天数。营业周期的计算公式如下：

$$营业周期=存货周转天数+应收账款周转天数$$

2) 存货周转率

存货的流动性，一般用存货的周转速度指标来反映，即存货周转率或存货周转天数：企业餐饮部可用其来衡量购入餐饮原材料、投入生产、销售收回等各个环节的管理状况。计算公式如下：

$$存货周转率=\frac{销货成本}{平均存货}$$

$$存货周转天数=\frac{360}{存货周转率}$$

3) 应收账款周转率

应收账款周转率反映应收账款的周转次数，也就是年度内应收账款转为现金的平均次数，它说明企业应收账款的流动速度。计算公式如下：

$$应收账款周转率=\frac{销售收入}{平均应收账款}$$

$$应收账款周转天数=\frac{360}{应收账款周转率}$$

4) 流动资产周转率

流动资产周转率是指销售收入与全部流动资产的平均余额的比值。它是反映流动资产利用效率的指标。计算公式如下：

$$流动资产周转率=\frac{销售收入}{平均流动资产}$$

5) 固定资产周转率

固定资产周转率是反映固定资产的利用效率的指标。计算公式如下：

$$固定资产周转率=\frac{销售收入}{固定资产(净值)平均总额}$$

6) 总资产周转率

总资产周转率反映了全部资产的使用效率。计算公式如下：

$$总资产周转率=\frac{销售收入}{资产平均总额}$$

7) 企业盈利能力分析

盈利能力是指企业获取利润的能力。反映企业盈利能力的指标很多，通常使用的主要有销售净利率、销售毛利率、资产净利率、销售利税率、成本费用利润率、净资产收益率。

(1) 销售净利率，是指净利与销售收入的百分比。其计算公式如下：

$$销售净利率=\frac{净利}{销售收入}\times 100\%$$

(2) 销售毛利率，是毛利占销售收入的百分比。其计算公式如下：

$$销售毛利率=\frac{销售毛利}{销售收入}\times 100\%$$

(3) 资产净利率，是企业净利润与平均资产总额之比，也称资产收益率或投资报酬率。其计算公式如下：

$$资产净利率=\frac{净利润}{资产平均总额}\times 100\%$$

(4) 销售利税率，是用来衡量企业销售收入的收益水平。其计算公式如下：

$$销售利税率=\frac{利润总额}{净销售收入}$$

(5) 成本费用利润率反映了企业为取得利润所付出的代价。其计算公式如下：

$$\text{成本费用利润率}=\frac{\text{净收益}+\text{利息费用}+\text{所得税}}{\text{成本费用总额}}$$

(6) 净资产收益率也称股东权益报酬率，它是税后净利润与平均股东权益的百分比。对股份制企业来说，就是股权益报酬率。其计算公式如下：

$$\text{净资产收益率}=\frac{\text{税后净利润}}{\text{平均股东权益}}$$

$$\text{股权益报酬率}=\frac{\text{税后净利润}-\text{优先股股利}}{\text{平均股权益}}$$

4. 市价比率

市价比率是指普通股每股市价和公司盈余、每股账面价值的比率。

1) 每股净收益

每股净收益是本年税后利润与流通普通股数的比值。其计算公式如下：

$$\text{每股净收益}=\frac{\text{本年税后利润}-\text{优先股股息}}{\text{发行在外的加权平均普通股股数}}$$

2) 市盈率

市盈率又称价格盈余比率或价格与收益的比率，指每股市价与每股利润的比率。其计算公式如下：

$$\text{市盈率}=\frac{\text{每股市场价格}}{\text{每股利润}}$$

3) 股利支付率

股利支付率是普通股每股股利与每股利润的比率，其计算公式如下：

$$\text{股利支付率}=\frac{\text{普通股每股股利}}{\text{普通股每股利润}}\times 100\%$$

阅读案例 4-3

西安旅游股份有限公司财务报表举例

财务指标和经营业绩见表 4-3 和表 4-4。

表 4-3　财务指标

报告期	2012-09-30	同比变化	2012-06-30	2012-03-31	2011-12-31	2011-09-30
每股收益	0.117 4	6.82%	0.128 1	0.147 3	0.140 0	0.109 9
每股净资产	2.335 6	7.14%	2.350 0	2.360 0	2.218 3	2.180 0
每股资本公积金	0.477 9	−0.27%	0.477 9	0.477 9	0.477 9	0.479 2

续表

报告期	2012-09-30	同比变化	2012-06-30	2012-03-31	2011-12-31	2011-09-30
每股未分配利润	0.695 3	26.30%	0.706 0	0.722 6	0.578 0	0.550 5
每股经营现金流	0.359 0	−23.94%	0.423 0	0.670 0	0.414 0	0.472 0
净资产收益率	5.02	−0.14%	5.46	6.24	6.31	5.03
销售毛利率	—	—	—	—	—	—
净利润率	3.66	−9.62%	6.08	12.54	3.55	4.06
资产负债率	33.46	−32.57%	30.15	33.99	34.44	49.62
流动比率	0.91	1.22%	0.90	0.94	0.78	0.90
速动比率	0.89	102.51%	0.88	0.92	0.47	0.44

表 4-4 经营业绩

报告期	2012-09-30	同比变化	2012-06-30	2012-03-31	2011-12-31	2011-09-30
主营业务收入	63 001	−18.68%	63 001	41 424	23 116	77 473
主营业务利润	13 201	−34.48%	13 201	10 144	7 696	20 149
管理费用	3 284	−41.10%	3 284	2 399	1 438	5 575
财务费用	36	−89.37%	36	48	46	340
营业利润	3 150	1.44%	3 150	3 409	3 851	3 105
加：投资收益	171	1 691.10%	171	182	−4	−11
营业外收入	62	−79.76%	62	60	48	305
减：营业外支出	2	−97.29%	2	1	0	62
利润总额	3 210	−4.13%	3 210	3 468	3 898	3 349
减：所得税	988	66.02%	988	1 033	1 052	595
净利润	2 309	−16.15%	2 309	2 520	2 899	2 754

资料来源：http://q.stock.sohu.com/cn

4.2.2 旅游企业人员分析

旅游企业是提供服务产品的企业，员工参与服务生产过程，向顾客提供面对面、高接触的服务。当今，科学技术越来越发达，但旅游企业所提供的服务无法被机器或物质生产过程所代替，而且顾客越来越需要高接触、体贴入微、富有人情味的个性化服务。旅游企业应特别重视人力资源的管理。“员工第一，顾客第二”正在向“顾客就是上帝”的传统观念挑战，这种观点认为只有把员工放在第一位，员工才有顾客至上的意识。由此可见，旅游企业人力资源管理，不仅是高质量完成服务过程、实现组织目标的必要保证，也是企业实施服务竞争战略的基础。

1. 企业人力资源管理模式分析

1) 企业人员/岗位匹配

人员/岗位匹配在所有的人力资源管理活动中处于中心角色。人员配备的职能，可以理解为管理者向组织提供合适的人选去从事合适的工作所进行的一系列步骤，它是对组织中人力资源进行管理的过程。配备员工工作的核心，是人员/岗位匹配。这种匹配要求把个人特征同工作岗位的特征有机地结合起来，从而获得理想的人力资源管理后果。好的人员/岗位匹配将会促成人力资源管理的积极结果，如较长期的雇佣关系，对本职工作满意度高等。

个人和工作岗位需要匹配包含着两层意思：一是岗位要求与个人素质相匹配；二是工作的报酬与个人的动力相匹配。

2) 资源管理活动

旅游企业所从事的人力资源管理活动，实际上可以归结为两类，一类是辅助性的，另一类则是功能性的，辅助性的人力资源管理活动包括工作测量、工作分析和人力资源计划。这三种活动并不能直接影响人员/岗位匹配，而是为功能性的人力资源管理活动创造条件、提供支持。从逻辑上讲，是要先有工作测量、工作分析和人力资源计划，然后才能进行配备员工的活动。因此，辅助性的活动理应增进配备员工活动的效果，功能性的人力资源管理活动，对人员/岗位匹配有着直接的影响，因而，也会影响到人力资源管理的后果。

功能性的人力资源管理活动包括外向型招聘、内向型招聘、职工培训与开发、设计劳动报酬、确立劳动关系及营造工作环境等。其中，任何一种活动都有可能对人员/岗位匹配过程产生重大而又独特的影响。

3) 外部环境

外部环境涉及影响人力资源管理活动、个人/岗位匹配及人力资源管理后果的四种外部因素，分别是经济状况、劳动力市场、工会组织和法律法规。

(1) 经济状况。包括地区的经济状况、行业的经济状况、国家的经济状况及旅游客源国的经济状况。经济状况影响着旅游企业的客源，影响着雇佣招聘员工的数量和难度等。

(2) 劳动力市场。从量的方面来说，供不应求的劳动力市场会使招聘活动变得既困难又昂贵。与此相反，“宽松的”劳动力市场(劳动力供过于求)将给雇主创造一个比较有利的环境。从质的方面来说，劳动力需求一方对求职者的素质(知识、技术、能力、才干及其他的特征)会提出具体要求，对求职者的物质和精神需求也会框定一个范围。

旅游企业对员工的外形、外语、个人素质要求较高，尤其是所需要的管理人员，不但要求求职者具备一定的学历，还要求具有一定的实际工作经验，近些年来，与其他行业相比，旅游行业的经济效益并不突出，更增加了旅游企业雇佣高素质员工的难度。

(3) 工会组织。在有工会组织的行业和企业里，工会会员的雇佣条件和待遇是由劳工工会同资方通过集体谈判确定的，并以劳动合同的形式固定下来。劳动合同中规定的条款一般都会涉及工作岗位的要求和劳动报酬，在我国中外合资企业里，工会组织也有权参与劳资关系谈判。

(4) 法律法规。在西方发达国家，有关雇佣关系的法律法规和行政命令十分繁复，它们规范和界定了雇佣关系的性质及人力资源管理活动的合法范围。美国的劳工法和行政命令，对企业人力资源管理活动的强制作用是十分明显的。我国的劳动人事关系、人力资源管理活动也受到《中华人民共和国劳动法》的约束。

2. 旅游企业人力资源计划分析

人力资源计划的过程一般包括五个步骤：确定将来的人力资源需求；确定将来的人力资源供给；审视外部环境和内部环境；确定人力资源需求和企业可供量之间的差距(短缺还是过剩)；制订行动计划以消除差距。

1) 人力资源的未来需求

人力资源的未来需求，是指一个企业按照自己的发展规划，为生产一定量的产品和服务而需要雇佣的员工数量和类型。员工类型可以按员工所拥有的知识、技艺、能力及其他特征来划分，代表着员工的素质。人力资源未来需求实际上就是企业将来期望获得的一定数量、一定质量的劳动力。

对人力资源未来需求的推测，是依据企业的总体发展规划、组织发展计划(组织结构和层次等)做出的。如果旅游企业希望将来发展壮大，增加国内市场和国际市场的份额，扩充组织结构，实行专业分工，那么，将来需要的具备一定素质的员工数量就会增加；反之，就会减少。

2) 人力资源的未来供给

人力资源的未来供给，是指一个企业在未来某一时点或时期本身的人力资源可供量。换言之，是内部劳动力市场而非外部劳动力市场上的人力资源供给。

企业对未来人力资源可供量的推测，是从当前的在职雇员出发的，依据人力资源管理的经验，推断计划期内可能流失的员工数量及其相应类型。推断组织内部劳动力市场上的变动情况(如晋升、降职、转职等)，推断新增雇员的数量。这样就能确定在未来某个时点或者时期组织内部可以提供的人力资源数量。

3) 审视外部环境和内部环境

所谓对外部环境的审视，是指对宏观经济状况、外部劳动力市场、劳工组织运动和法律法规环境的审视。所谓审视内部环境，就是对组织内部劳动力状况及与人力资源管理活动相关的内部环境的了解和评价，企业家必须清楚自己组织内部的劳动力状况，特别是雇员的构成和多样性。

另外，企业家还必须了解雇员志向和兴趣的转变，特别是在工作报酬方面。对内部环境的审视，可以帮助企业推测已有雇员的损失数量，或者吸引新雇员的数量。

4) 确定人力资源的供需差距

有了人力资源的供需估计，有了外部环境与内部环境的变动知识，企业就可以找出未来人力资源的供需差距。供需差距，包括质和量两个方面，既可能是短缺，也可能是过剩。

5) 制订行动计划

人力资源管理部门知道了计划期内人力资源的供需差距，就可以制订行动计划，采取切实步骤消除差距，包括人员招聘，配备、培训计划。当然，这些计划不是孤立的，还必须与其他的人力资源计划，如劳动报酬计划连接和配合。

4.2.3 旅游企业产品分析

1．旅游产品的内涵

旅游产品是旅游业者通过开发、利用旅游资源提供给旅游者的旅游吸引物与服务的组合。即旅游目的地向游客提供一次旅游活动所需要的各种服务的总和。

菲利普·科特勒(Philip Kotler)指出，旅游产品可以归纳为五个层次。

1) 核心性产品

核心性产品，是指当消费者购买产品时获得的主要利益。例如，一位游客到马霍卡岛(西班牙东部)度假，核心性产品表现为休息和放松，而如果游客到越南度假，核心性产品表现为在新开发的旅游目的地的探险活动。

2) 通用性产品

通用性产品是产品的基本组成部分。它是指购买旅游产品的基本特征。例如，去马霍卡岛旅游，应包括去西班牙的航班、住宿公寓条件、到机场及从机场返回的交通等。组成度假产品的所有的标准特点，包括旅游手册，都属于通用产品的一部分。

3) 期望性产品

期望性产品是指消费者在购买产品时，通常期望获得的一系列的特点及条件等。例如，游客对旅游过程中的住宿条件会有一定的预期，如整洁的房间、床上的亚麻制品、毛巾、家具、晾衣架、私人空间等。

4) 扩展性产品

扩展性产品是指超出顾客的预期而提供的一些额外的产品。这些额外的服务会给旅游产品追加价值。

在过去的 30 年里，宾馆中的套房已经从扩展性产品成为很多酒店都具有的标准间。同样，一个市场中的期望性产品在另一个市场中可能属于扩展性产品。这说明竞争者需要不断地给予其产品追加扩展的价值。有时，当竞争者为了应付激烈的竞争，不断地增加产品的特性和成本时，细分市场中就会出现一些专门针对顾客的预期效应而推出的低价格产品。低成本航空公司的出现就属于这种情况。

5) 潜在性产品

潜在性产品是指企业提供的产品在未来增加的那些扩展部分。扩展性产品显示产品现在所具有的特性，而潜在性产品显示产品在未来可能会出现的变化。因此，成功的企业都很重视潜在性产品的研发。为了在竞争的市场中吸引消费者，企业必须给消费者提供一些额外的利益。因为潜在性产品是使企业在未来的竞争中获胜的产品。所以有远见的企业会在产品的研发上多下工夫。

所有的企业都需要确定提供给消费者的不同产品的最佳数量。例如，旅游经营公司考虑是否应开辟新的区域市场，以及一个旅游代理商需要考虑是否应专门提供高价的游船和长距离航线的特殊产品，还是应该提供更能吸引大众的旅游产品等。

2. 旅游产品市场强度分析

产品市场强度分析，是指对企业当前销售的各种产品自身的市场地位、收益性、成长性、竞争性及产品组合等方面进行分析。分析的结果将为改进产品和产品组合、加强销售活动和开发新产品指明方向。

1) 产品市场地位分析

产品市场地位分析，除通过企业形象分析进行定性的评价之外，主要从市场占有率进行定量分析。

2) 产品收益性分析

产品的收益性是决定经济效益的重要因素，企业应确定以高收益产品为中心的产品组合。收益性分析的主要内容是：比较各类旅游产品的销售额及各类产品的边际利润，进行各产品的产量和利润分析，以明确各种产品的利润贡献度和目标销售量。

3) 产品成长性分析

产品的成长性分析是把企业最近三五年的销售量，按时间顺序制成逐年推移图来观察其增长趋势。分析时通常使用销售增长率、市场扩大率来进行对比。

4) 产品强度分析

产品强度分析是企业的产品相对于竞争产品，在质量、外观、包装、商标、价格等方面所具有的优越性。对本企业产品与竞争产品的产品强度分析，可以采用专家评分法。

5) 产品构成分析

产品构成分析是把旅游企业各种产品的销售收入、边际利润率和销售趋势画在同一幅图上，对产品的构成情况进行分析的一种方法。产品构成分析也可使用波士顿矩阵法或通用电气公司法。

3. 新产品开发能力分析

新产品能够给组织提供进一步成长的机会，但由于新产品和仿效产品的不断出现，对于产品的更新改进势在必行。

新产品与产品的重新设计或改进不同。诸如对重新设计的宣传手册或飞机上服务人员的新制服都属于后者；而新产品是指新开发出来的，能够开辟一些新的市场的产品。近年来，掀起了去往古巴的国际旅游热，这就是一种新产品；产品的新颖度越高，获利的可能性就越大；但同时高成本和开发失败的风险也较高；企业开发了一种新产品，如果占用企业较多的资源，那么它的失败就极容易导致企业的破产。

对于开发新产品，组织经常陷入两难的困境：一方面，开发新产品有其必要性；另一方面又存在一定的风险。在这种情况下，最妥善的处理方法是先形成大量的新产品开发方案，然后从中进行筛选。

阅读案例 4-4

“无多余服务”航班

近些年来，从欧洲飞往澳大利亚的航班越来越受到休闲旅游者的欢迎。这是因为更新的机型(主要是波音 747-400 系列飞机)仅仅需要中途的一次着陆加油，而这可以减少该行程时间大约 21 小时。为了更有效地利用时间，消费者宁可支付更高的价格也要乘坐过夜远途航班和早班火车。近来，“无多余服务”(Nofrills)航班受欢迎程度的与日俱增也可部分地由这样一个事实来解释：乘客愿意用一定程度的不方便来换取较低的票价。航空公司经常利用远离主要城市中心的“第二机场”(像英国伦敦的 Luton 机场和美国的达拉斯 Love Field 机场)来提供这种服务。

资料来源：http://travel.people.com.cn

4.2.4 旅游企业管理分析

1. 旅游企业素质分析

所谓旅游企业素质，是指在一定的社会条件下，企业内部总体机能所具有的生存和应变能力。它包括的要素很多，但绝不是单纯各部分素质的总和。从旅游企业本身的条件同客观环境、经营任务、经营成果之间的相互关系来看，分析旅游企业素质可从以下三个方面进行。

第一，企业建立地点和企业经营任务所要求的自然条件与社会经济条件之间的适合程度。

第二，企业的资金能力、设施能力、技术力量、组织机构、经营者及员工队伍、经营管理基础等经营能力，同企业经营任务的相适应程度。

第三，相对于企业的内部条件，企业的长短期经营战略、计划及经营活动的优劣程度。这就需要对企业目前所实施的战略进行分析，确定其所依赖的基础与出发点，发现实施中出现的问题，并进一步分析其合理性。

以上三点总体来说，就是企业的内、外部条件同企业开展的业务活动之间的相适应的平衡关系。如果企业对上述两方面能够保持恰当的和较好的相互适应关系，企业就有较强的素质，从而也就能获得较好的经营成果。否则相反。

2. 旅游企业经营力分析

旅游企业素质强弱是通过企业经营力集中表现出来的。企业经营力，就是企业对包括内部条件及其发展潜力在内的经营战略与计划的决策能力，以及企业各种生产经营活动的管理能力的总和。

企业经营力是一个系统概念。它包括本身的内外部条件及其发展在内的经营战略与计划的决策能力，以及企业各种活动的组织管理能力的总和。

经营力评价指标体系可以包括如下十类：反映企业综合效益的收益力指标；企业产品市场力水平或市场地位的指标；企业生产力和技术水平的指标；企业可比成本升降率；企业战略目标和计划的完成率；企业经营管理水平升降率；企业价格水平；人员能力；质量控制能力；企业信誉，见表4-5。

表4-5 旅游企业经营力评价指标体系

项　目	具体指标
收益力	总资金利润率、销售额利润率、损益平衡点、总资金周转率、流动资金周转率
市场地位	市场占有率、产品畅销率、自愿预订率、资金销售率
生产力和技术水平	人均净产值、人均创汇额、劳动生产率、新产品开发率、产品生命周期
价格水平	同行业价格水平、价格升降率、价格策略适应程度
人员能力	员工年龄、知识结构、技术水平、经营者素质
战略目标和计划完成率	计划完成率、计划完成率逐年比较情况
产品成本水平	可比产品成本水平、同类产品成本水平
经营水平提高率	总资金利润增长额、净产值率增长额、利税增长率
质量控制力	服务质量投诉率、质量保证体系完善程度、质量管理组织状况
企业信誉	产品信誉、财务信誉、消费者反应

3. 旅游企业管理组织分析

旅游企业管理组织的分析是旅游企业内部条件分析的基本环节和主要内容。因为企业的一切活动都是人的活动，都是组织的活动，组织是进行有效管理的手段，所以通过对组织的分析可以发现制约企业长远发展的问题，从而通过解决这些问题达到促进企业长远发展的目的。旅游企业管理组织所涉及的问题纷繁复杂，对其分析应采取适当的方法与角度。

(1) 从分析职务体系入手，看管理岗位设置、人员配备及其素质对完成职能管理的保证程度。

(2) 从分析岗位责任制、职权与职责对等性入手，发现是否有改善的可能性。

(3) 从分析职能管理体系的分工入手，看有无通过专业职能管理体系的合理化来改善组织的可能性。

(4) 从分析人员素质入手，通过聘任制和建立职务手册，以改善组织。

(5) 从分析管理体制入手，发现组织中集权、分权是否有改善的余地。

(6) 从分析组织结构入手，分析现有组织结构是否适应现行战略的实施。

(7) 从分析管理层次和管理幅度入手，看是否可以新增或合并管理职能部门。

4.2.5 旅游企业其他内部因素分析

1. 旅游企业文化分析

企业文化是一种客观存在的文化现象。企业文化作为一种文化现象，应该是指企业在社会实践过程中所创造的物质财富和精神财富的总和。构成企业文化一般有五个要素：企业环境、价值观、突出人物、典礼和仪式、文化网。企业文化是由以企业精神文化为内核的三个层次构成的，即企业的物质文化层、企业的制度文化层和企业的精神文化层。

当今企业文化的价值愈益为企业界所重视，企业文化是树立企业形象，密切与社会和公众的感情，提高职工的文化素质，增加职工的自豪感，促进企业发展的主要手段。因而，在旅游企业战略管理中，分析企业文化的现状，了解和掌握企业文化形成的特征，就可以从中找出能够支持或制约企业经营战略的关键要素，从而使企业在文化环境方面具有优势。

2. 旅游企业市场营销能力分析

旅游企业的市场营销能力是适应市场变化，积极引导消费，争取竞争优势以实现经营目标的能力。它是企业的决策能力、应变能力、竞争能力和销售能力的综合体现。市场营销能力是决定旅游企业经营成果的优劣、影响企业荣衰的关键。为便于分析和发现问题，可以把旅游企业的市场营销能力分解为四种能力，即产品的市场强度、销售活动能力、新产品开发能力、市场决策能力。这四种能力自成系统，彼此紧密联系和相互产生影响。市场营销能力分析也应与市场环境分析结合在一起进行。

1) 市场环境分析

市场环境分析的目的，在于掌握企业的市场营销特征，预测今后市场变化对企业的影响，为分析市场营销能力和制定市场营销战略提供依据。市场环境分析之前要进行市场调查，然后根据调查结果，从行业动向、消费者行为和企业形象等三个方面进行分析。

2) 销售活动能力分析

销售活动能力分析，是在产品的市场强度分析基础上，以重点发展的产品或销路不畅的产品为对象，对其销售组织、销售业绩、销售渠道、促销活动、销售计划等方面进行分析，发现销售活动中存在的问题及其原因，为制定销售战略、有效地开展销售活动提供依据。

(1) 销售组织分析。销售组织不仅仅是推销产品的业务部门，而且应同时具备进行市场调查，制订销售计划，开拓并建立销售渠道，开展促销活动，参与产品计划活动等机能。销售组织分析主要包括销售组织机构分析，销售人员素质分析和销售管理资料分析。

(2) 销售业绩分析。是从提高销售活动效率出发，发现销售管理的问题，为进一步深入研究提供线索。销售业绩分析包括计划完成率分析、销售活动效率分析等。

(3) 销售渠道分析。是通过对与企业进行交易的中间商的评价，加强对中间商的管理，分析存在的问题。其分析的主要内容是销售渠道结构分析、中间商评价和销售渠道管理分析。

(4) 促销活动分析。是对企业开展促销活动的方法、内容和效果进行的评价。

(5) 销售计划分析。销售计划由销售预测、确定目标销售额、分解目标销售额和制订实施计划等四部分组成。销售计划分析着重分析销售计划编制的依据、编制方法的合理性、计划内容是否完善等。

3) 市场决策能力分析

市场决策能力分析，是以前述产品的市场强度分析、销售活动能力分析及新产品开发能力分析的结果为依据，对照企业的经营方针和经营计划，指出企业在市场决策中的不当之处，探讨企业中长期市场营销战略，以提高企业经营领导层的决策能力和决策水平。

案例分析

携程网的实力分析

携程旅行网创立于 1999 年，总部设在中国上海，员工 16 000 余人，目前公司已在北京、广州、深圳、成都、杭州、南京、厦门、重庆、青岛、沈阳、武汉、三亚、丽江、香港、南通 16 个城市设立分支机构，在南通设立服务联络中心。2010 年，携程旅行网战略投资台湾易游网和香港永安旅游，完成了两岸三地的布局。

作为国内领先的综合性旅行服务公司，携程成功整合了高科技产业与传统旅游业，向超过 6 000 万会员提供集酒店预订、机票预订、旅游度假、商旅管理、美食订餐及旅游资讯在内的全方位旅行服务，被誉为互联网和传统旅游无缝结合的典范。

凭借稳定的业务发展和优异的盈利能力，CTRIP 于 2003 年 12 月在美国纳斯达克成功上市，上市当天创纳市 3 年来开盘当日涨幅最高纪录。

目前携程度假提供数百条度假产品线路，包括“三亚”、“云南”、“港澳”、“泰国”、“欧洲”、“名山”、“都市”、“自驾游”等 20 余个度假专卖店，每个“专卖店”内拥有不同产品组合线路多条。客人可选择由北京、上海、广州、深圳、杭州、成都、南京、青岛、厦门、武汉、沈阳 11 地出发。

携程旅行网拥有中国领先的酒店预订服务中心，为会员提供即时预订服务，合作酒店超过 32 000 家，遍布全球 138 个国家和地区的 5 900 余个城市，有 2 000 余家酒店保留房。

携程于 2011 年 7 月 5 日推出高铁频道，为消费者提供高铁和动车的预订服务，目前“暂只提供上海市、江苏省、浙江省、安徽省配送服务。暂提供 7 天内的高铁及动车票的代购服务。”

携程的核心优势主要体现在以下方面。

① 规模经营。服务规模化和资源规模化是携程旅行网的核心优势之一。携程拥有世界上最大的旅游业服务联络中心，拥有 1.2 万个座席，呼叫中心员工超过 7 000 名。携程同全球 172 个国家和地区超过 23.5 万家酒店建立了长期稳定的合作关系，其机票预订网络已覆盖国际国内绝大多数航线，送票网络覆盖国内 74 个主要城市。规模化的运营不仅可以为会员提供更多优质的旅行选择，还保障了服务的标准化，确保服务质量，并降低运营成本。

② 技术领先。携程一直将技术创新视为企业的活力源泉，在提升研发能力方面不遗余力。携程建立了一整套现代化服务系统，包括：海外酒店预订新平台、国际机票预订平台、客户管理系统、房量管理系统、呼叫排队系统、订单处理系统、E-Booking 机票预订系统、

服务质量监控系统等。2012年携程无线布局已达“一网六客户端”，并发布集团无线应用群，构建一站式O2O旅行服务体系，提供移动人群无缝的旅行服务体验。依靠这些先进的服务和管理系统，携程为会员提供更加便捷和高效的服务。

③ 体系规范。先进的管理和控制体系是携程的又一核心优势。携程将服务过程分割成多个环节，以细化的指标控制不同环节，并建立起一套精益服务体系。同时，携程还将制造业的质量管理方法——六西格玛体系成功运用于旅游业。目前，携程各项服务指标均已接近国际领先水平，服务质量和客户满意度也随之大幅提升。

携程目前占据中国在线旅游50%以上市场份额，是绝对的市场领导者。目前其主要竞争对手有：已被全球第一大在线旅行公司Expedia控股的e龙；以及分别背靠大型国有控股旅游集团，拥有雄厚的资金保障和丰富的旅游资源的遨游网和芒果网。但三大竞争对手目前尚不具备足够的与携程正面对抗的实力。针对淘宝旅行公开叫板携程，称机票在线出票量年目标内达携程1.5倍一事，携程方面称，携程与淘宝属于不同类型的服务机构，并表示虽然有很多公司加入机票在线分销领域，但距离携程还有很大的差距。

近日，携程旅行网CEO梁建章表示，目前移动互联网的飞速发展，携程目前主要将从OTA(Online Travel Agency)向MTA(Mobile Travel Agency)转型，并且将手机客户端更新至最新的5.0版本。据介绍，最新携程移动客户端新增了手机动态打包式自由行套餐功能，这一功能比在携程网页直接单独预订机票和酒店更加优惠。此外，携程推出“拇指+水泥”战略，进一步将资源侧重于无线领域，将机票预订、酒店预订、旅游产品、门票、租车、社区攻略等服务整合，推出了“指尖上的旅行社”模式，推进一站式休闲旅游服务平台的战略。

资料来源：根据携程官网、360百科等整理

问题：

1. 携程网的实力主要体现在哪里？
2. 携程网能否保持长久的竞争优势？

阅读材料

景点景区旅游企业核心竞争力识别——以黄山旅游发展股份有限公司为例

景点景区旅游企业核心竞争力的构成要素包括：资源特色吸引力、企业行政管理能力、财务能力、产品开发能力、服务能力、人力资源管理与开发能力、市场营销能力、环境保育能力等。

以黄山旅游发展股份有限公司为例(以下简称黄山旅游)，从价值性、稀缺性、难以模仿性、不可替代性四个方面分别对企业核心竞争力的构成要素给予高、较高、中、较低、低五个等级的评定，识别出该公司的核心竞争力，从而为其核心竞争力的保持和提升提供决策依据。

1. 资源特色吸引力

黄山风景名胜区是1982年我国正式批准建立的第一批国家重点风景名胜区之一，旅游资源类型多样，内容丰富，是中国目前唯一同时拥有世界文化与自然遗产和世界地质公园

三项桂冠的景区，共聚合了三处国家级风景名胜区、五处国家森林公园和地质公园、两处国家级自然保护区、一座国家级历史文化名城、一处国家级重点历史文化保护街区、56处国家级、省级重点文物。

2. 企业行政管理能力

黄山旅游是由黄山旅游集团有限公司及其所属单位的净资产以独家发起方式成立的股份公司。公司设有独立于控股股东的组织机构，同时设置了四个管理中心，即行政管理、人力资源、财务管理及市场营销管理中心，以及景区开发、索道管理、企业管理和泛绿实业四大管理公司。各管理中心、公司实行定岗、定编，各司其职，相互配合，管理能力及工作效率较高。

3. 财务能力

从公司主要财务指标可以看出，黄山旅游近三年的营业利润率均在10%以上，平均资产负债率始终保持在30%以下，速动比率维持在150%左右，总资产周转率为75%左右，净资产收益率在2006年达到16.71%，净利润增长率均在100%以上。其获利能力、偿债能力、运营能力、增长能力都较高，总体财务能力较好，但资本结构不甚合理，举债较少，财务政策严格，没有实现有效的融资，可能会限制公司的扩张和发展。

4. 产品开发能力

目前黄山旅游产品以观光为主，主营业务集中于黄山风景区、客运索道、园林门票、旅游企业、旅行社等受季节、事件影响较大的环节，抗风险能力较弱，涵盖文化特色的产品和商务休闲度假产品亟待开发，生态旅游、会议旅游、养生旅游、修学旅游等专项旅游也需积极发展，亟待实现产品由观光型向复合型转变。

5. 服务能力

提高服务质量一直都是黄山旅游的重要工作。公司除了在改善环境、完善旅游设施、开展丰富多彩的活动等方面尽可能满足游客的需求外，在提高服务质量上，也制定了一系列规范服务程序、检查服务质量的制度，旨在全面提升公司的服务能力。2006年上半年，共接到13起投诉，同比下降43.496%，但公司在为游客提供个性化服务、专项服务等方面还有待改进。

6. 人力资源管理与开发能力

截至2007年1月，黄山旅游有员工2 500人。其中大专以上学历631人，公司的董事、监事、高级管理人员的学历均在大学本科以上。在人力资源开发方面，黄山旅游坚持"重视质量，分类操作，按需引进，充实一线"的原则，引进人才，注重员工队伍建设和人才培训工作。但是总体上需要进一步合理配置人力资源，全面提升员工的素质，进一步优化人力资源管理与开发模式。

7. 市场营销能力

2005年面对日益激烈的市场竞争，公司确定了新的营销策略，先后实施"万千百十"工程，开通长三角城市至黄山旅游的直通车，举办花山国际论坛、"天都峰重新开放、黄山红色之旅"等系列活动，组团参加国内外大型系列旅游博览会。同时，为适应旅游发展形势的需要，公司组建成立黄山电子商务公司，借助电子网络平台实施网上营销及相关配套服务工作，进一步提高了市场占有率。2006年黄山旅游先后举办"清凉黄山，古韵徽州"黄山暑期推介、"花好月圆山为盟"中国黄山青年集体婚礼等系列活动，进一步加强了市场营销力度。

8. 环境保护能力

2005年，黄山风景区引入ISO 141001环境管理体系认证，环境保护和环境管理步入国际标准化、规范化轨道。此外，黄山风景区为了维护景区内的环境卫生，为旅游者创造一个优美的旅游环境；相继颁发了《风景区垃圾处理总体规划》、《黄山风景区环境卫生管理暂行办法》、《园林环卫岗位责任制》等规章制度。

资料来源：张广海，高乐华. 景点景区旅游企业核心竞争力研究：以黄山旅游发展股份有限公司为例. 企业管理，2010，1-2 月合刊.

本章小结

旅游企业内部分析包括资源与核心竞争力、价值链及一般要素分析。旅游企业的资源分为财务资源、人力资源、实物资源、知识资源、学习资源、无形资源等类型。旅游企业的核心竞争力建立在资源和能力的基础上。旅游企业的价值链包括基本活动和辅助活动。旅游企业的价值链分析不仅要面对企业自身的价值链，还要面对与旅游企业相关的整个体系，包括供应商、销售商和分销商。核心竞争力是指那些能为企业带来相对于竞争对手来说更好的绩效的资源或能力。核心竞争力是在资源和能力的基础上形成和发展起来的，其形成要经历企业内部资源、知识、技术等的积累、整合过程。旅游企业内部一般要素包括财务、人员、产品、管理、企业文化等，对这些要素进行分析是战略实施的前提条件和基础。

思考题

一、名词解释

旅游企业资源　旅游企业价值链　旅游企业核心竞争力　流动比率　营业周期　核心性产品

二、简答题

1. 简述旅游资源的内涵。
2. 简述旅游企业资源的特点。
3. 简述旅游企业价值链的分类。
4. 简述旅游企业产品的内涵。
5. 简述旅游企业管理分析的内容。

三、论述题

1. 论述旅游企业核心竞争力的特点及来源。
2. 论述旅游企业人力资源计划的步骤。
3. 论述旅游企业经营力的评价指标体系。
4. 通过网络搜索某旅游企业的网站，以你的亲身感受总结该企业的核心竞争力。

四、实验题

以某旅游上市公司的财务报表为例，分析该企业的财务状况。

第5章　旅游企业发展战略

章节知识框架

旅游企业纵向一体化战略的优势与劣势
旅游企业横向一体化战略的内涵
旅游企业多元化战略的内涵及类型
旅游企业多元化战略的必备条件
旅游企业国际化战略的内涵及类型
旅游企业国际化战略的发展模式

教学目标与要求

通过本章的学习，学生应熟悉旅游企业发展战略的基本类型及各自的内涵，纵向一体化和横向一体化的差别，多元化战略的必备条件、注意问题；理解旅游企业国际化战略的原因、发展模式，并在此基础上具备对旅游企业发展战略运用的综合能力。

导入案例

传统旅游企业交易关系存在的问题

旅游中介商的存在本来就是为了节约交易成本。旅游产品的买卖双方无须独立为产品寻找供应商和消费者，只需找到最近的旅游中介支付佣金即可，这可以节约交易成本，实现规模经济。但由于中国旅游中介行业的进入壁垒较低，以及旅游产品差异化程度不高等原因，中国的旅游中介市场从不完全竞争市场向完全竞争市场的转型过程中逐渐演变成为过度竞争市场，最终导致中国旅行社业总量严重过剩，产业集中度低，企业恶性竞争加剧，旅游中介利润少甚至亏损的现状。旅游实体虽然没有过度竞争的现象，但也存在产业集中度低、成本结构不合理等问题，又缺乏挖掘内部潜力和开拓新市场的创新能力。故中国旅游产业的整体现状不容乐观。旅游市场存在的这些问题增加了旅游交易的不确定性，导致机会主义倾向的滋生，又由于资产的专用性等问题，导致中国旅游产业的交易成本增加。

1. 不确定性引起的高交易成本问题

位于旅游产业链中游的旅游运营商，无论在要素市场还是在需求市场，都不能获得充分的信息，这会影响他们做出有效的决策，特别是下游的分销商在市场需求方面的敏感性和信息的获得都要比上游企业更高、更完全。更重要的是旅行社在直接向顾客销售产品时能左右顾客的消费倾向和消费决策。因此，为了更好地预测市场，特别是引导市场、增加消费，运营商往往首选前向一体化，掌握销售终端，以减少需求的不确定性。

2. 高资产专用性引起的问题

资产专用性是指一种资产用于其他用途时的价值损失程度。威廉姆森认为，当企业从事价值链某一环节的生产经营活动时，为了提高经营效率，往往会采用专用性资产，所以投资的一方很容易受到来自从事前向或后向环节生产的企业的机会主义威胁，后者可以胁迫前者改变交易条件。在这种情形下，进行了专用性资产投资的企业具有内在的倾向进行前向或后向一体化。在传统旅游企业交易关系中，拥有高专用性资产的往往是企业、旅游景点、航空公司等旅游实体。

3. 机会主义引起的问题

由于旅游市场中的一方对另一方的信息缺失，或者搜寻信息需要付出巨大的成本，引起交易双方的信息不对称。特别是存在委托代理关系的旅游上下游企业之间，由于信息不对称，使得代理方为了自己的利益产生机会主义倾向，损害了上游企业的利益。有时上游企业为了避免这种道德风险的产生，需要付出一定的激励成本来约束代理方的行为，这种激励成本的付出无疑损害了社会福利，难以达到社会资源配置的帕累托最优状态。

我国旅游企业实施纵向一体化战略将有利于解决旅游市场高交易成本的现状，促进旅游业的健康发展。但必须认识到，我国旅游业发展起步较晚，大型旅游企业较少，与西方发达国家历史悠久的旅游业相比还有很大差距。所以，我国旅游企业在进行纵向一体化的战略选择时，一定要根据自己的规模和实力，权衡纵向一体化的优劣势，谨慎做出选择。解决我国旅游市场的高交易成本现状，需要旅游企业、政府及行业组织的共同协作和努力，这将是一个长期的过程。

资料来源：http://wenku.baidu.com/ 2012 年 3 月 15 日 12:25
中国旅游企业纵向一体化研究，作者：李绍东

问题：

1. 传统旅游企业交易关系存在问题的深层次原因是什么？
2. 如何从根本上解决传统旅游企业交易关系存在的问题？

一体化战略是企业基本而重要的成长战略。社会经济的发展引起市场需求和旅游企业经营结构的变化，为了更多地占领和开拓市场，或避免经营单一业务的风险，旅游企业往往就会选择向深度或广度上发展，或者进入新的业务领域，即实行多元化战略。同时，经济全球化又使企业大举进军国际市场，谋求更广阔的发展空间。旅游企业必须及时、准确地把握市场发展机会，充分发挥自身优势，选择适合的发展战略。只有这样，旅游企业才能实现长足进步。

5.1 旅游企业一体化战略

5.1.1 旅游企业一体化战略的内涵

旅游企业一体化战略是以旅游企业为核心，旅游企业与供货商、销售商实行一定程度的联合，融供应、生产、销售于一体，提高企业的发展与应变能力的一种战略选择。一体

化战略实质是旅游企业在现有业务的基础上进行横向的扩展，实现规模的扩大；或者进行纵向的伸展，进入当前业务的输入或输出阶段，实现在同一产品链上的延长。

旅游企业一体化战略分为纵向一体化战略、横向一体化战略。

(1) 旅游企业纵向一体化是指旅游企业沿着旅游产业链的前后方向，向上下游旅游企业实行纵向渗透与扩张，通过投资、参股、并购、联营等方式，进入另一个旅游加工或旅游销售阶段，将原来的外部旅游市场协调转化为旅游企业内部管理协调，即垂直交易内部化的过程。

(2) 旅游企业横向一体化是指单个旅游企业通过外部并购、联营或内部投资兴建等方式，集结位于旅游产业链同一环节上的其他同类型旅游企业，逐步形成多旅游企业集团的过程，其目的主要是通过水平交易内部化来实现规模经济。横向一体化有助于为企业带来成本优势。

5.1.2 旅游企业纵向一体化战略

旅游企业纵向一体化战略的核心思想在于把整条旅游产业链看作一个集成组织，通过产业链上各环节间的合作分工、优势互补，共同促使产业链上的人流、物流、资金流和信息流的合理流动和优化，以提高产业链的核心竞争力。

1. 旅游企业纵向一体化的原因

1) 范围经济

两个或多个产品生产线联合在一个企业中生产比把它们独立置于生产一种产品的不同企业中生产更节约时，就存在范围经济。

一般来讲，范围经济主要来源于生产要素的充分使用，一旦这种共用要素为生产一种产品而投入，不必增加太多的费用甚至不需代价就可以部分地或全部用于生产其他产品，即这些生产之间是联合生产关系，就产生了范围经济。范围经济揭示企业从事多产品生产的成本节约现象。富裕生产能力的充分利用导致企业进行多产品生产。如果没有市场容量的限制企业会利用更高级的设施以发挥规模经济的优势，市场限制迫使它走向多产品生产之路。

2) 交易费用

旅游企业纵向一体化与否，关键在于交易费用与组织费用的比较，如果外部的交易费用大于内部的组织费用，旅游企业将会通过企业内部一体化的形式实现其经营活动。旅游企业的交易费用包括：界定和发现交易对象的费用；界定合理交易价格的费用；讨价还价的费用；制定交易契约的费用；监督违约行为的费用；执行契约的费用等。

3) 生命周期

一个产业的纵向一体化程度随着这个产业生命周期的变化而变化。新兴产业由于市场规模所限，存在大量的纵向一体化。

2. 旅游企业纵向一体化的类型

1) 按发展方向不同划分

按旅游企业纵向一体化的发展方向不同，分为前向一体化和后向一体化。

(1) 旅游企业前向一体化。是指企业控制其原属客户企业的生产经营活动，从而获得分销商或零售商的所有权或加强对它们的控制。前向是指企业的销售系统。前向一体化战略指企业向前控制、收买、兼并若干销售商，实现产销联合，自产自销。

(2) 旅游企业后向一体化。是指企业介入原供应商的生产活动，从而获得供货方的所有权或加强对它们的控制。当企业目前的供货方不可靠、供货成本太高或不能满足企业需要时，尤其适合采用后向一体化战略。有实力的旅游经营商为了确保供应的连续性，也会进行对上游企业的后向一体化，或在企业内扩展上游企业的职能，如旅游批发商兼并航空公司或者旅游目的地的餐饮企业。

2) 按主体不同划分

按旅游企业纵向一体化的主体不同，分为旅游实体一体化和旅游中介一体化。

(1) 旅游实体一体化。航空公司和旅游企业是旅游产业价值链的战略核心构成。航空公司和旅游企业之间也可以结成牢固的纵向联盟关系。以航空公司和旅游企业为主导的纵向一体化，包括游轮寡头、度假地、主题公园和旅游金融保险企业等。在当今经济和技术高速发展的时代，航空公司的市场竞争日益白热化，资产购买的风险增大；同时，企业市场的大企业依托网上销售、网络的拓展还会进一步进行全球的企业扩张，继续成长壮大。这一时期用纵向一体化的产权纽带来维系航空公司和旅游企业的可能性很小。双方需要转入牢固的纵向联盟关系。旅游实体的前向一体化固然是可以选择的战略，但是旅游实体通过直销已经没有必要对旅游中介进行纵向一体化兼并。在电子商务技术发达的时代，旅游实体可以采用虚拟纵向一体化来控制旅游中介等企业，同时可以对短期内不能扩展的直销市场采取纵向交易限制的手段。

(2) 旅游中介一体化。中介的一体化战略类型包括中介后向一体化、前向一体化及外围一体化。后向一体化是旅游中介对旅游实体的兼并。中介的前向一体化是对二级旅游中介的一体化。由于实体的资产规模要求，中介的一体化手段最常见的是兼并。中介的外围一体化为中介的纵向多元化。旅游中介的纵向一体化战略有如下要点： 第一，只有少数的旅游中介才适合采用后向一体化。这样的中介是全球的寡头旅游中介。后向一体化的对象仅限于少数的旅游企业，或者是中低档的旅游企业；第二，旅游中介的纵向一体化战略更多的是对旅游中介的服务和服务延伸，如 IT 服务、营销服务等；第三，旅游中介对外围产业链的纵向一体化是一个战略趋势导向。

阅读案例 5－1

途易的纵向一体化成长战略

途易早期尝试通过新建和收购方式进入饭店领域，例如 1971 年在西班牙组建了鲁滨逊饭店俱乐部，1972 年在西班牙收购了 Iberotel 连锁饭店公司。20 世纪 90 年代途易自身股权也发生了变动，当重新稳定下来之后集团的扩张战略开始加速。2000 年途易又以 30 亿欧元收购著名的实施纵向一体化经营战略的英国汤姆逊旅游公司；2002 年途易收购法国旅游经营商 Nouvelles Frontière 100%的股权。2007 年 3 月途易与英国首选假日公司合并，新公司途易旅行公共有限公司于 2007 年 9 月 3 日在伦敦证券交易所上市，途易拥有新公司 51%

的股权。通过纵向一体化发展战略，集团迅速发展为欧洲最大的、最赚钱的旅游经营商。

航空领域：对于旅游经营商来说，要保证机票价格相对于其他经营商更具竞争力。公司2001年与波兰白鹰航空公司(White Eagle Aviation)建立战略联盟，并收购该公司29.3%的股份；2002收购意大利Neos航空公司；同年在德国成立Hapag-Lloyd Express，2004年和2005年分别在比利时和荷兰成立途易比利时航空公司和途易荷兰航空公司。

酒店领域：由于住宿成本在包价旅游总价格中往往占很高的比例，因此，更多的旅游经营商在不断寻找机会控制客房房源的同时，开始着手买断热点度假区内的饭店以便完全控制房源。途易的饭店设施基本都位于西班牙、地中海等旅游热点地区的度假胜地。

游船领域：由于游船公司的资本密集性以及服务技能的特定性，旅游经营商在进入邮轮业务时，往往会通过联盟合作的方式以获得所需要的知识和技能。例如，2007年12月，途易与意大利皇家加勒比邮轮公司合作成立途易邮轮公司。

为了快速扩张旅游产品的分销渠道和实现广泛的地域布局，并加大对分销渠道的控制力，旅游经营商对于旅游零售商的一体化倾向于采取并购的发展方式。途易1999年接管德国最大的连锁旅行社First Reisebüro Management GmbH & Co.KGof Dlsseldor，2006年途易的Wolters Reisen GmbH收购Atraveo大部分股权。

资料来源：中国旅游研究院

3. 旅游企业纵向一体化的经济优势

1) 节约交易费用

实行一体化经营的旅游企业可以节约由于制度安排所引起的费用。旅游企业一体化的制度安排，可以相对减少市场的外部性，并通过内部组织对市场替代使其内部化。一般说来，旅游企业经营一体化作为内部组织替代市场的一种形式，具有激励、控制和内在结构优势。

2) 增强竞争实力

交易成本低、交易快捷的特点，可以在时间、资金等方面得到节约。产品质量得到保证，从而在服务质量控制上具有优势。纵向一体化企业在人员、技术、研发和营销等方面得到相互补充和支持，也保证了其具有较强的市场竞争力。

3) 降低行业内的竞争强度

一体化扩大了旅游企业的规模，而规模越大则进入市场所需资金也就越多，所需资产专用性就越强，进入市场的难度也就越大。旅游企业纵向一体化会使那些准备进入旅游产业的新企业无法与那些控制了资源供给的一体化企业进行竞争，处于一体化经营的旅游企业便形成了一定的竞争优势，客观上形成了市场的进入壁垒。

4) 减少道德风险

旅游企业实施纵向一体化经营也在一定程度上减少了道德风险的发生。在纵向分散结构中，由于市场交易契约的不完备、信息的不对称、机会主义的存在，旅游市场的交易极有可能产生道德风险。通过纵向一体化经营，旅游企业便有了防范道德风险的控制机制，通过激励、组织手段来减少道德风险。

4. 旅游企业纵向一体化的风险

(1) 提高了退出壁垒。旅游企业的纵向一体化会使企业经营规模扩大，固定资产增加，总的固定运营成本增加。企业在执行退出战略时，会遇到退出壁垒高的风险。

(2) 降低了经营灵活性和适应市场的能力。旅游企业形成一体化后，限定了企业的市场交易范围，使其不能根据市场环境的变化，灵活地选择交易对象，降低了适应市场变化的能力。

5.1.3　旅游企业横向一体化战略

1. 旅游企业横向一体化的原因

1) 规模经济

旅游者的流动是在一个旅游客源地与一个或多个旅游目的地之间的流动，这种流动可以是点线式的，也可以是板块式的。所谓“多地点经济性”是指随着旅游企业经营地点的扩大，市场经营空间范围延伸而产生的单位经营成本下降和全程经营利润增加的现象。

对于旅游产业来说，规模经济的表现形式会有差别，工业企业的规模经济表现为工厂规模、产品规模和企业规模，而旅游产业则主要表现在接待规模上。短期内工业企业的即时产量并不取决于市场需求，而旅游接待规模的大小取决于即时的市场需求。

2) 旅游企业横向边界

横向边界是旅游企业规模扩张的一个理性界限。主要包括以下几种。

(1) 物理界限。从旅游活动行为出发，凡属于旅游者前往的旅游目的地均可以是旅游企业涉足的空间范围，因此，旅游企业横向一体化可能是世界范围的。这是旅游企业横向边界的最大化。

(2) 经济界限。随着旅游企业横向地域的扩张，初期收益是递增的，但当企业规模扩张达到一个最佳点后，就会形成规模经济的边际收益递减现象。一般来说，旅游企业规模扩张所形成的边际收益等于边际成本，是旅游企业的横向经济界限，即旅游企业规模扩张的理性界限。

(3) 旅游企业能力界限。资源是一个旅游企业人力、设备、技术、资本等有形物质和信息、商标、信誉、销售渠道、商业关系等无形物质的综合体。旅游企业的能力在于多种资源的整合能力。而能力及竞争力的优势是旅游企业横向边界的决定因素。

2. 旅游企业横向一体化的类型

1) 旅游企业并购

并购指兼并和收购。兼并泛指两家或两家以上公司的合并，原公司的权利与义务由存续公司承担，一般是在双方经营者同意并得到股东支持的情况下，按法律程序进行合并。收购是指一家企业购买另一家企业的资产、营业部门或股票，从而居于控制地位的交易行为。兼并和收购往往交织在一起，很难严格区分开。例如，收购可以是一个公司购买其他公司的全部资产，这实质上也就是吸收合并，并且学术界和实业界都习惯于将二者合在一起使用，简称并购。

旅游企业并购是指在旅游企业范围内(包括宾馆企业、旅行社、景区景点、旅游车船公司、航空公司、娱乐业、机票代理业、展览业等)，或者旅游企业和其他性质的企业进行的企业并购的过程。按并购企业与目标企业的行业关系划分，有横向并购、纵向并购和混合并购三类。

(1) 横向并购指经营同类单项产品、业务相近的企业之间的并购，实质上也是竞争对手之间的合并。横向并购的优点：可以迅速扩大规模，节约共同费用，便于提高设施设备使用效率；便于在更大范围内实现专业分工协作，采用先进技术设备和服务；便于统一技术标准，加强技术管理和进行技术改造；便于统一销售产品和采购原材料等。

(2) 纵向并购指与企业的供应商或客户的合并，即优势企业将与本企业生产紧密相关的生产、营销企业并购过来，以形成纵向生产一体化。纵向并购实质上处于经营同一种产品、不同生产阶段的企业间的并购，并购双方往往是资源供应者或产品购买者，所以对彼此的经营状况比较熟悉，有利于并购后的相互融合。

(3) 混合并购指既非竞争对手又非现实中或潜在的客户或供应商的企业之间的并购。混合并购有三种形态。

① 产品扩张型并购：相关产品市场上企业间的并购。

② 市场扩张型并购：一个企业为扩大竞争地盘而对尚未渗透的地区生产同类产品的企业进行并购。

③ 纯粹的混合并购：生产与经营彼此间毫无相关产品或服务的企业间的并购。通常所说的混合并购指第三类纯粹的混合并购。混合并购的主要目的是为了减少长期经营一种业务所带来的风险。由于这种并购形态因收购企业与目标企业无直接业务关系，其并购目的不易被人察觉，收购成本较低。

2) 旅游企业联营

旅游企业联营是指两家或两家以上旅游企业按自愿、平等、互利的原则，共同投资或分享信息和资源所结成的一种合作关系。联营分为紧密型联营、半紧密型联营和松散型联营。

(1) 紧密型联营是参加联营各方以资金、财产、技术、劳务等作为投资，组成自主经营、独立核算、自负盈亏，能够独立承担民事责任的新经济实体，并以其投资额为限承担有限责任，经登记主管机关核准登记，发给《企业法人营业执照》，取得法人资格。联合各方的权利义务、利益分配、风险承担、管理机构的产生、成员的加入和退出等均由企业章程予以规定。这是一种最稳定的联合形式。

(2) 半紧密型联营是联营各方依据合同或协议规定，以财产、技术、劳务等出资，共同经营，以各自所有的或经营管理的财产承担民事责任的联营。这种联营是法人之间的合伙，没有组成新的经济实体，不能独立承担民事责任。其财产属于共有性质，联营各方的责任是无限的连带责任，是一种较稳定的联合形式。

(3) 松散型联营是联营各方依据合同或协议，在一定时间内建立比较稳定的协作关系，各自独立经营、它的权利义务由合同约定，各自独立承担民事责任。由于联营各方既不出资，也不组成新的经济组织，登记主管机关不进行登记注册。这是一种简易型的联合形式。

阅读案例 5—2

旅游公司并购案

企业并购是资本重组的重要方式，被认为是资本运营的核心。并购的本质行为包括各权利主体依据企业产权做出的制度安排而进行的一种权利让渡行为。表现为某一或某一部分权利主体通过出让其拥有的对企业的控制权而获得相应的收益，而另一部分权利主体则通过付出一定代价而获取这部分控制权。具体举例见表 5-1。

表 5-1　旅游公司并购举例

旅游公司	并购时间	并购方式	交易对象
华侨城 A	2001.11	资产置换和股权收购	华侨城房地产公司 国际传媒投资有限公司
西安旅游	2000.4	资产置换	江苏铁路实业有限公司
锦江投资	2001.11	投资参股	上海锦源房地产有限公司
国旅联合	2001.11	股权收购	深圳思乐技术公司
锦江酒店	2001.08	股权收购	上海长城生化制药厂

资料来源：http://wenku.baidu.com/view/2009 年 1 月 10 日 8：59 东方证券观点

3．旅游企业横向一体化的战略目标

并购应纳入企业未来发展的总体和长远规划体系，才能实现并购给旅游企业带来的长远利益。战略驱动型并购往往使并购后的旅游企业整体盈利水平在短期内发生下降，特别是并购旅游企业的市盈率低于目标旅游企业市盈率的收购更是如此。以下几种战略目标驱动下的并购占了这类并购的大多数。

1) 多角化经营降低经营风险

通过并购其他行业的旅游企业，实行多角化经营，可以增加回报，降低风险。旅游企业的经营环境是不断变化的，任何一项投资都有风险，旅游企业把投资分散于不同的行业，实行多元化经营，这样，当某些行业因环境变化而导致投资失败时，还可能从其他方面的投资得到补偿，这有利于降低投资风险。

2) 获取高新技术

旅游企业的快速发展有赖于高新技术的大量使用，而高新技术不属于公开或可转让的范畴，因此，收购方旅游企业若想取得其他旅游企业的专有技术，唯有以重金收购拥有专有技术的企业，直接拥有该专有技术的所有权。

3) 实现经验共享和互补

这里所指的经验包括经验曲线效应，还包括旅游企业在技术、市场、专利、旅游产品、管理方面的特长及优秀的旅游企业文化，旅游企业通过并购，可以实现互补效应。

4) 快速有效占领新市场

旅游企业在开拓新的销售市场时，往往会面临营销渠道不畅、市场信息不足、推销经营不足等困难，通过并购，可以有效地降低这种障碍。

5.2 旅游企业多元化战略

5.2.1 旅游企业多元化战略的内涵

1. 旅游企业多元化战略的定义

多元化也称为多样化，是指企业为了获得长期的发展，在保持原有经营领域的同时，进入新的经营领域，同时经营两种以上基本经济用途不同的产品或服务的一种发展战略。多元化战略是由著名的产品-市场战略大师安索夫提出的。关于多元化战略，理论界有着不同的看法，早期研究认为多元化会导致公司价值的降低，但随着研究的深入，有的学者提出，当边际产出降低时，企业就会寻求新的市场机会，所以多元化开始时往往伴随着企业价值的减少，但最终会增加企业的价值。

旅游企业多元化战略指旅游企业同时经营两种或两种以上基本经济用途不同的产品或服务的发展战略。当企业所在行业市场吸引力日渐衰退，其他行业已显露出更好的投资机会时，企业可考虑实施多元化发展战略。多元化发展战略是旅游企业利用现有资源和优势，向不同行业的其他业务拓展的一种战略类型。

多元化与专业化是相对应的两个概念。从经营表现来看，二者区分的标准是某类产品销售额占企业销售总额的比例。一般来说，当上述比例为80%～100%时，我们称其为专业化战略，当该比例小于80%时，则称为多元化战略。一方面企业从小到大，规模逐渐膨胀，实力增强，并逐渐在某个领域形成自己的核心竞争力；而另一方面，本行业竞争会越来越激烈甚至于发展空间很小。此时，企业就会不满足于原来单一行业的发展，希望寻求具有发展空间的行业来充分发挥自己的核心优势，达到降低经营风险、拓展利润空间、获得可持续发展的目的，多元化战略此时就成了相对较好的选择。

2. 旅游企业多元化战略的类型

1) 同心多元化战略

同心多元化战略指开发与本企业现有产品线的技术和营销有协同关系，利用现有设备、技术等生产条件，生产与现有产品结构相似而用途不同的新产品，以吸引新的顾客，满足新的需求，就像从同心圆的圆心出发，向外扩大其经营范围与经营项目。例如，旅游企业可从事家具的展示和销售。美国有一家旅馆，内部装潢仍保持18世纪的风格，所有家具都是古董复制品，来此住宿的顾客看上任何家具和摆设，都可以买走，旅馆和家具的生意都很好。这种战略充分发挥现有产品线和营销协同的优势，因而投资少、风险小、容易获得成功。实施这种战略不是简单的经营项目的机械相加，而是相互渗透，完美结合，同时要求经营者能在不同的经营项目之间找到一个结合点，即产品之间存在技术关联性或者能使消费者产生心理关联性。

2) 横向多元化战略

横向多元化战略也称水平多元化战略。指企业利用现有市场，根据现有顾客的其他需要，采用新技术、新设备，开发生产与现有产品在技术上关系不大的新产品，以扩大业务经营范围，寻找企业新的增长点的一种多元化战略。例如，德国汉莎航空公司除了经营航运业务，还有多元化经营，包括维修(每年为各国航空公司维修50多架飞机)、制造(凡与航空有关的物品都制造)、旅游(开办多家旅馆、游乐场，甚至拥有铁路专线)等项目，在近年来国际航空业困难重重的情形下，汉莎公司却蒸蒸日上。实施这一战略，意味着企业进入一个新的行业，会给企业的经营增加难度，但企业生产的新产品一般只在同一市场上销售，满足顾客一种新的需求，因而易于发挥企业现有的营销优势，有利于提高企业在市场上的地位。

3) 集团多元化战略

集团多元化也称混合多元化。指企业通过联合、兼并等形式，把企业业务扩展到与现有技术、现有产品、现有市场毫无关系的其他行业，形成一个跨行业经营的企业集团。集团多元化战略在许多发达国家早已被广泛应用。例如，我国中旅集团成立以后，不但经营长短旅游线路，而且从事商贸、信贷、快递、民航代理服务等，在商贸旅游领域积极拓展，经营绩效显著。实施集团多元化战略，一般可以增强企业对环境的适应性，获得更多的发展机会，减少单一经营的风险，但是它也带来经营管理复杂化、资源配置分散化等问题。同时，这一战略实施过程中需要大量的资金。

4) 产业链整合战略

产业链整合是对产业链进行调整和协同的过程。旅游企业通过产业链整合调整、优化相关企业关系使其协同行动，提高整个产业链的运作效能，使外部交易内部化，获得规模经济和范围经济，最终提升企业竞争优势。

美国运通的发展历史表明，旅游企业可选择横向整合、纵向整合和混合整合三种模式。横向整合是通过对产业链上相同类型企业的整合来提高行业集中度，扩大市场势力进而增加对市场价格的控制力；纵向整合是整合产业链上上下游企业，通过产量或价格获取最大利润；而混合整合是上面两种方式的有机结合，是旅游价值链上两方面的扩张，实现整体战略管理，当然这三种整合方式对旅游企业提出了不同的要求。

5) 产业互补扩张战略

根据对一些旅游企业的分析可以发现，他们之所以能取得健康的发展，得益于其对多元化行业长短期业务的巧妙安排，使旗下的各个行业能够互相补充，减少行业周期和经济波动带来的不确定性。旅游行业受经济、文化、政治、突发事件、宏微观环境等多因素的影响，波动较大，为了抵消这种风险，旅游企业必须考虑进入新的行业，进入互补性行业，整合资源降低系统性风险。旅游企业通过产业链整合战略与产业互补扩张战略，采取相关多元化与非相关多元化战略，在这样的战略调整下，必然能够取得竞争优势与可持续发展。

阅读案例 5-3

华侨城集团多元化战略实施过程

华侨城集团成立于1985年11月11日，是隶属于国务院国资委管理的大型中央企业之一。2012年在全国十大旅游企业中排名第四位。华侨城集团成立20多年以来，由深圳湾畔的一片滩涂起步，发展成为一个跨区域、跨行业经营的大型国有企业集团，培育了房地产及酒店开发经营、旅游及相关文化产业经营等国内领先的主营业务。华侨城的多元化战略实施过程如下。

1986 年，华侨城房地产公司成立。

1987 年，开发首个商品住宅区“东方花园”，在当时被誉为“深圳最好的别墅区”。

1989 年 9 月，中国第一座主题公园“锦绣中华”正式对外开放。中国主题公园发展史上的里程碑由华侨城从此奠定。

1990 年 11 月，华侨城开发的“海景花园”一举成功，这是华侨城首次兴建高层建筑，由此带动“湖滨花园”、“桂花苑”、“中旅广场”等项目的开发，房地产业务迅速发展成为华侨城三大主营业务之一。

1994 年，华侨城斥资 5.8 亿元兴建的“世界之窗”对外开放。与“锦绣中华”、“民俗村”并列，成为深圳特区乃至全国弘扬文化、增进中外文化交流的重要窗口。同时还产生了广泛的社会效益和深远的生态环境效益。

1997 年，何香凝美术馆隆重开放。这是中国第一家以个人名字命名的国家级美术馆，也是继中国美术馆之后的第二家国家现代博物馆。10 月 16 日，长沙“世界之窗”隆重开业。

1998 年，“欢乐谷”主题公园举行开业庆典。“欢乐谷”的建成开放标志着全国最为集中、规模最大、门类最全的旅游产业群在深圳华侨城正式形成。

1999 年，华侨城被评为全国文明示范旅游景区。同年，华侨城战略性地提出了“旅游-地产”的概念，将房地产融入华侨城的主题公园产业链，实现了从旅游主导产业到房地产业等关联产业的延伸和发展。

2000 年，华侨城成功举办首届旅游狂欢节，开创中国旅游狂欢节之先河。

2001 年，“波托菲诺”一期“天鹅堡”销售火爆，再次获得“大型生态环保社区综合开发模式”称号。

2002 年，“波托菲诺纯水岸”盛大开盘，创造当日销售额历史新高。

2002 年，1 月 28 日，华侨城投资 20 亿元合作开发北京华侨城旅游主题社区；6 月 13 日，与上海浦江镇中心区签署开发合作意向书。

2003 年 11 月 11 日，华侨城决定投资 30 亿元，打造“东部华侨城”。

2005 年 5 月 1 日，深圳欢乐谷三期火爆开业，当年接待游客突破 300 万人次。10 月 26 日，华侨城与上海松江区合作的上海华侨城大型综合旅游项目正式签约。同年，成都华侨城项目筹备启动。

2006 年，“欢乐海岸”项目正式签约，深圳华侨城范围扩展到 6 平方公里。华侨城换标及启动新品牌战略，集团 2006—2010 年新的五年战略规划正式实施。

2007 年 1 月 28 日，OCT-LOFT 华侨城创意文化园正式开园；8 月，华侨城被文化部授予“国家级文化产业示范园区”称号，华侨城旅游度假区被授予“国家 5A 级旅游景区”称号；深圳东部华侨城一期试营业，并被授予“国家生态旅游示范区”称号。

2009 年，华侨城旅游地产模式已成功进驻北京、上海、成都、天津等一线城市，并开始向西安、云南等地扩展，构建华侨城第二轮战略布点布局。同年，东部华侨城全面对外开放；上海“欢乐谷”开业，深圳、北京、上海、成都四大“欢乐谷”主题公园连锁发展。

11 月 11 日，华侨城集团整体在 A 股市场挂牌，标志着企业转型之后，华侨城集团已站在了一个全新的企业发展制高点之上。

资料来源：http://wenku.baidu.com/view/0b70a030a32d7375a417805d.html

问题：

1. 华侨城集团为何实施多元化战略？
2. 华侨城集团多元化战略实施过程中有哪些关键点？

5.2.2 旅游企业实施多元化战略的必要条件

1. 拥有较强大的核心竞争能力

根据竞争力理论，企业的经营风险与经营效益主要取决于企业竞争力，特别是企业核心竞争力。核心竞争力是企业获得资源，形成并保持竞争优势的能力，是企业在主营业务领域取得竞争优势的支柱，也是企业长期保持竞争优势的源泉。由知识、技术、信息、文化观念，甚至经营机制等因素的综合作用而生成的核心能力，是旅游企业所具备的各种能力的综合反映，它决定了旅游企业的经营范围，特别是决定了多元化经营的深度和广度。很多企业多元化的失败就源于缺乏核心竞争力，而核心竞争力恰恰是一些我国旅游企业的弱项。

2. 决策者具有较高的战略决策水平

实行多元化经营是旅游企业发展过程中的重要策略，直接关系到企业的未来发展方向，甚至企业的生死存亡。因为多元化经营是一把“双刃剑”，既会给旅游企业带来诸多机遇，也会使旅游企业面临着前所未有的风险和陷阱。是否实行多元化经营，何时进行多元化，选择进入哪个领域，何时进入，进入领域后如何管理和经营，以及如何进行资源整合，如果决策失误如何退出等，都是摆在旅游企业领导人面前的问题，如果有哪个环节没有考虑周全，都有可能导致多元化失败。

3. 正确把握国家宏观政策导向

在选择多元化领域时，一定要正确把握国家宏观政策导向。把握国家宏观政策导向，尤其是转向产业政策鼓励的，或者是政府新出台的有政策倾斜的行业，是那些采用多元化战略旅游企业的共同点，也是成功经验之一。而且把握政策走向可以使企业获得低成本进入的机会，同时也可以得到金融支持、政策优惠等，风险相对较小。

4. 选择有良好成长性的行业作为新进领域

行业的成长性决定着企业的发展空间、市场份额、利润水平及生存环境。旅游企业实行多元化经营时往往考虑选择有较好发展前景的行业，作为企业的替代产业，为可能的产业升级做准备。因为旅游业竞争激烈，利润较薄，因此旅游企业在选择进入新领域时，应侧重成长性较好、利润较高的行业。

5. 卓越的管理能力

随着多元化战略的推进，旅游企业的产品和服务种类增加，经营地域分散，经营单位和部门增多，使企业内部管理层次增加，相对于单一产品的经营，多元化企业的管理体系变得复杂，因而对企业提出了较高的要求，要求企业必须具备较高的管理水平，并与多元化经营程度相适应。要想在多元化战略中取得成功，就必须通过规范管理体系、实施标准化服务和质量管理体系等措施，不断提高管理水平，尽量使之与多元化程度相适应。

阅读案例 5-4

分析机构看好中青旅多元化经营模式

分析认为，中青旅专注细分市场，建设网络营销渠道，发展文化连锁景区经营，充分利用产业链资源整合的协同效应，在保持传统旅游业务竞争力和稳健增长的同时，创造了诸多方面的新型增长亮点。乌镇景区成为中青旅第一大利润来源。2013 年中青旅利润仍将主要来自乌镇景区，景区凭借保护面积大、功能设施完善的资源优势和观光度假并重的模式优势获得了同质古镇中的强势竞争地位，世博会后接待游客将回归自然增长，西栅景区创造利润能力提升可期。古北水镇开通景区旅游综合体第一站，长期看好。

2013 年古北水镇对外开放。古北水镇地处交通便利的京郊，丰富客源有保证；拥有司马台长城等更多异质资源，面临更少竞争；符合文化旅游的政策扶持重点，长期前景值得看好。需求推动、创新拉动旅行社、会展业务持续扩张，旅行社业务将持续受益。旅游行业高景气、产品创新优势及线上线下营销平台扩张；专业化会展服务增长强劲、策略性投资增长稳健、态势可期。公司的主要业务构成为“一体、两翼、三渠道和四模式”。一体为公司的旅游主业包括旅行社业务和景区业务。两翼是公司的策略性投资业务。三渠道为公司的销售渠道，公司的销售渠道分别为遨游网(可以进行全国 14 个城市出发产品的旅游预订，同时可以进行上万家酒店的预订)，实体旅游网点(30 个省份都有中青旅的旅行社，其中，公司新成立的沃尔玛中青旅联名品牌店也是另一种尝试)，呼叫中心(个性化服务中心)。另外，公司还组建了中青旅联盟(同业联合采购，主要是北京地面服务，有 68 家成员，包括旅行社、景区和汽车租赁)。四模式，第一为观光游，包括 8 个子板块；第二为度假游，主要是针对散客，百变自由行；第三是差旅公司，主要是给企业提供差旅解决方案；第四是会展公司，主要为世界 500 强的企业客户提供会展服务。另外，中青旅大厦也是公司利润的稳定来源之一，100%的出租率，2012 年提供了 6 000 多万元的租金收入。中青旅山水连锁酒店目前有 22 家连锁酒店，每年以 5～6 家速度增加开店，未来扩展的区域主要是广州、北京和成都等。

资料来源：http://www.traveldaily.cn/article/59701.html

5.2.3 旅游企业实施多元化战略应注意的问题

旅游企业做强了自己的主业，并非就能盲目地实施多元化战略，因为多元化战略是一个系统的工程，稍有不慎就可能满盘皆输，导致整个企业的瘫痪，这样的例子不胜枚举。分析国内外成功企业多元化经营战略可以发现，旅游企业实施多元化战略必须注意下列问题。

1．处理好主导业务和多元化经营之间的关系

主导业务是旅游企业具有竞争优势的业务，它是企业利润的主要来源和企业生存的基础。企业应尽可能采取措施来保持和扩大自己的主导业务，挖掘主导业务的发展潜力，扩大其市场占有率，追求规模经济的最大化。在此基础上，旅游企业再兼顾多元化经营，切不可单纯追求多元化而忽视了自己的主导业务。世界上许多优秀的企业在选择业务经营领域时，都是在首先确立了主导业务之后，并以主导业务为基础考虑多元化经营战略的。

2．注意多元化人才培养工作

旅游企业在多元化之前首先要做的是培育其多元化发展战略人才体系。旅游企业人才培育必须覆盖旅游企业多元化发展的方方面面，不要以为原有的人才体系可以很好地在多元化行业移植。同时必须认识到，企业真正的问题在于改造员工的思想，这一条一定要贯穿在旅游企业人才培育体系的始终，否则，员工只是掌握了一定的方法技巧，而缺乏整体的思维，最终可能“只见树木不见森林”。

3．制定恰当的投融资策略

根据对通用电气等成功多元化企业的分析，多元化企业的发展模式是以产业和金融为两翼，互相配合，共同前进。但是，两者性质不同就会产生结构性差异，必须平衡好两者的风险。当然，对银行和非银行金融机构的介入是一个较为稳妥的方法，如商业银行、证券、信托、租赁等，这样可为旅游企业的多元化扩张之路提供稳定的资金流。另外，要把握长、中、短期的投资节奏，有效掌握投资回收时间。一方面，长期投资的项目必须有短期项目的配合，否则资金的回流无法理顺；另一方面，拉开投资回收期长的项目的时间，保证资金回收，避免资金链断裂。

4．进行品牌战略分析

一个企业，是实施多品牌战略还是单一品牌战略，是一件关系到是否做“对”的大事。对于不同的旅游企业而言，应该根据自身的资源优势，去选择适合自己的品牌发展战略。不管是单一品牌战略还是多品牌战略，都存在一定的优势与劣势，如何决策是个两难的选择，但总的思路是当旅游企业采取相关多元化战略，产品相似度高时可以选择单一品牌战略；随着企业的发展壮大，多元化步伐加大时，多品牌战略也许是个不错的选择。

5．充分发挥文化的作用

中国有着悠久的历史文化，法家、儒家、道家等是其中的代表，旅游企业应该以法家思想建立组织结构，强化员工的规则意识，以儒家思想强化企业的凝聚力，以柔性文化中和法家的刚性文化，最后达到无为而治的境界。旅游企业文化的形成和创始人及其团队有着莫大的关系，也与管理者的管理哲学息息相关。管理者要以身作则使优秀的文化得以传承，同时运用中国式文化形成企业独有的组织文化。

旅游企业多元化必然面临文化冲突问题，多元化文化可以激发组织的创造力与创新能力，但也可能导致组织思想的紊乱。良性的冲突有利于企业的发展，减缓组织僵化的进程，

恶性的冲突会降低整个组织的凝聚力，导致组织涣散。在多元化战略方面，旅游企业可以借鉴通用电气所提出的“数一数二”原则，打造执行力文化。

5.3 旅游企业国际化战略

随着旅游业的快速发展，境内游已不能满足游客的要求。目前，很多国家的出境旅游人数每年以超过 10%的速度增长，这给各国旅游企业的国际化经营带来了发展的契机，通过国际化经营不仅能够提高国民的旅游福利，而且还可以在某种程度上摆脱日趋激烈的国内环境，从而使旅游企业获得新的发展机会。

5.3.1 旅游企业国际化战略的内涵

1．旅游企业国际化战略的定义

所谓旅游企业国际化战略是指两个国家相互为客源国和目的地国，旅游企业通过正式的合作契约参与到这种组织关系中的发展战略。即通过旅游者的跨国流动，客源国的旅游企业和目的地旅游企业通过各种契约，建立的旅游客源组织与目的地接待关系。这种形式按照组织和接待分工的不同，又可以分为接待型旅游企业和组织型旅游企业，二者的共同特点都是以一种正式或固定的契约作为和国外的旅游企业相联系的纽带。

旅游产品的特点为旅游企业的国际化经营提供了市场条件，跨国公司投资自由化为旅游企业国际化经营提供了货币条件。国际服务贸易自由化是旅游企业国际化经营的宏观经济条件，加之跨国公司理论和实践的推动作用，以及发达国家旅游企业跨国经营对发展中国家的示范效应，国际化经营已经成为国际旅游发展的大趋势。

2．旅游企业国际化战略的类型

1) 旅游跨国贸易的企业组织和接待

所谓旅游跨国贸易是指通过旅游者的跨国流动，客源国的旅游企业和目的地旅游企业通过各种契约，而建立的旅游客源组织与目的地接待关系。如果两个国家相互为客源国和目的地国，那么这两个国家之间组织和接待体系则是双向的。在此过程中，如果有旅游企业通过正式的合作契约参与到这种组织和接待关系中来，那么我们认为这个旅游企业正在进行国际化经营。这种形式按照组织和接待分工的不同，又可以分为接待型旅游企业和组织型旅游企业，二者的共同特点都是以一种正式或固定的契约作为和国外的旅游企业相联系的纽带。

2) 国际合作性契约协议

国际合作性契约协议是指旅游企业利用其所拥有的知识、技术和技能等无形资产，与国外企业签订非股权性契约安排获取收益的经营形式。这种契约协议通常包括品牌联号、特许经营、管理合同等具体方式加以实施。从目前看，这一形式主要集中在国际企业行业，目前排名前十的企业集团大部分都是通过这种非股权的合作协议进行国际化经营的，这种方式也有学者将其称为在他国的技术存在。

3) 旅游企业在他国的商业存在

商业存在最大的特点是企业的资本直接参与到经营中。也就是说，这种经营形式是通过直接投资或者直接控股、兼并或者是合作的方式在他国设立分支机构。这一方式主要有两个目的，一是直接接待来自母国旅游企业的客源，将旅游者的旅游活动和旅游收益内部化；二是通过这一机构的宣传为在母国的旅游企业招徕旅游客源，对本企业的旅游产品进行国际化分销。目前，国际上发达国家的旅行社越来越多地放弃间接分销渠道战略，转而采取直接销售战略，包括以收购客源地旅行社或者与之合资的方式建立自己的分销网络。这些旅行社利用分销网络进行定向销售，以降低分销成本，增加企业利润。世界上大的旅游集团如美国运通旅行社、德国的卡尔逊-韦根利旅行社等大型旅行社集团在他们主要的客源国都拥有上百家旅行代理商作为分销点，其中汤姆森旅行集团在英国的分销网络就拥有 800 个。

4) 与他国旅游企业的战略联盟

战略联盟是指旅游企业出于市场风险分担和优势互补的战略目的而采取的一种长期联合和合作的经营方式。旅游企业的这种与他国企业的战略联盟的特征主要表现为：第一，联盟涉及基本技术和客源共享，中间一般以相互持股或者给予某种共同利益的分配作为相互信任的纽带；第二，联盟一般集中在国际旅游市场竞争比较激烈的旅游企业和民用航空业等领域，而且它们之间的合作涉及服务产品创新、共建信息平台、项目策划、营销合作、战略发展和联合进入等多个方面，旅游企业通过这种国际化合作的方式可以相对容易地打入国际市场，充分减少市场区域多元化的风险。

3．旅游企业国际化战略的形式

1) 初级形式

旅游企业最初的国际化探索是初级的、被动的。表现为三种情况：一是旅游企业坐等国外的旅游企业主动来访，该企业只是充当境外旅游经营商的境内接待组织。二是该企业不再等客上门，而是主动到国外促销自己的旅游产品，让境外旅游者可以事先预定自己的产品。第二种情况相对于第一种情况而言，国际化的意识和程度更深一些。第三种情况是在前两种的基础上，该旅游企业到境外旅游市场设立代表处或办事处。这种办事处不是独立法人，不能独立开展业务，只是作些宣传推广工作，为打入境外旅游市场做准备。

2) 中级形式

中级形式是在初级形式的基础上发展起来的，是国际化进程的进一步拓展。表现为两种情况：一是旅游企业通过签订合同的方式，与国外的一家或数家旅游企业合作，从事境外旅游者的招徕、组团接待工作。这只是一种市场交易关系，而且由于双方分处两个国家，执行合约的监督成本和违约后的索赔成本相当高。二是旅游企业为降低交易成本，通过进入境外旅游企业的边界，变可控程度较低的市场交易为可控程度较高的组织内部的管理交易。这种形式通过合资的方式来学习和积累国际经营的经验，是一种初步成熟的形式。

3) 高级形式

高级形式是旅游企业国际化进程的高级阶段。例如，某旅游企业在国外直接投资开办自己的分支机构，这些分支机构可以是旅行社，用来在国外推销自己的国内旅游产品，也可以是企业、景区、餐饮和娱乐等在当地服务的旅游企业，它们为本国旅游者到国外旅游时提供住宿、游览、旅行、康乐等环节的服务，从而增加自己的旅游收益和企业利润。这种形式的国际化经营有可能使旅游企业获取本国居民出国旅游的绝大多数利润。这种高级形式的国际化进程还在进一步发展，表现在某旅游企业在开展国际化经营业务时，不再仅仅使用直接投资一种手段，而是综合运用直接投资、合资、租赁、并购等投资手段，以及管理合同、特许经营、联号扩张、集团化发展等多种商业工具拓展自己在全球旅游市场上的份额。

阅读案例 5—5

途易的国际化战略进程

途易进入其他国家市场的进程见表 5-2。

表 5-2 途易进入其他国家市场的进程

时间	并购/合作对象(国别)	成长方式	战略意图
2000	Nouvelles Frontière	战略联盟途易占 6%股份	通过与法国旅游市场的领先者 Nouvelles Frontière 建立密切的战略联盟，为途易打开了法国这一重要增长市场
2001	Alpitour	收购途易 10%股份	Alpitour 是当时意大利旅游市场最大的纵向一体化公司，途易间接收购意大利旅游组织市场领先者 Alpitour 10%股份，从而成功进入南欧主要市场
2004	TUI Mostravel Russia	合资途易 34%股份	与俄罗斯旅游经营商 Mostravel 合资成立 TUI Mostravel Russia，以此为契机进入俄罗斯市场。这是途易的东欧扩张战略的一部分
2005	Le Passage to India Ltd	合资公司途易占 50%股份	与印度入境旅游经营商 Le Passage to India Ltd 合资，目的之一是成立旅游经营商，因为印度是具有巨大潜力的高速成长市场，印度旅游者数量年均增长约 10%
2005	Acampora Travel S.r.l., Sorrent	合资公司途易占 51%股份	与意大利大型旅游代理商合作，通过这一投资进入意大利旅游代理业务市场
2003	雅高集团	战略合作	途易董事长认为，“这一合作将使双方受益匪浅。著名的雅高饭店品牌意味着途易的旅游经营商在产品范围上将获得完美的补充，特别是在成长中的城市细分市场。而雅高也获得了拥有两千多万客户的强大新伙伴”
2006	美国运通	合作	美国运通与 FIRST Business Travel(属于途易休闲旅行公司的商务旅游公司)将在商务旅游领域展开合作，寻求为德国中小企业服务。美国运通认为，新的连接的目标是快速渗透市场

续表

时间	并购/合作对象(国别)	成长方式	战略意图
2007	皇家加勒比邮轮公司	合作	双方合作成立途易邮轮公司(TUI Cruises) 途易集团首席执行官认为："通过与皇家加勒比合作，我们能够得以进入一个非常有利可图的增长市场，这比我们所预想的要提前一前。"意大利皇家加勒比邮轮公司董事长兼首席执行官评价的"该联盟极大地推进了公司的全球战略。这也正是我们与欧洲旅游业最强大品牌结盟的原因所在"

资料来源：中国旅游研究院

5.3.2 旅游企业国际化战略的发展模式

1．客源依托型成长模式

客源依托型的成长模式是指旅游企业利用本国较大规模的出境客源，跟随他们的空间移动轨迹做产业链条的延伸，进而在多个地点获取旅游产业价值链上更多的收益点。这一成长模式的前提条件是旅游企业所属国家的人口基数相对较大，经济发展水平较高而且还具备一定规模的出境旅游人口，也就是指大部分的旅游经济发达国家。

国际旅游发展的经验也证实，大多数旅行社(尤其是出境旅行社)的业务扩张都是从本地代理机构或者旅游目的地履行机构提供旅游地服务开始的。对于德国、英国、荷兰和北欧等主要客源国的旅行社企业来说，大都掌握着一定的客源，当这些客源足够大的时候，他们就会倾向于采用直接投资或者品牌许可的方式进行国际化经营，因此德国的途易在西班牙和地中海区域有自己的分支机构，日本的旅行社也是随着日本客流的方向在东亚和西太平洋地区进行业务扩张，以实现国际化成长。这一类型的旅游企业在国际化的经营过程中，因为掌握本国客源所熟悉的管理技术，也就意味着占有比较优势，因此常常采用非产权的方式进行市场扩张。

2．资源获取型成长模式

资源获取型的成长模式是指那些国土资源狭隘或者客源规模有限，或者本国的旅游企业在争夺客源的市场竞争过于激烈的旅游企业利用自己的资本优势，通过直接设立、购买、并购等方式在国际旅游产业链条上来获取利润增长点，实现企业成长。这一成长模式一般适用于旅游企业所在的国家客源规模有限，旅游企业经过国内市场的发育拥有雄厚的资金基础作为后盾。这种情况下的旅游企业会倾向于利用自身的比较优势在客源充足或者旅游市场发育不完全的国家进行国际化经营，进而获取成长。

3．竞争力外溢型成长模式

这一模式主要是指那些在多元化成长过程中利用其积累下来的丰富经验、宽阔的营销网络、公司的品牌，以及人力资源等方面所具有的竞争优势的外溢而快速进入国际化范畴的旅游企业。这一类型的企业如果从原来所从事的主业进行分类，可以分为两类，一类是这些在管理上具有竞争优势的企业所在的产业日趋衰落，或者是市场的狭小限制了企业利益最大化的实现，进而通过这些竞争优势的外溢到旅游产业中实现国际化成长；另一类就是那些原本从事旅游业务经营的企业，通过管理知识和技术的外溢实现国际化成长。

5.3.3 旅游企业国际化进程对我国的启示

1．进一步稳定和开发入境旅游市场

我国旅游业发展的过程是从先发展入境旅游开始的，20 世纪 80 年代中期以后逐步兴起国内旅游，而出境旅游则是 90 年代以来逐步产生的。因此，旅游企业经营者对入境旅游业务最熟悉，经验最丰富。他们在和港、澳、台同胞及外国人打交道的过程中，积累了丰富经验，掌握了很多技巧，他们开始了解和熟悉异域文化，对外国的语言、民俗、礼仪、禁忌产生了浓厚的兴趣，并在旅游接待工作中有针对性地服务于他们，逐步创立了自己的品牌，增强了自身的实力，为旅游企业进一步国际化经营创造了良好条件。

2．加大对入境旅游市场的直接促销和组团

改革开放以来，我国的国际旅游接待经历了等客上门和主动促销两个阶段，入境客流经历了以自然流量为主向竞争流量为主的变化。在国家旅游局“海外抓促销，国内抓建设”原则的指导下，我国旅游企业开始重视海外促销。如中青旅近几年提出，在境外投资旅游业旨在积极掌控旅行社企业的上游资源，贴近入境旅游的客源，争取发展的主动权。我国旅游企业到境外投资，直接进行中国旅游产品的宣传促销，有助于外国人了解中国，了解中国的文化，对东方这个神秘的文明古国产生强烈的兴趣，对于扩大我国旅游业的影响，增强招徕能力，扩大组团量，都有很大意义。但迄今为止，中国旅游仍然没有进入世界主流的旅行社促销网络。

3．到中国公民出境旅游目的地设立分支机构

我国一些实力雄厚的旅游企业，应尽快进入中国公民出境旅游目的地市场，建立以接待中国出境游客为目标的分支机构。通过与外国旅游企业在这一领域的竞争，既可以回笼从境内流出的外汇，又可以拓展国内旅游企业的市场，确保旅游企业的健康发展。中国旅游企业最了解中国出游者的心理，可以开发出比外国旅行社更具吸引力的旅游产品，这是我们的竞争优势。如果我们的旅游企业能够在已开放的出境游目的地直接投资，或几个企业参股联合在境外设立旅游接待企业，专门接待到境外旅游的中国人，实际上就等于把同一批客源按出境和入境渠道经营了两次，这属于国际化进程的高级形式，既开拓了市场，又锻炼并提高了我国旅游企业的国际化经营能力。

4．到境外经营外国人的国内游市场

既然加入 WTO 后境外旅行社可以经营中国国内旅游，那么我国旅行社也应积极到境外开发外国旅游市场，努力经营外国人的国内旅游市场，这样，我们的旅游市场将广阔得

多。目前国内一些有实力的大旅游集团已经开始了这方面的尝试。不过，中国企业到境外经营外国人的国内游市场才刚刚起步，从事这项经营的旅游企业整体数量较少，业务覆盖面较窄，企业规模较小，业绩表现一般。尽管如此，中国旅游企业在境外强手如林的市场环境中，勇于开拓，积极进取，不但锻炼了开拓市场的能力，而且增强了自身实力，在国际化进程中迈上了一个新台阶。所以，应扩大经营外国人的国内游市场的旅游企业数量，鼓励更多的旅游企业涉足这一领域，不怕困难，勇于开拓，提高进军国际市场的勇气与能力。

5. 积极并购国外企业

一方面，在加入 WTO 后，我国旅游企业已经积累了一定的经验，部分企业也开始探索国际化、集团化跨国经营的成长模式，开始带领着中国的旅游产业走出一条双向交流的国际化路线。这些企业通过资产重组、规模经营、海外资产并购等手段，有效进行了资产配置及境外上市等经营行为。旅游企业海外投资的时机已经到来。另一方面，欧美地区的一些企业，由于全球经济恢复还需要一个较长的阶段，融资难度不断加大，企业的资产价格大幅下降，企业资产价值缩水，价值低估效应凸显。同时，人民币升值为企业海外并购降低成本，给中国企业海外并购提供了更多更好的机会。因此，对于存在海外并购内在需要的企业而言，应抓住此次良好的机会，在并购企业较为充裕的背景下，以更经济更合理的价格并购能与企业更好融合、提升企业长期竞争力的海外企业。在夯实国内经营基础的前提下，稳步推进跨国经营，为自身拓展更加广阔的发展空间，更为中国的旅游产业走向世界做出贡献。

总之，旅游企业的国际化进程是有章可循的，旅游企业应脚踏实地，吸收旅游企业国际化进程的经验，遵循国际化进程的基本要求，勇敢地向国际化迈进，努力学习和了解境外市场的运行规则和国际市场先进的营销经验，有效利用各国市场的开放成果，把企业做大做强，为实现旅游强国的目标贡献自己的一份力量。

案例分析

中青旅发展战略分析

中青旅全称是青旅控股股份有限公司，是 1997 年年底在国内主板上市的一家旅游行业企业，前身为中国青年旅行社总社。自成立之初，不断开拓，在我国旅游行业中形成了较强的影响力。成为我国三大骨干旅行社之一。中青旅上市十几年来一直坚持以旅游为主营业务，经营入境旅游、国内旅游、中国公民自费出境旅游业务，承办国内会议及商品展览，同时也进行高科技、风险投资、证券行业、房地产等方面的投资，经营高科技产品开发和技术服务、互联网信息服务等业务。

公司始终坚持发展战略和国际化大型旅游运营商的发展目标；坚持旅游业战略投资为主，兼顾策略投资的原则；坚持以创新作为公司发展的根本推动力。坚持“专业化、网络化、品牌化”的发展道路，成为一个创新超越、客户信赖、社会尊重、最有价值的国际化现代旅游企业。在十几年的发展历程中，中青旅结合自身的实际和市场的条件，采取了纵向一体化战略，相关多样化战略，非相关多样化战略、调整战略，以及收购与合资经营战略等。

1. 纵向一体化战略

在改制上市后，中青旅不断向旅游资源市场整合，开发酒店和乌镇景区等接待资源。2005年，投资9 600万元入股深圳山水酒店成立中青旅山水酒店管理公司，目前中青旅在深圳已有三家山水经济型连锁酒店，中青旅目前的酒店业务立足于深圳和北京，形成环渤海地区、泛珠三角地区两大核心业务区域，逐步成为国内一流的中档商务连锁酒店品牌。2007年，中青旅斥资3.55亿元控股浙江省桐乡市乌镇古镇旅游投资有限公司。中青旅通过掌控旅游资源(景区、酒店、交通、地接社)和整合下游销售渠道实现纵向联合，是着眼于长期发展的战略储备，着力于打造国际化的品牌旅游运营商。

2. 相关多元化战略

中青旅的相关多元化策略体现在电子商务公司的成立上。2000年，公司从长远发展考虑，投资于网络建设，建立了青旅电子商务有限公司。该公司主营商务、休闲、主题旅游的在线服务。该电子商务公司符合公司发展战略的演进，同时也符合现代的市场操作模式，一方面将中青旅的业务扩展到信息服务上面，另一方面，促进了中青旅旅游主业规模的扩张，促进了业务流程重组，并且也能更大限度地调动公司旅游和科技的资源优势。跨行业的相关多元化战略有高科技产品开发和技术服务、风险投资、证券行业的投资、房产等。

中青旅公司成立了公司策略性投资领域子公司：北京中青旅创格科技有限公司，主营高科技产品研发、服务、销售业务；北京中青旅风采科技有限公司，主营电脑福利彩票技术支持业务；浙江中青旅绿城投资置业有限公司，主营房地产投资开发业务。高科技是提升旅游业务科技含量、促进利润稳定增长的推动力。以高科技为动力，保持和提高科技产业在公司业绩构成中的贡献率。

3. 收购与合资经营战略

2000年，中青旅收购桂林帝苑酒店，从此逐步介入酒店领域，在2005年收购山水酒店以后，中青旅开始在经济型酒店占据一席之地；2007年又收购了浙江乌镇古镇旅游公司60%的股份，这有利于旅游资源的配套开发，中青旅也采用了合资经营的战略，2000年中青旅与香港最大的旅游集团辰达永安合资成立中青旅永安旅行社有限公司。通过与该旅游集团的合作，中青旅以很快的速度进军了香港市场，获得了香港旅游方面的资源与市场。

4. 业务调整战略

从2003年开始，中青旅对下属的高科技投资项目逐步进行了清理。除一些投资较小的项目外，在大股东的支持下，中青旅对旗下大部分高科技投资项目进行了处置，回收大量资金，降低了经营风险。中青旅对高科技投资清理的深层次原因在于公司旅行社主业的持续好转。中青旅将策略投资的重点转向了可以依靠资金实力和通用管理才能经营的房地产业务，这在很大程度上规避无关联多元化带来的经营管理风险。从长期来看，中青旅对于高科技投资的逐步退出是对公司长期发展十分有利的上上之策。

资料来源：http://wenku.baidu.com/view

问题：

1. 中青旅纵向一体化战略包括哪些内容？
2. 中青旅为何实施相关多元化战略，具体说明这种战略有什么好处？

阅读材料

多元化经营在旅行社中的运用

1. 旅行社多元化经营可供选择的模式

旅行社多元化经营可供选择的模式主要有三种。

(1) 水平式多元化，如一个经营国际旅游业务的旅行社，还可以同时经营境内旅游、境内居民到境外旅游等业务，它适合于社会信誉较好的旅行社。

(2) 垂直式多元化，如旅行社可以经营餐饮、商场、娱乐场等业务，它有利于综合利用资源，适合于规模较大的旅行社。

(3) 同心圆式多元化，如旅行社发挥服务优势，经营票务代理、信息传播、咨询服务、创办旅游学校等业务，它适用于技术水平较高的旅行社。

以上三种经营模式虽各有不同，但它们同时生产和提供的是与旅行社业相关的两个或多个行业的产品，又可统称为相关多元化经营战略。

复合式多元化经营模式，指同时生产和提供的与旅行社业不相关的两个或多个行业的产品，故又称为非相关多元化经营战略。

2. 旅行社相关多元化经营模式选择

根据我国旅行社的发展现状，我国旅行社应从相关多元化经营入手。旅行社业综合性很强，可选择的多元化业务领域较宽，它可以向工商、贸易、技术等各行业发展多元化经营(非相关多元化)，但这需要多种人才和较雄厚的资本，除中青旅、国旅、中旅等大型的旅行社外，我国的大多数旅行社还不具备这种条件。为了实现多元化经营，使旅行社获得比独立运作时更多的利润，在更大基础上分散业务风险，旅行社应从相关多元化入手。

在相关多元化基础上发展核心竞争力。众多采用多元化经营的旅行社，往往只注意各多元化部门之间的业务组合，而忽视了相关多元化经营中核心竞争力的培育。旅行社在选择进入的业务时，不仅要看是否盈利，还要看能否取得长期的核心竞争力。另外，旅行社高级管理层关注竞争对手时，不仅要关注其产品质量和成本情况，更要关注竞争对手核心能力的建立情况，因为核心能力是竞争的根基。

3. 旅行社自身的条件决定了多元化的可行性

首先，当今社会，信息对各行各业是很重要的，可以说谁掌握了信息，谁就掌握了财富。不论是从事国际旅游，还是国内旅游的旅行社，在世界各国或者全国主要旅游地区都设有办事机构，对各种产品、市场信息了解迅速。这些信息经过旅行社人员的合理收集、整理、分析，可以产生各种各样的产品深层开发信号，旅行社利用这些信号，不断开发产品、拓展市场，多元化经营在成熟的条件下便会应运而生。

其次，旅行社还可以从每年接待的国内外游客中选择消费层次和地位较高的游客身上做文章，旅行社的管理和服务水平可以直接吸引游客的注意，使游客产生投资与合作的欲望。旅行社可充分利用这一优势进行招商和引资，逐步发展多元化经营。

再次，旅行社与其他行业相比，资金运用上有两个特点：一是不必将大量资金压在原材料、半成品、成品上；二是先收取旅游费，再进行服务。这两个特点可以节约大量的流动资金和利息，为多元化经营提供了前提条件。

最后，旅行社的行业特点要求其从业人员知识面广，道德品质高，特别是对管理人员要求更高。因此，旅行社拥有一批素质较好的人员。多元化经营规模较大，各部门之间的协调合作正好需要较好的管理者。二者的吻合，更使旅行社多元化经营成为可能。

4. 旅行社的特点有利于运用多元化经营策略

首先，旅行社的综合性强，可以与各行业联系，开展多元经营，如创办企业、汽车公司、娱乐场、商场等。这一方面为旅游者的旅游活动提供了便利，另一方面旅行社也可以从多元化经营中获得较高的收益。

其次，旅行社是一个脆弱性大、依附较多的行业，因此经营风险很大。因此，旅行社仅靠单一的经营形式，是很难适应激烈的市场竞争的，多元化经营战略有降低风险的作用，对旅行社的深层次发展意义重大。

再次，旅行社业是一个投资较少、回收较快的行业，它的流动资金占用比固定资金占用高得多，其中流动资金占 80%，合理使用流动资金，开展多元化经营，不仅可以避免资金闲置、提高资金的利用率，还可以形成规模经济，为旅行社的发展带来更多机会。

此外，旅行社的市场潜力巨大，也要求旅行社抓住机遇，开拓新产品，跨地区、跨行业、跨国界多元化发展。

资料来源：http://www.cnki.com.cn/Article/CJFDTotal-ZJMD201123033.htm

本章小结

旅游企业发展战略包括一体化、多元化、国际化战略三种类型。一体化战略是指旅游企业在现有业务的基础上进行横向扩展，实现规模的扩大；或者实现在同一产品链上的延长。旅游企业一体化战略包括纵向一体化战略、横向一体化战略。

旅游企业多元化战略指旅游企业同时经营两种或两种以上基本经济用途不同的产品或服务的发展战略。包括同心多元化战略、横向多元化战略、集团多元化战略、产业链整合战略、产业互补扩张战略等。旅游企业实施多元化战略需要具备一定的条件，而且应注意一些问题。

旅游企业国际化战略是指两个国家相互为客源国和目的地国，旅游企业通过正式的合作契约参与到这种组织关系中的发展战略。旅游企业国际化战略的类型主要有旅游跨国贸易的企业组织和接待国际合作性契约协议等。

思考题

一、名词解释

旅游企业纵向一体化　旅游企业横向一体化　旅游企业多元化战略　旅游企业国际化战略　企业并购

二、简答题

1．简述旅游企业一体化战略的内涵。

2．简述旅游企业纵向一体化的类型。
3．简述旅游企业多元化战略的类型。
4．简述旅游企业国际化战略的类型。

三、论述题

1．论述旅游企业横向一体化的原因及类型。
2．论述旅游企业开展多元化战略的必要条件及需要注意的问题。
3．论述旅游企业国际化战略的发展模式。

四、实践题

试以锦江股份为例，讨论其实施纵向一体化战略的原因及效果。

第6章 旅游企业的竞争与合作战略

章节知识框架

旅游企业竞争战略的类型及内涵
旅游企业合作战略的内涵
旅游企业服务外包的可行性
旅游企业战略联盟的意义
旅游企业战略联盟成功的决定因素

教学目标与要求

通过本章的学习，学生应了解旅游企业竞争战略的含义和类型；熟悉成本领先战略的优劣势；理解旅游企业产品差异化战略的内涵、集中化战略的优劣势；了解旅游企业合作战略的必要性和主要类型；理解服务外包的内涵，战略联盟的特征，并在此基础上掌握旅游企业竞争与合作战略的基本规则和程序。

导入案例

差异化战略改变老企业

扬子企业是建于20世纪30年代欧式风格的老企业，由于地处繁华的市中心，开业后长期经营较饱满。到20世纪90年代，上海大批现代化企业崛起，扬子企业因设施设备陈旧，已失去了昔日的风采，出租率、平均房价出现了从未有过的滑坡。企业针对市场的变化及发展趋势，根据集团规划，运用差异化战略为改造老企业闯出一条新路，通过近年来的具体实践，取得了可喜的成绩。扬子企业重新焕发了青春，赢得了生机，市场竞争力明显提高，出租率、平均房价逐年提升，连续出现年度经营利润两位数增长，去年出租率超86%，初步建成智能型商务企业，宾客满意率、回头率显著提高。

企业实施差异化战略关键在于推出不同于竞争对手的特色产品，能为顾客创造多少价值，而创造顾客价值又必须基于对目标市场客源层需求的理解和对市场趋势的把握。

我们在进行大量市场调研的同时，由销售部向商务客发放了近千份征询意见表，了解顾客对企业设施设备的需求。分析各种信息后，我们得出这样的结论：随着上海进一步改革开放，经济将快速发展。特别是我国加入WTO后，经济全球化趋势必将加速上海国际化进程，商务客市场将逐渐膨胀，商务企业有效需求是存在的。我们所能做的就是解决改善供应，也就是在信息分析基础上，在功能上增加现代通信功能，为商务客提供便捷的通信服务。改造方案经整体规划后，实行分步实施的原则，这样既规避了产品创新带来的市场风险，又解决了资金不足的问题。

一期改造做了企业外培、大堂、二楼餐厅及40套行政客房的改造。对外墙色彩、玻璃窗、大堂及公共区域装修风格进行调整，采用新古典派的手法，运用大量石材、黑胡桃木、铸铁、彩色铅玻璃、仿古灯饰等营造了古典华贵的气氛，充分体现老企业的历史文化底蕴。客房内布设了四个信息点，可分别接驳电话、传真、电脑及其他信息设备。商务客在客房内可同时上网、收发传真、打电话、商务会议室配有先进的大屏幕投影机和带有同声传译机的数字化会议系统，提供多媒体视频等服务，极大地方便了商务客在沪的工作与生活。

在一期改造成功后，进一步在经营中注重收集宾客信息，针对商务客人的需求进行一路创新，不断完善、丰富差异化改造方案，在设施设备上体现好客性。每个开关和插座的位置都经过反复调试，将原来安装在低位的电源插座改在写字台面正前方墙面，背面用大块木制板面处理，既美观又极大方便了客人接插手提电脑、接驳数据、完成各种电器充电，同时增加了插座的稳定性，便于维修保养和日常清洁；取消了床头控制柜，改为宽板琴键式电源开关，增设灯源总开关等一系列的人性化设计，吸引了大批商务客入住。近几年来商务洽谈房为商务客的商务谈判及会客提供方便。还新增了多功能会议厅，不断完善商务企业功能配套。

差异化战略的实施逐步确立了扬子企业市场竞争优势地位，很多大公司签订了订房协议，便捷和富有特色的商务服务得到了商务客的普遍赞扬。

资料来源：慈联网，有删改。2013.1.15

问题：

1. 扬子企业为何实施差异化战略？包括哪些内容？
2. 实施差异化战略对扬子企业有何作用？

在激烈的市场竞争中，旅游企业必须立足长远发展站在战略的高度上谋划抗衡与制胜的途径，特别是当竞争对手以一整套的战略方案与战略行动来赢得竞争优势时，企业就需要以战略来抗衡战略。竞争战略是企业对抗竞争、获得持久竞争优势的手段和策略。同时，企业经营活动是一种特殊的博弈，是一种可以实现双赢的非零和博弈。因此，从竞争走向合作是企业战略发展的趋势。合作战略有效克服了竞争对抗性本身固有的缺点，并适应当今复杂的经营环境，为企业战略管理注入了崭新的元素，企业通过合作竞争联合了若干企业的优势，共同开拓市场、参与市场竞争，产生了协同效应，增强了企业竞争的优势和战略价值。

6.1　旅游企业竞争战略

竞争优势的两种基本形式是相对低成本和产品差异化，它们与旅游企业的战略目标范围相结合就可以引导出在行业创造高于平均经营业绩水平的三种基本竞争战略：成本领先战略、差异化战略和集中化战略。三种竞争战略各有特色，运用到不同的旅游企业中也会产生不同的效果。但是，一个企业如果在竞争中没有一定的战略，或在不同的战略间游离，其表现必然比适当地运用上述任何一种战略的企业逊色，因为一个企业对三种基本战略均适宜的情况很少见。不同种类的旅游企业由于分工的不同，一般都有适合自己的竞争战略来立于同行业甚至整个旅游行业的不败之地。

6.1.1 成本领先战略

1. 成本领先战略的内涵

成本领先战略又称低成本战略，是指企业在提供相同的产品或服务时，其成本或费用明显低于行业的平均水平或主要竞争对手的竞争战略。在这种战略的指导下，企业的目标很明确，就是要成为其产业中的低成本生产者，从而使自己获得高于行业平均水平的利润。其应用的基本条件是：现有企业之间的价格竞争非常激烈；企业所处产业的产品基本上是标准化或同质化的；实现差异化的途径很少；绝大多数消费者使用产品的方式一致；消费者的转换成本很低；企业具有较高的管理水平和控制成本的能力。

在旅游市场上，旅行社作为旅游企业的重要组成部分，相对其他类型旅游企业更为符合上述条件。因此，也是实践中应用总成本领先战略最多的旅游企业。从旅行社的角度出发，旅游线路就是旅行社向社会推销的产品，旅行社产品的成本降低最终必须落实到具体的旅游线路成本的降低上。旅游线路由多个不同性质的旅游点、多种旅游交通方式、若干旅游集散地、各种接待服务设施和多种劳务等因素组成，并以旅游交通运输为线索将其他各种有关因素串连起来。线路中环节的多样性与灵活性，就能使旅行社在线路设计中不断平衡，通过价值链的重构来降低总成本。

2. 成本领先战略的优势

1) 形成进入障碍

企业的生产经营成本低，可以为那些欲进入本行业的潜在进入者设置较高的进入障碍，使那些生产技术尚不成熟，经营上缺乏规模经济的企业都很难进入此行业。

2) 增强企业的讨价还价能力

企业的成本低，可以使自己与供应者的讨价还价能力增长，降低投入因素变化所产生的影响。同时，企业成本低，可以提高自己对购买者的讨价还价能力，对抗强有力的购买者。

3) 降低替代品的威胁

企业的成本低，在与竞争者竞争时，仍然可以凭借其低成本的产品和服务吸引大量的顾客，降低或缓解替代品的威胁，使自己处于有利的竞争地位。

4) 保持价格领先

当企业与行业内的竞争对手进行价格战时，由于企业的成本低，可以在竞争对手毫无利润的水平上保持盈利，从而扩大市场份额，保持绝对竞争优势的地位。

以我国上海市为例，就有上海航空公司旗下的上航假期旅行社，上海大众交通股份有限公司控股的上海大众旅行社，上海市铁路局下属的上海铁路旅行社等。现在国内旅行社中知名的春秋国旅，虽然没有雄厚的交通实力背景，但它长期以来采用包机的方法来降低自己的成本，并在2005年年初成立了自己的廉价航空公司，目的同样在于通过控制交通这项成本驱动因素来降低旅游产品的成本，吸引更多的消费者，形成规模经济，有机会享有同行业中的高利润，巩固和维护企业的市场地位。

3．成本领先战略的劣势

1) 原有优势丧失

如果竞争对手的竞争能力过于强大，则拥有开发更低成本的生产方法。例如，竞争对手利用新的技术，或更低的人工成本，形成新的低成本优势，使得企业原有的优势成为劣势。

2) 易被模仿

竞争对手易于采用模仿的办法。当企业的产品或服务具有竞争优势时，竞争对手往往会采取模仿的办法，形成与企业相似的产品和成本，给企业造成经营困境。

3) 需求变化快

顾客需求的改变。如果企业过分地追求低成本，降低了产品和服务质量，会影响顾客的需求，结果会适得其反，企业非但没有获得竞争优势，反而会处于劣势。企业在采用成本领先战略时，应及早注意这些问题，采取防范措施。

4) 低价竞争利润薄

很多旅行社想方设法降低产品成本就是为了保持低价来吸引更多顾客，但低价竞争应用不慎就会导致恶性价格战，破坏行业结构。

我国旅行社的净利润率在 20 世纪 90 年代初期曾达百分之十几，90 年代末跌至 1%～2%，直至目前仍无回升迹象，旅行社间低价竞争所导致的旅行社微薄利润使一大批中小旅行社停留在较低的服务水平上，无法满足顾客对旅游质量的基本需求是其中重要原因。

4．开发成本优势的途径

成本领先要求坚决地建立起高效的生产设施，在经验的基础上全力以赴降低成本，抓好成本与管理费用的控制，以及最大限度地减小研究开发、服务、推销、广告等方面的成本费用。为了达到这些目标，就要在管理方面对成本给予高度重视。尽管质量、服务及其他方面也不容忽视，但贯穿整个战略的思想是使成本低于竞争对手。

1) 规模经济或不经济

价值链上某项具体活动常常会受到规模经济或规模不经济的约束。如果某项活动的开展，规模大比规模小的成本低，以及如果公司能够将某些成本，如研究与开发费用，分配到更大的销售量之上，就可以获得规模经济。对那些容易受到规模经济或规模不经济制约的活动进行敏锐的管理是节约成本的一个主要方法。

2) 关键资源的投入成本

开展价值链活动的成本部分取决于公司购买关键的资源投入所支付的成本。对于从供应商那里购买的投入或价值链活动所消耗的资源，各个竞争厂商所承担的成本并不完全相同，一家公司对外采购投入的成本管理通常是一个很重要的成本驱动因素。如果一项活动的成本受到另一项活动的影响，那么，在确保相关的活动以一种协调合作的方式开展的情况下，就可以降低成本。

3) 公司内部的成本分享

一个公司内部的不同产品线或不同业务单元通常使用相同的销售力量，使用相同的仓储和分销设施，通常依靠相同的客户服务和技术支持队伍。这种类似活动的合并和兄弟单位之间的跨部门的资源分享可以带来重要的成本节约。成本共享有助于获得规模经济，有助于缩短掌握一项技术的学习曲线，有助于促进生产能力更充分的利用。

4) 生产能力利用率

生产能力利用率是价值链的一个很大的成本驱动因素，因为它本身附带了巨大的固定成本。生产能力的利用率提高可以使得承担折旧和其他固定费用的生产量扩大，从而降低单位固定成本。业务的资本密集度越高或固定成本占总成本的比重越高，这个成本驱动因素的重要性就越明显，因为生产能力利用不足就会使单位成本遭受很大的损失。

知识链接 6-1

基于成本领先的旅行社经营策略分析

一、成本领先战略对旅行社经营的实践意义

1. 可以抵挡住现有竞争对手的对抗

现阶段，我国旅游产品的竞争主要还是价格上的竞争，在提供同样的产品选择时，虽然有部分游客看重产品的品质，但是由于经济条件等原因所限，大部分旅游者还是会选择价格较低的旅游产品。在保证产品质量的同时，当成本领先的旅行社企业的价格相当于或低于其竞争厂商时，就可以抵制住现有竞争对手的对抗。

2. 形成有效的进入壁垒

通过不断地降低成本，成本领先的旅行社积累了丰富的高效运作经验即进入障碍。任何新进入者要赶上成本领先企业的成本水平，必须进行大量的投资并且花费很长时间。因此，新进入者通常采用另外的战略，如差异化战略或合作战略进入，而不是试图在成本和价格上进行竞争。

3. 在旺季灵活应对供应商的提价行为

成本领先的旅行社往往大量生产、大量采购，对旅游产品供应商具有很强的议价能力，常常能够压低整体旅游产品的组成元素的采购价格。在旅游旺季时，即使旅游供应商提价，成本领先的旅行社也比其他旅行社具有更大的空间去消耗高的供应成本而仍能赢利。

二、成本领先的旅行社经营策略

当成本领先旅行社的成本优势主要来源于内部效率提高的时候，在旅游旺季时，比成本优势主要依靠从供应商那里低价买到旅游产品，受到供应商提价的伤害要小得多。因此，提高组织内部的效率，是成本领先的企业首要考虑的问题。

1. 扁平化的组织结构

实施成本领先战略的组织结构简单而精炼，呈扁平化特征。相对于其他企业而言，我国旅行社的组织层级结构比较简单。旅行社业现在可以说是微利行业，臃肿的机构会增加企业的负担，也会造成劳动效率的下降。因此，旅行社要严格控制员工的整体规模，尽量减少职能部门的闲散人员。

2. 严格的成本控制体系

旅行社要做到节能降耗，降低成本，提高效益，就需要有一套严格的成本控制制度。首先要做好年初预算项目，按照规范的支付审批程序，并根据实际情况在总额范围内适当地调整。旅行社还要测算出各项费用的最高限额，然后把这个指标分到各个相关部门，再由部门落实到相关人员。另外，也要减少不必要的营业费用等开支，倡导低碳办公。

3. 降低员工流动率，控制员工的流失成本

我国旅行社由于工资水平低、工作时间长、行业竞争激烈等因素，旅行社员工流动率非常高，这为旅行社的人力资源管理带来了很大的困难。因此，旅行社要多关注员工思想变化，用待遇留人、感情留人等手段降低企业员工流动率，从而降低或减少由于员工离职造成的损失，这也是成本领先的企业应该采取的人力资源管理手段。

4. 激励员工参与降低成本

旅行社成本控制是全体员工的共同努力的事情，不是单靠领导和一两个员工就能实现的。科学合理的成本管理制度的建立，将员工节约成本的行为与其自身利益联系，不但能有效激发旅行社员工的积极性，而且可以最大程度地降低成本。

资料来源：覃燕玲，桂林理工大学高职学院，营销策略，2012 年 1 月

6.1.2　差异化战略

1. 差异化战略的内涵

1) 差异化战略的定义

差异化战略亦称特色经营战略，是指企业向市场提供与众不同的产品和服务，树立起一些全行业范围中具有独特性的东西，用以满足顾客特殊的需求，从而形成竞争优势的一种战略。企业形成这种战略主要是依靠产品和服务的特色，使客户建立起品牌偏好与忠诚，而不是产品和服务的成本。旅游市场上，这种与众不同的特色可以表现在旅游产品设计、品种、质量、价格、品牌形象、服务方式、销售方式、促销手段等方面，满足顾客的不同需要，可使别的旅游企业难以与之竞争。

例如，国际知名企业巴斯公司在收购兼并假日酒店集团后，将假日酒店作为一个中档酒店品牌保留下来，还保留了假日酒店原有的皇冠作为高档酒店的品牌，又收购了洲际酒店集团的洲际品牌作为豪华酒店的品牌。巴斯公司(后改名洲际)酒店品牌的树立，可以看成实行差异化战略的成功典范。它在两个以上的细分市场(品牌)中经营，对每个细分市场(品牌)都使用不同的市场营销策略，通过差异化战略达到较高的品牌忠诚度和较高的重复使用率，从而在细分市场建立起一个不易动摇的地位。

2) 差异化战略的优势分析

差异化在理念上强调企业必须向顾客提供不同的产品和服务，为顾客创造独特的价值和超值的感觉。差异化所追求的“差异”是产品的“不完全替代性”，即在产品功能、质量、服务、营销等方面。

第一，差异化战略有助于形成长久的竞争优势，获得较高的品牌忠诚度，从而形成强有力的进入障碍。较高的品牌忠诚度无疑会成为一道牢固的屏障，有效地抵御潜在的竞争力量。

第二，在差异化营销理念指导下，企业可根据不同的获利机会来区分不同的细分市场，对不同的顾客群采取不同的营销策略，科学地分配企业的资源，提高资源利用率，提高经济效益。

第三，增强讨价还价能力。差异化战略可以为企业产生较高的边际收益，降低企业的总成本，增强企业讨价还价的能力。

第四，防止替代品威胁。企业的产品与服务具有特色，能够赢得顾客的信任，便可在与替代品的较量中，比同类企业处于更有利的地位。

2. 差异化战略的类型

差异化战略的宗旨是通过为特定的目标顾客群提供独特的价值来加强企业的核心竞争力，从而为企业赢得超值利润。旅游企业要选择顾客所重视的，有利于增强企业核心竞争力的环节实施差异化。

1) 产品差异化

产品差异化是指某一企业生产的产品，在质量、性能上明显优于其他企业生产的同类产品，从而形成独特的市场。对同一行业的竞争对手而言，产品的核心价值是基本相同的，所不同的是性能和质量。在满足顾客基本需要的情况下，为顾客提供独特的产品是差异化策略追求的目标，而实现这一目标的根本在于不断创新。

(1) 质量差异化。通过确定产品不同的质量水平(较低、一般、较高、超级等)来突出差异，产品的横向延伸可以满足不同的顾客需求。

(2) 功能差异化。不同的产品可以有不同的附加功能，旅游企业可以借助不同的主题，在一般功能(观赏、休闲、教育、健身)上突出旅游企业的社交文化中心的功能、信息中心的功能、会展中心的功能、休闲娱乐的功能、礼仪培训的功能、主题教育的功能、交通网络的功能等。

(3) 数量差异化。旅游企业可以通过合理增减旅游产品的宽度、长度和深度，瞄准目标顾客的需求，用不同的数量满足不同的需求，降低顾客的遗憾值。

2) 服务差异化

在旅游市场日趋成熟、消费需求趋于个性化的形势下，企业竞争的关键转向“软件”资源，旅游企业创造差异的丰富源泉在于无形的服务。旅游企业应注意对不同的顾客提供有针对性、个性化和情感性的服务，突出自我的特点。旅游者的旅游活动主要是一种心理上的感受和精神上的满足，旅游经营者所提供的旅游产品是以服务为主的产品。不同的旅游者在同样的旅游活动中心理感受和精神上的满足程度往往因人而异，它取决于旅游者在旅游过程中的感受与主观愿望之间的比较。

3) 人员差异化

人才是服务行业最重要的发展资本，旅游企业可以通过培养、吸引高素质的人才来获得竞争优势，发挥不同人才的特长，增强本企业的核心竞争力。人员差异化一般通过人员的综合素质体现出来，因此旅游企业可以在人员的言谈举止、礼貌礼节、文化素养、服务技能、沟通技巧、精神风貌等方面努力培养和造就特色人才。无所不能的“金钥匙”专家，有创意的营销策划人员，技术娴熟的服务人员，国际型、文化型的“职业管理者”等都可以提升企业竞争力。

4) 环境差异化

环境差异指企业通过造就与众不同的外部环境来吸引顾客的关注和偏好，直接体现差异。外部环境通过设计因素和社会因素体现，设计因素主要是通过颜色、结构、材料、形状、风格、声音、气味、标志性符号等来改变企业外形，使企业形象更为突出；社会因素则是指企业工作人员的举止言谈、穿着打扮、礼节礼貌、精神气质等都会影响到顾客对本企业服务质量的判断和期望。在服务业中，服务人员和顾客会直接接触，旅游企业通过员工营造出来的人文环境对旅游企业至关重要。

5) 价格差异化

(1) 价格高低差异化。企业可以根据产品的市场定位、企业实力、产品生命周期等因素，确定价格的高低。旅行社可以根据不同的需求推出经济型、标准型和豪华型等满足不同价位的需求。

(2) 定价方式差异化。主要根据旅游产品的特殊性，对旅游产品分时、分地，针对不同的顾客报出不同的价格，这样可以有效地调节淡、旺季的供需矛盾。

(3) 价格表现差异化。许多旅游企业在餐厅的菜谱中对海鲜等食品价格以“时价”介绍，常令顾客有“挨宰”的感觉。企业应通过详细的明细账单，以明显的量化概念表现价格，增强顾客对价格的预知性和对企业的信任感，体现透明消费的特色。

(4) 价格弹性差异化。旅游企业可根据交易过程来议定价格，根据购买的数量、与购买者的关系实行一定的折扣价格，体现价格弹性，运用价格手段实现促销。

6) 售后服务差异化

由于旅游产品具有产销同步性，因此一些旅游企业认为企业中不存在售后服务。事实上售后服务是市场营销的基本概念，是不可缺少的一个环节。企业应该重视售后服务，在售后服务中更多地体现人性化关怀，这是关系营销的重要环节。一些企业建立了严格的客户档案、VIP 回访制度、投诉客人跟踪调查制度，目的是提供良好的售后服务，与客人之间建立情感联系，争取更多的回头客。

3. 实施差异化策略需要注意的问题

1) 观念培养

最重要的是对全体员工观念上的教育，只有全体员工都认识到差异化策略的重要性，并深刻理解差异化的理念，差异化的策略才能发展下去。差异化不是标新立异，而是以需求为导向，把客人的需要作为工作的起点和归宿点，以顾客的理想的产品标准对现有产品进行改造。

2) 动态平衡

还要考虑差异点的动态平衡。随着经营环境的变化，顾客心目中产品的模式也在发生变化，今天的差异化可能是将来的标准化。差异化策略的实施是一个动态发展的过程，旅游企业应建立市场和消费者调查研究部门，紧跟市场动态和消费者需求而变化。

3) 准确定位

实施差异化是一个系统的过程。旅游企业要根据自身实力、行业竞争态势、产品生命周期等因素，选择被顾客视为重要的一个或多个环节加以强化，寻求最佳差异化营销组合，使差异化形成一个系统，以塑造企业的核心竞争力。

4) 考虑成本

实施差异化营销策略还应该考虑成本。企业所创造的每一种差异在增加利润的同时也会影响到成本。因此旅游企业要加强成本管理，降低消耗，发挥差异化的优势，增强企业的竞争力。

综上所述，实施差异化战略是旅游企业面对成熟的市场和成熟的消费者而做出的一种明智抉择，它的顺利实施需要诸多因素的配合，在操作中应注重考虑差异化的实际意义，并通过动态的控制系统对差异化的环节进行改善，确立企业的市场主导地位。

阅读案例 6-1

海南旅游将实施市场差异化战略

2012—2017 年，海南将稳步发展以珠三角、长三角、环渤海区域及国内重点城市客源市场，积极拓展港澳台市场，重点拓展俄罗斯、韩国、日本、美国和加拿大等国家，东南亚、西欧、北欧等地区的客源市场，争取在 2017 年年末，将海南的国际游客比例提高到游客总数的 5%左右。

海南省旅游发展委员会表示，将通过实施市场多元化、营销差异化战略，坚持以国内旅游市场为重点，积极发展入境旅游，有序发展出境旅游，走出一条规模适中、质量较高的发展道路，实现海南旅游市场总量的快速增长，实现海南旅游市场结构向高端化、国际化发展；将以创建世界热带海岛度假胜地为目标，以海南独有的垄断性“中国之最”和“世界之最”旅游资源为支撑点，通过建设和推广旅游形象体系，实施旅游宣传品制作工程，在全球塑造“阳光海南，度假天堂”的形象；将建设大营销体系，大力推进“旅游与航空的紧密结合”，促成各航空公司积极开通海南连接西欧、北欧、北美和澳大利亚的海外航线，加密国内航线，增加国内航班；针对我省旅行社小、散、弱和对海外销售渠道缺乏控制力、影响力等问题，将开展与国内大型旅游批发商的战略合作，开展与国家旅游局 18 个海外办事处、香港旅游发展局 30 个海外办事处的战略合作，推动海外重点客源市场的旅游批发商积极推广和销售海南旅游产品，形成网络密集、运作高效的国际旅游岛入境旅游分销体系；加强对重点和专项客源市场的促销力度，确定重点营销目标，制定和实施不同的营销策略，采取差别化精准营销措施提高营销的针对性和有效性。

资料来源：http://lxs.cncn.com/81900-news-show-250137.html

6.1.3 集中化战略

1. 集中化战略的内涵

集中化战略亦称专门化战略或聚集战略，是指把经营战略的重点放在一个特定的目标市场上，为特定的地区或特定的购买者集团提供特殊的产品或服务。集中化战略与其他两个基本的竞争战略不同。成本领先战略与差异化战略面向全行业，在整个行业的范围内进行活动。而集中战略则是围绕一个特定的目标进行密集型的生产经营活动，要求能够比竞争对手提供更为有效的服务。

具备以下条件，采用集中化战略是相对适宜的：对顾客的需求有较深入的了解；细分市场有尚未满足的市场需求；企业的资源不允许其追求更为广泛的市场；通过集中化战略创造较大的竞争优势并能保持一定持久性。

例如，利兹-卡尔顿酒店就是实施集中化战略的典范，它以杰出的企业服务闻名于世，但目标市场只聚焦于最顶端的 5%的商务出行和休闲旅游者。尽管该企业的平均房租高达每晚 150 美元，但 28 家利兹-卡尔顿企业的入住率高达 70%以上，超过 90%的利兹-卡尔顿企业的顾客仍回该酒店住宿。

2．集中化战略的类型

如果旅游企业发现现有的产品和市场尚有开发利用的潜力，可选用集中化发展战略，即指旅游企业集中企业的营销能力满足一个或多个细分市场的需求，而不是以整体市场为目标的战略。它包括如下三种形式。

1) 市场渗透战略

市场渗透战略，是指以现有产品在现有市场上采用多种措施增加现有产品销售额的一种战略。具体可通过三种途径：一是增加老顾客购买频率，可采取对老顾客实施优惠价，赠送优惠券、折价券、礼品券及情感交流等营销方式；二是刺激潜在顾客购买，可采取降低价格、加强宣传、增加销售网点、举办展销会等方式；三是争取竞争对手的顾客。

2) 市场开发战略

市场开发战略，是指旅游企业以现有产品开发新市场，面向新市场销售，增加产品销售额的战略。具体有两种途径：一是开发新的地区和国际市场，如现在中国的旅行社在国家法律法规的约束和保护下，在设立地之外另设非法人的分社，以及中外合资旅行社等有利于在新的客源地和国际市场上打开局面。二是开发旅游产品新用途，如在湖滨自然景观旅游中，增添飞行车、划艇、滑水等水上运动项目，可以和原有的湖光山色相映成趣，成为新的风景点。

3) 产品开发战略

产品开发战略，是指旅游企业向现有市场提供新产品，满足现有顾客的潜在需求，增加销量的战略。旅游产品开发使旅游业提高了适应能力和竞争能力。具体有四种途径：一是旅游创新新产品，也称科技新产品，如借助现代科技开发海底探险、太空遨游历险旅游项目等；二是换代新产品，如涉外星级企业由原来的二星级经过提高服务质量和完善设施设备晋升为三星级企业；三是仿制新产品，如香港的迪士尼乐园；四是改进新产品，如酒店的客房服务在原有项目的基础上增加加床服务项目。旅游产品开发强调“新”，但“新”是相对的，即相对于顾客的需求而言的。

3．集中化战略的优势和劣势

1) 集中化战略的优势

采用集中化战略的优势是可以防御行业中的各种竞争力量，使企业在本行业中获得高于一般水平的收益。这种战略可以用来防御替代品的威胁，也可以针对竞争对手最薄弱的环节采取行动。需要形成产品的差异化；或者在为该目标市场的专门服务中降低成本，形成低成本优势；或者兼有产品差异化和低成本的优势。在这种情况下，其竞争对手很难在目标市场上与之抗衡。这样，企业在竞争战略中成功地运用重点战略，就可以获得超过行业平均水平的收益。

集中化战略在下列情形中特别适用：市场上有显著不同的客户群，这些客户群或者对产品有不同的需求，或者习惯于以不同的方式使用产品；没有其他竞争对手试图关注于这同一市场面；企业现有资源不允许追求较宽的市场面；行业的各个市场面在规模、增长率、利润率等方面参差不齐，使得对于特定企业而言某些市场面要较另一些市场面更具有吸引力。

2) 集中化战略的劣势

集中化战略也有其风险，即特定目标市场被占有或原有需求的消失。例如，总成本领先战略和差异化战略都可能模仿进入集中化战略的特定目标市场，从而导致实施该战略的小型旅游企业市场占有率大大减小和顾客的流失。因此企业最好要相应建立模仿障碍。此外，科学技术的进步、新需求的出现、新的集聚旅游企业进一步将市场细分，都会使原有的需求消失或转向另一细分市场。

阅读案例 6-2

寰宇之旅——用心做每一条新线路

一向以特色旅游见长的寰宇之旅，最近又推出了一系列寻幽探秘、新奇独特的旅行团，从中南美洲的智利、秘鲁、阿根廷，到东南欧的罗马尼亚、保加利亚，再到南非、中非等等，对香港人来说都非常新鲜。

寰宇之旅每一条新线路的背后都有什么样的故事与经历呢？

寰宇之旅成立于 1987 年，一直到 1990 年年初，寰宇之旅的业务范围都是以代理东欧航空公司为主，并且它们也只代理签证、机票，并没有今天这样多姿多彩的旅行团。1993 年，公司重组旅行团部门，同时创办一系列旅游线路，又印制了不同的行程书，以批发商的身份“批发”旅行团给同业的旅行社，并正式启用“寰宇之旅”这个名字。

寰宇之旅的革新也是经历了门前冷落的考验的。

1990 年年初，寰宇之旅的行程路线主要放眼于地中海、中东、俄罗斯及东北欧。但在发展初期，可能由于香港人不甚熟悉上述国家的地区、地域，所以报名未见踊跃，不过这只是非常短暂的现象，后来这些线路在短期内，顾客有几十个百分点的增幅，对寰宇之旅来说无疑是注了一支强心针，鼓励它们继续朝这个方向发展，创办了东非、南非、南美及中美洲旅行团等一系列另类旅行线路，确立了自己的业务方向。而今的寰宇之旅路线是四面八方的，而且它们只会选取一般香港旅行社不会开办的线路。例如，北极圈、乌兹别克斯坦、委内瑞拉、土耳其、黎巴嫩等地，为顾客提供了更多选择。

除了线路以外，寰宇之旅的另一特色就是对住宿酒店的选择，价钱与设施的因素之外，考虑得更多的是当地的特色美食。寰宇之旅除了带团友享用当地的特色美食外，还会到当地中国餐馆品尝富有外国风味的唐餐，让他们亲身比较。

透析寰宇之旅的成功之路，有以下要点：

(1) 它们严格控制旅行团的品质，使顾客一次一次的“食过翻寻味”(吃了再回味)。

(2) 一向积极开发新线路，除了派职员亲身游历目标国家和城市，研究该地的饮食、旅游景点等是否合乎香港人的需要外，还会设法发掘更多新奇有趣的行程，增添旅行团的吸引力。

(3) 保持加强资源的投入，使旅行团多一些变化。

资料来源：http://wenku.baidu.com/view/c2b6548b84868762caaed5d6.html

问题：

1. 寰宇之旅采取的是何种竞争战略？
2. 寰宇之旅的竞争战略有何优势？

6.1.4 三种基本竞争战略的实施条件

由于三种基本竞争战略的侧重点不同，所以三种战略的实施条件也不同，见表 6-1。

表 6-1 三种战略的实施条件

竞争战略类型	需要的资源	组织与控制手段
成本领先战略	① 持续投资和增加资本； ② 拥有成熟的产品设计与工艺； ③ 严格的管理系统； ④ 低成本、市场面宽的分销网络	① 严密的成本控制与监督； ② 详尽及时的成本控制报告； ③ 严密的组织结构与责任制； ④ 推行目标管理
差异化战略	① 高效的市场营销能力； ② 具有产品设计的超前能力； ③ 具有全能的生产工艺技术； ④ 具有高质量、领先技术的声誉； ⑤ 具有良好的销售渠道系统； ⑥ 能引进技术并消化、吸收和创新	① 在技术开发、产品开发和市场营销进行有利的协调； ② 用主观测评替代定量化测评； ③ 以舒适的工作环境、丰厚的待遇吸引专家和管理人才
集中化战略	在特定的战略目标指导下综合使用上述政策	

对于旅游企业来说，每一种基本战略都涉及通向竞争优势的迥然不同的途径，需要企业运用不同的资源和能力，以及为建立竞争优势所采取的战略目标做出选择。不同的企业面对竞争可以选择不同的竞争战略，但若要使战略成功，企业还是要回到原点，从企业的资源、能力出发确定自己的竞争优势，最后再选择哪一种竞争战略为自己所用。只有充分认识战略管理的重要性，制定符合本企业的竞争战略，旅游企业才能在激烈的市场竞争中立于不败之地。

6.2 旅游企业的合作战略

合作战略是企业间超越竞争之上的合作，以此获得竞争优势或战略价值的一种战略。它是竞争战略的对应面，是两家或两家以上的企业为各自的战略目标而形成的一种共同行动。无论是个人、企业还是国家，无论是应对危机还是成就事业，合作都是我们最佳的战略选择。没有哪一家企业的成功不是得益于合作，也没有哪一家企业的失败不是源于失败的合作。从竞争走向合作是企业战略发展的趋势。

6.2.1 旅游企业服务外包

1. 服务外包的内涵及意义

在信息技术革命、经济全球化及市场竞争加剧的共同推动下，越来越多的企业或机构为突出竞争优势，降低运营成本，将有限的资源配置在其核心领域，而将其非核心业务以外包的方式交由其他专业供应商完成。发展服务外包已经成为新时期产业升级的重要方式。据工业和信息化部估计，2010 年中国服务外包产业规模超 2 700 亿元，同比增长 35%。按过去 5 年(2006—2010 年)年均 30%～50%的增速发展，预计到 2015 年年末，中国服务外包产业规模将突破万亿元大关。而服务业的兴旺发达是社会转型，即由工业化后期向后工业化社会演进的重要标志。

1) 服务外包的内涵

服务外包是指企业为了将有限资源专注于其核心竞争力，以信息技术为依托，利用外部专业服务商的知识劳动力，来完成原来由企业内部完成的工作，从而达到降低成本、提高效率、提升企业对市场环境迅速应变能力并优化企业核心竞争力的一种服务模式。用通俗的话来说就是，“做你认为最好的，而把其他非核心的业务及服务交给更专业的公司去做”。例如，在美国看病，首先是网上预约或者是电话预约，但是给你办理预约的不是美国人，都是印度人。然后等你到医院看病，美国的医生一个字不写，而是把录音做好发到印度，印度人把录音整理成文字，再发回来。患者查病历就能知道哪儿疼、拿什么药。如果闹出了医疗纠纷，既有录音还有文字。所以别人以为都是美国人在看病，其实都是印度人在看病。即美国医生做了最主要的事情——诊断病情，而把预约挂号、写病历等一些相对不重要的事情外包给印度人做。

2) 服务外包的意义

从企业的角度看，随着市场竞争的加剧，企业必须将核心资源集中到企业的核心业务上，剥离分散企业核心业务能力的干扰要素，专注自己的核心业务，形成企业核心竞争力。通过专业化分工，减少冗员，达到降低企业成本、增加效益的目的。从外包承接国的角度看，承接外包服务，特别是吸收出口导向性服务业的外国直接投资，会给国家带来巨大的经济和社会发展利益。

(1) 提升产业结构。服务外包的低物质投入、低能源消耗、高价值输出的特性，将有效地缓解资源、能源瓶颈，提高经济运行质量。

(2) 增加税收。承接外包服务的企业，因为是服务型企业，所缴纳的主要税种是营业税，另外外包企业的工作人员收入比较高，所缴纳的个人所得税也是一个比较充足的税源。

(3) 创造就业机会。服务外包可以说是知识经济中的劳动密集型产业，消耗的主要资源是人力资源，正好可以有效缓解我国大学生就业紧张的状况。

(4) 提高工薪收入和技能水平。承接外包服务，可以提高就业者的工薪收入和技能水平。IT 服务和 IT 相关服务与流水线或其他制造业相比，是典型的高收入行业。同时从提高人力资源竞争力的原则来看，积极的人口外流和改善基础设施，以及伴随着大量商业服务的涌入，外国直接投资使外包承接国经济的所有部门受益。

(5) 延长产业链条。承接外包服务，既可以从服务业跨国公司的“归核化”战略中获得商机，也可以延长制造业产业链条，向制造业跨国公司提供相关的商务服务。目前，我国是除美国以外最大的吸收外资国家，现存外资企业数十万家，满足这些企业的商务需求，延长产业链条，让现有的外资企业落地生根，是提高利用外资质量和水平的重要内容，也是扩大服务业利用外资，高起点承接服务外包的切入点。

2．旅游企业服务外包的内涵

1) 旅游企业服务外包的定义

旅游企业服务外包是指企业将自身生产业务活动中非核心的旅游服务业务委托给作为第三方专业的服务提供商来完成的经济活动。旅游企业服务外包的概念包括了如下内涵。

(1) 服务外包存在于旅游相关产业企业之间，外包的“外”指企业之外，是企业之间的分工与合作，是以企业作为业务发包与承包活动的主体。

(2) 企业服务活动中非核心的旅游服务业务和内容是外包的主要对象，企业在保持生产链条性质不发生实质性变化的情况下，把链条中的某个环节或区段的旅游服务业务，通过契约的方式转移给专业服务机构。这些服务活动通常是其非核心或不具有比较优势的项目，但并不一定是其不重要的项目。旅游企业缺乏技术优势的一些核心业务往往也采取外包形式，如酒店把餐饮业务外包给外部餐饮管理公司。

(3) 服务外包是旅游企业充分利用企业外部资源完成内部分工的一种经营行为或经济活动，是企业选择纵向一体化和依靠市场机制实现交易行为从而完成经营活动之外的第三个选择。

旅游服务外包模型①如图 6.1 所示。

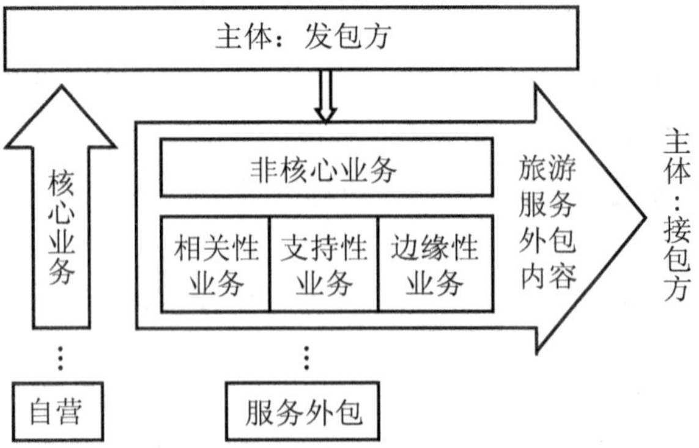

图 6.1　旅游服务外包模型

① 资料来源：范蓓，田彩云. 旅游服务外包的理论建构研究[J]. 旅游科学，2012.4.

2) 旅游企业服务外包的特征

(1) 服务水平层次化。旅游服务外包的对象是旅游业务，其本质就是“服务”。服务对象需求的异质性和企业需要在有限资源基础上进行有效市场竞争决定了外包服务的层次性特征。根据发包方业务需求的知识及技术含量水平的差异，旅游服务外包的内容可分为三个层次。低端旅游服务外包，主要是指发包方需求的服务内容相对比较固定和程序化，从根本上讲，接包方不是每次都要做出大的调整和决策，而是建立某些制度、规则或政策就能完成。内容主要是酒店、票务、租车预订；员工的派遣；一般会计业务；工资和缴税；呼叫中心和预订中心等。中端旅游服务外包，主要是指根据特定发包方的特定需求提供的具有针对性的专项旅游服务，包括旅游信息服务、旅游企业所需的后台办公网络接入、桌面管理到远程技术支持、培训与教育、会计报表监控等。高端旅游服务外包，是指接受发包方特定委托的个性化、定制化的旅游服务，如为非旅游企业提供的旅游咨询、打包的商旅管理、商务旅游和商务会展业务，为旅游企业提供的定制数据库和应用软件开发、知识服务等。需要注意的是，这种划分方法具有相对性和动态性。

(2) 服务手段IT化。服务外包在技术手段上，强调信息传输手段和交易平台的IT化，这已经成为共识，旅游服务外包也不例外。IT基础设施及应用服务外包，实际上是利用IT工具来为企业提供IT服务。每一项旅游业务流程、知识服务外包业务背后都离不开IT的支持，这种支持或是通过硬件系统平台完成的，抑或是通过软件辅助来完成的。例如，人力资源外包业务，服务外包企业要利用自身内部的信息系统平台，根据旅游企业人力资源的雇佣和招聘、工资和缴税、医疗及福利、培训与教育等一系列具体职能，开发新的适合该企业的系统，从而使得企业人力资源的规划和管理在该系统下进行优化和整合，并实现与其他部门业务之间的交互性。

(3) 服务链条网状化。旅游产业群体的内涵广泛，几乎涉及国民经济消费领域的大多数产业。旅游直接影响的产业包括吃、住、行、游、购、娱等部门，间接影响的产业则包括金融、通信、环保、印刷等58个部门。另外，旅游活动从空间表现形式上看是一种旅游客源地与旅游目的地之间的通道式流动。旅游所涉及产业的广泛性、丰富性及旅游的跨区域性，决定了旅游服务外包的业务范围广泛且彼此关联。非旅游企业可以把其中一块或多块旅游业务发包给一个或多个旅游企业，第二个接包的旅游企业把部分业务再分包给一个或多个非旅游企业，以此衍生出以旅游服务业务作为连接点、多级相连、环环相扣的外包网络结构。由于不同的接包企业可能分布于不同地区，使得服务链条在组织结构和空间分布上形成纵向化网状式结构。

3) 旅游企业服务外包的分类

(1) IT 基础设施及应用服务外包。是指企业将旅游信息化建设、运营服务交给专业化企业完成。包括各类网上预订业务、涉及旅游企业IT基础运营的各类办公业务、应用软件系统开发与管理等。

(2) 业务流程外包。是指企业将旅游流程或职能外包给供应商，并由供应商对这些流程进行重组，包括旅游企业提供的商旅管理、商务旅游、商务会展等专项业务，以及旅游企业外包的非核心旅游业务，如人力资源、会计业务、客户支持等。

(3) 知识服务外包。是指和旅游企业、旅游产品和市场开发相关的研究、策划、规划和咨询活动，包括旅游信息咨询服务、知识流程服务等。

3．旅游企业发展服务外包的可行性和驱动力

1) 旅游企业发展服务外包的可行性

旅游业是服务业的重要组成部分。如同服务业的产生与发展是有历史阶段一样，旅游业本身就是一个集吃、住、行、游、购、娱等相关要素于一体的关联度较高的传统产业。随着近年来世界旅游业的迅速发展，行业的规模不断扩大，产业结构得到了进一步的改造和提升，实现了现代管理理念指导下的现代高科技、信息化的运营模式。在此基础上，产品形态日趋复杂化和专业化，与相关传统产业及新兴产业的交叉和融合进一步加剧，对原来形成的产业固定化边界进行了一定程度的调整和改造，出现了诸如会展旅游、旅游咨询、旅游规划与策划、旅游信息服务等新型业态。

(1) 产业扩张力和渗透力好。旅游业作为一种高成长性的服务产业，其产业扩张能力和渗透性较好，因此具有外包的潜力。旅游业在原有生活性服务核心业态的基础上，受到生产服务业、专业服务业、信息服务业、创意服务业的明显影响，从而引致旅游业内部结构提升，出现了高增值性、高层次性、高功能性、高技术性、高知识性的新特点。

(2) 非核心业务的规模效应。旅游业是服务业经济中一个较为活跃的产业代表，是国家经济和社会繁荣的“晴雨表”，包含了传统服务业的内容和现代服务业的元素，有着显著的二元结构特征，即以生产性服务和生活性服务为其要素的产业结构模式。而随着旅游业的发展和延伸，旅游业的服务对象也扩大到了生产者，建立以生产性服务为主体的新型旅游业已是大势所趋。

2) 旅游企业发展服务外包的驱动力

服务外包的驱动力，是指企业服务外包所必需的推动力。其主要驱动力包括成本、资源优化配置、核心竞争力提升、寻求战略合作四方面推动力。各个动力之间并非彼此孤立，而是相互联系、渗透和转换，共同推进旅游服务外包的发展。

(1) 企业降低成本的推动力。服务外包作为企业的一种选择，会受到成本的约束。生产成本与交易成本构成了企业的全部成本。由于每个企业的资源禀赋不同，受到的“成本-效益”约束也不同。规模较大的旅游企业接包商可能通过规模经济获得成本优势，并提供标准性能和质量稳定的服务。例如，非旅游企业将酒店、票务预订服务交由携程、e 龙网等旅游电子商务企业完成，这种外包合作除了可以获得相比自营业务的成本优势外，非旅游企业还可将节省下来的资源用于强化自我优势、提高技术水平上，使得企业的生产成本进一步降低。

(2) 资源优化配置的推动力。外包的一个基本特征是，企业在保持最终产出不变的前提下把某些投入性活动转移出去。企业利用外部的专业化资源完成非核心的环节，将有限的资源合理配置和优化，通过专注于具有核心能力的服务，把资源配置到绩效显著的生产环节。

(3) 核心竞争力提升的推动力。根据核心竞争力理论，企业具有各种各样的能力，但那些能够给企业带来长期竞争优势和超额利润的能力才是企业的核心能力。利用有限资源

专注于核心资源的开发，把精力投入到具有核心竞争力的研发与培育方面。例如，旅游景区专注于为游客提供参观游览、休闲度假等旅游服务与功能，而将内部人力资源及其相关活动外包给专业的外部服务商完成，强化自身核心能力，增强自身竞争优势。

(4) 寻求战略合作推动力。基于成本动机的外包被称为战术的或传统的外包。然而，随着外包的发展，外包的原因开始由战术原因转向战略原因。当企业许多服务过程都需要采取分散、无组织的方式外包时，企业依赖过多的、多类型的供给者，这时是不能获得预期的成本节约的。企业便选择一家提供综合服务的供应商来完成，“战略合作伙伴”的外包关系就产生了。

4．旅游企业发展服务外包的经济效应

1) 产业融合效应

旅游服务外包的出现，使旅游企业和各类型的非旅游企业发生业务联系，推动旅游业与其他产业走向融合。同时，旅游服务外包使旅游服务的价值创造过程嵌入到其他产业的价值链当中，成为产业链上的增值点。例如，旅游企业为各类企业提供商务旅游、会议展览服务，提供旅游信息咨询及全程差旅管理等服务时，这些旅游业务融入到各类企业的整体运营当中，成为一个职能模块，被分包出来。

2) 企业集群和结构重塑效应

企业是产业结构升级的组织载体和中心环节，实现产业结构升级最终体现为企业转型升级。实现旅游服务外包，有利于承担相同专项服务外包职能的旅游企业的形成，基于开拓共同市场的较稳定的专业化分工与协作关系的企业集群，这不仅促进了旅游企业间通过有序竞争进行技术创新、服务创新、管理创新或运用信息技术改造传统作业方式上的尝试与创新，而且企业之间专业化程度的提高可以使不同旅游企业日益专精于某一项业务，实现创新专业化，每个企业负担的创新投资成本也大大降低。

3) 技术创新和溢出效应

技术进步是推动产业结构升级优化的主要力量。基于信息和网络技术的旅游服务外包可以加快旅游信息化的进程，并从旅游运行方式、市场渠道等方面加速旅游产品和市场结构的调整。例如，承接国际软件和通信服务行业商务会展服务外包业务，可以促使旅游企业不断进行技术研发和创新，并获得国际技术外溢效应，从而促进接包方产业技术水平的提升，进而促进产业结构的优化。

5．旅游企业服务外包决策

外包决策是旅游企业在外包与自营中作出决策选择的过程，也是在各承包方中筛选合作伙伴的过程，决策的正确性和科学性是外包任务能否顺利完成的决定性因素。科学有效的外包决策有助于旅游企业降低成本、提高效率、发挥企业的核心竞争力。

1) 确定旅游企业服务外包方案

旅游企业根据年度经营计划和业务外包管理制度，结合确定的业务外包范围，制定实施方案。在推行业务外包时应明确本企业的目标，考虑自身的条件及需要，避免盲目行事。影响企业外包服务需求的因素有很多，但主要以如下四大要素为重，即企业的规模、档次、

业务部门的地位及人力成本核算等。首先，企业应确定自己的核心业务与非核心业务，将非核心业务进行外包；其次，对非核心业务的内部运作、外包的成本、经营效益及企业的发展战略进行分析，来确定该业务是进行外包还是选择其他的运行模式；再次，对实施方案的重要方面进行深入评估和复核，包括承包方的选择方案、外包业务的成本效益及风险、外包合同期限、外包方式等，确保方案的可行性；最后，认真听取外部专业人员对业务外包的意见，并根据其合理化建议完善实施方案。

2) 旅游企业的内外部因素的分析和评价

旅游企业内部因素的分析和评价是业务外包决策的关键步骤，企业只有在明确自身定位的基础上，才能准确地界定企业的核心与非核心业务。

(1) 企业自身能力评价指标体系。包括以下两方面：第一，企业的经营业绩，包括收入指标、利润指标、平均价格、质量与管理、重要客人满意度等；第二，企业潜在能力，包括人力资源、资金实力、价格竞争能力、成本控制、硬件水平、服务水准、品牌与顾客忠诚度等。

(2) 企业自身能力综合评价模型。在进行旅游企业自身能力的综合评价时，可以采用以下模型。假设：存在 N 个影响能力评价的指标，分别用 Q_1，Q_2，Q_3，…，Q_n 表示。定义：定义权重因子 W_n 为第 N 个指标对能力评价的影响程度。则旅游企业自身能力的综合评价为：

$$E=\sum_{i=1}^{n}W_n\times Q_n$$

权重因子 W_n 在实际应用中可以进行简化，直接组织专家对权重因子进行定值。

旅游企业外部因素的分析和评价，指外包服务必须有相当程度的标准化，这是外包服务质量的标准所在。企业所需的外部能力应至少符合以下一点。

① 企业虽然拥有这种能力，但对该能力的培养会降低企业核心竞争力的塑造，最终损害核心竞争力的建设和维护。

② 企业自主培养该能力比从外部市场获得这种能力的成本高。

③ 企业自身不具备这种能力。

④ 企业自主开发该能力的速度尚不能满足市场快速发展变化的所有需要。

3) 承包方的选择和评估

承包方的选择和评估是指旅游企业应当按照批准的业务外包实施方案选择承包方。该环节的主要风险是：承包方不是合法设立的法人主体或缺乏应有的专业资质，从业人员也不具备应有的专业技术资格，缺乏从事相关项目的经验，导致企业遭受损失甚至陷入法律纠纷；外包价格不合理，业务外包成本过高导致难以发挥业务外包的优势；存在商业贿赂等舞弊行为，导致相关人员涉案。

对此，应从以下几个方面着手控制上述风险。第一，应充分调查候选承包方的合法性，以及是否为依法成立、合法经营的专业服务机构或经济组织，是否具有相应的经营范围和固定的办公场所；第二，调查候选承包方的专业资质、技术实力及其从业人员的职业履历和专业技能；第三，考查候选承包方从事类似项目的成功案例、业界评价及口碑；第四，引入竞争机制，按照有关法律法规，遵循公开、公平、公正的原则，采用公开招标等适当的方式，择优选择承包方；第五，按照规定的程序和权限从候选承包方中择优做出选择，并建立严格的回避制度和监督处罚制度，避免相关人员在选择承包方过程中出现受贿和舞弊行为。

4) 签订旅游企业服务外包合同

企业应当及时与选定的承包方签订业务外包合同，约定业务外包的内容和范围、双方权利和义务、服务和质量标准、保密事项、费用结算标准和违约责任等事项。在实施过程中应注意以下几个问题：第一，在订立外包合同前，充分考虑服务外包方案中识别出的重要风险因素，并通过合同条款予以有效规避或降低；第二，在合同的内容和范围方面，明确承包方提供的服务类型、数量、成本，以及明确界定服务的环节、服务费用等细节；第三，在合同的权利和义务方面，明确旅游企业有权督促承包方改进服务流程和方法，承包方有责任按照合同协议规定的方式和频率，将外包实施的进度和现状告知企业，并对存在问题进行有效沟通。

6.2.2 旅游企业战略联盟

1. 战略联盟的内涵

1) 战略联盟的定义

战略联盟就是两个或两个以上的企业或跨国公司为了达到共同的战略目标而采取的相互合作、共担风险、共享利益的联合行动。有的观点认为战略联盟多为巨型跨国公司采用，但这决不仅限于跨国公司，作为一种企业经营战略，它同样适用于小规模经营的企业。当然，由于产品的特点、行业的性质、竞争的程度、企业的目标和自身优势等因素的差异，企业间采取的战略联盟形式自然也呈现出多样性。

2) 战略联盟的产生背景

企业战略联盟的出现不是偶然的，它是时代发展的产物。究其原因，战略联盟产生的大背景主要有以下几个。

(1) 世界经济一体化。全球经济一体化为跨国公司的经营提供了很好的机会，因为只有全球的市场才能满足它们的巨大需求。不过更为激烈的国际竞争也给跨国公司的经营带来了困难，迫使它们不得不寻找新的更为有效的竞争武器。尽管各跨国公司在调整过程中的具体目标各不相同或各有侧重，但多数都采取了战略联盟作为实现战略调整的手段和方法。

(2) 科学技术的飞速发展。近 50 年来科学技术的发展速度超过了有史以来的任何时期，而科技革命所带来的影响也是前所未有的，科研成果不断地将产品推向高科技化和复杂化，一种新产品的问世往往涉及越来越多的技术领域，经过越来越多的生产和经营环节。因此，无论从技术上还是以成本上讲，单个公司依靠自身的有限能力是无法面对当今科技发展的要求的。

(3) 实现总体战略目标。战略联盟以一种全新的思维和观念，为企业的扩张、全球战略目标的实现提供了一条新的途径，传统的与所有权密切相关的股权安排正在被新兴的以合作为基础的战略联盟所代替。采用战略联盟形式进行合作，即可以保存原有资源，又能在共享外部资源的基础上，相互交换经营所需的其他资源，从而能实现其全球战略目标。

(4) 分担风险获得规模经济和范围经济。激烈变动的外部环境对企业的研发提出三点基本要求：不断缩短开发时间，降低研究开发成本，分散研究开发风险。通过建立战略联盟，扩大信息传递的密度与速度，以避免单个企业在研发中的盲目性和因孤军作战引起的重复劳动和资源浪费，从而降低风险。

(5) 防止竞争损失。为避免丧失企业的未来竞争优势，避免在诸如竞争、成本、特许及贸易等方面引起纠纷，企业间通过建立战略联盟，加强合作，可以理顺市场、共同维护竞争秩序。

(6) 提高企业的竞争力。在产品技术日益分散化的今天，已经没有任何企业可以长期拥有生产某种产品的全部最新技术，单纯一个企业已经很难掌握竞争的主动权。战略联盟的出现使传统的竞争对手发生了根本的变化，企业建立战略联盟可使其处于有利的竞争地位，或有利于实施某种竞争战略，最终的目的是提高企业竞争实力。

3) 战略联盟的优势

(1) 实现企业优势互补。形成综合优势。企业各有所长，这些企业如果构建联盟，可以把分散的优势组合起来，形成综合优势，也就可以在各方面、各部分之间取长补短，实现互补效应。

(2) 有效占领新市场。企业进入新的产业要克服产业壁垒，企业进入新市场也同样要越过壁垒。通过企业间的联盟合作进入新市场，就可以有效地克服这种壁垒。

(3) 有利于处理专业化和多样化的生产关系。企业通过纵向联合的合作竞争，有利于组织专业化的协作和稳定供给。例如，丰田公司只负责主要部件的生产和整车的组装，减少了许多交易的中间环节，节约了交易费用，提高了经济效益。

4) 战略联盟的特点

目前，网络或组织已成为企业组织发展的一种趋势，战略联盟正是具备了网络组织的特点。

(1) 边界模糊。战略联盟并不像传统的企业具有明确的层级和边界；而是一种“你中有我，我中有你”的局面。

(2) 关系松散。战略联盟主要是契约式或联结起来的，因此合作各方之间的关系十分松散，兼具了市场机制与行政管理的特点，合作各方主要通过协商的方式解决各种问题。

(3) 机动灵活。战略联盟组建过程也十分简单，不需大量附加投资。而且合作者之间关系十分松散，战略联盟存在时间不长，解散十分方便，可以在战略联盟还适应变化的环境时迅速将其解散。

(4) 动作高效。合作各方将核心资源加入到联盟中来，联盟的各方面都是一流的；在这种条件下，联盟可以高效运作，完成一些企业很难完成的任务。

2. 旅游企业战略联盟的内涵

1) 旅游企业战略联盟的定义

旅游企业战略联盟是指旅游业中以旅行社业、酒店业、交通运输业为主的旅游企业之间，或是旅游企业与其他行业企业之间出于各种战略考虑，通过各种协议，建立起的长期合作的资源共享网络式组织，包括企业或旅行社的预订系统、企业委托管理、企业联合体、旅行社联合体、企业及旅行社或航空公司组成的旅游网站联盟、特许经营、合资企业等。从 20 世纪 80 年代中期开始，合作战略就越来越多地成为企业一种新的战略手段来获取战略竞争力，并至少使企业自身在局部领域获得更新和好处。

2) 旅游企业战略联盟的特点

通过战略联盟以求规模化的浪潮也大幅度地波及到旅游业，并呈现出以下两大特点。

(1) 以民用航空企业为主导结盟。在旅游企业战略联盟的发展进程中，民用航空公司扮演着先导的角色。从目前的情况来看，其主导地位正显现着越来越强烈的趋势。其原因除资金优势以外，还有技术和营销网络优势。在以消费者的跨国空间流动为主要特征的国际旅游市场上，谁掌握了客源，谁就拥有在激烈的市场竞争中获胜的保证。

(2) 广泛使用非资产纽带方式结盟。旅游企业战略联盟中使用的非资产纽带结盟主要有特许经营、委托管理两种形式。

① 从本质上讲，特许经营是指一个商标、服务标志、商号或广告符号的所有者与希望在经营中使用这种标志的个人或团体之间的一种法律和商业关系。特许经营有两种基本形式：一是品牌或贸易名称特许经营；二是经营模式特许经营。前者是最简单的特许经营方式，特许者只是把自己所拥有的牌号或商标的使用权出售给受许者，基本不涉及经营和管理。

位居全球特许经营企业集团第一名的圣达特企业集团是一个著名的全球地产、旅游和服务业经营集团，共管理着约 6 000 家企业；位居第二名的精品国际管理着 4 000 多家企业。他们都是单一的特许经营联号，所有企业都是通过特许经营的方式加入联号的。

② 委托管理指的是旅游企业所有者和旅游企业经营者之间的书面协定，旅游企业所有者雇佣经营者(如企业管理公司)运营旅游企业，对旅游企业的经营和管理负全部责任。管理合同经营从对经营有利于业主出发，强调管理公司与业主共担风险，而不是只强调管理公司的收益和经营业绩。企业管理公司分为两类：一类是隶属于企业联号的企业管理公司，另一类是独立企业管理公司。

假日集团与美国的后起之秀布里斯托尔企业集团进行战略联盟，布里斯托尔购买和聘请假日集团管理 60 家企业，并以本公司股票的形式支付费用。旅游企业采取战略联盟的方式来进行合作、增强竞争力有其内在和外在的原因。内在的原因即战略联盟本身的优势有：不涉及复杂产权的同时，仍然能够扩大规模、发挥规模效应、分散风险、开拓市场，还可以保持独立性和灵活性，增强迅速反应能力。外在原因有：与经济全球化和贸易自由化相对应的是区域经济集团的逐步形成，贸易保护主义和国家干预使得部分国家和地区，特别是发展中国家和地区的旅游市场变得难以进入，这也推动着战略联盟旅游企业在跨国经营和国际旅游市场竞争中扮演着越来越重要的角色。

3．旅游企业战略联盟的形式

许多旅游企业纷纷组成企业联合体、旅行社联合体、委托管理、旅游网站联盟等联盟形式，并取得了良好的经济效益和社会效益。

1) 企业联合体

中国名酒店组织是由我国主要城市的著名高星级酒店及著名相关旅游企业组成的战略

联盟，是中国酒店业最早的联合体。到 2012 年，该组织已在全国 27 个省、自治区、直辖市及港澳台地区发展会员单位 60 家。有众多海内外人士持有该酒店组织统一发行的 VIP 卡，在海内外产生了强烈的影响力。

2) 旅行社联合体

上海国之旅观光、上海中旅、上海青旅、大世界、上海、长江、大众等 7 家旅行社组成了“神舟之旅联合体”，它整合了各个成员单位散布在全国的接待网络吸引客源；上海春秋国际旅行社宣布将组建“中国春秋旅游联合体”，计划在 5 年内发展 2 000 家代理商，通过电脑网络将各地散客组建成团，共享规模效益。

3) 委托管理

许多国际著名企业集团都积极地与中国企业组建管理联盟，输出管理，包括喜来登、假日、香格里拉、万豪等大集团。国内的一些著名企业管理公司也表现不俗，如锦江、凯莱、首旅等集团。截至 2010 年年底，在国家旅游局登记注册的国产企业管理公司或集团有 109 家，外国企业管理公司或集团有 100 余家。

4) 旅游网站联盟

面对互联网技术的迅猛发展，携程旅行网与众多的酒店、旅行社、航空公司、机票代理点等旅游企业组建了战略联盟，并运用先进的电子资讯手段，以提供全方位的服务。走遍中国旅游资讯网与福州自然旅行社有限公司建立了网站战略联盟——华人旅游网站联盟，它致力于构建一个人人参与、共同建设的全球旅游服务网络平台，以市场为导向、资本为纽带、品牌为支撑，开创了网络时代的连锁经营模式。

4．旅游企业战略联盟成功的决定因素

1) 联盟成员的匹配性

联盟成员的选择是建立旅游企业战略联盟的基础和关键环节，许多具体的失败因素都能通过恰当的成员选择过程而避免。在过去很长时间内，管理人员很少关注成员选择这方面问题。

最近，对美国 750 家公司首席执行官的调查表明，成员评价是联盟实践中最薄弱的领域。自 1987 年做此调查以来，公司在开发、控制、实施和合同洽谈方面有了较大改善，但在成员选择技巧方面没有太大的改进。低劣的联盟成员选择是联盟失败的深层原因。

(1) 兼容。是一个成功运作的旅游企业联盟所必须具备的重要条件之一。兼容性体现在企业间的经营战略、生产规模、营销网络、财务状况、经营哲学、企业文化等许多方面。

以杭州的杭州湾大酒店和上海的好望角大企业之间的合作联盟为例。上海好望角大企业素以经营上海特色菜肴闻名，杭州湾大酒店餐饮部专程派人取经后，创新了一批特色菜肴，推出了上海菜系列，使得餐厅几乎天天爆满；上海的好望角大企业也派员工赴杭州湾学习浙江地方菜，也取得了可观的效益。开发推广一项新的产品或服务，需要众多的人力、物力、财力资源，单体企业显得势单力薄；要将新产品推向市场，为市场所广泛接受，单体企业也显得力不从心，无法造成一定的声势和影响。

(2) 能力(竞争优势)。随着企业间竞争的不断加剧，产品和技术的更新换代速度越来越

快，企业仅仅依靠自身的力量和资源已经无法应付这种激烈的竞争局面，必须借助合作成员外部力量的支持，而合作成员必须具备实力相当的能力。

康辉旅行社与在美国的罗森·布鲁斯旅行社进行战略联盟，组建了一个合资旅行社，一是为罗森的全球签约客户到中国进行商务旅游提供服务，完善其在全球的服务网络，这是罗森的优势；二是为中国的商务客人旅行提供服务，这是康辉的优势。这样，双方互相贡献出自己独特的操作流程和技术技能，使竞争优势得以互补，客源与资源得以共享。

2) 联盟文化的协同性

“文化”是指人类在社会历史过程中制造的物质财富和精神财富的总和。现在商品的文化含量、文化附加值越来越高，市场经济与企业文化也是一体化的发展趋势。联盟企业一方面注重自身文化的开发，同时要吸收合作方的文化精华，将其注入到企业的管理实践中。

(1) 领导者。旅游企业的领导人在经营理念、领导风格等方面的契合是结盟必备的要素之一。例如，四川省乐山市的“乐山旅行社联合体”就是一个经典的例子。在 20 世纪 90 年代末，乐山各旅行社为了短期利益，相互杀价，高价“买团”(即给组团社高价的回扣)，甚至为了多招客源，负价组团，引发了导游不“导游”而“导购”、旅行社接待质量差、经常“甩团”等违规行为，导致游客投诉增多，乐山的旅游形象严重受损。乐山各旅行社的经济效益也大幅度下滑，恶性竞争几乎要断送了乐山旅行社的前程。在这样一种紧急的形势下，乐山旅行社的领导终于意识到，再这样无序地竞争下去，乐山旅游的形象将会更加受损，旅行社的损失也将更加惨重。于是，这些平时竞争得“你死我活”的企业领导者抛弃宿怨，自发地坐在一起协商，组建联盟，提出要“紧密团结、资源共享、优势互补”，并且规定领导者每半年至少召开一次联合体全体会议。联盟组建后运行顺利，不仅遏制了恶性竞争，还统一开展了多项活动，获得了规模效应，乐山市也实现了连续六个旅游黄金周零投诉。

(2) 联盟协议。首先应界定清楚联盟的战略目标和合作范围，因为旅游联盟是一种既竞争又合作的关系，即旅游企业成员在某一业务领域或某一地理区域进行合作，在另一业务领域和另一地理区域可能又进行着竞争，所以，联盟协议须详细界定合作的目标与范围。

例如，上海华亭宾馆曾与喜来登集团进行管理性的战略联盟，引进喜来登的管理，由于华亭本身也是企业管理公司，也对国内其他企业输出管理。所以，该联盟就须在协议中明确联盟的合作范围、业务领域，以免日后发生交叉和冲突。

(3) 投入资产评价与利益分配。旅游企业战略联盟是建立在利益基础之上的，只有平衡每个旅游企业成员所贡献的资源和从联盟中得到的收益，才能保证联盟的稳定，并发挥竞争力。旅游战略联盟利益的分配首先应是基于投入资源要素的基础之上，投入资源价值高，回报也相应要高，这就涉及投入资源价值的评价和衡量。例如，旅游销售联盟的利益分配首先就要评估各方投入的资源价值，对于企业销售(预订)联盟来说，促销的结果是每个企业各自的客源增加，收益分别流入各个企业成员的账上，但是，为了促销而成立的公共的订房中心等类似机构，其日常开支和促销费用需从企业收益中扣除，因为由订房中心统一接受预订，因此，可以采取统一缴纳联盟会费或者抽成的方式进行利益分配。对于某一项专门的促销活动，则可以按联盟各方投入资源的多少来分配利益。

3) 信任机制

战略联盟是以较为松散的企业关系和强弹性的组织结构替代产权交易行为，因此，机会主义的风险将更大，每一个旅游企业成员只维护自己利益、不顾集体利益的倾向也将更强。信任是联盟中的旅游企业成员在面向不确定的未来时所表现出的彼此间的信赖和信心，战略联盟所面对的不确定性有两种类型：一是未来未知事件的不确定性；二是旅游企业成员对这些未来事件可能做出的反应的不确定性。例如，中国名酒店组织为了促进联盟内相关人力资源的交流和协作，设立了八个专业委员会。集团发展战略委员会由成员企业的最高管理层组成，他们每年至少会晤一次，讨论和评估联盟的方针政策，主要是对一些关键性问题进行坦率的交流。通过这些定期或不定期的活动，就能增进成员企业彼此的了解，消除陌生感，减少摩擦和隔阂，密切双方的情谊，从而增加各个利益体彼此的信任感，最终提高竞争力。

可见，建立相互信任的机制并不是一件易事，它不仅需要成员企业积极地沟通、协调、相互理解、彼此尊重，还要求成员企业有牺牲小利维护大局的长远眼光和战略意识，这样才能在真诚的合作氛围中增进旅游战略联盟的竞争力。

案例分析

中国酒店业联盟

金双禧订房网络和中国订房网则是针对企业的专业订房联盟，成员企业从二星级至五星级不等，大中城市至少都有七八家成员企业。由于强调全面和规模，对成员的加入要求也不高。以混合性资源和隐性资源为交流基础的旅游联盟对进入条件的要求就应提高，甚至于到严格和挑剔的程度。因为，这种联盟是学习型的组织，它的目的是学习管理的经验和技巧、交流市场的信息和变化，并且联合行动，共同开发产品、开拓市场。如果成员的素质达不到要求，学习和交流就失去了意义，也无法有效地进行创造性的工作。良莠不齐的此类联盟只会产生巨大的目标差异性和高度的机会主义可能性，从而加大联盟的管理难度和协调成本。所以，为了促进联盟发挥效应，这类联盟首先就应严格审查加盟者的资格，提高进入标准。

中国名酒店组织对申请加入者的审查就格外严格，专门成立了评估审查专业委员会，由知名企业的总经理组成，派驻到申请企业了解和调查。选择的标准较高，该企业必须是本地有较大影响力和代表性的四星级以上(含四星级)企业或著名相关旅游企业，而且，为了保证联盟体的利益，一个城市一般只选一家旅游企业，特别大的城市如北京和上海才例外。所以，虽然一些酒店是四星级、五星级，也有一定的影响力，但由于它不是该城市最具代表性的，所以也不符合进入标准。由于进入标准高，每年申请加入的数十家企业往往只有一两家获得通过。这项监管措施就保证了联盟成员的素质和成员分布结构的合理性，大大降低了联盟运行后可能出现的种种摩擦和冲突。

福建旅游联合体对进入的条件标准也进行了严格的规定，要求加盟的旅行社必须满足三个条件：较为雄厚的财力；市场信誉度高；市场占有量大、拥有广大的客源群。这样，才能在一定程度上避免联盟成员拖欠款、客源数目不足而使全年包机的入座率不满足保本点等情况。

可见，严格制定进入的标准是联盟监管方面的一项重要措施，它能够有效降低联盟运行后出现的种种机会主义行为，从而提高联盟运作的质量和效率。

资料来源：新浪财经，2012-09-10

问题：

1. 中国酒店业联盟是何种组织形式？
2. 企业加入中国酒店业联盟是基于什么战略？

阅读材料

如家快捷酒店的竞争战略

如家酒店集团创立于2002年，2006年10月在美国纳斯达克上市(股票代码：HMIN)，作为中国酒店业海外上市第一股，如家始终以顾客满意为基础，以成为“大众住宿业的卓越领导者”为愿景，向全世界展示着中华民族宾至如归的“家”文化服务理念和民族品牌形象。如家酒店集团旗下拥有如家快捷酒店、和颐酒店两大品牌，现已在全国多个省和直辖市覆盖100多座主要城市，拥有连锁酒店500多家，形成了业内最大的连锁酒店网络体系。比起1996年锦江集团推出的国内第一家经济型酒店锦江之星而言，无论是股东或资金层面，都没有更加显著的优势，但却从2006年开始就取代了锦江之星的行业老大地位，并且把第一的宝座坐到今天，不难看出如家在竞争战略方面下足了功夫。

一、成本领先战略

经济型酒店第一要务就是把价格降下来，达到“经济”的标准。如家酒店有严格的成本控制体系，使得酒店的平均房价控制在200元/天左右仍然有足够的利润空间。

1. 降低物业成本，同时发挥规模经济优势

通过租用和改造陈旧学校、厂房等，如家大大缩短了酒店的建造周期，同时减轻快速扩张带来的资金压力。星级酒店的建设一般要2～3年，而如家租用和装修的酒店只要6个月就能开业。为了更好地节约时间和资金，如家酒店的筹备和建设采用的是一种“平行工序”——在改造和装修的同时，市场推广、组织培训和质量检查等各方面的工作同时开展，并且有非常严格的时间约束。

2. 在不降低服务标准的前提下，提供有限的服务

在客房装修成本的控制上，如家比其他经济型酒店品牌做得好一些。锦江之星和汉庭酒店约花费7万元/间，莫泰、格林豪泰约花费 6万元/间，如家酒店则花费约5万元/间。相比于传统酒店提供的多样化服务，如家的服务是有限的，它明确地把最好地满足客户的住宿需求作为企业定位。如家十分重视客房及卫生间的清洁卫生，而且给顾客享用优质的床及床上用品，并提供叫早服务，致力于提升客户的住宿质量及舒适度。

3. 工作人员占比低，较少人力成本

在人力成本上，如家酒店也比一般星级酒店要低。该酒店实行店长负责制，酒店经营上的大小事务由店长负责，没有部门经理和领班。因此，如家酒店的客房员工比例为1∶0.3到1∶0.35之间，每100间客房仅需要30～35名员工即可，比一般的高星级酒店节省70%左右的人力。

二、差异化战略

1. 网络营销及完善的订房系统

如家酒店建立之初就依托我国最大的酒店预订网站——携程网，进行网络营销及网上预订，而随着酒店的成长，其官网的预订系统也做得愈加完善。2004 年，如家成为我国经济型酒店中最早使用 800 免费电话办理房间预订的。驾轻就熟地运用这些新式的营销手段，如家获得了我国经济型酒店的先发优势。

2. 室内设计突出个性，标准化服务业内领先

传统的星级酒店或商务旅店室内设计千篇一律，基本上是灰白的房间、深色的床、白色的被子。如家则把客房做成有精致的差异化产品：淡粉色的墙面、挂着的欧式艺术画、柔和的台灯、书桌上还放着几本财经杂志……处处透出酒店“如家”的氛围。另外，如家对床上用品的配色、易耗品的数量和质量要求、客房卫生间的清洁、电器的使用都有非常严格的标准。

3. 连锁经营及大力推行会员制

连锁经营有助于企业集团发挥规模优势，充分占领市场并取得竞争优势。加入 WTO 以前，我国并没有明确实行连锁经营战略的酒店企业。加入 WTO 后，如家酒店抓住发展机遇，并且把连锁经营作为差异化战略的核心，在全国范围内布局酒店网络，并把上市融资作为目标之一。目前，如家在全国 100 多个城市里拥有超过 600 家酒店，而且还在扩张之中。最近，如家有计划往我国台湾地区延伸酒店业务。

三、集中化战略

如家酒店从开业至今，一直以满足一般旅客及商务人士的住宿要求为自己的经营方向。

在与低星级酒店及其他社会旅馆的竞争中，如家以同样或更低的价格前提下往往能提供更好的服务效果，所以客房出租率和收益也是处于领先位置。虽然 2008 年年底推出针对高端商务旅客的品牌——“和颐”酒店，但其规模不大。总体来说，如家集中于服务旅游者及中端商务人士这一客户群体的集中化战略没有变化。

资料来源：http://wenku.baidu.com/view

本章小结

竞争战略与合作战略都属于旅游企业经营战略。建立在资源保障基础上的旅游企业竞争战略包括成本领先战略、差异化战略和集中化战略，各种战略具有不同的适用条件。企业竞争战略所涉及的问题是在给定的一个业务或行业内，经营单位如何竞争取胜的问题，即在什么基础上取得竞争优势。

合作战略是企业间超越竞争之上的合作，以此获得竞争优势或战略价值的一种战略。它是竞争战略的对应面，是两家或两家以上的企业为各自的战略目标而形成的一种共同行动。

旅游企业服务外包、战略联盟等是当今企业合作战略的主要形式。合作战略能够为企业带来规模效应、协同效应、成本效应和创新效应。

思考题

一、名词解释

成本领先战略　差异化战略　集中化战略　旅游企业服务外包　旅游企业战略联盟

二、简答题

1. 简述差异化战略的类型。
2. 简述集中化战略的类型。
3. 简述旅游企业服务外包的特征。
4. 简述旅游企业战略联盟的决定因素。

三、论述题

1. 论述成本领先战略的优劣势。
2. 论述三种基本竞争战略的实施条件。
3. 论述旅游企业服务外包的经济效应。
4. 论述旅游企业战略联盟的特点。

四、实践题

试模拟某高星级酒店服务外包决策过程。

第7章　旅游企业职能战略

章节知识框架

旅游企业营销战略的内涵
旅游企业营销战略制定的原则
旅游企业市场细分的特点
目标市场战略的类型
旅游企业人力资源规划
旅游企业人力资源供需预测方法
旅游企业财务战略的内涵
旅游企业财务战略的程序

教学目标与要求

通过本章的学习，学生应了解旅游企业制定营销战略的原则，熟悉 CIS 包含的三个子系统，理解旅游企业品牌战略的内涵，掌握旅游企业品牌战略的主要措施，熟悉旅游企业人力资源规划的程序，掌握旅游企业财务战略的特点，并在此基础上掌握旅游企业职能战略的综合运用。

导入案例

首家多媒体旅游营销网：山东旅游体验网上线

如今对于出行前的旅游消费者，在互联网上查询有关旅游目的地的资讯已经是司空见惯了。但在检索旅游地资讯后，面对浩如烟海的“文字+图片+旅游路线价格”的搜索结果时，大部分网民都有一种雾里看花的无力之感。在宽带和网络多媒体大行其道的今天，中国互联网上的旅游资讯却是如此缺乏表现力。

2008 年 9 月底，山东旅游体验网上线了。山东旅游体验网是传统艺术与现代科技的完美融合，数位港湾科技(北京)有限公司在对山东旅游地理的原创音乐、音效、摄影和摄像等传统艺术表现的基础上，结合互联网时代的多媒体技术，将山东省境内的重点旅游资源展现出来，旅游消费者可以在山东旅游体验网中体验到山东的历史文化、传统民俗、自然风光、山海风情甚至工业科技所蕴含的独特魅力。

山东旅游体验网是国内旅游业第一次尝试采用基于互联网络的“全景多媒体”方式制作的体验类旅游主题网站。山东旅游体验网的设计者数位港湾科技在设计中运用了宽带时代最流行的各种网络应用，包括三维虚拟、二维动画、时空压缩、高清音视频、线上互动游戏等。网民可以通过该网站平台体验趵突泉四季最美的瞬间、感悟泰山“一览众山小”

的磅礴气势，也可以在孔府“闲逛”体会儒家文化、到潍坊风筝博物馆用鼠标点击风筝的传统制作工艺，还可以在烟台的极地海洋世界与企鹅玩一次快乐的游戏、在青岛啤酒博物馆酿造一杯“啤酒”。所有这些趣味的多媒体体验，可以让参与体验的网民“身未动，而心已远”。

资料来源：中国商业电讯网，2012-9-27

问题：

1. 山东旅游体验网在旅游营销方面有哪些创新？
2. 山东旅游体验网未来发展趋势如何？

旅游企业的总体战略和经营战略分层次地表明了旅游企业的产品、市场、竞争优势和基本目标，规定了企业的核心任务和总的方向，而旅游企业要实现这样的战略设想，必须通过有效的职能活动来运用资源，使企业的人力、物力和财力与其生产经营活动的各个环节密切结合。旅游企业职能战略是为了实现旅游企业的总体战略和经营战略，对旅游企业内部的各项关键职能活动做出的统筹安排。旅游企业只有通过职能战略，才能将旅游企业的总体战略转化为职能部门具体行动计划，才能实现既定的战略目标。

7.1 旅游企业营销战略

市场经济条件下，旅游市场发生了很大的变化，竞争加剧，并且这种竞争将进一步战略化、国际化、白热化、长期化，这就对旅游企业在制定营销战略方面提出了更高的要求。从目前旅游企业发展现状和前景来看，企业的营销战略已成为影响企业兴衰成败的关键，企业的生存与发展在很大程度上取决于是否制定切实可行的营销战略。可以说，市场经济越发达，竞争就越激烈，企业营销战略就越重要，许多企业用成功的例子证明了这一点。作为旅游市场主体的旅游企业必须根据市场的变化和企业自身能力，有计划地制定企业的长远营销战略，以适应国际旅游市场和国内旅游市场发展的需要。

7.1.1 旅游企业营销战略的内涵

旅游企业营销战略是指企业确定的在未来某个时间将要达到的市场营销目标及为达到这一目标所采取的行动方案。旅游企业营销战略包括旅游产品战略、旅游产品价格战略、旅游产品分销渠道战略、旅游促销战略四部分。其中，产品战略包括新产品开发战略、旅游产品的商标战略和旅游产品的实际内容战略；价格战略包括价格制定战略和价格管理战略；分销渠道战略包括旅游产品销售渠道战略、产品营销中介战略及产品营销渠道战略；促销战略包括旅游产品营销计划战略、促销人员的培训战略、旅游产品的广告促销战略及旅游企业的公关销售战略。另外，旅游企业的售后服务也成为促销战略的附加内容。

旅游企业市场营销战略计划过程如图 7.1 所示。

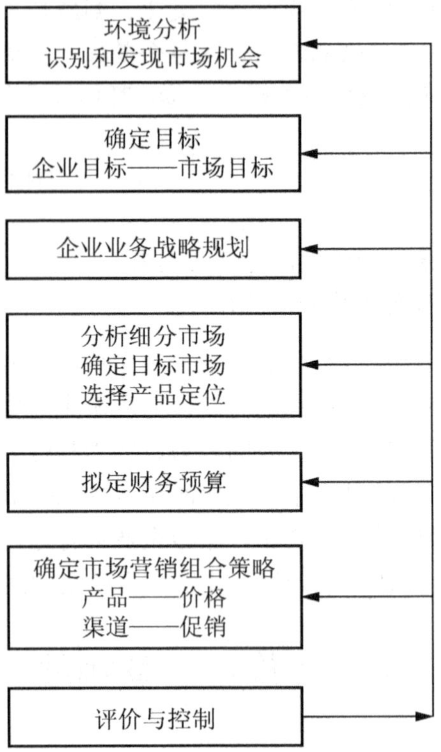

图 7.1　旅游企业市场营销战略计划过程

7.1.2　旅游企业营销战略制定的原则

营销战略关系到企业的生死存亡，旅游企业必须根据企业面临的市场环境和发展的需要制定切实可行的营销战略。旅游业是一项极富国际化特征的产业，市场变化风云莫测，任何政治、经济、社会、自然、心理等方面因素，都会对旅游业产生影响，使旅游业显得极其脆弱。与此同时，旅游者对旅游需求又随着生活水平和质量的提高而变化。面对这样一个既变幻莫测又丰富多彩的需求多样化的市场，旅游企业只有采取创造型和探索型相结合的市场营销战略，方能在竞争中赢得市场。

1．可控因素的最佳组合

从理想化的要求出发，旅游企业最好能控制市场和市场经营环境，但事实上并不可能。在旅游企业经营要素中，会存在许多影响企业经营的因素，有些因素是不可控的，主要指旅游企业经营过程中不能自身调节和控制的外在因素，如旅游企业营销所面临的竞争者和社会、政治、经济、自然等条件。有些因素可由旅游企业控制，具有可控性，主要指旅游企业可以运用自身的经营条件和手段来适时调整、影响市场演变的因素，这些因素如产品、销售渠道、促销、价格、公共关系等。这些因素之间存在着相互影响的关系，其中一个因素发生变化，就完全可能引起其他因素发生变化。

例如，企业的销售渠道发生变化，过去是旅游企业直接面对消费者，而现在是通过旅游中间商来完成销售，价格就必然要调整，促销方式也相应发生变化等。因此，把各种企业可控因素进行最佳组合对旅游企业来说是十分有益的。在制定市场营销战略时，事先对企业内外部营销环境进行认真剖析与预测，分析与营销战略市场因素有关的因素，从中确定关键因素进行深入的分析和组合，以便寻找和发现战略机会。

2. 运用创造性思维

旅游产品的综合性特征首先表现为它由多种资源、设施和服务组成，不仅包括了劳动产品，而且包括非劳动产品和自然创造物，既有物质成分，又有社会精神成分，是一种组合型产品。这种产品的综合性特点，决定了孤立的资源和各种设施的不同编排组合，可以形成不同的产品，通过合理的组合、综合利用，推出新产品。创造性思维对创旅游名牌产品是十分重要的。近几年，我国旅游业在立足国内市场、加入国际市场竞争的过程中，获得了一定发展，但名牌旅游产品寥若晨星，市场份额也不大，老品牌未向深层次开发与发展，新品牌无暇顾及打天下，使旅游产品缺乏一定的吸引力。旅游企业要走向发展，必须有强烈的创名牌的意识，面对市场，勇于竞争，敢为天下先，争创名牌旅游产品。

3. 树立全员营销战略意识

我国旅游企业的形成一般来源于两部分，一部分是由计划型改造为市场型，由过去的政府接待部门转为旅游企业，另一部分是随着对外开放的发展而新建的旅游企业。由于诸多因素的影响，如历史原因、思想意识、经营者素质、管理体制、员工素质等，使得许多企业无营销意识，无营销战略意识，更无全员营销战略意识。旅游企业的发展要求经营管理者站在更高的角度，用战略眼光看世界，实现战术营销向战略营销的转变。同时要清楚认识到，在科技信息飞跃发展的今天，企业的营销不能单靠几个管理者，应变成企业所有员工积极自觉的行动，依靠广大员工的聪明才智，在各自岗位上各司其职，让企业的营销战略成为企业全心共有的统一意识和精神。有了这种共识，就能产生无穷的力量。

4. 考虑全球营销战略

旅游业是最具有国际化特征的产业之一，它的生产、产品、营销等必然会受到国际因素的影响。基于现代社会中环境、能源、人口等世界性问题日益严重并引起了人们广泛关注的现实，旅游企业的利益同整个全球社会的长期利益是一致的，如环境的污染、资源的浪费，必然影响到旅游业的可持续发展和旅游企业的根本利益。所以，旅游企业在制定营销战略时应有全球营销战略意识，其步伐也应与全球所关心的问题相一致，为旅游企业的国际化发展谋求长期可靠的保证。

伴随着旅游企业逐步走上国际化、标准化，以及中国市场体制的不断完善，旅游企业营销战略的意识逐渐被人们所重视。超前的营销战略和成功的营销不仅能给旅游企业带来丰厚的利润，而且能塑造出一个个崭新的企业形象，使企业在竞争中赢得市场。

7.1.3 旅游企业市场细分

1. 市场细分的内涵

所谓市场细分，就是根据消费者的需求特点，购买行为的差异性，将消费者的总体市场划分成若干种类的分片市场，以便旅游企业从中选择一个或若干个分片市场从事生产经营活动。市场细分思想是20世纪50年代美国市场营销学家温德尔·史密斯(Wendell Smith)提出的。市场细分思想是现代生产力发展和人们需求多样化、个性化的结果。

20世纪初期，市场商品供不应求，处于卖方市场阶段，机器大工业为大量生产准备了物质条件。在这种情况下，旅游企业追求生产单一品种规格的产品，实行大批量生产，向消费者推销自己的商品，不存在也不需要细分市场。50年代前后，社会生产力和市场状况发生了深刻变化。生产力水平空前提高，社会商品大量涌现，消费者对消费品的需求越来越多，消费行为更加表现出明显的差异性，追求个性化。市场商品的供给与需求关系出现供大于求的买方市场阶段，旅游企业之间争夺消费者的竞争日趋激烈。在这种新形势下，旅游企业只有根据消费者需求变化和市场供求关系的新特点，采用市场细分的营销新策略，把消费者的总体市场按照消费者需求和消费行为的差异性，划分为若干相似需求的群体市场，采取相应的市场营销策略，从而保证旅游企业市场经营的成功。深刻理解市场细分，有助于选择和确定目标市场，有针对性地制定市场营销组合策略。

2. 旅游企业市场细分的特点

1) 市场细分的核心是消费者需要和消费行为的差异性

消费者需要和消费行为的差异性是市场细分的内在依据。由于人们的经济收入水平、职业与家庭状况、生活方式、个性特征等不同，对市场上任何一种产品，都表现出各种各样不同的需求，消费行为目标也不一样。因此，调查与分析消费者需求与消费行为的差异性，是市场细分的核心。

2) 市场细分是建立在消费者相似需求的共同特征基础上的

消费者的需要和消费行为虽然千差万别，但是却可以按照一定的标准，寻找和发现相似的共同之处，形成稳定的分片市场，以便旅游企业选择其作为经营对象。因此，市场细分不是目的，寻找与发现有相似需要的消费群体，是市场细分的基本要求。

3) 市场细分是以有经营意义的子市场作为旅游企业细分对象的

市场细分不是无限的，消费者需求差异的细分程度是相对的。一般讲不可能为每个消费者提供有特定需要的不同商品，由于旅游企业资源条件不同，对同类商品的生产竞争状况有差别。市场细分后有相似需求的分片市场，能否成为旅游企业的目标市场，要依照市场需求的规模、旅游企业经营能力和经营效益来确定。因此，市场细分中，掌握市场分片最适宜的量度，确定有经营意义的细分市场，是建立在科学基础上的一门艺术。

3. 目标市场及其选择程序

确定目标市场是旅游企业市场营销战略的重要内容，它是在市场细分基础上选择的。

在选择目标市场基础上，进一步作好产品市场定位，并制定相应的市场营销组合策略。因此，目标市场选择是旅游企业一项重要的战略决策。

目标市场是指旅游企业所确定的作为经营对象的某些特定需要的顾客。市场上的顾客众多、需求多样。即使同类型顾客(如青年人)，由于社会阶层、人均收入、生活方式的差别，其需求也有各自的特点。同时，对单一旅游企业来说，受资源限制，既不可能也无必要把所有的市场需要都作为自己的经营对象，而只能在细分市场的基础上，将消费者最需要又最能发挥旅游企业优势的某类分片市场，作为旅游企业的目标市场，从而保证旅游企业市场经营的成功。

4．目标市场战略的类型

旅游企业通过市场调研，在市场细分基础上，应当确定哪些细分市场作为旅游企业经营的目标市场，这就是目标市场策略。

1) 市场整体化策略

市场整体化策略又称为市场无差别策略，是以市场整体为服务对象，以一种产品、一种市场组合策略供应所有的顾客。市场无差别策略是建立在市场所有顾客对某种产品的需求都大致相同基础上的，在促销、价格、渠道等方面无须采取特殊策略。市场整体化策略如图 7.2 所示。

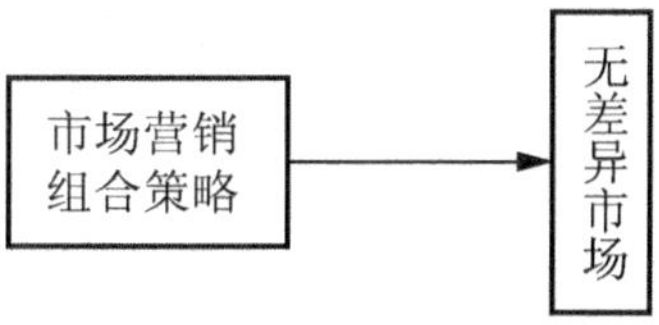

图 7.2　市场整体化策略

市场整体化策略有一定的优点，也存在局限性。其优点是：产品单一，易于实行大批量生产，提高生产效率；有助于争创名牌，提高产品市场声誉；简化经营方式，节约营销费用。这种策略也有一定局限性：单一产品难以满足消费者日益增加的多样化需要；不易明确目标市场，容易忽视有特定需要的市场机会；经营风险大，产品一旦滞销转产困难。

2) 市场细分策略

市场细分策略又称市场差别策略。它是根据消费者需要与消费行为的差异性，将某种产品的整体市场划分为若干分片市场，旅游企业从中选择一个或几个分片市场作为经营对象，如图 7.3 所示。市场细分策略是认为消费者的需要是不相同的，不可能以完全相同的、无差别的产品去满足各类顾客的需要。

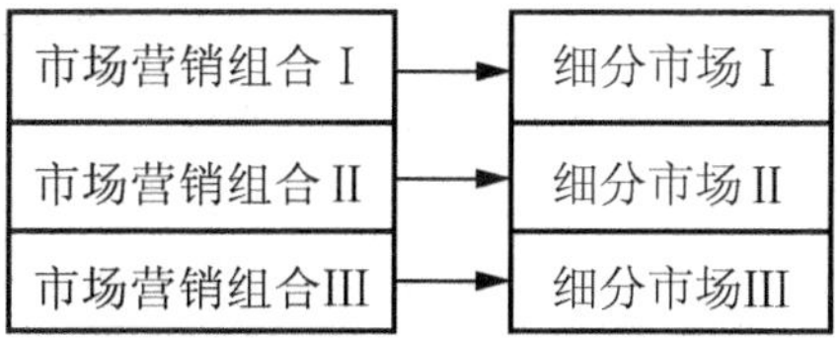

图 7.3　市场细分策略

3) 市场密集型策略

市场密集型策略又称集中市场营销策略。它是旅游企业根据自身条件，以一个或少数细分市场为经营对象，采取集中的市场营销策略，为目标市场顾客服务，如图 7.4 所示。这种策略的出发点，是旅游企业与其将有限的力量去经营各个分散的细分市场，不如将力量集中起来，为少数有限的细分市场服务。这样做的好处是：在生产与市场营销方面实行专业化经营，扩大生产规模，降低生产成本，提高投资收益率；可以采取强有力的市场营销措施，提高市场占有率；便于深入了解消费者的需求，开拓有特色的产品。采取这种策略时，应当随时了解市场竞争动向，避免市场变化带来的风险。

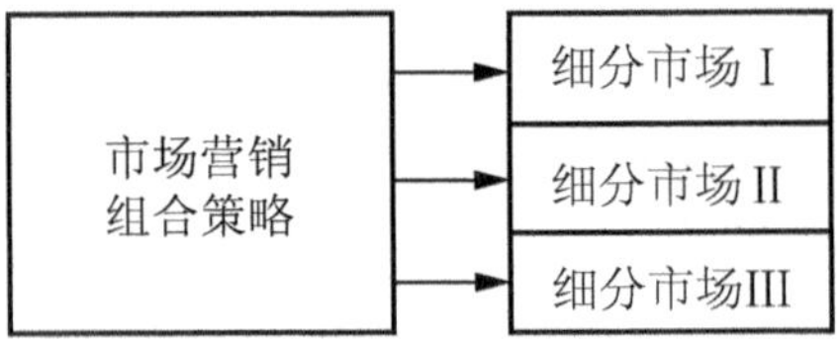

图 7.4　市场密集型策略

上述三种目标市场策略的选择，各有其利弊。其相互关系比较见表 7-1。

表 7-1　目标市场策略比较

整体(无差异型)	集中(密集型)	差异(细分型)
单一产品 整体市场 统一营销组合 经济性好 风险大、难适应差异需求	少数性质类同产品 少数、高占有率市场 专业(产品)营销组合 专业经济性较好 风险较大 在专业竞争对手之间展开	细分多样化产品 细分市场 差异、针对性营销组合 经营成本高 风险小

阅读案例 7-1

玉龙雪山景区客源市场结构

玉龙雪山算不上规模最大，但其景区综合管理水平无疑是最高的。以下根据玉龙雪山景区所提供的翔实数据，对丽江市的客源市场结构及其变化趋势做简要介绍和分析。

1. 客源结构：国内为主，国际为辅

丽江市和玉龙雪山景区的游客来源，一直是以国内市场为主。2009 年，丽江市接待国内旅游者 490 万人次，接待海外旅游者 40 万人次，国内游客占接待总量的 92.45%。国内市场分为传统客源市场和新兴旅游市场。前者又细分为六大客源市场，分别是珠三角、长三角、京津唐、云南省(以昆明和玉溪为主)、四川省和重庆市。根据 2009 年丽江市旅游局对本地旅行社的调查统计，团队接待人数超过 10 万人次的是广东、四川、北京、上海，超过 5 万人次的是天津、云南、浙江、江苏、重庆、河北。上述地区构成丽江旅游的一级目标客源市场，占国内游客总数的 60%以上。

2. 高端市场显现，客源结构多样化

近年来，随着丽江城市旅游环境的优化和提升，客源结构逐步呈现多样化，并且形成了一定范围内的高端客源市场。虽然像悦榕庄这种高端酒店的客房上座率很高。但玉龙雪山景区目前的旅游消费主体人群，还是以月收入 3 000～5 000 元的中等收入阶层为主。丽江城区的三星级以上客房也最为抢手。

3. 新兴市场和境外市场快速增长

在客源结构方面，广东和上海等传统客源市场近年来有所下降，天津、河北、湖南、湖北、内蒙、甘肃、新疆和东三省等新兴市场迅速增长。其中，天津和河北的团队游客近年来增长最快。2006—2009 年，来自天津的团队游客分别为 24 387 人次、39 636 人次、68 478 人次和 92 759 人次，四年时间增长 3.8 倍。在周边市场，自驾游人数增长明显。在入境市场，港澳台游客继续保持增长，日本和西欧的游客也明显增加。2006—2009 年，丽江市接待外国旅游者 56 500 人次、108 231 人次、153 782 人次和 273 690 人次，四年时间增长 4.8 倍。但境外游客占接待总量的比例，目前仍只有 8%左右。

资料来源：http://wenku.baidu.com/view/89bd65a3284ac850ad024279.html

问题：

1. 玉龙雪山景区客源市场结构的特点是什么？
2. 玉龙雪山景区应采取何种市场营销战略？

7.1.4 旅游企业市场定位

1. 旅游企业市场定位的定义

旅游企业市场定位指旅游企业根据竞争者现有产品在市场上所处的位置，针对顾客对该类产品某些特征或属性的重视程度，为旅游企业产品塑造与众不同的，给人印象鲜明的形象，并将这种形象生动地传递给顾客，从而使该产品在市场上确定适当的位置。

2. 旅游企业市场定位的内容

旅游企业市场定位包括产品定位、旅游企业定位、竞争定位及消费者定位等。产品定位侧重于产品实体定位，如旅游产品的质量、特征、可靠性等；旅游企业定位即旅游企业形象塑造，如旅游企业的品牌能力等；竞争定位确定旅游企业相对于竞争者的市场位置；消费者定位确定旅游企业的目标顾客群。

3. 旅游企业市场定位的方法

可根据具体的产品特点定位，即以构成产品内在特色的因素作为市场定位的依据，如产品的价格、质量等，或根据特定的使用场合及用途定位。如果为老产品找到一种新用途，是为该产品创造新的市场定位的好方法。也可以根据顾客得到的利益定位，或者还可以根据使用者类型定位。

4．旅游企业市场定位的策略

旅游企业市场定位的策略有避强定位、迎头定位、创新定位和重新定位等几种策略。

1) 避强定位策略

避强定位策略是指旅游企业力图避免与实力最强的或较强的其他旅游企业直接发生竞争，而将自己的产品定位于另一市场区域内，使自己的产品在某些特征或属性方面与最强或较强的对手有比较显著的区别。使用避强定位策略能使旅游企业较快地在市场上站稳脚跟，并能在消费者心中树立形象。但是这种定位策略往往意味着旅游企业必须放弃某个最佳的市场位置，很可能使旅游企业处于最差的市场位置。

2) 迎头定位策略

迎头定位策略是指旅游企业根据自身的实力，为占据较佳的市场位置，不惜与市场上占支配地位的、实力最强或较强的竞争对手发生正面竞争，而使自己的产品进入与对手相同的市场位置。旅游企业运用迎头定位策略会使其在竞争过程中引人注目，甚至产生轰动效应，旅游企业及其产品可以较快地为消费者或用户所了解，易于达到树立市场形象的目的；但是这种策略具有较大的风险性，旅游企业可能损失惨重。

3) 创新定位策略

创新定位策略是指旅游企业寻找新的尚未被占领但有潜在市场需求的位置，填补市场上的空缺，生产市场上没有的、具备某种特色的旅游产品。采用这种定位策略时，旅游企业应明确创新定位所需的产品有无足够的市场容量，能否为旅游企业带来合理而持续的盈利。

4) 重新定位策略

旅游企业在选定了市场定位目标后，如定位不准确或虽然开始定位得当，但市场情况发生变化时，遇到竞争者定位与旅游企业接近，侵占了旅游企业的部分市场，或由于某种原因消费者的偏好发生变化，转移到竞争者方面时，就应考虑重新定位。重新定位是以退为进的策略，目的是为了实施更有效的定位。

7.1.5　旅游企业形象营销

1．旅游企业形象的内涵

旅游企业形象，是指旅游企业及其行为在社会公众心目中的评价、感受和地位，是旅游企业的表现与特征在公众心目中的综合反映。一般认为旅游企业形象包括旅游企业的市场形象、外观形象、技术形象、未来形象、经营者形象、公司风气形象、综合形象等七个方面。此外，也可以将旅游形象归纳为旅游企业内部形象和旅游企业外部形象两类。

例如，千岛湖公司第一个深入县市、社区搞促销，是南方最早走向长江以北乃至全国的景区企业之一；“千岛碧水画中游”代表了它的历史成就，体现了观光湖的口号；从 20 世纪 90 年代中期的“农夫山泉——千岛湖的源头活水”到通过六家报纸向全国征集旅游标志；“水下古城”的新闻炒作和“千岛湖事件”的危机营销可谓营销史上的经典之作，使千岛湖公司的旅游企业形象被更多的人所了解。但这些并不能使千岛湖满足，他们通过基础调研、市场推进、产品营销、转型变革等，开展了大量的工作。他们研究游客心理，看市民怎样消费、怎样出游；研究媒体信息传播，看怎样花同样的钱能出现更多奇迹；他们不断反复地研究旅行社，甚至研究景区自身，最终摸索出了一套具有创新精神的五指营销法(即大拇指代表游客，小拇指代表景区，中指为媒体，而无名指、食指则分别代表地接社和组团社)。同时，千岛湖积极参加全国和全省举办的各类旅游洽谈会，加强与周边景区的协作联动，充分利用“千岛湖秀水节”等旅游节庆品牌，精心策划休闲度假旅游推介专题活动。

人们对旅游形象都已比较熟悉，但对它的理解大多是通过景区良好的景观建设，给予旅游者美好的印象和感受，这种观点只是对旅游形象的表面理解，真正将旅游形象提升到战略的高度加以系统认识的虽然也有，但仍然比较少。例如，“无限的新加坡，无限的旅游业”、“魅力香港，万象之都”等城市形象营销已经产生巨大的影响，各著名景区也都越来越重视自身旅游形象的设计。

2. 旅游企业形象工程——CIS

CIS，是 Corporate Identity System 企业形象识别系统的缩写。CIS，企业形象识别系统是运用视觉设计，将企业的理念与特质予以视觉化、规格化及系统化，运用整体性传播营销，特别是运用视觉沟通技术，透过传播媒体来增加社会认同的符号系统。

CIS 包括三个子系统：理念识别、行为识别及视觉识别。CIS 包括企业经营理念、企业行为规范、企业形象设计三个连续操作的系统和过程，其操作为：明确经营理念，规范行为规范，突出形象设计。即明确理念识别系统。它指一个企业的经营理念的定位，包括企业经营理念、企业精神、经营信条、企业风格文化等；规范行为识别系统；突出视觉识别系统。

CIS 实施程序监测与效果评估：

(1) 聘请有关专家组成项目测评机构和法律咨询机构和顾问团，成立企划部。

(2) 设计公司定期向旅游企业企划部递交项目执行进度小结。

(3) CIS 工程执行委员会定期召开项目执行研讨论证会议，阶段会议邀请项目测评机构和法律咨询机构和顾问团参加，提供 CIS 实施监测报告。

(4) 项目实施过程中有关设计制作招标工作的开展，由 CIS 工程执行委员会邀请项目评估机构和法律咨询机构和顾问团参加制定标书，开展招标定标工作。

(5) 项目实施完成后，设计公司提供项目决算，CIS 工程执行委员邀请项目测评机构和法律咨询机构和顾问团进行效果评估，提供验收报告，项目结束。

阅读案例 7-2

厦门旅游集团：冬季恋歌——韩国游产品

深度公司在为厦门旅游集团(简称厦旅)提供整体品牌营销策划服务期间，发现厦旅已经自己研发了一个韩国游的新产品，这个产品是去韩国电视剧中《冬季恋歌》中的林荫道、《我的野蛮女友》中的爱宝乐园、《情定大饭店》中的华克山庄等外景地。其实也就是普通韩国行程，加了一点新元素，还给每一个游客送《冬季恋歌》影片中的北极星项链作为促销。看起来厦旅动了很多脑筋，下了很多工夫，但销售并不明朗，一筹莫展。

于是深度公司项目组成员就在酒店里用深度旅游营销实战法则“一个中心、两个基本点、四项原则”来对该产品作了一个分析，立刻使这个产品条理清晰，而且很生动、有趣味。

1. 以需求为中心

首先我们回到消费者的原点来聚焦思考整个产品，我们捕捉到一点——厦门被称为“温馨城市”，由此可见厦门人对“温馨”是有相当的认知基础；然后我们再反观人性，其实每一个人的内心深处都有渴望浪漫、希望典藏真情的需要，就看你用什么方式去触动他。

2. 差异点

很快我们也理出了现在这个行程与普通韩国行程不一样的地方，差异点主要在专门到曾拍摄过《冬季恋歌》、《我的野蛮女友》、《情定大饭店》等剧的外景地去畅玩，并且赋予它主题，使这条线路有大的想象空间。

3. 整合点

我们将这条线路定名为“冬季恋歌之旅”，口号暂定为“回味心动时刻，体验‘冬季恋歌’！”整合点落在“冬季恋歌”上，以回味心动时刻，来勾起消费者对冬季恋歌的联想以及到韩国去和自己心爱的人一起身临其境感受典藏真爱时刻的体验。

4. 人群细分原则

在目标对象的选择上，我们考虑这样的产品要做得人如潮涌也是不可能的，所以强调它的稀缺性，限定人数在66对或99对未婚或已婚男女，这样对消费者也是一种暗示，不是所有的人都是有这样的机会的，在这一点上做好了，价格就会显得不太重要，甚至反而可以适当提高价格。所以本产品专为厦门及周边地区99对渴望浪漫、希望典藏真情的未婚或已婚男女准备。

5. 行程丰富原则

深度在行程设计方面也做了如下可操作性的思考，本着“简单不复杂”的原则，创造性地设定每天的旅游主题，使得行程每天都有一个核心亮点，有一个体验高潮，每天的主题又始终围绕一个中心展开，像珍珠项链那样串起来。这样的线路行程才会更丰富，这样的旅游产品才会更有价值，因为这已经超越了普通走马观花的旅游，它会给消费者一种在旅游以外的体验价值，这个产品的体验价值就是“浪漫而富有情趣的真情回味”，我们在这里说的行程丰富，并不只是在华丽文字的刻意矫饰，而是本着消费者的体验价值来展开产品的设计，增加或删减产品的服务细节，创造旅游产品的增值部分。

6. 实效推广原则

实效推广要把握“借势”原则，充分思考、深度挖掘社会话题对此类问题的关注度和敏感性，力争通过新闻或社会话题的方式来炒热市场，从而达到事半功倍的效果。

7. 品牌积淀原则

做旅游，不是今年做了12个产品，明年1月又开始做第13个产品，实际上当你做的12个产品都能很好地落在你的旅行社品牌上，你明年一月不打第十三个产品的广告，消费者也会参你的团。因为消费者知道你的旅行社就是卖这样风格的旅游产品，不用说你的下一个产品仍然会有那种感觉。所以对厦旅集团来说，“凤凰花假期——欢乐处处盛开……”

的理念将始终贯穿在行程的设计中和广告传播中，将两情相悦的情趣和欢乐演绎得淋漓尽致，这样才会使“冬季恋歌之旅”产品最终落在厦旅集团“凤凰花假期”品牌的积淀上——欢乐处处盛开。

资料来源：http://www.deeptour.cc/blog/post/38.html

问题：

1. 厦门旅游集团的“冬季恋歌——韩国游”产品营销的成功经验是什么？
2. 请从市场细分角度对厦门旅游集团“冬季恋歌——韩国游”产品进行分析。

7.2 旅游企业品牌战略

作为一种不可储存、消费与生产同步进行的体验型产品，旅游产品很难直接将产品特征和形象展示在消费者面前。因此，如何通过品牌建设来传递产品消费感受和产品形象，对于旅游企业在竞争中取胜至关重要。品牌资产在经济中的作用与影响越来越大。众多国际知名品牌正是在成熟的品牌建设的基础上，通过品牌授权享受着高额的利润回报，产生了强劲的扩张力。旅游企业认识到品牌管理的重要性，管理人员重视品牌资产和品牌价值，会起到提升品牌影响力和增强市场认可度的效果。

7.2.1 品牌的内涵

1．品牌的定义

品牌是一种名称、术语、标记、符号或设计，或是它们的组合运用，其目的是借以辨明某个销售者或某群销售者的产品和服务，并使之同竞争对手的产品和服务区别开来。它包括品牌名称、品牌标志和商标。

品牌名称是指品牌中可以被认出、并能用言语称呼的部分。例如，可口可乐、雪碧、芬达等。品牌标志是指品牌中可以被认出、但不能用言语称呼的部分，如符号(记号)、设计、与众不同的颜色或印字。由此可见，商标是旅游企业在政府有关部门注册登记以后，就享有使用某个品牌名称和品牌标志的专用权，这个品牌名称和品牌标志受到法律保护，其他任何旅游企业都不得仿效使用。因此，商标实际上是一种法律名词，是指已获得专用权并受法律保护的一个品牌或一个品牌的一部分。

品牌化是旅游企业为其产品规定品牌名称和品牌标志，并向政府有关主管部门注册登记的一切业务活动。

2．品牌的类型

根据品牌的构成，通常可分为5种品牌类型。

1) 文字品牌

文字品牌是指直接用文字构成的品牌。品牌中的文字可以是中文，也可以是数字及任何国家、民族的文字。文字品牌简练明晰，容易称呼、识别，可以明确表意；但在国际营销中可能会给音译带来困难。目前，文字品牌是主要的品牌类型，所占比例最大，且出现了厂牌名称与旅游企业名称统一、品牌无词义的倾向。

2) 字母品牌

字母品牌是从文字品牌中延伸出来的一种品牌类型。一般用厂牌名称的第一个字的第一个字母作品牌；也可用厂牌名称的每一个字的头一个字母组合而成。

3) 图形品牌

图形品牌是一般用人们所见事物经艺术设计后而构成的品牌。图形品牌形象生动，识别力强，还可通过图形直接或间接地传递厂牌、商品的信息；但它难于称呼。目前单纯以图形作为注册品牌的旅游企业比较少。

4) 符号品牌

符号品牌是图形品牌延伸出来的一种品牌类型。一般用某种无意义但简单醒目的符号作为品牌。符号品牌的创意独特，较少重复雷同，更具识别力；特别是运用电脑来设计，可为符号的创新提供更为便利的条件；但在无文字说明时，符号品牌将无法称呼。

5) 组合品牌

组合品牌是由文字、符号、图形、字母共同组合或由其中两个以上的类型组合而成的品牌。组合品牌是较常见的品牌类型。

3．品牌的功能

对于消费者而言，品牌执行了以下四种主要的功能。

1) 识别

品牌自身必须定义清楚、含义单一，这样它才能被人识别。品牌代表了产品的一定质量和特色，可方便消费者选择。消费者只需认准产品的品牌就可了解其基本属性，如品质、特点等。

2) 信息浓缩

识别性要求以消费者所把握的关于品牌的所有信息的概要形式发现。品牌能够提供进入网状记忆的通道，以触发其和客户的联系。品牌满足了大多数购买者的需要，是购买者获得商品信息的重要来源。

3) 提高安全性

消费者购买一个熟悉的品牌商品能给其带来更多的信心保证。品牌能够保证给消费者提供他期待的这种利益。

4) 提供附加价值

品牌能给客户提供比一般产品更多的价值或利益。优秀的品牌可以给消费者与同类产品明显不同的形象，从而有助于减少价格弹性的影响，提高产品的附加价值。名牌产品比同类产品的价格弹性小，而且其价格都明显高于同类产品。名牌产品的品牌效应本身就提高了产品的附加值。

7.2.2 实施旅游品牌战略的主要措施

1. 注意整体产品观念

对于旅游产品而言，从整体产品观念来看，应包括核心产品、形式产品和延伸产品。具体来说，核心产品通常包括吃、住、行、游、购、娱六大要素；形式产品则包括旅游产品的品质、形态、价格、商标、旅游类型等；而延伸产品则包括在供给者和需求者交易过程前后所得到的任何附加服务和利益。与一般产品不同的是，旅游产品更加注重的是其形式产品和延伸产品部分，旅游消费者更为注重的是旅游过程中的信用和服务过程。对于旅游产品而言，旅游服务贯穿着整个旅游产品交易的全部过程。因此，在实施旅游产品品牌策略时应充分注重旅游前、中、后期的整个过程，注重产品的整体观念。

2. 注重旅游企业的形象

企业形象是公众对企业的综合评价，是企业的表现与特征在公众心目中的反映。旅游企业形象作为一种“无形的经营资源”，是难以单凭抽象的道理解释清楚的。所谓旅游企业形象就是社会公众包括旅游员工心目中对旅游企业整体的评价，它是公众对旅游企业的发展史、创始人、主管人员、员工、团结气氛、行为准则、物质条件、产品、服务、旅游企业名称等的总体认知，反映了公众对旅游企业的整体特点、总的精神的了解和情感倾向。这种印象不仅来自于有形的、看得见摸得着的外显事物，同时也来自于长期为公众所感知和记忆的旅游企业的行为和表现的内在精神。在品牌旅游产品的经营过程中，旅游企业的企业形象是传递沟通联络的工具。同制造业生产的具有物理形态的商品相比，服务明显地具有难以定义和难以进行试验的特性。建立品牌旅游产品应从旅游企业的角度出发，为了诱发顾客的消费行为和启发适合旅游企业预期目标的顾客偏好，旅游企业要加强与顾客的联络。并且，通过远比仅仅展示给顾客一件产品更为复杂的方式去影响其对现实的感觉。再者，良好的企业形象能够引导和影响旅游员工的行为，这是旅游管理中关键的一环。企业形象与企业现实之间的相互吻合是旅游企业所追求的长期目标。

拥有国家级风景名胜区的西双版纳傣族自治州，努力塑造旅游整体形象，如今已成为云南旅游业一个响亮的名牌旅游产品。西双版纳州在注重景区建设、实施生态保护的同时，全方位塑造旅游名牌形象。2000 年 4 月，该州借“中国昆明国际旅游节”举办之机，加大旅游宣传力度，以每年近 80 万元的投资在昆明国际机场显著位置推出面积为 600 多平方米的“西双版纳民族旅游广告宣传长廊”，开创了该州旅游业在省会昆明做大型宣传的先河。州旅游局还邀请各方人士对全州进行旅游形象设计，策划旅游营销方案，使西双版纳的旅游宣传更科学、规范和富有成效。

3. 注意旅游品牌的文化特征

在现代旅游市场中，由于激烈的竞争，旅游产品的更新换代很快。从品牌旅游产品的生产者角度来看，每一件品牌旅游产品的生命周期都不一样，如何有效地延长品牌旅游产品的生命周期，文化内涵是其关键所在。我国是一个拥有几千年灿烂文化的文明古国，具有悠久的历史文化，国外大多数的旅游者对中国传统文化的民俗、民族风情有着极大的兴趣，认为是人类文化的精品、旅游资源的瑰宝，因而愿意接受价格较高的中国文化旅游产品。

湖南省旅游业在发展旅游过程中就充分注重品牌旅游产品的文化内涵，以古代文化中的名人名山作为品牌旅游产品的全新旅游形象。南岳衡山是一个老牌景区，自古有“五岳独秀”的美誉，但随着新景区的不断增多，旅游市场竞争日趋激烈，如何使名品牌焕发出新活力便成为南岳旅游发展的最大问题。针对世界旅游发展已进入休闲时代的新趋势和人们普遍追求健康长寿的新要求，结合南岳寿文化源远流长的资源特征，南岳区于2000年提出了“旅游品牌强区”的发展战略，在品牌文化方面进行了大胆创新，将南岳衡山的品牌形象革新定位为“中华太岳”，确定了打“中华寿岳，天下独寿”这张王牌，以品牌树立形象，以形象扩大影响，以影响促进发展。

随着旅游市场营销的不断发展，品牌营销已成为旅游企业必不可少的营销手段之一，品牌已经成为企业综合实力的象征。在进行品牌营销的过程中，只有充分考虑到以上各个方面，企业品牌才能深入人心，品牌旅游产品才能真正成为企业竞争的核心，企业才可能在市场竞争中立于不败之地。

阅读案例 7—3

美国运通的品牌营销之道

美国运通公司成立于1850年，至今发展成为：《财富》杂志公布的全球500家最大的跨国公司之一；纽约证券交易所代表道琼斯工业指数的30家公司之一；世界最大的旅游服务公司，在全球130个国家设有1 700个旅游办事处；世界最受尊崇的品牌之一，在全球175个国家设有2 300个办事机构，有数千万家特约商户。

150年前，美国运通公司只是一家从事快递服务的小公司，但随后运通发明了旅行支票(一种供旅行者使用的现金替代物，在一个半世纪后的今天，赊账卡和信用卡仍是运通的两项重要服务)，现在还提供金融服务和与旅行相关的多项服务等。

品牌化运作是成就运通的关键。在美国运通史上，一直到20世纪80年代中期，运通的核心客户都可以被称为是成功的商务旅行者。在那段时间内，这个群体需要的是上乘的服务，被人尊重、承认，全球漫游及应急安全网，因为他们确实要经常旅行。为满足他们的需求，运通提供的核心产品是赊账卡和旅行支票。此外，还有运通的旅行服务办事处，因为这些办事处正是运通核心产品的重要支撑点。

随着市场形势的不断变化，客户的需求也在不断变化，运通的目标前景和持卡人对运通品牌的要求也越来越高。为了适应这些变化，运通在产品上又不断扩展，在品牌承诺上也不断更新。

表 7-2　美国运通品牌结构

核心客户	高级的事业有成的商家和旅行者
需求	全球通用、使用或借记、有奖赏、安全可靠
主要产品	赊账金卡、通用卡、IC卡、蓝色信用卡、共同品牌、各种金融服务
品牌承诺	为有远见卓识的客户提供有偿服务、承诺他们

美国运通下属的商务旅行服务公司，以“提供综合性服务，帮助客户控制商务旅行支出”为主营业务。进入20世纪90年代，商务旅行服务公司主要定位为“面向全球企业，提供商务旅行预算和旅行方案咨询，开展商务旅行全程代理”。

实际上，运通向社会提供的各类服务早已远远超出了一家信用卡和旅行服务公司的基本范围。运通作为一家传统的服务公司，借助信息技术和互联网推出了全面服务解决方案，将竞争优势建立在企业智力资源的外延上。随着运通网站的服务在品种和深度上的不断拓展，用户获得的是一个世界级大企业的智力援助、流程化管理和先进的作业指导，运通也深层次、全方位地介入客户企业的管理层。从逻辑上看，运通网站已成为无数中小公司的管理咨询中心，成为这些企业和个人不可脱离的一部分；而这些中小企业实际就成为在信贷上、管理上、运作模式乃至日常决策上都通过互联网寄生于其上的社会作业体，成为以运通为智力核心的“星云体”模型。

资料来源：http://wenku.baidu.com/view

问题：

1. 美国运通公司是如何进行品牌营销的，有哪些创新？
2. 美国运通公司品牌营销对其他旅游企业有何启示？

7.3 旅游企业人力资源战略

7.3.1 旅游企业人力资源规划

人力资源是旅游企业运营的基础，旅游企业的一切经营决策的制定与执行都需要有人的参与。与技术、资本等其他资源不同，人力资源是一种具有内在能动性的资源。随着科学技术的突飞猛进，人力资源对财富形成贡献越来越大，逐渐占据主导地位。研究表明，实物资本的收益现在只是人力资本收益的1/4，科技进步对经济增长的贡献率从20世纪初的5%～20%提高到20世纪90年代的70%～80%。

人力资源战略是指人力资源管理者从组织的全局上、整体上及企业的长远、根本的利益出发，所涉及的具有方向性的、指导性的、可操作性的实施人力资源开发与管理的谋划、方针、原则、行动计划与策略。旅游企业人力资源管理战略的作用包括：统筹考虑旅游企业与个人的目标；把握人力资源的发展态势；确定有效的人力资源开发与管理方法等。

阅读案例7—4

节后餐饮企业遭遇用工荒

随着2013年春节假期结束，北京的餐饮企业陆续打开店门，恢复营业。但从厨师、配菜员，到服务员、面点师，一个个空缺的岗位难住了餐饮店主。因为人员流动性强、薪金吸引力下降，2013年春节后餐饮企业的“招工”显得有些困难。

“今年每个岗位的工资都涨了两三百元，但还是招不满人。”崔阳在西城区广安门附近经营着一家四川菜馆，他身后门店的大玻璃窗上贴着刚刚换上的“招工启事”，厨师、服务员、厨工、面点师、配菜员……几乎囊括了餐馆所有岗位。

“年前我这儿还有 13 个员工，转过年就只剩 7 个了。”每年春节对于崔阳来说都是“年关”，因为节后店里员工的“流失率”年年都在五成左右。正月初八餐馆恢复营业时，只回来了 2 个厨师、1 个厨工和 3 个服务员，加上崔阳和他从老家带来的亲戚，勉强凑够了 8 个人。“每个人都管着好几样事，客人一多就有些手忙脚乱。”虽然招聘启事已贴出去了 3 天，但除了几个咨询的电话，还没找到一个“帮手”。

像崔阳这样在为人手着急的老板并不在少数。簋街、方庄、展览馆路、蓝色港湾等多个餐饮企业聚集区几乎家家餐饮企业的橱窗上都贴着招工启事，少的招聘两三人，多的要招十五六人，不少企业的员工都缺口 1/3 以上，多的甚至超过一半。

资料来源：北京日报，2013 年 02 月 20 日，孙超逸，张倩怡

1. 旅游企业人力资源规划的内涵

广义的旅游企业人力资源规划是指旅游企业根据其发展战略、目标及内外环境的变化，预测未来组织的任务和环境对组织的要求，以及为完成任务和满足要求而制定和实施相应人力资源政策、措施的过程。换言之，广义的人力资源战略规划强调人力资源对组织战略目标的支撑作用，从战略层面考虑人力资源战略规划的内容和作用。因此，它既包括人力资源数量、质量与结构的系统规划与安排，也包括实现人力资源战略目标的策略与相应职能的系统安排。其作用可以等同于人力资源管理战略，是旅游企业竞争战略的有机组成部分。

而狭义的人力资源战略规划是指对可能的人员要求、供给情况做出预测，并据此储备或减少相应的人力资源。可见，狭义的人力资源战略规划以追求人力资源的平衡为根本目标，它主要关注的是人力资源供求之间的数量、质量与结构的匹配。

无论何种人力资源战略规划定义，都大致包括如下四种含义。

第一，组织外部的政治环境、经济环境、技术文化等处于不断的变化之中．使得组织的战略目标也处于不断调整之中，从而组织内部和外部的人力资源供给与需求也处于不断变动之中；寻求人力资源供给与需求的动态平衡是人力资源规划的基点，也是人力资源战略规划存在的必要条件。

第二，人力资源战略规划是以组织战略目标为基础的，当组织战略目标与经营方式发生变化时，人力资源战略规划也随之发生变化。因此人力资源规划的过程是一个不断调整的动态过程。

第三，人力资源战略规划是一个依据人力资源战略对组织所需人力资源进行调整、配置和补充的过程，而不单单是预测人力资源供给与需求的变化。在此过程中，必须有人力资源管理其他系统的支持和配合，才能保证适时、适人、适岗。

第四，人力资源战略规划是要保障组织和个体都得到长期的利益。但更多的是保障组织的利益得到实现，保障个体利益主要是由其他人力资源管理系统实现的，而不单单是一个规划系统就能解决问题的。

因此，人力资源战略规划着眼于为未来的生产。经营活动预先准备的人力资源，它所考虑的不是某个具体的人员，而是一类人员。个人的发展规划也属于某一类人员的发展规划之中。因此，人力资源战略规划的实质是一种人力资源管理的策略，它的制定为旅游企业的人力资源管理活动提供了指导。

2．旅游企业人力资源规划的程序

制定旅游企业的人力资源战略，主要包括以下六个程序，如图 7.5 所示。

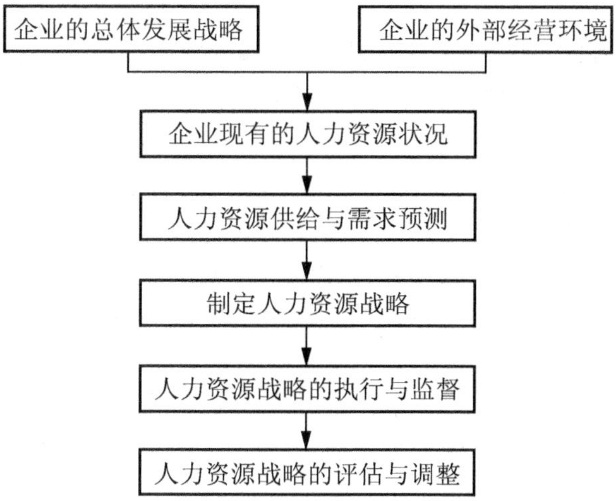

图 7.5　人力资源规划的过程

第一，旅游企业的总体发展战略是制定人力资源战略的基础，是旅游企业的发展重点。旅游企业的产品市场占有率、生产和销售状况等因素都会对人力资源规划提出不同的要求；另外，旅游企业的外部经营环境和市场环境是旅游企业制定人力资源战略的依据，并且要与所在地的法律与社会价值观相适应。

第二，分析旅游企业现有的人力资源状况。通过建立旅游企业人力资源信息系统，对旅游企业中现有的人力资源进行数量、质量和结构方面的分析。充分挖掘现有的人力资源的潜力，考虑通过培训、内部流动等措施来满足旅游企业的人力资源需求。

第三，找出现有人力资源与旅游企业发展要求的差距，通过对旅游企业的人力资源供需状况进行预测，为制定人力资源战略打下基础。

第四，根据上述步骤，制定人力资源战略，包括总体战略和各项具体职能工作的实施战略，并确定计划的时间跨度。同时注意战略各个部分，以及不同职能工作计划之间的匹配与平衡。

第五，按照计划逐步实施人力资源战略，并设立执行过程中的监督和控制机制，以保证人力资源战略的有效实施。

第六，建立人力资源战略的评估和调整机制。在战略实施过程中，通过对实施效果的评估，并结合旅游企业内外环境的改变，及时找出战略的不当之处并予以调整，保证人力资源战略与旅游企业发展战略、旅游企业内外环境之间的有效匹配。

7.3.2 旅游企业人力资源的供需预测与平衡

人力资源预测的目的是估计未来某个时期旅游企业对劳动力的需求。通常人力资源预测分为两种：一种是旅游企业内部和外部的劳动力供给预测；一种是旅游企业内部和外部的劳动力需求预测。由于这两种预测分别建立在不同的假设之上，并受不同的变量的影响，所以在方法和分析的思路上也有所不同。

1. 人力资源需求预测的方法

旅游企业人力资源需求预测受不定因素的影响比较大，所以在实际操作中定量分析较少，而且预测的主观性色彩比较浓。人力资源需求预测的办法主要有以下几种。

1) 德尔菲法

德尔菲法(Delphi Method)是一种集中专家意见咨询的定性预测方法。由于其简便易行，被广泛地运用于经济预测分析之中。由于专家组成员之间存在身份和地位上的差别及其他社会原因，有可能使其中一些人因不愿批评或否定其他人的观点而放弃自己的合理主张。因此这种方法是以问卷的方式、由预测组织者分别听取专家对未来人力资源需求量的分析评估，然后归纳专家意见后再反馈给专家。一般来讲，通过3～5次重复，专家的意见趋于一致。专家可以是来自一线的管理人员，也可以是旅游企业高层管理者和社会上的学者。例如，在估计未来旅游企业对劳动力需求时，旅游企业可以选择在计划、人力资源、市场、生产及销售部门的经理作为专家。

2) 判断式预测法

旅游企业的管理者因为业务关系经常接触员工，比较了解实际情况，因此他可以凭着个人以往的经验与直觉，估计旅游企业未来人力资源的需求。例如，管理者可以根据前期任务情况，预测未来某一时期内，增加相同任务量，将需要增加多少员工。也可以预测未来某一时期内，本旅游企业内将有哪些岗位上的人员将会离开，如晋升、退休、辞退、调动等，这些岗位都需要人员替补和更换。如果旅游企业规模不太大，而管理者有多年的经验与丰富的学识，这种方法可以成为一种简单、快速、易行的人为资源需求估计法。它适用于任务与人力资源需求较简单的状况，并且主要是短期内的预测。

3) 回归分析法

回归分析法包括一元线性回归、多元线性回归和非线性回归分析。所谓一元线性回归，只是涉及对人力资源需求产生影响的某一类因素，如产量。而事实上，对人力资源需求产生影响的大多数为两个以上因素，这就是多元线性回归所要解决的预测问题。如果某个因素与人力资源需求之间不存在线性相关的关系，就必须采用非线性回归的方法。多元线性与非线性回归法通常需要计算机处理。

2. 人力资源供给预测的方法

旅游企业人力资源供给来自两方面：一是旅游企业内部人力资源供给，如晋升、调动等；二是旅游企业外部人员的补充。旅游企业内部人力资源供给预测的方法主要有以下几种。

1) 旅游企业内部员工流动矩阵

了解旅游企业内部员工的流动趋势，为预测旅游企业内部人力资源供给提供了可能的依据。这种方法见表 7-3。

表 7-3 员工流动矩阵

工作级别		终止时间									流出	总量
		A	B	C	D	E	F	G	H	I		
起始时间	A	1.00									—	1.00
	B	0.15	0.80								0.05	1.00
	C		0.16	0.76	0.04						0.04	1.00
	D		0.01	0.23	0.73						0.03	1.00
	E					0.85	0.05				0.10	1.00
	F					0.25	0.65	0.05			0.05	1.00
	G						0.40	0.50	0.03		0.07	1.00
	H						0.02	0.20	0.75		0.08	1.00
	I								0.20	0.50	0.30	1.00

在表 7-3 中，工作级别从 A 到 I，其中 A 最高，I 最低。起始时间如果是前年，终止时间如果是去年，那么这张矩阵图就是员工流动调查图，如果起始时间是今年，终止时间是后年，其中的数据一般根据调查图而得出。

例如，AA 为 1.00，是指在这个时间段内最高工作级别的人员未流动；BB 为 0.80，是指在这个时间段内，这个级别的人员留住 80%，其中 15%晋升到 A 岗位，5%流出旅游企业，以此类推。

从矩阵图中，我们可以看出员工流动的趋势。例如，从表 7-3 中可以看出，I 岗位上流走的人数最多，占 30%；其次是 E 岗位，占 10%；C 和 D 两岗位只有晋升，没有降级；G 和 F 两岗位晋升比例较大，但有降级。

2) 马可夫分析矩阵

马可夫分析矩阵与上述员工流动短阵图有相似之处。从表 7-4 中可以看出，马可夫分析矩阵上半部分与流动矩阵完全相同，只是多了下半部分的现任者应用矩阵。从现任者应用矩阵来看，A 岗位原有员工 62 人，到了 AA 便只有 44 人(62×70%≈44 人)；到了 AB 便只有 6 人(62×10%≈6 人)；到了 AC 便只有 3 人(62×5%≈3 人)；流出人数为 9 人(62×5%≈9 人)，以此类推。

表 7-4 马克夫分析矩阵

员工流动矩阵						
终止时间		A	B	C	D	流出
起始时间	A	0.70	0.10	0.05	0	0.15
	B	0.15	0.60	0.05	0.10	0.10
	C	0	0	0.80	0.05	0.15
	D	0	0	0.05	0.85	0.10

续表

现任者应用矩阵						
所有员工数		A	B	C	D	流出
A	62	44	6	3	0	9
B	75	11	45	4	8	7
C	50	0	0	40	2	8
D	45	0	0	2	38	5
终止期员工数		56	51	49	48	29

根据马可夫分析矩阵，我们可以很清楚地看出在终止时间时，各工作岗位的人数及流出的人数。

3. 人力资源的供需综合平衡

在预测了人力资源的需求与供应之后，人们通常会发现两者之间存在着不平衡的问题：一是人力资源供大于需；二是人力资源供小于需；三是人力资源供需总量平衡，但结构不平衡。针对这两种情况，人力资源规划必须对人力资源的供求关系进行综合平衡。

在人力资源供大于需的情况下，即旅游企业存在人员过剩时，首先，应该通过旅游企业自身的发展，即开拓新的旅游企业发展增长点来调整人力资源供给配置。例如，旅游企业可以通过扩大经营规模，开发新产品，实行多元化经营等增加人力资源需求的方式来吸收过剩的人力资源供应。其次，旅游企业还可以通过一些专门措施，如提前退休或内退、减少工作时间和相应降低工资水平、转业培训等方式来减少人力资源的供应。最后，合并和关闭某些臃肿的机构，以减少人力资源供给。

在人力资源供小于需，即供不应求时，必须增加人力资源的供给。旅游企业首先应当考虑从内部进行调剂，通过旅游企业内部的人力资源岗位流动，增加人力资源的供给。旅游企业可以通过培训、晋升、引进、招聘等方法满足对高层次人才的需求，以及制订聘用非全日制临时工计划，如返聘退休者等。

阅读案例 7–5

迪士尼的员工培训

世界上有多个规模较大的迪士尼乐园，不过全世界开的最成功的、生意最好的，却是日本东京迪士尼。

到东京迪士尼去游玩，人们不大可能碰到迪士尼的经理，门口卖票和剪票的也许只会碰到一次，碰到最多的还是扫地的清洁工。所以东京迪士尼对清洁员工非常重视，将更多的训练和教育大多集中在他们的身上。

1. 从扫地的员工培训起

东京迪士尼扫地的员工，一些是暑假工作的学生，虽然他们只扫两个月时间，但是培训他们扫地要花 3 天时间。

1) 学扫地

第一天上午要培训如何扫地。而且扫地时还另有规定：开门时、关门时、中午吃饭时、距离客人 15 米以内等情况下都不能扫。这些规范都要认真培训，严格遵守。

2) 学照相

第一天下午学照相。十几台世界最先进的数码相机摆在一起，各种不同的品牌，每台都要学，因为客人会叫员工帮忙照相，可能会带世界上最新的照相机，来这里度蜜月、旅行。如果员工不会照相，就不能照顾好顾客，所以学照相要学一个下午。

3) 学包尿布

第二天上午学怎么给小孩子包尿布。孩子的妈妈可能会叫员工帮忙抱一下小孩，但如果员工不会抱小孩，动作不规范，不但不能给顾客帮忙，反而增添顾客的麻烦。不但要会抱小孩，还要会替小孩换尿布。

4) 学辨识方向

第二天下午学辨识方向。顾客会问各种各样的问题，所以每一名员工要把整个迪士尼的地图都熟记在脑子里，对迪士尼乐园内方向和位置都要非常明确。

2. 会计人员也要直接面对顾客

有一种员工是不太接触客户的，就是会计人员。迪士尼规定：会计人员在前两三个月中，每天早上上班时，要站在大门口，对所有进来的客人鞠躬、道谢。因为顾客是员工的“衣食父母”，员工的薪水是顾客掏出来的。感受到“什么是客户”后，再回到会计室中去做会计工作。迪士尼这样做，就是为了让会计人员充分了解客户。

3. 其他重视顾客、重视员工的规定

1) 怎样与小孩讲话

游迪士尼有很多小孩，这些小孩要跟大人讲话。迪士尼的员工碰到小孩在问话，统统都要蹲下，蹲下后员工的眼睛跟小孩的眼睛要保持一个高度，不要让小孩子抬着头去跟员工讲话。因为那个是未来的顾客，将来都会再回来的，所以要特别重视。

2) 怎样送货

迪士尼乐园里面有喝不完的可乐，吃不完的汉堡，享受不完的三明治，买不完的糖果，但从来看不到送货的。因为迪士尼规定在客人游玩的地区里是不准送货的，送货统统在围墙外面。

这样可以看出，迪士尼多么重视客户，所以客人就不断去迪士尼。去迪士尼玩 10 次，大概也看不到一次经理，但是只要去一次就看得到员工在做什么。这就是前面讲的，顾客站在最上面，员工去面对客户，经理人站在员工的底下来支持员工，员工比经理重要，客户比员工又更重要，这个观念人们应该建立起来。

资料来源：http://wenku.baidu.com/view/5a6ae2d8d15abe23482f4def.html

问题：

1. 迪士尼为何特别重视对清洁员工的培训？
2. 迪士尼的员工培训有何特点？

7.4 旅游企业财务战略

7.4.1 旅游企业财务战略的定义、特点

企业资金周转过程中所出现的不平衡现象应通过财务管理的有效运作予以平衡，这样才能保证旅游企业的长期、健康、稳定的发展。但是，旅游企业资金均衡、有效流动受到许多因素的影响，复杂多变的旅游企业环境使企业对资金流动难以准确地预测和控制，在这种情形下，企业应着眼于外部环境的改变，对资金流动制订战略计划，对资金的管理实施战略管理，以迎接和适应未来发展可能带来的影响和挑战。

1. 旅游企业财务战略的定义

财务战略是企业资金的筹集、投放和分配的管理工作，其对象是资金及其流转。企业的资金通过一系列的财务活动不断进行形态的转化并最后完成其增值的过程，企业进行财务管理的目的就是要保证旅游企业资金均衡、有效地流动，一定时期内旅游企业资金的周转量称为旅游企业资金流量。在整个企业资金流动中，客观上要求旅游企业资金的流入量与流出量保持平衡，也就是说，当企业资金流入量小于流出量时，企业要通过各种方式筹集资金，使之有足够数量的资金流入与流出相匹配，否则，企业就会由于资金紧张，出现资金周转困难的状况，影响企业维持正常的生产经营活动，甚至可能使旅游企业陷入破产的境地。当企业资金的流入量大于流出量时，应及时地为闲置的资金寻找投资的机会，以避免资金的浪费。

旅游企业财务战略是旅游企业与国内外融通资金时不可缺少的管理项目之一。旅游企业可以以低成本引入资金，在这方面旅游企业财务战略显得尤为重要。因此，旅游企业不仅要把评级作为债券发行的基准来考虑，还要把评级结果对财务战略的改进作为重点来考虑。旅游企业的信誉好，债券评定的等级高，对旅游企业在国内外筹资的信誉度高，成本低。

旅游企业财务战略是对旅游企业总体战略有重大影响的理财活动的指导性纲领及原则。它以旅游企业长期发展为目标，根据环境因素的变化，预先制定用于指导旅游企业未来资金均衡有效运动的战略规划及实施这一规划的总体谋略。

2. 旅游企业财务战略的特点

旅游企业财务战略具有以下特点。

1) 相对性

旅游企业财务战略也是旅游企业整体战略体系中的一个子系统，它必须要服从于旅游企业的整体战略，服务于旅游企业整体战略，从资金方面支持与促进旅游企业整体战略的实施。旅游企业战略的从属性意味着它要受到旅游企业整体战略的制约。

2) 长期性

旅游企业财务战略是站在旅游企业全局高度，以长远的目光来谋划旅游企业的财务活

动，着眼点是旅游企业长期、稳定的发展，而不是局限于局部的要求和维持旅游企业现状。因此，旅游企业财务战略的制定和实施应能从资金方面保证提高旅游企业的竞争力。旅游企业财务战略的长期性还意味着它在较长时期会对旅游企业资金运作产生重要的影响，对旅游企业各种重大理财活动具有长期方向性的指导作用。

3) 综合性

旅游企业财务战略的综合性首先体现在由于影响旅游企业财务活动的因素很多，既有内部因素又有外部因素，既有主观因素又有客观因素，旅游企业财务战略的制定和实施只有综合考虑这些因素，才能实现战略的目标。其次，旅游企业的财务活动是以资金运动为对象的，这表明旅游企业财务战略是以资金为工具来综合地反映旅游企业预期生产经营的结果，旅游企业财务战略的综合性是由资金的综合性决定的。因此，它要求把旅游企业的资金运动看作一个系统，要从旅游企业整体战略的角度协调好这一系统。

4) 风险性

旅游企业财务战略注重旅游企业发展过程中的各种风险因素，强调在不确定环境下旅游企业的适应能力和发展能力，有助于旅游企业抓住机遇，避开风险陷阱，因此，它是旅游企业规避财务风险的有利工具。但是，财务战略虽然能够帮助旅游企业筹划财务远景，却不能完全消除财务活动中的风险因素，特别是财务战略一旦实施失败，将会给旅游企业带来重大损失。

7.4.2 旅游企业财务战略的内容

现代企业的财务功能日益得到加强。企业越来越多地从资金的来源渠道、资金的分配使用、投资方向的选择判断等方面，统一考虑企业内外及短期、长期资金的调配和使用，企业财务战略的地位不断提高，随着市场经济的发展和完善，其重要性越来越被管理者所认识。

1. 旅游企业筹资战略

筹资战略，主要是根据企业经营的实际需要量，针对现有的筹资渠道选择资金成本最低的筹资方案，即在筹资数额、期限、利率、风险等方面统筹考虑，选取最优方案。

1) 资金成本分析

资金成本，是使用资金后付出的税后代价。它是企业在一定时期内(通常为 1 年)使用一定量资金所负担的费用与筹集到的资金总额的比例。它通常以相对数来表示，因而也可称作资金成本率。

资金的筹集还有一个风险问题。在不考虑占用资金的风险时，资金成本就是由风险利率和资金的时间价值两部分组成的。但占用资金通常是有风险的。因而资金成本通常包括无风险利率、资金的时间价值和风险价值三部分。

资金成本的计算，一般是由企业决策机构根据银行现行利率、证券投资实际利率、股东权益获利水平，以及筹资项目所冒的风险程度等因素综合分析确定。其确定方法基本上分两步：第一步是先就不同的资金来源分别计算资金成本；第二步是按风险的大小调整资金成本。

2) 投资战略

确定战略期间旅游企业资金投入的方向、规模、时机等重要问题，保持旅游企业的竞争优势及持续发展。流动资产的投资策略主要涉及两个方面的策略，即合理的存货投资策略与应收账款投资策略，其决策的目标是节省流动资产的使用和占用，最好地实现企业利润。

3) 利润分配战略

确定对旅游企业的收益进行分配的原则，特别是公司制旅游企业的股利分配政策问题。

由于旅游企业所处的环境不同，面临的风险程度及类型也不尽相同，财务战略的内容侧重也会有所不同。制定利润分配应采取的原则有：力图维持稳定的股利回报率；保持合理的利润留存；综合考虑市场现状和发展前景、企业潜力、通货膨胀情况以及高额所得税对大股东的影响等。企业的股利政策一般有剩余股利政策、稳定的股利政策、固定的股利发放政策、常规加额外股利政策、股票红利。

2．旅游企业资本经营战略

1) 资本经营的定义

所谓资本经营，就是指资本主体把所拥有的一切有形与无形的存量资产变为可以增值的活化资本，通过流动、裂变、组合、优化配置等各种形式进行有效运营，以最大限度地实现价值增值。资本运营是生产要素综合运动的一个总的概括。旅游企业经营思想和生产过程经历了三个阶段：生产经营、资产经营、资本经营，每一阶段都是上一个阶段的飞跃。需要说明的是，生产经营、资产经营、资本经营，在同一企业处在不同的经营层面。通过筹资谋划来确定战略期间旅游企业的筹资规模、筹资渠道和筹资工具，确定合理的筹资结构，使筹资成本、风险与收益相匹配。

2) 资本经营的内容

旅游企业资本经营活动可以简化为资本的新建与积累、资本结构的调整与优化两个方面。

(1) 旅游企业资本的新建与积累。资本的新建，本质上就是对投资者的选择和投资方式的选择。旅游企业要树立新的资本积累观念；资本积累的关键是培育旅游企业吸纳资本的能力。

(2) 旅游企业资本结构的调整与优化。资本结构的核心是企业股权融资与债务融资的比例问题，或权益资本与债务资本的比例问题。企业资本结构的调整与优化，主要是通过负债水平的变动引致资本结构的筹资成本变动。其中需要注意几个问题。

第一，旅游企业实际上很难精确确定其最佳资本结构。

第二，旅游企业在筹集资金、资产重组之时，应充分考虑直接融资、间接融资的利弊，其资本成本对企业经营的影响等。

第三，在资金运作上，我国旅游企业可以充分利用负债杠杆扩充营运资金，增加经济效益。

第四，根据现代资本结构理论中的权衡模型，使用有形资产的企业财务困难成本，要小于那些资产价值仅为无形资产的财务困难成本。

7.4.3 旅游企业财务战略的程序

明确了旅游企业财务战略的内容以后，我们可以从动态的角度描述旅游企业财务战略管理的整个过程。首先让我们来看一下旅游企业战略的一般程序。

旅游企业战略程序一般分为三个主要阶段：战略分析——利用战略分析了解组织的战略地位；战略选择——涉及对行为可能过程的模拟、评价和选择；战略实施——如何使战略发挥作用。

战略分析要了解旅游企业的战略地位，环境正在发生哪些变化及它们怎样影响旅游企业的活动。针对这些变化分析旅游企业拥有的优势和劣势，以便确定旅游企业发展的方向。战略选择就是要在通过战略分析之后形成的各种战略方案之间进行筛选，以便制定旅游企业的战略。所确定的旅游企业战略必须要解决旅游企业面临的基本问题。例如，面对环境变化的威胁旅游企业应做出何种反应；当旅游企业资源紧张时，旅游企业必须把自己的有限资源优先分配给哪些方向；旅游企业应在哪些领域参与竞争等。一旦旅游企业的战略确定下来，就要保证其能顺利实施，战略实施就是将旅游企业战略转化为行动。因此，旅游企业战略程序的实质就是立足现在、把握未来的行动纲领及过程。

作为旅游企业战略重要组成部分的财务战略虽然关注的范围要较旅游企业战略狭窄，但它具备与战略有关的一般特征，因此，应用于旅游企业战略的程序也适用于财务战略。又由于财务战略从属于旅游企业整体战略，其程序必须要服从旅游企业战略的总体要求。旅游企业财务战略程序如图 7.7 所示。

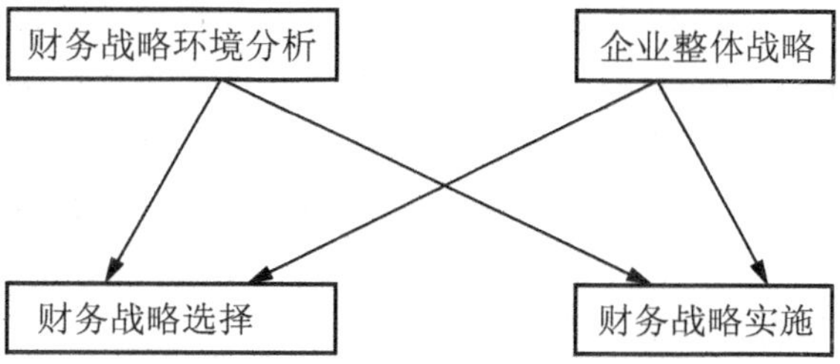

图 7.7 旅游企业财务战略一般程序

案例分析

如家酒店的营销与管理

一、市场定位精准

豪华的星级酒店价格偏高，廉价的旅馆又不够舒适，因此满足高端商务需求的五星级以下酒店大多处于亏损状态，而面对低端消费人群的小旅店始终得不到消费者的认可。价格、舒适对顾客来说同样重要，找到合适的平衡点，就能提升酒店服务的性价比，更好地满足客户的需求，如家就是通过精准的市场定位找到了这个点。如家把目标顾客定位为中小旅游企业客户，并为其提供质优价廉的服务。房价介于 159 元与 299 元之间，远低于星级酒店，同时为了保证高质量、低价格的服务，剔除了豪华酒店当中的桑拿、KTV、酒吧等设施，装修风格简单温馨，不追求奢华。其所倡导的“五星服务，四星大堂，三星品质，二星价格”深深吸引了大批的消费者。

二、门店扩张速度惊人

经济型连锁酒店的门店数量决定了旅游企业销售网络的成熟程度，也直接关系着营业收入的增长速度。而酒店经营具有投资大、回报慢、风险高等特点，想实现快速增长并不容易。实际上，创立于 1997 年的锦江之星是国内第一家经济型酒店，但因其扩张速度不够迅速，行业的第一把交椅已被如家稳坐。

从最近五年的发展规模看，如家的门店扩张速度已超过锦江之星，后来者居上，这主要归功于多种经营方式的综合运用。在如家的体系内同时存在着直营店、特许经营、管理合同和市场联盟四种方式，由于直营店占有资金过大，不利于迅速扩张，如家从一开始就引进多种经营模式，利用外部资金迅速增加门店数，而锦江之星在达到 80 家门店的时候才开始考虑特许加盟。而更多的竞争对手虽力图迅速扩张，却都面临着资金匮乏的瓶颈制约。

三、以情感营销取胜

如家的情感营销不仅体现在品牌命名，也渗透到每个服务细节。“如家”就是要让顾客感受到“家”的温馨、整洁与舒适，这种命名容易使消费者产生积极的品牌联想。同时，如家对细节的关注，也让顾客时时感受到被重视与关怀。例如，如家推出的“书适如家”服务，在客房摆放精心挑选的畅销经济管理类书籍，顾客可以随意翻看，如果喜欢还可以购买，如此贴心、周到的服务特别容易获得顾客的认可。再比如，卫生间的毛巾、牙刷等洁具是两种不同的颜色，这使得同时入住的两位顾客能够轻易区分，避免混用。

独特的营销战略使如家获得了前所未有的成功，但同时也应该看到现阶段国内的锦江之星、7 天酒店以及国外的速 8 酒店等竞争对手也在加紧扩张，如家面临的困境和危机不容忽视。然而综合所有，如家当仁不让地成为了快捷连锁酒店中的赢家。

资料来源：http://www.canyin168.com/glyy/yxch/ppyx/201106/32203.html

问题：

1. 如家集团如何进行市场定位？
2. 如家集团的市场营销有何特点？

阅读材料

永安旅游——香港旅游界的先导者

永安旅游扮演旅游业界多方面的先驱领导者。永安旅游是香港首家获颁 ISO 证书的旅行社。1999 年 8 月更将 ISO 证书提升至 ISO 9001 标准。另外根据公布的市场研究报告：永安旅游自 1995 年开始，已连续数年成为香港居民参加次数最多的旅行社。永安旅游的发展壮大及其业务的扩张过程中有什么过人之处呢？

1. 从最初的永安看起

1964 年永安旅游成立，主要经营的业务包括组办国外游旅行团、会议及奖励旅游、机票订购、酒店订房及旅游保险等服务。永安过去主要开办大众化的长线旅游路线，如欧美澳路线。直至后来开团直上南非，得到空前的成功，以至现在开办了不少另类旅行团。其实，那次计划的事前市场调查，结果是只有20%的香港居民敢到南非旅游。幸好他们后来派考察团到南非考察，发现了南非的市场价值：其市容非常清洁，程度可与新加坡媲美，市内的酒店也有一定的水准，而鸵鸟肉等也非常合乎香港居民的口味，在此种考证之下，冒险推出一系列南非旅行团，效果竟然出乎意料的好。于是另类旅行团的开办与扩张才成为可能。

2. 纵观旅游市场的发展

30多年前，经济环境不好，香港居民生活环境质量差，旅游对于香港居民来说无疑是高消费品，一般人认为生活中可以没有“旅游”。那个年头，大多数去旅行的人都只是一些专业和退休人士，他们通常都比较富有，不用为生活而奔波，才有多余的钱去旅行。10年后，由于航空公司发展快速，航期密集而稳定，加上飞机体积加大，因而载客量日趋上升。当供给量上升，市场自然将价格调低，再加上香港经济日见好转，所以现在一般人也有能力去旅行，而非“上等人”才有的特权了。

由于旅游有些普及化的倾向，不同的人以不同的心态去旅行。有的人依旧以吃喝玩乐的心情到世界各地游玩；有人因香港生活紧张，所以希望到一个没有人认识自己的地方，舒缓日积月累的生活压力；又有人视旅行为一种知识的源泉，是开阔眼界测试胆识，甚至认识自己的途径。总之每个人出游背后的原因都不同，唯一相同的是每一个香港居民都重视旅游了。在这样的市场氛围中，那些另类的旅行团的建立也正是对社会需求的一种迎合。

永安旅游另一个过人之处是在宣传攻略上采取了由形至声到景相结合的方式。它们与电视台合力炮制旅游特辑，让摄影师用镜头把某一处的景点介绍给大家，把报纸杂志上的象形文字延伸到真实的景地去，同时也不放弃报纸等媒介的宣传，形成了一整套从电视到报纸杂志的宣传攻略。

在互联网、电子商务风靡的时代，永安旅游在网页的宣传上也十分重视，从信息的发布到服务的咨询再到业务的交易一步步进入互联网的世界。网页主要分“永安旅游”、“精选团”、“旅游搜寻”、“机票/酒店”、“世界资讯”等几个大标题，内容方面有讲述永安旅游历史的，也有精选团介绍，和各地签证、机票、酒店等资讯，香港居民可以免费键入查询，在出发前做好准备。

永安旅游现时员工数约1 000名，有38家分社遍布港澳地区，并于世界各大城市设置海外分社或办事处。它的今天是无数个昨天的积聚，更重要的是对品牌深层的诠释。

资料来源：http://www.docin.com/p-468303054.html

本章小结

旅游企业职能战略是为了实现旅游企业的总体战略和经营战略，对旅游企业内部的各项关键职能活动做出的统筹安排。旅游企业职能战略包括营销、品牌、财务和人力资源战略。市场营销战略是指企业确定的在未来某个时间将要达到的市场营销目标及为达到这一目标所采取的行动方案。同时，通过品牌建设来传递产品消费感受和产品形象，对于旅游企业在竞争中取胜至关重要。财务战略是企业资金的筹集、投放和分配的管理工作，其对象是资金及其流转。人力资源战略是旅游企业战略的支撑。旅游企业人力资源管理战略的作用包括：统筹考虑旅游企业与个人的目标；把握人力资源的发展态势；确定有效的人力资源开发与管理方法等。

思考题

一、名词解释

旅游企业营销战略　市场细分　旅游企业市场定位　旅游企业形象　旅游企业人力资源规划　旅游企业财务战略

二、简答题

1. 简述旅游企业营销战略制定的原则。
2. 简述三种目标市场策略选择的利弊。
3. 简述旅游企业市场细分的特点。
4. 简述人力资源需求预测的方法。
5. 简述人力资源战略的分类。
6. 简述实施旅游品牌战略的主要措施。

三、论述题

1. 论述旅游企业目标市场战略的类型。
2. 论述旅游企业市场定位的策略。
3. 论述旅游企业品牌战略的类型。
4. 论述旅游企业市场定位的策略。
5. 论述旅游企业人力资源规划的程序。
6. 论述旅游企业财务战略的内容。

四、实践题

试为本地区某一旅游景区制定营销方案，并进行校园营销场景模拟。

第8章 旅游企业战略危机

章节知识框架

企业危机管理的概念
企业危机管理的对策
旅游企业危机的内涵
旅游企业危机的分类
旅游企业战略危机预警的对策
旅游企业战略危机管理的流程

教学目标与要求

通过本章的学习，学生能分析判断旅游企业面临的危机种类，具备基本的旅游企业危机管理的能力，理解旅游企业战略危机预警制度，熟悉旅游企业战略危机管理的意义，并在此基础上掌握旅游企业战略危机的综合应用。

导入案例

长隆欢乐世界跳楼机死人事件

在网络搜索引擎输入“长隆”两个字，就会跳出“长隆欢乐世界跳楼机死人事件”。网上流传的故事是这样的：“有一个头发很长的女生和她的男朋友去长隆玩跳楼机。上升到最高层的时候，她的头发散开了，卡在最高的齿轮那里。当跳楼机下降的时候，她的身体在座位上，但是她的头却在最高的地方，就是说她的头被拉断了。下降的时候她的血，喷到了男朋友身上。”

网友大多半信半疑，互相打探。而真实的情况是：某日早晨园区跳楼机试运行时速度未控制好，下面的机件碰到顶端的横梁，把横梁撞歪了(或者说撞凹了一处)，只好停机运营。园方没有意料到的是，这个普通的试机故障，竟能如此刺激游客想象，臆造出扯头发掉脑袋的恐怖情节。机动游戏，主要就是以速度营造出危险气氛，刺激游客的冒险勇气。但是这一定是以精准的技术作为保障的。“有惊无险”，游客才有勇气去“冒险”。否则，真正的“乐极生悲”，机动游戏造成的任何人身事故都会成为全球新闻。

一个颇具讽刺的事实是，某景区如传闻发生事故，无论真假，相关园方的实际收益往往不降反升。就像1998年，国内某动物园发生老虎咬死大巴司机的惨剧。几天之内，入园人数增加了40%。游客都在指指点点，想看看老虎咬死人的地方。而一个网友对长隆跳楼机传言的反应是：就是死人了我也要去。当扯头发掉脑袋这种荒唐故事冒出来后，园方往往只是尴尬一笑，觉得百口莫辩。于是，谣言满天飞，可怜的公众只有靠自己的科学常识去帮自己辟谣了。

从危机公关的角度，园方在开始不急于说话也许是一种策略，但始终保持沉默，不是过于傲慢就是过于愚钝。园方三缄其口，不仅漏掉了宝贵的正面宣传机会，也打击了自己的公信力。公众的好奇、懵懂正急需专家的权威解答。这种一个缺乏基本常识的荒唐故事，正是需要专家发言的大好机会，让不明真相的公众感受到关爱。

在 Web 2.0 时代，网络已经成为企业危机公关的触发器与放大器。在网络的作用力下，精英媒体时代转向草根媒体时代，来自于网络的企业危机一触即发。随着地球村时代的来临，每个人都是演员，人人都有选择的权利，墙倒众人推，使危机事件不断被扩大。企业必须与专业危机公关机构合作，加强网络媒体监控，以加强自身网络危机公关能力。

当前，旅游业已经成为我国重要的新兴产业之一，它在推动经济发展、宣扬中国文化、增加国民收入、解决就业等方面发挥着越来越重要的作用。然而，旅游业的综合性和依赖性决定着其高度的风险性，可能导致连锁式的蝴蝶效应。政府的单一行政协调已经很难再给大众满意的答案了。“网能载舟，亦能覆舟”，对于信息依赖性较强的旅游行业就更是如此，怎样做好网络危机公关是关乎景区发展的有力保障。

资料来源：http://tieba.baidu.com/p/1061956601

问题：

1. 长隆欢乐世界跳楼机死人事件说明了什么？
2. 旅游企业应如何应对危机？

企业危机是企业中已出现或潜在的危及企业生存与发展的因素，需要对自身进行有效的变革才能克服的非常规状态。开展旅游企业危机战略管理，建立企业危机预防和处理机制，目的是对旅游企业危机所发生的事前、事中和事后进行管理，把企业损失降到最低。因此危机管理的目标是变危机为机遇，使企业越过陷阱进入新的发展阶段，以维护和促进旅游企业的健康成长。

8.1 企业危机管理

8.1.1 企业危机的定义、特征和类型

1. 企业危机的定义

企业危机是在企业经营的过程中，由于宏观大环境的突然变化(如国家标准、行业问题的暴露)及企业在经营的过程中没有按照规范进行生产运营，从而引发的一系列危害企业的行为。

在企业的生存及发展过程中，危机无时无刻都在影响企业的发展，引起危机的可能原因有很多，有外在的也有内在的，包括自然灾害、竞争、信息量不足、经营管理不善等。在企业经营过程中难免会遇到类似突发事件，如果处理不当，就会给企业带来生存危机。

企业危机管理就是企业为应对各种危机情境所进行的规划决策、动态调整、化解处理及员工培训等活动过程，其目的在于消除或降低危机所带来的威胁和损失。总的来说，危

机管理包括两个方面：一是采取各种措施预防危机发生；二是在危机发生之后需要采取措施将危机带来的损失降低到最低，并使企业找到新的发展契机。

2. 企业危机的特征

1) 突发性

危机往往都是不期而至，令人措手不及，危机发生的时候一般是在企业毫无准备的情况下瞬间发生，给企业带来的是混乱和惊恐。

2) 破坏性

危机发作后可能会带来比较严重的物质损失和负面影响，有些危机用毁于一旦来形容一点不为过。

3) 不确定性

事件爆发前的征兆一般不是很明显，企业难以做出预测。危机出现与否与出现的时机是无法完全确定的。

4) 急迫性

危机的突发性特征决定了企业对危机做出的反应和处理的时间十分紧迫，任何延迟都会带来更大的损失。危机的迅速发生引起了各大传媒及社会大众对于这些意外事件的关注，使得企业必须立即进行事件调查与对外说明。

5) 信息资源紧缺性

危机往往突然降临，决策者必须做出快速决策，在时间有限的条件下，混乱和惊恐的心理使得获取相关信息的渠道出现瓶颈现象，决策者很难在众多的信息中发现准确的信息。

6) 舆论关注性

危机事件的爆发能够刺激人们的好奇心理，常常成为人们谈论的热门话题和媒体跟踪报道的内容。企业越是束手无策，危机事件越会增添神秘色彩引起各方的关注。

3. 企业危机的类型

危机具有不确定性、应急性和预防性三大特征，企业危机按性质分类包括以下几种。

1) 形象危机

形象危机是本质危机，它是由于错误的经营思想、不正当的经营方式、忽视产品质量、忽视经营道德、延误交货期、服务态度恶劣、企业领导或职工的不妥当或错误的言行而造成的。遭遇形象危机，企业遭受的损失特别是无形资产的损失巨大，不伤筋动骨则难逃一劫。

2) 经营决策危机

经营决策危机往往给企业带来直接的利益损失，这是企业决策者在生产经营方面的战略、策略的失误及管理不善造成的危机，如巨人集团涉足房地产项目，建造巨人大厦，并一再增加层数，便隐含着经营决策危机。由于主要是内部危机，外部影响较小，因此只要处理得当，一般可顺利度过危机期。

3) 信誉危机

信誉危机是指企业的信誉下降，失去公众的信任和支持而造成的危机。商品经济就是信誉经济，在市场经济中，信誉是企业生存的基础，履行合同及其对消费者的承诺应成为企业生产经营的基本准则，失去公众的信任和支持就意味着彻底的失败。

4) 媒介危机

由于媒介对企业的错误报道，引发的企业危机称为媒介危机。虽然真实性是新闻报道的基本原则，但是由于客观事物和环境的复杂性和多变性，以及报道人员观察问题的立场角度有所不同，媒介的报道有时会出现失误。这类危机应在第一时间加以处理，变被动为主动，是处理媒介危机常见的方式。

5) 突发性危机

突发性危机是指人们无法预测和人力不可抗拒的强制力量，造成巨大损失的危机，如地震、台风、洪水等自然灾害、战争、重大工伤事故、经济危机、交通事故等。这类危机不以人的意志为转移，严重影响企业的生产经营活动和业务的开展。

8.1.2 企业危机管理的原则

1. 承担责任原则

危机发生后，公众会关心两方面的问题：一方面是利益的问题，利益是公众关注的焦点，因此无论谁是谁非，企业应该承担责任。即使受害者在事故发生中有一定责任，企业也不应首先追究其责任，否则会各执己见，加深矛盾，引起公众的反感，不利于问题的解决。另一方面是感情问题，公众很在意企业是否在意自己的感受，因此企业应该站在受害者的立场上表示同情和安慰，并通过新闻媒介向公众致歉，解决深层次的心理、情感关系问题，从而赢得公众的理解和信任。实际上，公众和媒体往往在心目中已经有了标准，对企业有了心理上的预期，即企业应该怎样处理，才会感到满意。因此企业绝对不能选择对抗，态度至关重要。

2. 真诚沟通原则

企业处于危机漩涡中时，是公众和媒介的焦点。其一举一动都将接受质疑，因此千万不要有侥幸心理，企图蒙混过关。而应该主动与新闻媒介联系，尽快与公众沟通，说明事实真相，促使双方互相理解，消除疑虑与不安。真诚沟通是处理危机的基本原则之一。这里的真诚指“三诚”，即诚意、诚恳、诚实。如果做到了这“三诚”，则一切问题都可迎刃而解。

1) 诚意

在事件发生后的第一时间，公司的高层应向公众说明情况，并致以歉意，从而体现企业勇于承担责任、对消费者负责的企业文化，赢得消费者的同情和理解。

2) 诚恳

一切以消费者的利益为重，不回避问题和错误，及时与媒体和公众沟通，向消费者说明消费者的进展情况，重拾消费者的信任和尊重。

3) 诚实

诚实是危机处理最关键也最有效的解决办法。我们会原谅一个人的错误，但不会原谅一个人说谎。

3．速度第一原则

好事不出门，坏事传千里。在危机出现的最初12～24小时内，消息会像病毒一样，以裂变方式高速传播。而这时候，可靠的消息往往不多，社会上充斥着谣言和猜测。公司的一举一动将是外界评判公司如何处理这次危机的主要根据。媒体、公众及政府都密切注视公司发出的第一份声明。对于公司在处理危机方面的做法和立场，舆论赞成与否往往都会立刻见于传媒报道。因此公司必须当机立断，快速反应，果决行动，与媒体和公众进行沟通。从而迅速控制事态，否则会扩大突发危机的范围，甚至可能失去对全局的控制。危机发生后，能否首先控制住事态，使其不扩大、不升级、不蔓延，是处理危机的关键。

4．系统运行原则

在逃避一种危险时，不要忽视另一种危险。在进行危机管理时必须系统运作，绝不可顾此失彼。只有这样才能透过表面现象看本质，创造性地解决问题，化害为利。危机的系统运作主要是做好以下几点。

1) 以冷对热、以静制动

危机会使人处于焦躁或恐惧之中。所以企业高层应以“冷”对“热”、以“静”制“动”，镇定自若，以减轻企业员工的心理压力。

2) 统一观点、稳住阵脚

在企业内部迅速统一观点，对危机有清醒认识，从而稳住阵脚，万众一心，同仇敌忾。

3) 组建班子、专项负责

一般情况下，危机公关小组的组成由企业的公关部成员和企业涉及危机的高层领导直接组成。这样，一方面是高效率的保证，另一方面是对外口径一致的保证，使公众对企业处理危机的诚意感到可以信赖。

4) 果断决策、迅速实施

由于危机瞬息万变，在危机决策时效性要求和信息匮乏条件下，任何模糊的决策都会产生严重的后果。所以必须最大限度地集中决策使用资源，迅速做出决策，系统部署，付诸实施。

5) 合纵连横、借助外力

当危机来临，应充分和政府部门、行业协会、同行企业及新闻媒体充分配合，联手对付危机，增强公信力、影响力。

6) 循序渐进、标本兼治

要真正彻底地消除危机，需要在控制事态后，及时准确地找到危机的症结，对症下药，谋求治“本”。如果仅仅停留在治标阶段，就会前功尽弃，甚至引发新的危机。

5．权威证实原则

自己称赞自己是没用的，没有权威的认可只会徒留笑柄，在危机发生后，企业不要推卸责任，四处喊冤，而要曲线救国，请权威的第三方公司发言，使消费者解除对自己的警戒心理，重获他们的信任。

8.1.3 企业危机管理的步骤

在商业活动中，危机就像普通的感冒病毒一样，种类繁多，防不胜防。每一次危机既包含了导致失败的根源，又蕴藏着成功的种子。发现、培育，进而收获潜在的成功机会，就是危机管理的精髓；而错误地估计形势，并令事态进一步恶化，则是不良危机管理的典型特点。危机管理可分为六个阶段。

1．第一阶段：危机的避免

将危机预防作为危机管理的第一阶段并不奇怪，令人奇怪的是许多人往往忽视了这一既简便又经济的办法。

要预防危机，首先要将所有可能会对商业活动造成麻烦的事件一一列举出来，考虑其可能的后果，并且估计预防所需的花费。这样做可能很费事，因为公司内数以千计的雇员中的任何一人，都可能因为失误或疏忽将整个公司拖入危机，但却很管用。

其次，谨慎和保密对于防范某些商业危机至关重要，如由于在敏感的谈判中泄密而引起的危机。1993 年马丁-玛丽埃塔公司与通用电气宇航公司通过多轮磋商终于达成了 30 亿美元的收购案，这一秘密消息在高度紧张的日子中被保持了 27 天，结果却在预定宣布前两小时泄露给了媒体，给公司带来不必要的麻烦。

要想保守秘密，就必须尽量使接触到它的人减到最少，并且只限于那些完全可以信赖且行事谨慎的人；应当要求每一位参与者都签署一份保密协议；要尽可能快地完成谈判；最后，在谈判过程中尽可能多地加入一些不确定因素(工程师们称之为“噪声”)，这会使窃密者真假难辨。即使做了这些，也应当有所准备，因为任何秘密都可能会被泄露。

2．第二阶段：危机的准备

大多数管理者满脑子考虑的都是当前的市场压力，很少会有精力考虑将来可能发生的危机。这就引出了危机管理的第二阶段：未雨绸缪。

危机就像死亡和纳税一样是管理工作中不可避免的，所以必须为危机做好准备，如行动计划、通信计划、消防演练及建立重要关系等。大多数航空公司都有准备就绪的危机处理队伍，还有专用的无线电通信设备及详细的应急方案。今天，几乎所有的公司都有备用的计算机系统，以防被自然或其他灾害打乱他们的首要系统。另外在为危机做准备时，留心那些细微的地方，即所谓的第二层的问题，将是非常有益的。危机的影响是多方面的，忽略公司任一方面的代价都将是高昂的。例如，在 1992 年安德鲁飓风过后，电话公司发现，公司在南加利福尼亚州短缺的不是电线杆、电线或开关，而是日间托儿中心。许多电话公司的野外工作人员都有孩子，需要日间托儿服务。当飓风将托儿中心摧毁之后，必须有人在家照看孩子，这就导致在最需要的时候工作人员反而减少了。这一问题的最终解决，是通过招募一些退休人员开办临时托儿中心，从而将父母们解脱出来，投入到电话网络的恢复工作中去。

3．第三阶段：危机的确认

公众的感觉往往是引起危机的根源。以发生在1994年年底的英特尔公司奔腾芯片的问题事件为例，引发这场危机的根本原因，是英特尔将一个公共关系问题当成一个技术问题来处理了。随之而来的媒体报道简直是毁灭性的，不久之后，英特尔在其收益中损失了4.75亿美元。更可笑的是，当公司愿意更换芯片时，很少有用户肯接受。估计仅有大约1%～3%的个人用户更换了芯片。可见，人们并不真的要更换芯片，他们只要知道并确认自己拥有更换的权利。

这个阶段的危机管理通常是最富有挑战性的。经验告诉我们，在寻找危机发生的信息时，管理人员最好听取公司中各种人的看法，并与自己的看法相互印证。

4．第四阶段：危机的控制

这个阶段的危机管理，需要根据不同情况确定工作的优先次序。

首先，让一群职员专职从事危机的控制工作，让其他人继续公司的正常经营工作，是一种非常明智的做法。也就是说，在首席执行官领导的危机管理小组与一位胜任的高级经营人员领导的经营管理小组之间，应当建立一道“防火墙”。

其次，应当指定一人作为公司的发言人，所有面向公众的发言都由他主讲。这个教训源自另一个法则：如果有足够多的管理层相互重叠，那就肯定会发生灾难。

再次，及时向公司自己的组织成员，包括客户、拥有者、雇员、供应商及所在的社区通报信息，而不要让他们从公众媒体上得到有关公司的消息。管理层即使在面临着必须对新闻记者做出反应的巨大压力时，也不能忽视这些对公司消息特别关心的人群。事实上人们感兴趣的往往并不是事情本身，而是管理层对事情的态度。

最后，危机管理小组中应当有一位唱“反调”的人，这个人必须是一个在任何情况下都敢于明确地说出自己意见的人。

总之，要想取得长远利益，公司在控制危机时就应更多地关注消费者的利益而不仅仅是公司的短期利益。

5．第五阶段：危机的解决

在这个阶段，速度是关键，危机不等人。三年前，连锁超市雄狮食品公司突然间受到公众瞩目，原因是美国某电视台的直播节目指控它出售变质肉制品。结果公司股价暴跌。但是，雄狮食品公司迅速采取行动，他们邀请公众参观店堂，在肉制品制作区竖起玻璃墙供公众监督，改善照明条件，给工人换新制服，增加员工的培训，并大幅打折，通过这些措施将客户重新吸引回来。最终，食品与药品管理局对它的检测结果是“优秀”。此后，销售额很快恢复到正常水平。

与这一案例相似，当手机产生的电磁辐射会引起脑瘤的指控出现时，手机制造商迅速请独立专家直接向公众解释实际情况，公众的担心很快就消除了。当消费者在百事可乐的软饮料罐中发现了注射器时，公司采取了类似的策略，迅速向公众演示，这些异物只可能是由购买者放进去的，公众的喧闹很快便平息了。

6. 第六阶段：从危机中获利

危机管理的最后一个阶段其实就是总结经验教训。如果一个公司在危机管理的前五个阶段处理得完美无缺，第六个阶段就可以提供一个至少能弥补部分损失和纠正混乱的机会。

将群情激愤的危机成功地化解的经典案例，是强生公司对“泰诺”事件的处理。当被氰化物污染的“泰诺”胶囊引发一系列死亡事件后，当时的首席执行官认为必须采取强有力的措施，来保证公众的安全和恢复公司最畅销产品的信誉。通过整页的广告和电视宣传，公司将 3 100 万个胶囊从全国各商店的货架上和家庭药柜中全部收回，然后重新设计了包装，并在三个月内将市场占有率恢复到危机前的 95%。这个奇迹的取得当然不是没有代价的，但若不这样做而引起名誉受损，再去恢复名誉所要付出的代价相比，就显得微不足道了。从商业角度看，“泰诺”危机的结果是强生公司再一次证明了它对其客户的关心及它对道德标准的坚持。虽然这是一场悲剧，但悲剧过后，公司的声誉却明显得到了提高。

其实，公众对商业企业的预期并不高，以至于公司在做一件本应当做的事时却会受到热情洋溢的称赞。总之，要尽一切努力避免使企业陷入危机；一旦遇到危机，就要接受它、管理它，作为公司管理者、决策者要努力将眼光放长远一些。

企业战略危机是指由于企业外部环境或者内部条件的改变，企业的战略没有对此作出应变或者应变不当使企业无法实现既定目标的状态。因而，企业战略危机是企业战略管理失误或者战略管理过程的波动所产生的危机。企业战略危机并非一朝一夕，而是逐步累积的产物。企业对战略危机的预防和控制一般越早越容易，损失越小，对企业的影响也越小。因此，企业管理要做到防微杜渐，超前决策，争取主动，尽可能将企业战略危机消除在萌芽状态。所以将战略危机的各种初期表现、发展过程及危机失控等状态都纳入危机防范的对策之中。

8.1.4 企业战略危机管理的对策

1. 企业战略危机管理的内容

1) 战略制定

沟通是危机管理中最重要的任务。在战略制定阶段，应充分进行企业内部各种层次的纵向和横向沟通。通过 SWOT 分析，找出企业的优势和弱势，分析评价所面临的威胁和机遇。此外，还要进行危机审查。查验企业中可能存在的脆弱和敏感的区域，找出几个低概率高威胁的事件、企业的弱势，以及可能对顾客、员工和环境产生负面影响的产品，再与 SWOT 分析的结果进行总体评价，制定出几个备用的战略。使企业的常规性战略能根据企业可能的危机进行相应调整，从而更富有弹性。战略制定时要突出强化企业领导的危机意识，并使其贯彻到日常的生产经营管理中去。

2) 战略实施

对每一个危机管理战略，都要制订出具体计划并明文规定。危机管理计划文件，应包括预期的程序，以及员工和管理者的职责。职责应有一定的弹性部分，以便根据危机实际发生情况做相应调整。建立危机管理小组，是重要的危机管理战略准备，以便在危机发生时能快速反应，迅速投入工作。危机管理小组成员的组成，应注重知识结构和技能的搭配。既包括有危机处理能力的专业人员、专家，又包括人力资源、法律、保险、质量、公关等方面的代表人员。危机管理小组应得到企业高层的充分信任、支持与授权，以便在特殊危机环境仍能灵活有效地开展工作。

必要时，应对危机处理进行模拟训练。这样，既有助于提高对危机的预防和化解能力、积累经验，又能在模拟中发现所制订危机管理计划的漏洞与不足，以进一步完善。

3) 战略评价

由于认识上的局限性及环境变化的不确定性，人们往往不能预想到真实情况的全部。这就需要我们用前向反馈和后向反馈控制，对危机战略管理的结果进行评价。再用评价获得的信息解决存在的问题，并根据新的形势调整企业的相关战略和计划。在战略管理过程中，可以建立预警系统，定期对危机进行模拟，并通过对预防危机的发生或消除危机的有关措施的分析，来评价企业危机管理的成效，以进一步探索其他防止危机的有效管理方法。

2. 企业战略危机管理的对策

企业战略危机的应急战略是很多的，依据不同的状况应有不同的战略对策，但基本包括以下几种。

1) 收缩战略

收缩战略即将企业的经营范围和规模大幅度缩减，尽可能保存技术实力和能力很强的工作人员，变卖资产，产生现金流。

2) 战略变动

如果衰弱的业绩是由于糟糕的战略所导致的，即企业战略危机，那么检查的任务就可以沿着下述的一些路径进行：①转向新的竞争途径，重新建立企业的市场位置；②彻底检查内部的活动、资源能力及职能战略，以便更好地支持原来的业务战略；③与行业中的另一家企业合并，制定新的战略，以新的合并企业的强势为基础。

3) 提高收入

提高收入即采取的努力的目的在于不断提高销量。例如，削价、加强促销力度、扩大销售队伍、增强顾客服务、快速对产品进行改善等。

4) 削减成本

削减成本一般发生在企业成本中有明显的肿块或者价值链有足够灵活性的企业。削减成本是企业渡过危机的一种基本战略。

5) 联合措施

联合措施是几种战略在比较宽的战线上采取的快速一致的行动。例如，企业聘用了新的管理者并给予了他们以自由的决策权力来采取各种他们认为合适的行动，那么，联合性措施也常常成为企业竞争战略。

8.2 旅游企业危机

旅游活动在空间上的异地性和时间上的暂时性，以及在运行过程中呈现出产业关联度高的综合性等特点，导致旅游行业的高风险性和对危机的敏感性。旅游系统既包括政治、经济、文化等因素构成的外部环境系统，又包括旅游者、旅游企业、旅游目的地和旅游组织组成的内部子系统，无论是外部环境系统还是内部子系统，任何层面和要素受到危机冲击都将导致整个旅游系统的紊乱。

8.2.1 旅游企业危机的定义、特征及原因

1. 旅游企业危机的定义

旅游危机最早是被作为安全问题来进行研究的。1974 年，在世界旅游业尤其是发达国家遭受世界范围内的能源危机严重冲击的背景下，旅行研究协会开始关注危机，该协会的年度会议的主题为“旅行研究在危机年代中的贡献”。旅游研究者们在这次会议上探讨了旅行和旅游在灾难和危急时刻的脆弱性，这是旅游业在危机管理方面的首次共同的努力。尽管这次会议的报告集中于对某类危机影响的描述和汇报，但还是在旅游科学和实践中率先引入了关于危机的重要研究课题。

此后，旅游研究者在旅游业危机管理的各个不同的方面展开了越来越深入的调查研究。尤其是近年来发生的金融危机、地区战争、恐怖袭击、突发疫情等危机事件对旅游业产生的巨大冲击，从而促使了旅游业对于危机的大范围讨论和研究。1995 年在瑞典召开了题为“热点话题：旅游安全与风险”的国际会议。1996 年，皮赞(Pizam)和曼斯菲尔德(Mansfield)出版了第一本关于旅游安全的著作《旅游、犯罪和安全问题》，1997 年在克罗地亚召开了题为“战争、恐怖主义与旅游危机时代及其恢复”的国际会议。国外旅游安全研究主要集中在恐怖主义、战争、犯罪、政治不稳定、自然灾害等与旅游的关系及对旅游的影响上。近年来，关于危机灾难及其管理的文献在国外不断出现，并且引发了广泛的社会关注。

直至今日，对于公认的旅游危机定义目前学术界尚未有定论，已经出现的定义也通常是在上下文中间为解释特定的危机现象而下的。例如，有国外学者提出：“旅游危机是指影响旅游者信心、妨碍旅游业正常运转的各种不曾预见的事件。其中包括那些对目的地形象的影响远甚于对基础设施的影响的。诸如洪水、台风、火灾或者火山爆发等事件，也包括对目的地的旅游地吸引力产生影响的国内动荡、意外事故、犯罪、疾病等事件，甚至也包括汇率的剧烈波动等经济因素。”世界旅游组织把旅游业危机阐述为：“影响旅行者对一个目的地的信心并扰乱继续正常经营的非预期性事件。这类事件可能以无限多样的形式在许多年中不断发生。”亚太旅游协会的定义则更为简单，认为旅游危机是一种“能够完全破坏旅游业潜能的自然或人为的灾难”。

2. 旅游企业危机的特征

从危机与旅游危机的定义中可以得知，旅游危机与其他危机一样都是一种非常态的社

会情境，是各种不利情境、严重威胁、不确定性的高度集聚。旅游危机的特性主要有敏感性、实效性、危害性和双重性。

1) 敏感性

如前所述，旅游业是一种敏感度很高的产业，政治、自然、经济、相关环境出现的“非正常态状”都可能成为引发旅游危机的诱因。很多危机并非由旅游业自身造成，而是来自各种外部环境，因此更具有不可知性。旅游危机往往是在人们意想不到、没有做好充分准备的情况下突然爆发的。相对于常态的发展状况而言，旅游业危机是一种超出常规的突发性事件，表现为在短时间内给旅游业及相关行业造成措手不及的一系列连锁性的破坏，甚至使它们陷入混乱、跃入低谷。例如，2008 年 5 月 12 日的四川省汶川大地震事件，由于事发突然，当时在旅游景区游玩的团队根本无法提前预料这次灾难，因此也无从提前躲避此次危机。

2) 时效性

旅游危机爆发后，会以十分惊人的速度及出乎意料的方式发展和演变，并会引发一系列的后续问题，如游客的救助与转移、旅游企业经营环境的恶化、虚假信息的广泛传播等，再加上新闻媒体的推波助澜，常常会导致受到冲击的旅游危机管理主体因为反应时间的有限而面临极大的决策压力。在此情境下，决策者如果无法在尽可能短的时间内根据危机局势做出正确的决策，就会使旅游危机的消极影响迅速扩大，丧失解决危机的最佳机会，而且将导致一系列短时间内难以根除的消极影响。所以，旅游危机要求在第一时间迅速应对和化解。

3) 危害性

旅游危机会带来致命的打击，而且涉及面广，后续影响持续时间长。由于旅游产业关联度很高，涉及吃、住、行、游、购、娱等多个产业，因此旅游危机往往会对社会经济带来诸多影响。旅游业危机常常会引发其他不同类型的危机，导致危机的危害性被进一步放大和延续。危机发生时，对旅游者来说，最严重的问题就是对危机发生地的安全开始持怀疑态度。由于旅游产品具有“生产和消费的同时性”这一特殊性，如果游客对安全失去了信心，就不会再轻易地做出购买决策，何况游客还可以有很多其他旅游目的地可以选择。同时，由于旅游属于非生活必需品，因此，在危机恢复中有时“外出旅游”会被置于购买选择的次要地位，往往很难获得与其他领域相同的激活市场的资源，有时危机的恢复需要较长时间。例如，2003 年，SARS 爆发后，为避免疫病扩散，国家旅游局要求国内旅行社在一段时间内停止组团和接团业务，直接导致了旅行社业务的停顿，致使有些小型旅行社因为资金链断裂而破产。

4) 双重性

危机集“危险”与“机遇”于一体，旅游危机的双重性亦表现为危险与机遇并存。危机在对旅游业造成各种直接或间接的消极影响的同时也包含着一些发展机遇，正所谓“危中有机”。受到危机冲击的旅游目的地应该意识到危机事件有可能创造出别的旅游目的地无法替代的竞争优势，如地震后的“灾害旅游”。事实证明，有些旅游业危机如果处置得当，往往有“来得快”和“恢复很快”的双重性。因此，当旅游危机爆发时，除了要看到不利的方面，更应高瞻远瞩，充分发掘和认识到这种危险局势之中所蕴含着的发展机遇。把握机会，在逆境中取得突破，在危险中求得生机。例如，企业由于提供住宿产品和餐饮服务，因此不可避免地会面对火灾及食品中毒这样的危机风险，但是如果企业的安全防范措施到位，将会极大地减少这两类危机出现的频率并降低由此带来的损失。这也是为什么企业都要配备安全消防设施的主要原因。

需要指出的是，上面谈到的危机的四个特点是相对的，也就是说，在某些特定的条件下，或者经过当事者的努力，其中的某个特征会减弱或消失，那么这个事件也就不再成为危机。事实上，成功危机管理的标志就是看能不能有效改变危机的隐秘性、突发性，以及能否有效减少损失或利用危机有所收获。不过这些特征还只是解决危机基本的认识和线索，我们还要进一步考查危机的起因，才能真正预防、解决和利用危机。

阅读案例 8–1

旅游地：直面危机 2.0

如果说几年前的互联网仍然是传统编辑出版模式的网络版本，Web 2.0 则开启了每一个普通人都可以通过网络对公众发言的时代。网民们“一切无需等待”的网络写作狂潮正倒转着传播权力的格局。正如某期《时代》杂志封面上所写的：“是的，就是你。你控制了信息时代。欢迎来到属于你的世界。”对于大多数普通人而言，Web 2.0 无疑是一场自我表达的盛宴；但对于一些旅游地或旅游设施的经营者，这或许是一个多事之秋的开始。

2007 年 3 月，网络再曝三亚旅游黑幕。一则名为“如此令人恶心的三亚——今年春节我在三亚的惊魂遭遇”的帖子流传于各大论坛，引来网友“板砖”无数。四川网友“愤怒的老驴”在帖子中称：一家人春节时赶赴天涯海角旅游，却因不买小商贩的东西遭围攻，报警后到了派出所，还被威胁不能活着回家，最后 67 岁的老人不得以向小商贩鞠躬赔礼道歉，一家人才得以离开……帖子发出后，不少网友都开始控诉在海南旅游的不愉快经历，还有网友建议市长公开道歉。这起在网络上引爆的危机事件引起了三亚市领导的高度重视，天涯海角风景区总经理被免职，政府承诺对天涯海角景区进行严厉整治。

与此同时，一段肯德基餐厅内老鼠横行的视频录像被张贴到全球最大的视频分享网站上，立即有上百万美国人观看了这些视频；不出数日，新闻图片也出现在中国 MSN 用户阅读的每日新闻中。事情发生后五天，肯德基关闭了数家有卫生问题的加盟店，总裁格雷格·戴德雷克以视频的方式向公众表达了歉意。在视频中，戴德雷克说道：“坦白说，我们很难堪。”

而全球咖啡连锁店星巴克也经历了故宫风波。2007 年 1 月 12 日，中国中央电视台英语节目主持人芮成钢在自己的贴吧上发表了一篇名为“请星巴克从故宫里出去”的文章。“中国的紫禁城里竟然也有一个星巴克的店，我和我的中外朋友们都认为它和中国故宫的氛围极不协调，有碍观瞻”。并且他声称已给星巴克总裁写信，要求“请务必早日从故宫里搬出来”。此后的数日内，这篇文章被阅读了超过 50 万次，而在近 3 000 条针对该文的评论中，大部分网民对 “请星巴克从故宫里出去”的观点表示赞同。而回复中除了“顶”、“支持”之外，也出现了大量如“滚出去”、“丧权辱国”之类的激烈言辞。

资料来源：http://wuning.blog.sohu.com/39200854.html

问题：

1. 网络危机对旅游企业有何影响?
2. 网络危机对旅游企业危机管理提出的挑战?

3. 旅游企业危机发生的原因

1) 从旅游供给角度分析旅游危机

(1) 旅游企业的关联性。从旅游供给方面来看，旅游企业向消费者提供的满足其需求的旅游产品是由旅游资源、旅游设施、旅游服务和旅游购物等多种要素构成的。它的生产部门和行业不仅包括旅游部门内部各个行业(吃、住、行、游、购、娱)，还涉及国民经济中的许多相关行业，如外贸、交通、工艺品生产、建筑业等，所涉及方面的任何变动都会波及到旅游业。旅游业由有关国民经济及与旅游相关的行业、部门等构成。从波特的产业价值链角度来看，旅游业的价值构成应是交通—住宿—餐饮—景区—旅游工艺品。在整个价值链上，各个旅游企业以旅行社为中介组成战略联盟的形式，旅行社在事前以契约的形式向其他旅游企业预订旅游者所需的旅游产品和服务。但如果某个企业由于人为的或外界不可抗拒的原因而没有履行契约，就会波及到整个价值链上的所有企业，每个企业都将遭受损失。所以，应加强各旅游企业的危机管理，消除危机以减少损失。

(2) 旅游产品的综合性。旅游产品就是旅游者在完成整个旅游活动中得到的全部服务过程、旅游条件，以及对整个旅游过程的感受。它是以服务为重要内容的非物质产品，旅游产品具有不同于物质产品和一般服务产品的特性，具有无形性、不可转移性、时间性、不可储存性、生产与消费的同步性等综合性的特性。旅游产品对于旅游者来说是一种“经历”，是旅游者对旅游全过程的一种“感受”。无形性的特点决定了旅游消费者在购买旅游产品之前难以对其质量进行检验和客观评价，而只有购买了某一旅游产品，并且完成了整个旅游活动后才能对其质量进行评价；不可转移性的特点说明旅游者在消费旅游产品时，与旅游产品相关的旅游资源和设施在所有权上的不可转移性，决定了旅游消费者只能自己享受购买的旅游产品，而无权让他人分享；时间性、不可贮存性、生产与消费的同步性说明生产旅游产品是一种风险极强的行业。旅游产品是一个整体概念，即它是旅游企业向消费者提供行、游、住、食、购、娱等诸多方面的综合。旅游者购买的主要是整体旅游产品，任何一家旅游企业都只能提供一项或几项单项旅游产品。因此，只要旅游产品某一个环节、某一项服务出现危机，必然影响整体旅游产品，进而影响其他旅游企业。

2) 从旅游需求角度分析旅游危机

从旅游消费来看，消费者的旅游需求是多方面的，涉及社会、经济、文化等各个方面。旅游者的需求是有层次的，旅游需求是一种发自于要求参与社会交往，获得他人认可与尊重，实现个人价值目标等动机的一种非基本需求。生理和安全是其最低层次的需要，只有在这两者都得到保障的情况下，旅游才可能成行。旅游需求一旦受到外部因素的威胁，如政治局势、经济危机、自然环境、传染性疾病、安全事故等影响，这种非基本需求必然要为基本需求让路。旅游者对旅游地的选择也是这样的，安全和舒适是他们旅游决策过程中首要考虑的因素。一旦旅游企业及旅游地发生了影响这两者的负面事件，旅游者会立即“抛弃”该旅游企业和旅游目的地。

旅游者对危机事件的敏感程度是有层次的。旅游消费者在做出旅游决策时，会伴随产生风险和不确定因素，而这种风险和不确定因素是可以被旅游者觉察的。任何危机事件都有一个临界值，即旅游者对所觉察到的旅游决策风险的容忍限度，每个消费者对风险的认知都有一个他们所能承受的特定的阈值，超过这个阈值，消费者就会想方设法降低风险。旅游者对旅游决策的主观评判起着决定性的作用。由于旅游业发生的负面事件很容易被识别并获得认同，一旦发生了负面事件，就会使旅游业蒙受重大的经济损失。

8.2.2 旅游企业危机的分类及影响

1. 旅游企业危机的分类

旅游业受波及引起的危机是指发生在其他行业里的危机产生的负面影响波及旅游行业，使旅游业客源骤减、目的地形象受损的危机，如战争、金融风暴、恐怖主义、公共卫生危机等。旅游业内部的危机，是指发生在旅游业运营的范围内，直接对游客或旅游从业人员发生威胁，影响旅游活动的危机，如针对旅游业的恐怖袭击、企业火灾、旅游娱乐设施发生意外等。结合旅游业的行业特点，选取《旅游者安全保障办法》中的规定为例，将旅游危机主要分为自然灾害、事故灾难、突发公共卫生事件、突发社会安全事件、旅游重大活动危机事件等五类。

1) 自然灾害

自然灾害主要包括旅游景点景区暴雨、洪水、暴雪、冰雹、台风、地震、山体崩塌、滑坡、泥石流、森林火灾等重大灾害。

2) 事故灾难

事故灾难主要包括公路、水运、铁路、民航等旅游交通事故，影响或中断城市正常供水、供电、供油、供气等城市事故，通信、信息网络、特种设备等安全事故，以及重大环境污染和生态破坏事故等。

3) 突发公共卫生事件

突发公共卫生事件主要包括突然发生，造成或可能造成游客健康严重损害的重大传染病(如鼠疫、霍乱、血吸虫、肺炭疽、传染性非典型肺炎等)、群体性不明原因疾病、重大食物中毒、重大动物疫情，以及其他严重影响游客健康的事件。

4) 突发社会安全事件

突发社会安全事件主要包括恐怖袭击事件、经济安全事件、影响较大的针对性破坏事件及规模较大的群体性事件等。

5) 旅游重大活动危机事件

旅游目的地政府或政府旅游部门将旅游危机事件的事故分级。按照旅游突发事件的严重程度、可控性和影响范围，可分为四级：Ⅰ级(特大)、Ⅱ级(重大)、Ⅲ(较大)和Ⅳ级(一般)。

(1) 特大事故(Ⅰ级)，指一次事件造成旅游者 3 人以上(含 3 人)死亡的，或旅游住宿、交通、游览、餐饮、娱乐、购物等场所的恶性事故、影响重大的，或游客经济损失在 100 万元(含 100 万元)以上的。

(2) 重大事故(Ⅱ级)，指一次事件造成旅游者1至2人死亡或旅游者重伤致残的，或旅游住宿、交通、游览、餐饮、娱乐、购物等场所的重大事故，或游客经济损失在10万元(含10万元)至100万元的。

(3) 较大事故(Ⅲ级)，指一次事件造成旅游者重伤，或游客经济损失在1万元(含1万元)至10万元的。

(4) 一般事故(Ⅳ级)，指一次事件造成旅游者轻伤，或游客经济损失在1万元以下的。

2. 旅游企业危机的影响

分析旅游危机对旅游业的影响可以使我们采取正确的措施来应对旅游危机，消除不利影响，并尽快恢复正常的旅游业态。旅游危机对旅游业的影响主要表现为对旅游者的影响、对旅游企业的影响、对旅游产业的影响和对旅游目的地的影响。

1) 对旅游者的影响

旅游者作为旅游活动的主体，对旅游危机的反应最为敏感，最为直接。旅游危机对旅游者的影响主要表现为旅游需求的下降和旅游信心的损害。由于危机可能会影响正常的生活，使旅游者会对旅游目的地作为一个具有吸引力、安全的旅游地失去信心，导致旅游者改变旅游行为，如停止或推迟旅游活动、寻求替代性旅游等。然而，这种影响具有短期性和可逆性，在旅游危机结束后，会较快地恢复到常态，甚至会出现新的旅游机遇。

2) 对旅游企业的影响

旅游企业是旅游产品和旅游服务的提供者。旅游危机对旅游企业的影响主要表现为旅游企业由于旅游者减少而出现营业停顿或下降，旅游设施和供给能力大量闲置，使旅游企业面临较大的经营困难。由于旅游生产和消费的同一性，旅游产品的不可储存性及旅游设施的难以转换性，旅游企业有相当大的经营风险，如果旅游危机持续较长时间并且没有扶持政策，旅游企业将面临生存危机。

3) 对旅游产业的影响

旅游业是一个关联度很强的产业。旅游业危机不仅直接造成旅游市场的严重下滑，也会波及影响到相关行业和产业的经济效益和社会效益，影响到旅游产业在一个时期内的持续稳定健康发展。

4) 对旅游目的地的影响

旅游地发生旅游危机会使目的地形象或声誉受到负面影响，导致旅游吸引力和旅游人数下降、竞争力削弱，并在一定程度上影响到旅游目的地经济社会生活等各个方面。如果危机处置不当，将对旅游目的地产生长远的负面影响。

阅读案例 8-2

汶川地震对四川旅游业的影响

2008年5月12日，四川汶川大地震给四川旅游业造成的损失达533亿元人民币，仅九寨沟景区当年的门票收入就损失4.5亿，整个片区的经济损失达到80亿～100亿。111家A级景区受损。世界遗产地都江堰、青城山、大熊猫栖息地(卧龙)等景区受灾严重，损毁价值无法估计；青城山-都江堰景区主要建筑二王庙、伏龙观损坏严重，经济损失达 12 亿元；绵阳猿王洞、千佛山、窦圌山三个景区，道路全部损毁，窦圌山双峰其中一座倾斜非常严重；三星堆博物馆建筑物轻微受损；四姑娘山、海螺沟景区的基础设施建设亦受破坏。灾区旅游通道严重损毁，旅游企业也未能幸免。包括九寨沟旅游环线在内的旅游公路损坏 2 890 公里，公路沿线标识标牌、旅游服务设施及旅游通道两侧的自然和人文环境破坏严重；全省有 400 余家星级宾馆受到不同程度损坏，共损毁 31 966 间客房。汶川大地震不仅影响四川旅游业，全国各地以国内游客为主要市场的旅游景点也受到严重的波及。

综上所述，旅游业是脆弱敏感的，像这样的突发事件会给当地旅游业乃至全国旅游业带来巨大的负面影响，旅游业该如何面对这些突如其来的灾害？如何灾后重建？如何恢复旅游地形象？旅游危机有一个怎样的生命周期？都是我们值得思考的问题。

资料来源：张旭，太原城市职业技术学院学报，2008 年第 6 期

8.2.3 旅游企业危机管理的必要性

1．旅游业脆弱性的要求

旅游业是一个非常脆弱的产业，它的经营随时会受到多种因素的影响。从需求的角度来看，旅游是一种非基本的需求，一旦受到外部因素的威胁，这种非基本的需求必然要为基本需求让路。从供给的角度来看，旅游业涉及食、住、行、游、购、娱等相互关联的各个行业，旅游活动的完成需要各个不同产业部门的协同配合，其中任何一个环节出现问题都会波及整个旅游业。因此，必须加强旅游业的危机管理，这样才能提高整个旅游产业链的稳定性。

2．旅游产品特殊性的要求

与一般的商品不同，旅游产品具有无形与有形相结合、生产与消费同时、季节性强、需求弹性大等特征，这些特征使其经营销售过程中易出现异态、产生危机，且危机一旦出现损失也就不可挽回。因此，建立一套行之有效的预警系统，实施危机管理就十分必要。另外，游客所需要的旅游产品是各个企业提供单项旅游产品的总和，任何一个企业都不可能满足游客的整体需求。因此，一家旅游企业如果因自身提供的单项产品出现危机，必然影响整体旅游产品，进而危及其他旅游企业。

3．旅游市场竞争性的要求

任何一家旅游企业都不能占领所有市场，也不能永远占领某一部分市场，相同或类似的旅游市场上存在众多的旅游企业，客观上加剧了竞争。旅游企业经营的产品大部分为无形的服务性产品，其经营成本不高(如旅行社的运作)，除部分垄断性极强的旅游企业外，进入门槛低，因此一旦经营不善，市场就会被其他旅游企业所占领，从而导致危机。

4．政治经济环境的要求

随着旅游业的综合经济和社会功能日益受到重视，发展旅游业已经成为刺激内需、拉

动经济增长的重要途径，许多地区都把旅游业作为支柱产业，大量的资金盲目投入到旅游业当中，人们仅仅看到了旅游业所带来的经济效益，而忽略了其中潜在的危机。近年来，国际危机事件数量呈现不断上升的趋势，恐怖袭击不断出现，地震、海啸事件也接连发生，各种大规模的疾病相继爆发。在全球化的背景下，国际各方面的交流频繁而迅速，因此，国际上的危机事件很容易跨越地理空间波及其他国家和地区，使得局部性危机迅速扩散为全球性危机。以我国为例，从根本上讲，我国的旅游业涉及面依然比较窄，企业的抗风险能力不强，存在着“把鸡蛋放在一个篮子里”的现象，没有多元化经营的倾向。因此，实施旅游危机管理迫在眉睫。

8.3 旅游企业战略危机预警与管理

旅游企业在危机来临时，如何从容应对，临危不乱，这就要建立企业的危机预警机制，使企业在危机来临之时能够及时觉察潜在危机的发生，并提前做好应对准备与措施，以防患于未然。只有建立完善的旅游企业危机预警机制，才能坦然面对危机，才有可能化危机为机遇。

8.3.1 旅游企业战略危机预警

1. 建立危机预警管理组织体制

为了有效地防范危机和对危机事件进行管理，旅游企业必须组建企业危机管理的专门性机构，负责环境监控、信息搜集、安全保障等，建立危机管理小组，由旅游企业主要负责人亲自领导，由旅游企业公关部、市场部、企业管理办公室和信息中心组成的危机预警组织。危机管理小组应建立这个制度，定期分析、研究企业可能发生的危机，并有针对性地开展模拟危机处理。

例如，自2002年11月16日，中国广东省出现首例具有极强传染性的SARS病例以来，到2003年4月21日20时终止，中国已有确诊病例2 158例，同时“非典”在全球迅速蔓延，截至4月21日，中国、美国、新加坡、加拿大等27个国家和地区发现总计4 060例病例。一些国家和组织早已发出了警报，不少有识之士也提出了警告。但大多数旅游企业对此缺乏足够的警惕，也没有对其可能造成的影响进行研究，其危害程度被严重低估，一些景区、旅行社等旅游企业缺乏危机意识和机制，仍像往常进行大量的广告宣传投入，以至于在SARS大规模爆发时，损失惨重，仿佛危机是一夜之间爆发的，把损失归罪为行业的脆弱和SARS的影响。危机期间不对SARS进行跟踪研究并预测其发展趋势，在北京“双解除”的消息传来后，很多旅行社茫然不知，反应迟缓，不能立即投入经营，抢占市场。

为此需要加强旅游危机的管理，成立专门的危机管理部门，建立完善科学的预警机制。同时，与政府、权威旅游企业和组织建立战略联盟，及时交流旅游危机的相关信息和管理经验，提高资源和信息的利用水平与决策的可靠性、时效性，及时开展危机营销活动。

2. 建立高度灵敏体制

危机事件虽然有突发性特点，但是，认真观察危机事件的过程可以发现，任何事件都有发生的预兆，如果掌握了这些预兆，企业就可以赢得主动，从这一点上看，建立危机信息网络并实施管理就十分重要。

危机系统管理主要应做好两方面的工作：一是危机信息的搜集。信息搜集主要有三条渠道：利用计算机网络；通过旅游企业内部联络机制；派遣人员直接调查。二是信息的集中与传递。在这一过程中，信息的传递速度非常重要，信息的任何拖延都会失去价值。此外，由于危机事件的攻击性及社会舆论的敏感性，为了防止对企业声誉的损害，旅游企业要加强危机信息本身的管理，如重视信息保密和防止外泄等。

企业旅游危机发生时，应在原有沟通基础上，尽快让员工从企业管理层直接获得有关旅游危机的各种信息，尽量确保所有员工基本上同时得知所有的重要信息和最新信息，以显现企业对员工的信任和认同感。并且与现有和潜在旅游者建立良好的关系，在旅游危机营销中企业可以采取各种方式对顾客进行电话访谈、利用问卷、E-mail、企业网站或免费热线对顾客进行调查等，积极主动地就各种营销策略和营销活动与顾客交流，赢得顾客的信任和支持；还应在营销危机管理过程中，及时主动地通告企业遭遇的营销危机，向因营销危机而遭受损失的顾客表达歉意，承担责任，并将顾客所关注的核心问题传达给他们。在与顾客交流时，应根据实际情况，如顾客业务量的大小，受营销危机影响的可能性，被新闻媒体采访的可能性，与企业建立营销危机联系的可能性，以及对企业提出批评的可能性等，对顾客进行细分和选择。针对不同顾客的信息需求，有选择地反复传递有关核心信息，同时要保证传递的所有信息的一致性与真实性。

3. 企业危机预警系统制度化

把危机管理纳入企业管理的核心内容中，定期或不定期开展企业自我诊断，分析旅游企业经营状况，开展危机预测，并分析危机信息，制定危机预防措施。适当的时候可以进行企业危机管理的模拟试验，以培养和塑造企业面对危机的能力和速度。

旅游企业危机预警管理的主要职能是防止或减轻可能出现或已经出现的危机给企业组织带来的损害。要想完全避免损害几乎是不可能的。但是，情感及形象上的损害是完全有可能通过努力加以避免的。尤其对于危机预警管理而言，重要的是企业内部及社会舆论的评价，因此，企业应充分利用并发挥危机预警管理系统的作用，坦然面对并渡过危机。

出色的危机预警管理在能够预测可能发生的危机情境，积极采取预防和控制措施的同时，还能为可能发生的危机做好准备，在处理危机时占据主动。旅游业危机管理中所涉及的所有行为主体都要树立危机意识。旅游业的依赖性和关联性决定了其发展中的任何一个环节出现差错，都可能导致旅游业出现巨大损失。因此，旅游业的发展必须具备风险意识，要有处理突发事件、应对危机的心理准备，以免在危机袭击时措手不及。

首先，努力实现旅游企业经营的多元化，这是增强企业生存和竞争能力的根本途径。这样在危机来临时，主、副业可以相互支撑，共担风险以减少企业损失。其次，旅游企业要建立完善的制度规范。完善的制度规范可以使企业员工责任明确、操作规范，对预防危机事件的发生意义重大。再次，旅游企业要加强对员工的危机教育，一方面使员工树立危机意识，另一方面对员工进行专业技能培训等。最后，建立旅游企业危机管理的预警系统和危机应对处理系统。

由旅游产业的高敏感性所决定，旅游危机的发生是经常性的，是非常态的，因此有必要建立常态的旅游危机预防机制。实施危机的监测和预警，最大限度地降低旅游危机爆发的风险，并在旅游危机到来前做好各种准备。实施有效的危机管理，降低损失。

1) 建立旅游危机管理组织

旅游产业涉及面广，产业链延续很长，因此旅游危机管理不仅仅是旅游行业和旅游主管部门的事，也是整个政府、整个社会的责任。为防患于未然，政府应当建立各个部门统一协调、分工负责的旅游危机管理组织，制定旅游危机管理的战略、政策、措施，即危机应急预案。在非危机时期，负责危机的监测和预警工作。在危机发生期间，统一负责旅游危机管理的领导和协调工作。在政府领导下，建立旅游与新闻宣传、交通、公安、文化、园林、环保、气象及旅游企业等相关单位的联动机制。

2) 进行旅游危机预警

建立旅游危机预警，可以对危机的产生、危机的发展阶段、危机的危害程度等有准确的认识，以做好充分准备有效地应对危机。旅游危机预警可以把许多分散的信息组织在一起，全面监测、跟踪事件发生的迹象和动态，并向风险防范部门提供决策的信息基础。对旅游危机潜伏期的信息、情报及时处理，分析旅游危机可能发生的概率及危机发生后可能产生的影响，并在第一时间做出科学的判断。

3) 积极采取预防措施

积极的预防工作可以有效地化解旅游危机的发生和降低危机带来的破坏程度。旅游部门应对在旅游开发、经营过程中和旅游活动、环境变化中可能产生的风险及时进行分析，另外，旅游管理部门要对一些发生概率大、风险等级高、后果严重的危机进行重点预防，采取监督、检查、环境监视等措施，以及做到人、财、物的准备，尤其是制定和落实应急预案，做到危机发生时能及时启动。

4) 实施旅游危机教育

进行旅游危机教育，可以提高人们对旅游危机的认识，提高旅游危机处置的能力。旅游危机教育主要是针对旅游管理部门、社会公众、旅游者及旅游从业人员进行危机教育和各种预防措施教育，包括建议在旅游院校中增设此门课程。通过教育，可以使公众和旅游从业人员更多地认识危机，掌握应对危机的基本规则和方法，最大限度地发挥社会力量，积极参与到危机管理中来，共同应对旅游危机。

4. 加强员工危机管理理念

危机管理理念就是居安思危，旅游企业进行危机管理首先应树立一种“危机”理念，营造一种“危机”氛围。危机管理理念教育可以凝聚旅游企业内部员工的信念，建立共同的危机预防，增强旅游企业的战斗力，避免在危机发生时，把时间浪费在企业内部的危机沟通上。加强危机管理理念教育，将有利于提高旅游企业反制危机的能力。旅游业属于服务性行业，一线服务员工的失误是引发企业危机的主要因素之一。人为失误的内在根源多是由于企业缺少危机处理的教育训练。因此，结合职业训练，加强危机教育能够大量减少人为失误带来的危机。旅游企业危机教育不仅要注重单纯技术层面的强化，更要进一步加强危机处理前的心理建设，提高旅游从业人员承受危机的能力，建立起处理危机的必胜信念。在服务态度上，要以顾客为中心，充分考虑并满足顾客的安全、健康、舒适等需要。通过危机教育，让员工深切了解到员工前途和企业的命运息息相关。

5. 注重危机公关

由于危机情况的产生具有突发性和紧迫性，因此尽管事先已制订出危机应变计划，由于不可预知危机的存在，任何防范措施也无法做到万无一失。危机公关是公共关系活动的一个重要分支，它是指在企业的信誉、形象等遇到突如其来的危机时，作为当事人的企业所应采取的一系列的公关活动。旅游企业发生危机，应立即查明危机的原因和来源，及时向旅游者公布，制定合理的处理方案并以诚信的原则主动与旅游者进行沟通，任何一个不谨慎的反应都有可能使旅游企业遭受更大的破坏，而有效的危机应对措施则可以帮助旅游企业更快地从危机中走出来。危机公关的好坏，一方面体现出危机当事人的整体管理水平和能力，另一方面更直接影响到危机当事人的信誉和利益得失。旅游企业形象关乎企业的生存与发展，所有的公关行为都要围绕着树立良好社会形象这一中心来开展，危机公关也不例外。因此，凡是有损于企业社会形象的事都不能做；当具体利益与维护社会形象发生冲突时，应该毫不犹豫地舍弃具体利益。当事件只涉及具体利益时，应该立即将其与社会形象明确区分开来，不让其与社会形象挂上钩；如果事件涉及损坏社会形象，则应该马上以修复社会形象为主要目标展示一系列有针对性的公关行为。我们都不希望出现危机，但危机到来并不意味着企业对此无能为力，不意味着问题不能解决，事态不能向好的方向转化。只要旅游企业能够注意因势利导、趋利避害，把握好危机公关的每个过程步骤，积极引导舆论，就能安然渡过难关。而且有些危机事件处理得当，还能给企业提供一个改善品牌形象、提升品牌美誉度的机会。

6. 引导旅游者改变行为模式

人们的生活方式与旅游行为模式在不同程度上会受到危机的影响。危机过后，危机带来的负面影响将仍会潜伏在旅游者心中，并保持一段相当长的时间。研究危机事件后旅游者行为模式的变化，有利于及时、合理地设计和推出新的旅游形式和产品，满足人们的需求。例如，经历 SARS 事件，旅游者逐渐认识到健康和安全的重要性，赞同积极健康的生活方式和保持良好的卫生习惯。游客对旅游目的地的公共卫生条件及其防疫防范服务配套设施设备的要求和选择将会变得比较挑剔。安全顺畅旅游、健康卫生旅游、文明有序旅游，将成为旅游者选择旅游项目活动的第一要求。引导旅游者行为模式的改变应包括：①引导旅游者出游方式的多元化；②引导旅游者旅游活动的时空选择多元化；③引导旅游者主动承担旅游行为的社会、生态责任，促使旅游者接受生态化的旅游行为模式；④引导旅游者改变不良的日常行为模式，推广文明的日常行为和旅游行为模式；⑤引导旅游者逐步提高旅游目的的层次。

阅读案例 8—3

旅游企业网络危机应对策略

危机发生后，公众会关心两方面的问题：一方面是利益的问题。利益是公众关注的焦点，因此无论谁是谁非，企业应该承担责任。即使受害者在事故发生中有一定责任，企业也不应首先追究其责任，否则会各执己见，加深矛盾，引起公众的反感，不利于问题的解决。另一方面是情感问题。公众很在意企业是否在意他们的感受，因此企业应该站在受害者的立场上表示同情和安慰，并通过新闻媒介向公众致歉，解决深层次的心理、情感关系问题，从而赢得公众的理解和信任。

2006 年春节期间，香港迪士尼乐园严重饱和，部分游客被拒之门外，这引起了人们极大的不满。后面的事情完全失去了控制，媒体的跟风报道加之各大门户网站推出的相关专题，一场拒客风波迅速传遍全国。对此，香港迪士尼乐园连续进行了三次道歉，并承诺退款。尽管媒体的热浪一时间难以退去，但香港迪士尼“以消费者为中心”的解决问题方式，及时承担责任是值得内地景区所借鉴的。

当今，很多景区都已经进行网络的推广，同样网络危机的应对也是不容忽视的。旅游企业必须对重点的媒体进行严格的监控，及时发现相应的蛛丝马迹，针对某些恶意的、带有批评的评论给予回应，化解负面的报道，从而树立景区的正面形象。网络危机的诞生也是良好的机遇，如果景区能处理得恰到好处，往往这种危机会变成我们的生机，为我们赢得消费者的口碑与信赖。在进行景区危机处理后，我们可以借势做好善后事宜，如恢复消费者、社会、政府对企业的信任。借着前期社会关注较高的危机机会，我们景区完全可以加大在当地主流媒体进行品牌形象和景区形象的宣传。让他们进一步感受景区的认真、负责和对消费者的关心，从而形成延续性的良好口碑效应。此种宣传不但可以使已经造成的影响做观念上的扭转，同时这种公关报道也对扭转传媒方向和稀释前期不利报道起到了很好的作用，更能体现景区公关部门的能力。

资料来源：http://www.cnbm.net.cn/article/ar383275332.html

8.3.2 旅游企业战略危机管理

1. 旅游企业战略危机管理体系

危机管理首先是战略层面的范畴，其次才是策略层面的内容。所谓战略危机管理指的是在公司战略的制度性安排上，把危机管理列为公司战略层面的实施环节，从战略的高度将危机管理的制度、流程、组织和资源列入公司战略管理的体系。

战略危机管理体系分为两个层面。第一个层面是战略层面，就是通常所说的公司战略。这个层面是在公司整体战略的指导下，界定危机出现的可能性及其扩展范围，最终确定危机防范的措施、流程和组织结构形态。危机主要包括市场环境发生异常变化对公司战略产生的危机，主要竞争对手突然发生对公司有重要影响的危机，政府政策发生变化产生的危机等。第二个层面是策略层面，也即战略管理中的职能层面。危机管理包括技术危机管理、品牌危机管理、人力资源危机管理、质量危机管理等，由于职能层面危机管理内容大多数通过外部的传播途径影响到公司的运作，综合表现在公司战略和企业形象系统上，所以会造成危机关系。从这两大层面分析，旅游企业危机管理的根本在于企业战略管理的深层内涵，公关危机只不过是这些深层原因的表现形式而已。即战略性危机管理的本质是战略层面的危机管理，而不是策略性的危机管理。

2. 旅游企业战略危机管理类型

按照危机产生的深层次原因来看，旅游企业面临的危机分为两种，一种是结构性危机，另一种是偶发性危机，因此旅游企业危机管理的战略类型可以分为结构性危机战略和常规性危机战略。

1) 结构性战略危机

结构性危机一般来源于内部系统的损坏，造成危机的因素很早就在企业中存在，一般都是企业的某项管理功能的实质性失效。例如，北京某国际旅行社的出境旅游虽然价格没有竞争优势，但是在业界一直以对中高端的客户服务质量好而著称，企业上下也一直引以为豪。但是近年来由于行业竞争压力大，企业的重心转向开拓客源、扩大市场份额，因而忽视了对导游人员和供应商的管理，结果影响企业产品的服务质量，并因此逐渐滑坡。2005年在黄金周的销售旺季，客户投诉率却大幅上升，市场口碑开始下降，在 2006 年 5 月开始的销售旺季中，因为质量问题造成的市场负面影响已经严重地影响了产品销售。因质量危机大规模爆发，最终被吊销出境游组团经营的许可证。究其原因，表面上的质量危机实际上是企业整个质量控制系统逐渐失效的最终结果。质量危机只不过是这种渐进过程的集中爆发。

一般来说，结构性危机比较难以挽回，因为结构性缺陷是长时间形成的，在短时间内难以得到根本改善，造成的损失一般也很难从其他方式得到补偿，就像“亡羊补牢”故事中丢失的羊很难被找回，修复羊圈也需要花费一定的时间，并且很难利用破损的羊圈再创造出其他方面的效益。所以一旦出现结构性危机主要考虑的应该是如何最大限度地减少损失、降低负面影响。也就是说能做到“亡羊补牢”就是成功。顺利利用危机增加收入或利用危机扩大影响，在结构性危机中是很难实现的。对此，企业决策者不能抱有浪漫的幻想。

解决结构性危机，在战略中主要应该注意预防。就像牧羊人要注意多检查羊圈是否结实牢固，对于上例中的国际旅行社，要检查质量管理体系是否有效运作，实际上由于危机产生于内部，在危机发生之前，一般会有相当多的征兆，如回头客比率下降、市场投诉的增加，如果能及时发现并采取措施，那么危机是可以避免的。另一方面，这类危机的发作期一般都与企业经营中的一些关键时点有关，如销售淡旺季、会计周期的转接、重要岗位的人事变更等。因此在这些时点设置关键检测环节对于预先防范结构性危机是比较可行的现实手段。又如，对销售旺季经营指标的阶段性总结，对会计周期内财务指标的持续性分析，对一段时间内组织结构和决策模式有效性的讨论，对重要干部的离任审计等，这些工作只要坚持深入细致，上述例子中的危机完全可以避免。所以说，防患于未然是这类战略危机最根本的解决之道。

2) 常规性战略危机

常规危机可以看作两种因素共同作用的结果，一是决定危机存在的基础条件，往往并不是很大的事件，本身也不是什么问题，有的在危机爆发前早就存在，有的根本就是子虚乌有；二是引发危机的是特定诱因，这类危机的实质是经过特定诱因对基础事件的渲染后，在企业的利益相关者中诱发的心理认识的崩溃，很多时候甚至特定诱因本身就是对一些子虚乌有的事件散布的谣言。由于事先缺少征兆，没有准备，爆发时间也没有规律可循，所以偶发性危机比较难以预防，后果也比较严重，处理不好将会为企业带来颠覆性的损失。但是也是因为这类危机的成因与利益相关者的心理认识有关，因此如果能及时妥善地改变相关者的心态，那么在某些情况下经过恰当处理，也可以向好的方面转变。我们所说的危机管理中的事件营销，其实主要适用于偶发性危机。

解决常规性危机的战略有两种基本思路。一是利用危机创造收入或扩大影响，如 SARS 时期的口罩、消毒液、速食食品的销售，经纪公司利用明星的绯闻效应等。二是在危机中最大限度减少损失或降低负面影响。

由于偶发性危机的诱发因素五花八门，所以很难总结出套路性的方法来指导危机处理的战略，但也不是完全无章可循的，有两个原则可以作为参考：第一，要像塞翁失马的老人学习，能够辩证地分析问题；第二，要认识到危机的实质往往是由特定诱因引发的心理变异，所以在选择解决方法上就应该明确攻心为上、攻城为下的方针，也要挑选善于协调沟通的人来承担处理偶发性危机。能够坚持这两条，就有机会创造移花接木、长袖善舞的奇迹。

3. 旅游企业战略危机管理意义

随着经济全球化时代的到来，旅游企业面临的外部环境与内部条件的变化更加不确定，经营管理中发生危机的频率增加。因此实施危机管理会带给旅游企业诸多益处。

1) 有利于提升旅游企业的核心竞争力

随着危机管理的实施，危机管理能力将成为旅游企业重要的能力之一，积极实施危机管理并提高有效化解危机危害的能力，必然增加旅游企业的竞争优势，旅游企业从危机中吸取经验教训并对原来的资源及组织整合后，必然极大地提升核心竞争力。

2) 有利于营造旅游企业危机文化

树立危机意识，强化危机观念和从容应对危机的策略，必然深入全员心中，从而使员工临危不惧，处变不惊，有效规避和化解危机，保证旅游企业运作正常。危机管理的实施则必然在旅游企业中达成一种共识，即危机可以预防并能解决，而这种共识也就成了旅游企业的危机文化。

3) 使旅游企业转危为机

获得新的发展机遇。危机管理要求旅游企业妥善处理危机并能转危为机，化险为夷，寻找有利商机，从危机中获得“柳暗花明又一村”的新发展。

4. 旅游企业战略危机管理流程

旅游企业战略危机管理包括四大环节：战略分析、战略制定、战略实施和战略控制。

在每个环节中都渗透着危机管理的内容。例如，在战略分析中，有没有将可能对公司战略产生重大影响的环节和利益相关者都考虑到，是决定战略实施能否具有危机管理能力的前提；战略制定是具体制定战略的过程，危机管理在此环节中的考虑是战略危机管理的根本；在战略实施中，是否将危机管理的各种有效措施作为战略实施的基础工作，并及时根据市场调整改善公司战略，是危机管理体系的核心内容；战略控制是危机管理中最直接的体现环节，也是常说的媒体监控体系(图 8.1)。

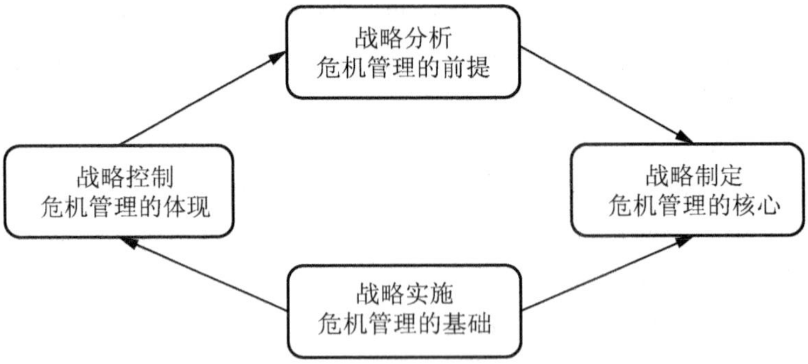

图 8.1　战略性危机管理流程

案例分析

“9・11”危机对旅游企业的影响

“9・11”恐怖袭击后，从美国佛罗里达，到法国巴黎，到东南亚乃至世界许多著名景点，跨国旅游一片萧条。迈阿密和劳德代尔堡是佛罗里达两大游览胜地。前者在“9・11”事件后一周内，酒店入住率急挫至 30%～40%，而去年同期的入住率高达 70%；后者在同一周内，旅游业已损失约 5 000 万美元。劳德代尔堡旅游官员预测，当地旅游业在未来几个月甚至更长一段时间内都难有好转，他们将“不得不对旅游业的衰退做好准备”。

美国加利福尼亚州的拉斯维加斯是世界上著名的赌城和旅游城市，也是美国旅游业的晴雨表。但现在，这里的旅游业正处于有史以来最糟糕的时期。由于游客稀少，目前已经有一家赌场申请破产，而其他好几家娱乐场所也正面临关门的危险。过去，每年 9 月都有大批游客前往该城市，当地酒店入住率能达 90%。但有关官员统计，在“9・11”恐怖袭击事件之后的第一个周末，拉斯维加斯的酒店入住率只有大约 70%。

美国一家专门从事旅游分析的公司指出，在今后几个月内，美国全国的酒店入住率每个月都会下降大约 8 个百分点。这种颓势有可能要到次年第三季度才会结束。号称全世界最大旅游行业联盟的“美国旅行社协会”也对美国旅游业现状感到忧心。协会主席表示，这是旅游业“自诞生以来”经历过的“最恐怖、最骇人的事”。

著名的迪士尼乐园在袭击事件发生后，游客数量也急剧下降，当地成千上万从事旅游业的人失业。加利福尼亚州政府当时宣布了一项总额 500 万美元的广告宣传计划，希望能够吸引人们重返加利福尼亚州旅游观光，但是专家统计，当时美国旅游业的低迷状态持续了相当长的一段时间。

资料来源：中国社科院旅游研究中心

问题：

1. “9·11”事件属于哪种类型的旅游危机？
2. 旅游企业应如何进行这种类型的危机管理？

阅读材料

国内旅游企业战略危机的八种表现

一、东施效颦：仿效不像，反增其丑

有些旅游企业虽然也考虑制定战略，但其战略不是建立在对旅游企业外部机会与威胁、内部优势与弱势的全面而科学的分析与论证基础之上，而是喜欢走“东施效颦”的“捷径”。看到别的行业、别的企业的战略获得成功，便盲目跟风。尤其是在旅游企业进入新产业的问题上，缺乏独立判断，热衷于“跟紧大势人云亦云”，致使许多同行业内企业的发展战略高度雷同。近年来，一些旅游企业不顾自身的资源状况，在战略上猛刮“高科技”之风，似乎企业只要与“高科技”沾边，就无往而不胜。殊不知，高科技同时也蕴含着高风险，高科技企业在具备一般企业应有的资源之外，必须具有很强的抗风险能力才能在市场上立足。

二、航母情结：未必越大越好

国内旅游企业有一种倾向，即企业越大越好，所跨行业、地区越多越好。当你询问旅游企业经营者，他的企业战略目标是什么时，得到的回答多半是“做大”。许多“小舢板”虽因外力作用而被焊接成了“航空母舰”，但由于缺乏协调，难以形成“有机体”和核心竞争能力，因而在市场的汪洋大海中，很难真正发挥航空母舰的作用。

三、旧瓶装新酒：组织结构与经营战略的矛盾

有什么样的战略，就应有什么样的组织结构。这是因为旅游企业的组织结构不仅在很大程度上决定了目标和政策是如何建立的，而且还决定了企业的资源配置。

但这一点却往往被企业经营者忽视，一些旅游企业试图以旧的组织结构实施新的战略。不少旅游企业的组织规模、经营领域、产品种类、市场范围等，随着新战略的实施已发生重大改变，而企业的组织结构却变化缓慢甚至一成不变。这种“旧瓶装新酒”的做法，往往致使企业的现行结构变得无效。国内这几年一些“井喷式”发展的企业后来之所以“雪崩式”倒下，除了战略制定上的失误之外，在战略实施中组织结构调整的严重滞后及现行组织结构本身的缺陷显然难辞其咎。

四、赶鸭子上架：战略实施与人才匮乏的矛盾

旅游企业往往要到战略实施时，才更加真切地意识到对实施新战略所要的人才和技能的估计是如此不足。有些旅游企业简单地认为只要有足够的资金，旅游企业便“无所不能”，企业扩张就可“心想事成”。尤其是在经过一段高速成长期之后，在企业有了相当的资金积累，准备进行“二次创业”，实施跨行业经营战略之时，由于目标的“远大”、战略的“宏伟”，企业一时难以网罗足够的人才，于是便出现近年来企业普遍存在的现象——“赶鸭子上架”，即将管理能力、技术水平明显不够的人员，推上实施新战略的重要岗位。不仅经营管理者如此，技术研究、产品开发、市场营销、财务管理、信息管理等重要部门的业务人员，往往也是“赶鸭子上架”。

五、见异思迁：短期利益与长期利益的矛盾

有这样一种现象，经营者在制定战略时思想坚定而专注，但没过多久他们就“见异思迁”了。旅游企业往往经不住市场上不断涌现的“利润增长点”的诱惑，热衷于“哪里热闹就往哪里去”。忽而房地产，忽而证券，忽而生物制药，忽而保健品，忽而环保，忽而网络，不能一如既往地执行既定的战略。原先的战略被抛至脑后，旅游企业被短期利益所左右，企业经营变成“游击战”，“打一枪换一个地方”，结果企业却“在运动中削弱甚至消灭了自己”。

六、亡羊补牢：评价时机不当

不管旅游企业制定战略时的考虑有多么全面、周详，由于市场环境瞬息万变，总会感到“变化大于计划”。因此适时地、客观地、高效地对正在实施的战略进行评价，并据此采取相应行动，无疑是保证企业实现既定目标的必要条件。近几年来，国内一些企业往往在经营出现严重挫折以后，才回过头来审视企业战略，总结出“几大反思”、“几大忏悔”等。其实，企业战略出现危机并非是一朝一夕的事，往往都有一段“潜伏期”。在“潜伏期”的早期阶段，企业经营者也大都有所察觉，但由于尚未出现严重偏差，因此经营者没有高度重视未能及时进行战略评价、找出问题所在并采取相应的纠正措施，因此当企业外部或内部出现某种“诱因”时，战略危机总爆发就在所难免了。

七、只见树木不见森林：评价指标片面

旅游企业在进行战略评价时，一方面容易片面强调短期的财务指标，如投资收益率、股本收益率、销售增长率、市场份额等。这些指标固然重要，但由于绝大多数财务指标都是为年度目标而不是为长期目标制定的，因此有些战略需要经过几年甚至更长时间才能实施完毕，其实施结果可能在数年后方能显现。因此，这种做法有时不仅难以对战略做出公正、客观、准确的评价，反而在客观上“弱化”了战略目标，并极易对企业的战略实施产生误导。企业为了追求这些财务指标，自觉不自觉地将战略目标搁置一边，而采取种种与战略不一致甚至背道而驰的短期行为；另一方面，企业在进行战略评价时，容易忽视质量指标。很多数量指标会因使用的计算方法不同而得出不同的结果，因此，质量指标在战略评价中就显得非常重要，如生产质量、生产效率、员工满意度、缺勤率、调动率等都是影响绩效的重要因素。

八、远离数字化：评价手段落后

多数旅游企业的战略评价，或者是“集中式的专家研讨”，或者是“零散的内部报告”，评价活动多是“静态”的，即并未将评价活动作为一个动态过程来管理，而是评价报告完成就意味着评价活动的结束。旅游企业尚未形成相对稳定的评价机制和“动态”的评价体系。远离数字化的落后的评价手段在企业中还有相当的市场。在市场竞争中，通常是拥有最佳信息的一方获胜。在某些情况下，管理者需要掌握当日的新信息。例如，当旅游企业通过收购兼并而进行多元化经营时，便需要频繁地得到各种新的评价信息。

资料来源：http://www.cnki.com.cn/Article/CJFDTotal-XDQJ200404023.htm

本章小结

危机是当今企业不得不面对的环境因素。旅游企业的行业特性使其更容易受到危机的影响。旅游危机主要分为自然灾害、事故灾难、突发公共卫生事件、突发社会安全事件、旅游重大活动危机事件五类。战略危机管理指的是在公司战略的制度性安排上，把危机管理列为公司战略层面的实施环节，从战略的高度将危机管理的制度、流程、组织和资源列入公司战略管理的体系。开展企业危机战略管理，建立企业危机预防和处理机制，目的是旅游对企业危机所发生的事前、事中和事后进行管理，把企业损失降到最低。因此危机管理的目标是变危机为机遇，使企业越过陷阱进入新的发展阶段，以维护和促进旅游企业的健康成长。

思考题

一、名词解释

旅游企业危机　危机管理

二、简答题

1．简述企业危机的特征及类型。
2．简述旅游企业危机的影响。
3．简述旅游企业战略危机管理的流程。

三、论述题

1．论述旅游企业危机管理的必要性。
2．论述旅游企业战略危机预警的程序。

四、实践题

试模拟某一具体旅游危机事件，说明旅游企业应如何进行危机管理。

第9章 旅游企业战略实施的保障

章节知识框架

企业战略信息管理概念及其发展
旅游战略信息管理系统的内容
旅游企业组织结构与战略的关系
建立适应环境变化并反应迅速的组织结构的方法
战略实施对企业文化的要求

教学目标与要求

通过本章的学习，学生应了解旅游企业战略信息管理概念及其发展，信息管理对于旅游企业战略顺利实施的重要意义；理解旅游战略信息系统内涵、组织结构内涵；了解旅游企业组织结构基本类型；牢记旅游企业组织结构与战略的关系，企业文化、组织结构与战略的辩证关系，从而掌握旅游战略信息管理系统的实施步骤，建立适应旅游企业内外部环境变化反应迅速的组织结构四个方法，构建学习型企业文化的措施。

导入案例

鸿山镇旅游发展有限公司的战略实施保障

鸿山镇位于无锡市东南部，北依鸿山，南临望虞河，东起漕河西底，西接梅村，是一个名副其实的文化古镇。近年来，又大规模投资开发建设鸿山都市农业生态园，发展生态农业。随着鸿山镇文化与旅游资源的不断挖掘，为了有效地管理和宣传鸿山镇的旅游，鸿山镇特成立鸿山镇旅游发展有限公司，注册资金为 1 000 万元。鸿山镇无论从其自然条件还是民众生活方式来看，均属于乡村区域。根据乡村旅游企业的定义“旅游企业以乡村地域上的一切可吸引旅游者的资源为凭借，向旅游者提供旅游产品，以满足旅游者在旅游活动中的各种需求”可知，鸿山镇旅游发展有限公司可定性为一个乡村旅游企业。

该公司从组织结构与经营管理角度看，还比较松散和粗放，采取职能型的组织结构。这种组织结构形式最大的优点是权责清晰，但在实际的经营管理运作过程中已显现出不少难以协调的问题，主要表现为以下几个方面：各个景点之间合作困难；在制定战略时，这种组织结构很容易强调各个景点的个体利益，而不具有公司的整体眼光；这种结构方式极易导致各个景点间的恶性竞争。该公司人力资源方面存在较大的问题。总部包括行政部共 7 人平均年龄在 30 岁左右，虽然全是旅游方面的专业人才，但人员过少，知识结构过于单一。在各景点中，鸿山遗址由于在 2006 年 10 月被国家文物局、财政部列入“十一五”期间国家重点建设的 100 处大遗址工程。因此，无论是开发建设，还是人力资源安排上都比较完善。鸿山都市农业生态园除相关负责人以外，目前劳动力为 105 人。但这些劳动力有很多是当地农民，文化水平不高，并且大多没有受过较多的专业培训，在服务接待水平上还有待进一步改进。泰伯墓与怀海义庄的员工也存在同样的问题。

组织结构设计是战略实施中必然要面对的基本问题，战略的成功实施需要得到组织上的保证，只有当各种因素相互适应和相互匹配时，战略实施才更有可能取得成功。稳定的结构使企业具备了管理日常常规工作的程序性，灵活的结构给企业提供不断发掘新的核心竞争力的能力，并使企业能够保持持续竞争优势。鉴于以上因素考虑，鸿山镇旅游发展有限公司当前亟须设计符合其发展的组织结构，如图 9.1 所示。这种组织结构执行后能够解决各园区之间经营过程中显现的难以协调统一的问题，并且使得各个项目目标明确，可加强各个园区景点之间的配合和信息交流，增强企业对当前市场变化的适应性，提高人员的效率。

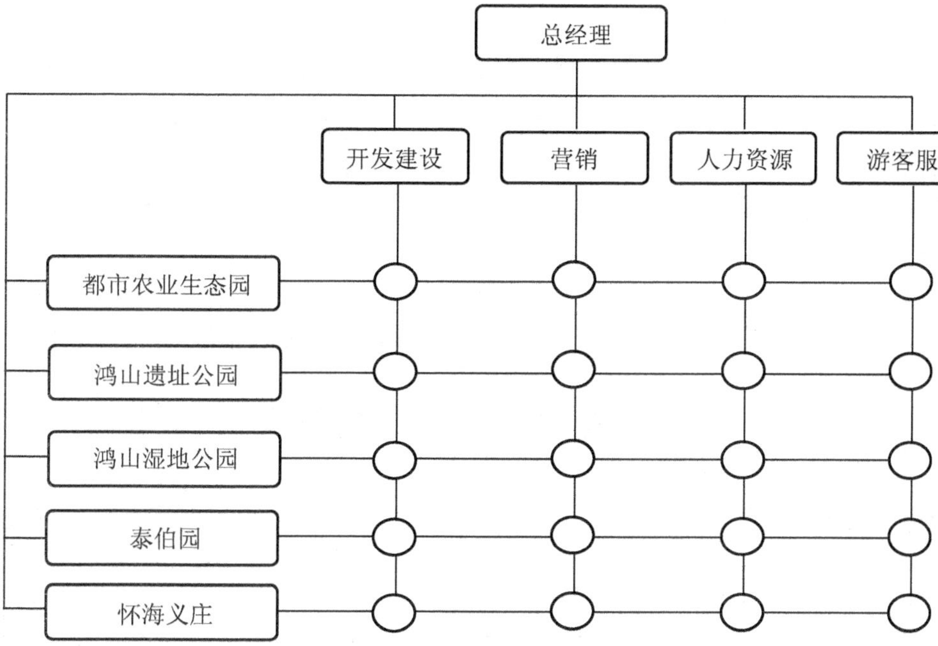

图 9.1　鸿山镇旅游发展有限公司组织结构设计图

——领导关系　○执行人员

在合理的组织结构的基础上，还需为这些机构的不同岗位选配合适的人员，并配套实施下述战略：①人才引进，从而形成一个高素质的旅游经营管理队伍。同时广泛吸收营销、外语、财会专业人才，改善从业人员的知识结构，提高经营管理水平。②岗位培训，针对在岗人员流动性强的特点，加强对其培训力度。主要采用自我培训的方式，做到岗前培训、在岗培训和专业技术培训相结合；分期分批组织员工参观其他景区，邀请其他经营管理较好的旅游区经理人员介绍经验，提高员工的专业技能与整体素质。③因时调度。通过在旺季招聘部分兼职人员，按工时或工作量计酬，或者把现有员工培养成为一人多能，即在旺季的时候，短缺的岗位由其他员工来填补。④完善人事、绩效考评制度，建立岗位竞争机制，激发员工积极性与创造性，实施多元化的工资分配制度。实行岗位分配与业绩贡献相挂钩，工资奖金与业绩贡献相挂钩。

该公司在运行过程中要建立机构健全、职责分明、统一管理鸿山镇旅游运营的管理机构，配备专职的管理人员，使旅游运营有序进行；组建专职旅游市场管理队伍，维护旅游市场秩序；逐步完善旅游区的旅游接待制度，使各接待环节协调有序，对各景区工作人员进行岗前和岗位培训，各景区旅游服务人员分别做到统一着装，态度热情，服务优良，导游讲解做到内容健康生动，积极普及文化知识，提高鸿山镇整体的旅游文化氛围；注重当地生态环境的保护，按照相应规划进行有序开发，保证周边环境协调和谐，无脏乱差问题，促进当地旅游的可持续发展。

资料来源：根据江南大学汪萍霞硕士论文《乡村旅游企业发展战略研究》(2009)中实证部分中内容整理。

问题：

1. 该公司还应采取哪些战略实施保障手段？
2. 你觉得在各项制度较好执行后能够形成良好的企业文化吗？

旅游企业战略实施是战略真正付诸行动的阶段，是旅游企业制定出目标和选择了战略后，必须将战略的构想转化为战略的实际行动，战略实施是旅游企业战略管理最关键的环节。美国著名管理学者托马斯·波奈玛(Thomas Bonoma)曾说，一个合适的战略如果缺乏有效的实施会导致整个战略失败，有效的战略实施不仅可以保证一个合适的战略成功，而且还可以挽救一个不合适的战略或者减少它对企业造成的损害。旅游企业战略实施的顺利进行，除了战略本身的适宜性和可行性之外，还需要有效的资源配置和组织管理的匹配。

9.1 旅游企业信息管理

随着科技的进步，互联网的发展，人类社会正步入信息化及数字化时代。旅游产品不能移动，无法被消费者提前试用，更无法向消费者远程展示，消费者只能通过信息搜集来减少有关的不确定因素来提高其旅游质量。同时，旅游产品在消费时主要是以服务的形态表现出来，而服务这种行为活动无法被人们触摸或用数据计量。从旅游活动的实现方式上来看，在旅游市场中主要流通的不是有形的旅游产品，而是无形的旅游产品和有关旅游产品的信息传递，如果没有强大的信息处理能力，旅游企业就无法生存。从这个角度来说，旅游企业对信息有更大的依赖性。信息与人力、物力、财力一道成为旅游企业生存和发展必不可少的重要资源。

9.1.1 旅游企业信息管理的内涵

信息是以适合于通信、存储或处理的形式来表示的知识或消息，具有可识别性、可存储性、可扩充性、可压缩性、可传递性、可转换性、特定范围有效性。信息与数据有着必然的联系，数据代表真实世界的客观事物，是指原始的事实，数据本身并没有什么价值。数据可以以文字、数字、声音和图像等形式进行保存和记录。信息是旅游企业的重要资源，通过信息资源的有效配置，最终达到综合管理信息的目标。旅游业属于典型的资源依托型和劳动密集型产业，在传统旅游产业向现代服务业转型升级的过程中，信息是沟通旅游供给和旅游需求的重要资源，所以旅游信息化建设必不可少，而在旅游业信息化建设中旅游企业自身的信息管理则是基础和前提。信息技术的发展，可使旅游企业由传统的管理方式向现代化的系统管理和系统处理方式转变。

信息管理是指对相关信息进行搜集、研究、报道、交流和转化的过程，其实质就是对企业的相关信息进行管理。旅游企业信息管理是对旅游企业(酒店、旅行社、旅游景区)的运营、财务、客服等业务过程数字化，通过各种信息系统网络加工生成新的信息资源，便于各层次的人们使用，了解各类动态业务状况的活动过程，是对信息资源和信息活动进行开发规划、控制集成、综合利用的一种战略管理手段，是为旅游企业的经营、战略、管理等服务而进行的有关信息的收集、加工、处理、传递、储存、交换、检索、利用、反馈等活动的总称。旅游企业用先进的计算机、通信、互联网和软件等信息化技术和产品为手段，并充分整合利用旅游企业内外的信息资源，对旅游企业的信息活动过程进行战略规划，对信息活动中的要素进行计划、组织、领导和控制的决策过程，力求资源有效配置、共享管理、协调运作，以最少的消耗创造最大的效益。

目前一些大型景区、酒店、旅行社都配有电脑和上网设备，建立了自己的局域网，用于内部信息查询、文字处理、财务管理、计调等工作。部分大型旅游企业组建了电子商务公司，用于企业宣传公司形象，推介旅游线路、旅游景点、旅游相关产品，销售旅游产品，提供网上预订服务等，有的景点还设置了为游客服务的触摸屏信息查询系统、景区电子门票系统、景区智能监控系统、GPS 车辆调度系统、LED 信息发布系统等。

9.1.2 信息管理对于旅游企业战略的重要意义

1. 信息管理有助于旅游企业合理运作

1) 传达信息资源

旅游产品无形、信息密集的特点决定了旅游企业进行信息管理的必要性和必然性，通过信息的传达使旅游信息使用者快速把握需要的信息资源。

2) 信息管理有利于树立良好的企业形象

在传统的旅游市场竞争中树立起一个较好的企业形象必须经过较长时间的积累和营造才能够达到，而在信息化条件下，旅游企业可以通过建立自己的网站将自己的优势、特点、经营理念、服务产品进行全方位的展示和宣传，借助国际互联网的广泛影响力，吸引潜在客户，开拓新兴市场，打造旅游品牌，树立企业形象，进而提升旅游企业的核心竞争力。

3) 信息管理可以帮助旅游企业降低成本

激烈的市场竞争使得旅游企业的利润率不断下降，可以说已进入薄利时代甚至微利时代，如何提升获利空间是摆在各旅游企业面前的关乎生死存亡的问题。而信息管理可以帮助旅游企业以电子商务方式替代传统企业业务流程，避免时空条件限制，降低中间环节费用，降低人力成本，减少对于实物资本的依赖，从而减少开支费用，提高效益。

4) 信息管理可以帮助旅游企业提高顾客的满意度

很多情况下影响顾客满意程度的主要因素并不是旅游企业所提供的产品或服务自身质

量的高低，而是旅游企业对于顾客所提要求表现出来的反应和处理速度。由于不同的顾客要求千差万别，所以，运用传统的方式来满足客户需求所耗费的较长的时间往往会使得顾客产生不满。借助信息技术的帮助，旅游企业拥有了一套更为快速、更为有效的信息处理系统，使得其能够对于顾客的多样化需求进行及时而有效的处理，提高服务效率，提高执行速度，提升解决需求的针对性，最大限度地满足顾客需求，保持客户忠诚度。

2. 信息管理有助于旅游企业实现利益最大化

信息管理是旅游企业把握优越旅游资源，争取市场优势，抓住市场机遇，实现利益最大化的必需途径，信息的获得和利用是旅游企业生存和发展战略决策的关键，能为旅游企业迅速敏捷地了解、适应、占领、开发市场提供有力的保障，极大地提高旅游企业的服务和经营管理水平。

阅读案例 9-1

无锡康辉以信息化抢占先机

信息的重要性对于旅游业的发展不言而喻，无锡康辉以信息化抢占高地。康辉旅游社管理信息系统下设“车务管理子系统”、“散客管理子系统”、“资金日报子系统”、“收支曲线子系统”、“团队操作子系统”等专用功能模块和“康辉邮件”、“康辉论坛”、“康辉信息”、“新品发布”、“员工档案”、“客户信息”、“反馈意见”等普通功能模块，这些模块可以说是内容丰富，操作简单。该社自 2000 年 10 月起，结合旅行社的业务特点和操作流程，对信息化建设做出了战略性规划，并积极付诸实施，从门户网站到内部局域网，从日常发布通知、召集开会到导游培训、个人年终总结，从团队操作、散客报名到多级审批审核、团队质量反馈，旅行社日常事务基本上都可以依托网络完成。其中，内部管理信息系统软件 CCTMIS 是他们在原有设备基础上，依靠自己的研发人员独立开发而成，具有自主知识产权。可以说，无锡康辉在信息化建设方面做了很多工作，走在了全国大多数同行的前列。

信息化建设投资巨大，见效不明显，很多以追求“短”、“平”、“快”为目标的旅行社不愿投入这项工作，无锡康辉这么做是基于如下动机：首先，通过信息化管理来实现高管层对员工的管理和控制。推进信息化建设，利用康辉内部管理软件将旅行社的财务账目、产品采购和产品销售等各项活动及时图形化、数据化、透明化，利用软件的制约特性大大减少了员工在这些环节上的“暗箱操作”。其次，信息化系统为管理者进行企业决策提供了量化依据。管理者可以通过信息化系统对客户、对产品、对财务进行统计分析，找出薄弱环节，预测市场走向，从而做出科学的决策。再次，可以提高办公效率。通过内部管理软件再造旅行社业务流程，摈弃了原来很多低效重复的环节，使得整个企业进入社会化大生产阶段，并将大生产观念贯彻到流程的各个环节，使其产生倍增效应，从而大大地提高了企业的办公效率。

除此之外，通过信息化管理还可以达到减少办公耗材、降低经营成本、利于员工沟通交流、树立企业的品牌、提高知名度的目的。旅行社行业是采用信息化管理最为方便的行业之一，无锡既不是口岸城市，也不是省会，而无锡康辉的企业定位是要发展成为一个区域性的产品批发中心，要和同行、和国外竞争就要在技术上抢占高地，现在这个系统已经显现出了优势。旅行社实施信息化建设，主要还是看决策者有没有长远的前瞻性。

资料来源：根据公司资料整理而成

9.1.3 旅游企业战略信息管理及其发展

20 世纪 80 年代中期，美国著名信息管理学家马钱德(Marchand)和霍顿(Horton)在《信息趋势：如何从你的信息资源中获利》一书中将信息管理过程划分为五个阶段：信息的物理控制阶段(19 世纪晚期至 20 世纪 50 年代)，核心是对信息的物理载体进行管理，信息管理人员更关心信息载体的安全和保护而不是信息资源的传播和利用；公司自动化技术管理阶段(20 世纪 60～70 年代)，重点开始由信息载体演变为信息技术，主要目的是提高信息处理速度和效率；信息资源管理阶段(20 世纪 70～80 年代早期)，重点开始转向信息内容，信息内容被看作是等同于人力资源、物质资源和资金资源的战略资源；竞争者分析和竞争情报阶段(始于 20 世纪 80 年代中期)，开始研究和开发更复杂的能够支持企业决策的信息系统，企业信息主管就是在这个时期出现的；战略信息管理阶段(未来)，也被称为“知识管理阶段”，知识本身被视为企业最重要的战略资源，知识管理成为企业管理哲学的重要组成部分并在所有管理层面得到采纳和运用，由于知识管理的深入人心，企业本身变得“聪明”起来。马钱德和霍顿的信息资源管理阶段理论是从企业信息管理实践发展的角度来考查企业战略信息管理的形成和发展的。

企业战略是相对的、分层次的，一般可分为公司层的总体战略、战略业务单元层的竞争战略、经营层的职能战略。企业信息战略属于职能层面的一种战略，是企业信息功能要实现的任务、目标及实现这些任务和目标的方法、策略、措施的总称。20 世纪 80 年代之后，由于信息技术在发达国家的部分企业中逐渐成为核心技术，信息战略开始成为一些学者的研究对象，如美国信息管理学者威廉·R. 辛诺特(William R. Synnott)和威廉·H. 格鲁伯(William H.Gruber)早在 1981 年出版的《信息资源管理：80 年代的机会与战略》一书中就探讨了信息战略问题。20 世纪 80 年代后期，信息战略进入企业实践领域，成为与财务战略、人力资源战略、组织战略、研究与开发战略、生产战略同等重要的职能战略。20 世纪 90 年代之后，美国著名大学商学院出版的《企业战略管理》教材中普遍增加了“信息技术/信息系统”的章节，这标志着信息战略正式成为企业战略家族的一员。信息战略是企业战略的有机组成部分，从信息功能划分的角度来讲，信息战略是一类独立的战略；但从信息功能实现的角度来看，信息战略又必须与业务战略相整合，因为无论信息多么重要，它都处于从属的地位，是为业务功能的实现而存在的。

旅游企业战略信息管理可以视作旅游企业战略管理与信息管理的交集，是一种跨领域的管理活动。从战略规划的角度看，战略信息管理可以视之为信息战略的展开过程，是企业信息功能战略的制定、实施、监控、调整及其与企业业务战略的整合过程；从领域分析的角度来看，旅游企业战略信息管理可以视之为一个跨越旅游企业所有活动领域的相对独立的功能领域，是围绕信息、信息技术、信息人员、信息设备及其他相关资源实施规划、预算、组织、指挥、控制、协调和培训等活动的多功能领域。

9.1.4 旅游企业战略信息管理系统

1. 旅游企业战略信息管理系统定义

战略信息系统的研究始于20世纪80年代初，与信息资源管理研究基本同步。从字面上理解，战略信息系统包含两个概念，一个是“信息系统”，一个是“战略”。“信息系统”是指以建立各种信息系统的方式来实现信息技术的应用，这些信息系统可以是事务处理系统、办公自动化系统、管理信息系统、决策支持系统，也可以是企业资源计划系统、供应链管理系统、客户关系管理系统等各种形式。而“战略”则是指，这些信息系统的功能、作用是战略性的，它能支持企业的竞争战略，为企业带来竞争优势，能够与企业的经营战略形成协同效应。

1988年，查尔斯·惠兹曼为战略信息系统下了一个较有代表性的定义：“一个成功的战略信息系统是指，运用信息技术来支持或体现企业竞争战略和企业计划，使企业获得或维持竞争优势，或削弱对手的竞争优势”。肯尼斯·兰登(Kenneth Laudon)和简·兰登(Jane Laudon)所下的定义更加具体：“战略信息系统是通过生成新产品和服务，改变与客户和供应商的关系，或者通过改变公司内部的运作方式，以使公司具有竞争优势的信息系统。”

旅游企业战略信息管理系统是一种支持旅游企业赢得或保持竞争优势，制定旅游企业中长期战略规划的信息系统。旅游企业战略信息管理系统就是运用信息技术来支持或体现企业竞争战略和企业计划，针对高层管理和竞争决策需要所开发出来的，由人和计算机组成，将战略信息加以集成、组合和开发，形成一个能使旅游企业获得或维持竞争优势，或削弱对手的竞争优势的信息管理系统。

当今市场受政治、经济等多种因素影响，竞争日益激烈，企业在持续发展方向上的决策稍有失误就会蒙受巨大的损失，甚至被市场淘汰。因此企业管理者越来越重视战略规划，不能仅考虑眼前利益，而更应着眼于长远的发展。在此背景下产生的战略信息管理系统能为企业的经营战略的分析与决策提供有力的支持。战略信息管理系统利用反映环境和竞争对手等状况的企业外部信息及企业内部关键因素信息，借助市场分析预测与战略决策等模型，以人机对话的方式在计算机上做出供高层管理者决断的企业长期战略发展方案。

2. 战略信息系统的特点

1) 战略信息系统必须能支持公司的经营战略

战略信息系统是信息技术的战略应用，它不同于过去人们应用信息技术的简单模式，如提高效率、减轻人的劳动、辅助决策等，而是将信息技术与公司的经营战略结合在一起，直接辅助经营战略的实现，或者为经营战略的实施提供新的方案。例如，20世纪80年代，美国城市银行为实施其“改善客户服务、降低业务成本”的经营战略，率先在纽约建立起包括800多台自动提款机的网络系统，自动提款机24小时全天候地工作，为客户提供了更加及时和快捷的服务，使客户在任何需要的时间都能提取现金。同时，大量自动提款机的应用大大减少了银行分支机构和出纳员的数量，降低了业务成本。显然，这一以自动提款机网络应用为代表的战略信息系统，为城市银行经营战略的实施提供了全新的解决方案，有力地促进了其战略目标的实现。

2) 战略信息系统能带来竞争优势

战略信息系统能极大地改变企业的管理和运作方式，并为企业带来竞争优势，或削弱竞争对手的优势。许多战略信息系统的实施，如事务处理系统、管理信息系统、办公自动化系统及企业资源规划系统、客户关系管理系统等，往往会引起企业业务流程的再造、人员的精简及组织机构的重组，同时，也对企业管理人员的工作方式与决策手段产生深刻的变革。业务流程的优化、机构的重组及管理手段的变革，能大大提高企业运作的效率，降低经营成本，缩短生产周期，减少库存数量，并极大地改善服务质量，使企业的综合竞争实力显著增强，获得明显的竞争优势。

3) 战略信息系统往往能给企业及行业带来实质性影响

当行业中的某个企业出于战略目的而建立和应用某一信息系统并取得巨大成功时，其示范效应会影响到整个行业，从而改变行业的生产、服务、经营、管理的过程和行业结构。例如，美国航空公司的自动订票系统、美国城市银行的自动提款机、联邦快递公司的包裹投递及跟踪管理系统等，这些信息系统由于在当初为各自所属的企业赢得了竞争优势，并为企业带来了巨大经济效益，起到了良好的示范作用，同时迫于竞争的压力，行业内的其他企业会尽可能地模仿和应用类似的信息系统，从而对整个行业带来影响，并促进行业的发展。从这个角度来看，战略信息系统往往是信息技术在某个行业中的创造性应用。

从战略信息系统的上述特点可以看出，并非任何用于管理的信息系统都能称得上是战略信息系统，只有当信息系统能直接支持或影响企业的经营战略，并帮助企业获得竞争优势，或削弱了竞争对手的优势时，才能认为该信息系统是战略信息系统。例如，当一个企业决定实施低成本的竞争战略，同时库存成本在企业的成本结构中占有较大的比重时，企业建立了一套“库存管理及控制系统”。如果这套系统的应用大大降低了库存成本，则该系统有力地支持了企业的经营战略，并为企业赢得了低成本的竞争优势，可以认为该系统是一个战略信息系统；而如果该系统的应用没能有效地降低企业的库存成本，尽管该系统的建立是与企业的经营战略紧密联系在一起的，也不能说该系统是战略信息系统；同样，若这套“库存管理及控制系统”有效地降低了企业的库存成本，为企业带来了低成本的竞争优势，但如果企业并不实施低成本的竞争战略，同时也并不打算因该信息系统的成功而转向采用低成本的战略，则也不能认为该信息系统是战略信息系统。

3．旅游战略信息管理系统的构成内容

信息系统战略仅仅是业务战略的一部分，因此必须与其他战略结合起来，这是有效地实施信息系统的前提。随着信息技术的发展，信息技术在企业中应用的广泛性和复杂性的提高，要求企业管理者从战略管理的角度出发去考虑信息系统的战略规划问题。信息系统战略以网络经济时代迅速变化的企业内外部环境为企业的环境约束和政策，以企业长期利益实现为目标，结合企业当前的计划指标集合，从企业战略的角度更深层次地考虑企业信息化中的问题。因此，旅游战略信息系统包括内部信息系统和外部信息系统两个部分。

1) 内部信息系统

内部信息系统主要包括下列信息：组织结构信息、产品组合类型、市场占有率，不同产品组合对生产、市场所产生的影响等产品组合信息；市场销售渠道的类型、市场营销与

产品生产的匹配程度、客户关系，产品或服务优势、劣势，产品价格水平等市场营销情况信息；旅游从业人员的素质和能力、员工操作技能、服务态度、对员工考核标准、激励措施、劳资关系的协调程度等人力资源管理状况信息；会计电算化系统及财务分析，包括盈利能力、营运能力、偿债能力财务指标及其变化情况，资金管理的有效性；旅游企业新线路的研究开发能力。

2) 外部信息系统

外部信息系统主要从如下三个视角来建立外部信息系统：一是根据旅游企业所选择的经营领域，收集分析环境战略信息，国家经济发展战略重点，政治、经济形势的变化趋势，国内外出现的有关新技术及其发展趋势；二是收集行业信息，包括行业结构与规模的变化，行业内现有企业数量及其运营能力，行业旅游产品种类数量及结构的变化趋势，本企业对行业的影响程度，市场占有率及增长率；三是采集市场信息，包括企业的组织形象、产品形象，市场现实需求与潜在需求的数量及其变化趋势，各细分市场的需求特点及产品供求形势、客户信息。

4．旅游战略信息管理系统的实施步骤

1) 公司形势分析

首先要明确企业的发展目标、发展战略和发展需求，明确为了实现企业的总目标，企业各个关键部门要做的各种工作。其次要研究整个旅游行业的发展现状、发展特点、发展动力和发展趋势，以及信息技术在行业发展中起的作用，还要掌握信息技术本身的发展现状、发展特点和发展方向。要了解竞争对手对信息技术的应用情况，包括具体技术、实现功能、应用范围、实施手段及成果和教训等。最后要认识旅游企业目前的信息化程度和信息资源。信息化程度分析包括现有技术水平、功用、价值、组织、结构、需求、不足和风险等。信息资源分析的内容包括基础设施，如网络系统、存储系统和作业处理系统；包括信息技术构架，如数据构架、通信构架和运算构架；包括应用系统，如各种应用程序；包括作业管理，如方法、开发、实施和管理；还包括企业员工，如技能、经验、知识和创新。

2) 公司战略制定

公司战略制定是在对公司形势分析的基础上来制定和调整企业信息化的指导纲领，争取旅游企业以最适合的规模、最适合的成本去做最适合的信息化工作。首先是根据本企业的战略需求，明确企业信息化的愿景和使命，定义企业信息化的发展方向和企业信息化在实现企业战略过程中应起的作用。其次是起草企业信息化指导纲领。它代表着信息技术部门在管理和实施工作中要遵循的企业条例，是有效完成信息化使命的保证。然后是制定信息化目标，它是企业在未来几年为了实现愿景和使命而要完成的各项任务。

3) 信息化构架设计

信息化构架设计是基于第一与第二部分而设计的信息化工作结构和模块。它以层次化的结构设计企业信息化的各个领域，每一层次由许多的功能模块组成，每一功能模块又可以分为更细的层次。

4) 信息化方案拟定

信息化方案拟定涉及对具体技术产品、技术方法和技术流程的采用。它是对信息化总

体构架的技术支持。通过选择具有工业标准，应用最为广泛，发展最有前景的信息技术为标准，可以使企业信息化具有良好的可靠性、兼容性、扩展性、灵活性、协调性和一致性。从而提供安全、先进、有竞争力的服务，并且降低开发成本的时间。

5) 信息化项目实施

信息化项目实施根据第一、第三和第四步，首先对每个层次上的各个功能模块及相应的各项企业信息化任务进行优先级评定、统筹计划和项目提炼。明确每一项目的责任、要求、原则、标准、预算、范围、程度、时间及协调和配合。然后选择每一项目的实施部门或小组。最后，确定对每一项目进行监控与管理的原则、过程和手段。

阅读案例 9—2

旅游型酒店个性化服务背后的客户信息管理档案

李先生到泰国出差，下榻曼谷东方酒店，这是他第二次入住该酒店。次日早上，李先生走出房门准备去餐厅，楼层服务生恭敬地问道："李先生，您是要用早餐吗？"李先生很奇怪："你怎么知道我姓李？"服务生回答："酒店规定晚上要背熟所有客人的姓名。"尽管频繁往返于世界各地，这种情况他还是第一次碰到。

李先生乘电梯至餐厅所在楼层，餐厅服务生忙迎上前："李先生，里面请。"李先生又问道："你怎知道我姓李？"服务生微笑着答道："刚接到楼层服务电话，说您已经下楼。"走进餐厅，服务小姐殷勤地问："李先生还要老位子吗？"李先生的惊诧再度升级："上次在这吃饭是去年，难道服务小姐依然记得？"服务小姐主动解释："刚刚查过记录，您去年6月9日在靠近第二个窗口的位子上用过早餐。"李先生听后有些激动："老位子！对，老位子！"于是服务小姐接着问："老菜单？一个三明治，一杯咖啡，一个鸡蛋？"此时，李先生已经极为感动："老菜单，就要老菜单！"一顿早餐，就这样给李先生留下了终生难忘的印象。

此后三年多，李先生因业务调整再没去过泰国，可是在李先生生日的时候，突然收到一封东方酒店发来的生日贺卡："亲爱的李先生，今天是您的生日。您已经三年没有来过我们酒店，我们全体人员都非常想念您，希望能再次见到您！"李先生当时热泪盈眶，激动不已。

虽然泰国的经济在亚洲算不上最发达，泰国的东方酒店的却堪称亚洲酒店之最，几乎天天客满不说，入住的机会更是需要提前预订争取。是什么令东方酒店对大都来自西方发达国家的客人充满如此魅力？仅仅因为泰国的旅游风情吗？抑或是其独到的歌舞表演？都不是，其征服人心靠的是几近完美的客户服务背后完善的客户信息管理体系。

资料来源：中国酒店采购报 2010-04-27

问题：

1. 曼谷东方酒店的服务为何对客人充满如此魅力？
2. 以李先生为例，说明曼谷东方酒店征服人心主要靠的是什么？

9.2 旅游企业组织结构

企业组织结构是实施战略的一项重要工具。在战略实施过程中，选择何种组织结构，既取决于战略决策者和执行者对战略组织结构的理解，又取决于企业自身条件和所选择的战略类型，也取决于对组织所适应的战略类型的认识。在旅游企业战略管理中，有效地实施战略的关键因素是建立与战略相匹配的组织结构，匹配的程度将直接影响企业战略实施的效果，进而影响旅游企业的经营绩效。否则，不适合的组织结构要妨碍战略的实施，使战略达不到预期的目标，影响企业的绩效获得。

9.2.1 旅游企业组织结构的内涵

旅游企业组织结构是指旅游企业内各个要素的构成方式及其功能的总和，是表现组织各个部分排列顺序、空间位置、聚集状态、联系方式及各要素之间相互关系的一种模式，是执行管理和经营任务的体制。具体来说是指企业采用的按不同任务或职位来划分和调配劳动力的方法，其本质是为实现企业战略目标而采取的一种分工协作。从内容上看，企业组织结构有集权式组织结构和分权式组织结构。集权结构一般是指最高管理层集中较多权限，上级对下级控制较多的组织结构，集权结构可有直线制、职能制、直线参谋制等几种类型。分权结构则是指最高管理层授权下属有较多的决策权和一定的财务支配权，使其自主经营、独立核算的组织结构，现代企业典型的分权结构是事业部制、超事业部制及模拟分权组织结构。一个成功的旅游企业不仅要有一个适应内外环境发展的好的战略，而且要能有效地付诸实施，成功的战略不仅需要一个好的领导者，更需要有组织上的保证。组织结构是组织在职、责、权方面的动态结构系统，必须随着组织的重大战略调整而调整。组织结构通过管理行为实现共同目标，因而适当的组织结构对战略的有效实施起着关键作用。组织结构与企业战略关系密切，企业战略要由健全的组织结构来保证实施，是企业的组织意义和组织机制赖以生存的基石。

组织结构的三个特性如下。

(1) 复杂性。是指工作与部门之间在横向和纵向上的差异程度，即任务分工的层次、细致程度。企业越是进行细致的劳动分工，越是具有众多的纵向等级层次；地理分布越广泛，协调人员及活动越困难。

(2) 规范性。是指企业中工作的标准化程度，即使用规则和标准处理方式以规范工作行为的程度。企业使用的规则、条例越多，企业的规范性程度越高。

(3) 集权度。是指企业中的决策权集中于一点的程度，即决策权的集中程度。

9.2.2 旅游企业的基本组织结构

1. 职能制组织结构

职能制组织结构是一种传统而基本的组织形式，如旅行社按照计调部、门市接待部、地接部、外联部来分别设立专门的管理部门。计调部是公司负责计划调控的核心部门，制订旅行计划，提供旅游产品，并对旅游产品实行统一定价、统一调控、统一经营。门市接待部是公司的窗口之一，负责公司业务受理、团体及散客接待、听取旅客意见并处理突发事件，考察和监督公司的接待工作。地接部负责具体的旅行安排工作，制订和实施旅行计划，与本地宾馆、交通、餐饮、商店、娱乐、旅游景点及保险部门保持良好的合作关系。外联部是公司对外联络、搜集信息的部门，与各地兄弟旅行社保持良好的合作关系，担负着建立对外协作网络的重任。职能制结构有利于多元化水平较低的业务层战略和一些具有主导业务的战略，当组织从一个小公司成长起来以后一般可以采用职能制结构。优点是符合活动专业化的分工要求，确保高层主管的权威性并使之能有效地管理组织的基本活动，权责清晰，便于集中的战略控制；缺点是部门之间难以协调配合，不利于合作，在制定战略时更强调本部门的利益，而不具有公司的整体眼光。职能制组织比较适合处于总体环境相对稳定，企业规模为中、小型，企业目标集中于内部效率的提高和旅游产品或服务质量的提高的旅游企业。

2. 直线职能制组织结构

直线职能制组织结构也可称为直线参谋制，是在直线制和职能制的基础上，吸取两者优点而建立起来的。目前，许多旅游企业采用这种形式。直线职能制组织结构是把企业管理机构和人员分为两类，一类是直线领导机构和人员，按命令统一原则对各级组织行使指挥权；另一类是职能机构和人员，按专业化原则，从事组织的各项职能管理工作。领导机构和人员在自己的职责范围内有一定的决定权和对所属下级的指挥权，并对其部门工作负全部责任。而职能机构和人员，是直线指挥人员的参谋，不能对直接部门发号施令，只能进行业务指导。这种组织结构优点是可以在各级行政负责人的领导下，充分发挥各专业管理机构的作用，做到管理体系集中统一。其缺点是总经理是整个酒店运作的领导核心和协调中心，日常事务的处理束缚了总经理的战略决策，使需要快速做出的决策发生延误，各部门专注于本部门的工作，职能部门之间的协作和配合性较差。

3. 事业部制组织结构

事业部制组织结构是在公司总部下，设立若干个自主经营的业务单位——事业部，事业部可以旅游线路、服务对象、市场开拓地理区域来划分，旨在解决职能部门间不能解决的分散化和多样化经营问题。各个事业部内设立职能部门，拥有运营、财务核算、营销等所必需的资源，有相对独立的旅游产品和营销市场，是一个具有足够经营决策的分权单位，可实行独立的核算。具体可分为产品事业部制组织结构、顾客事业部制组织结构和地域事业部制组织结构。

事业部制组织结构有如下优点：首先，可以益于最高层决策者摆脱日常的零散事务，将注意力和主要精力放在制定公司长远战略及重大决策问题上；其次，由于旅游环境变化复杂，这样的组织结构可适当分散旅游企业的经营风险，有利于企业把握市场机会，可以随着环境和需求的变化做出迅速的反应，容易调整组织内结构，如减少利润发生亏损的事业部；最后，由于每个事业部都有独立完整的职能部门，可以帮助企业培养高级管理人才。

该结构也存在一些不足之处，如集权与分权的比重程度不容易掌握，如果处理不当，容易削弱整个组织的力量；因为各事业部需要独立面对市场和顾客，这种组织结构有时很难协调解决在事业部间产生的冲突。

9.2.3 旅游企业组织结构与战略的关系

哈佛大学的钱德勒教授对通用汽车公司、杜邦公司、新泽西标准石油公司和西尔斯-罗巴克公司等 70 家公司进行深入研究，于 1962 年出版了《战略与结构：美国工业企业历史的篇章》，提出了战略与结构关系的基本原则，即组织的结构要服从于组织的战略，“战略决定结构、结构追随战略”的著名论断。50 多年来，这一理论一直在战略领域中占据主导地位。钱德勒的结构跟随战略(又称“钱德勒命题”)指的是企业组织结构是随着经营战略的变化而变化的，据此提出的命题。也就是说，企业组织结构不仅具有多样性特征，还具有动态适应性特征。企业的经营战略决定着企业组织结构模式的设计与选择，反过来，企业经营战略的实施过程及效果又受到所采取的组织结构模式的制约。两者的关系类似经济基础与上层建筑的关系：战略重点决定着组织结构，战略重点的转移决定着组织结构的调整，组织结构制约着战略重点的实施。

1．旅游企业组织结构是战略的基础

组织结构就是指构成组织各要素的排列组合方式，也就是组织各部门及各层次之间所建立的一种人与事、人与人的相互关系，说明各项工作如何分配、谁向谁负责及内部协调的机制。组织结构是人们实现组织目标的手段。

稳定的结构是旅游企业按部就班运营地管理日常工作的基础，较灵活的结构给公司提供了不断发掘新的核心竞争力的能力，并使公司能够保持持续竞争优势。有效的组织结构是企业战略成功实施的保障，无效的组织结构只会阻碍战略的成功实施，企业资源也不能达到很好的协同效应。

2．旅游企业组织结构服从企业战略

旅游企业的组织结构要服从于组织的战略，也就是说，企业所拟定的战略决定着组织结构类型的变化。当企业确定战略之后，为了有效地实施战略，必须分析和确定实施战略所需要的组织结构。企业从整体运营和战略意图考虑出发，确定其经营目标和任务，进而设计出有利于实现目标、完成任务的组织结构，企业组织结构是实现企业目标和任务的手段，组织结构中人力资源管理部门、运营部门、财务部门等每一部分都是为保证实现企业目标而设置的，组织结构是体现企业文化、实施企业战略的体系。企业战略会随着外部市场环境的变化及内部运营环境的变化而发生变化，企业的结构类型也会进行相应的调整和发展，使其更好地适应新的企业文化和战略。调整后的组织结构才能对战略的实施起到坚固的载体作用，使战略更加具有市场竞争力，使企业文化更加广泛地传播。如果没有一个健全的，与战略相适应的组织结构，所选择的战略就不可能被有效地实施。

战略与组织结构的这种主从关系具有重要的意义。旅游企业不能从现有的组织结构的角度去考虑企业的战略，而应根据外界环境的要求去制定战略，然后再根据新制定的战略

来调整企业原有的组织结构。战略与组织结构的主从关系具体表现在以下方面：管理者的战略选择规范着组织结构的形式；只有使结构与战略相匹配，才能成功地实现企业的目标；组织结构抑制着战略，与战略不相适应的组织结构，将会成为限制、阻碍战略发挥其应有作用的巨大力量；一个企业如果在组织结构上没有重大的改变，则很少能在实质上改变当前的战略。此外，战略经常是在组织当前的结构中制定的，当前的组织结构设计约束或限制着目标和战略，组织结构在很大程度上决定了目标和政策是如何建立的，制定目标与政策组织的结构方式会对所有战略实施活动产生相当大的影响。组织结构在实施企业战略过程中，根据实际和企业需求及时对战略进行调整，使企业实现价值最大化。

旅游企业战略的发展经历四个阶段，即数量扩大、地区开拓、纵向或横向联合发展和产品多样化，在不同的战略发展阶段具有不同的战略目标。企业战略目标与组织结构之间是作用与反作用的关系，有什么样的企业战略目标就有什么样的组织结构，同时企业的组织结构又在很大程度影响企业的战略目标和政策。因此，企业在进行组织结构设计和调整时，只有对本企业的战略目标及其特点进行深入的了解和分析，才能正确选择企业组织结构的类型和特征。

3．旅游企业战略的变化快于组织结构的变化

旅游企业的外部环境总是处于不断变化之中，由于组织的各种活动总是要受到组织内外部各种因素的影响，因此，不同的组织具有不同的结构形式，也就是说，组织结构的确定和变化都受到许多因素的影响，这些因素称为“权变”因素，即权宜应变的意思，组织结构随着这些因素的变化而变化。一旦意识到外部环境给企业带来新的机遇时，会首先在战略上做出反应，通过新的战略以谋求新的经济增长。新的战略往往需要新的组织结构与之相适应，或至少在原有的组织结构上进行调整。如果组织结构不随战略的变化相应地进行改变，新战略的实施就没有组织上的保证，最终往往也不会产生好的效果。所以说，战略与组织结构对外部变化做出反应的时间是有差别的，形成了战略的前导性和组织结构的滞后性，战略的前导性是指企业战略的变化要快于组织结构的变化，组织结构的滞后性是指组织结构的变化速度常常慢于战略的变化。

造成战略的前导性和组织结构的滞后性这种现象有两种原因，一是新旧结构的交替需要一定的时间过程。当外部环境变化后，企业首先考虑的是战略。只有当新的战略制定出来后，企业才能根据新战略的要求来改变企业的组织结构。二是旧的组织结构具有一定的惯性，管理人员在管理过程中由于适应了原来的组织结构运转形式，往往会无意识地运用着旧有的职权和沟通渠道去管理新旧两种运营模式。特别是感到组织结构的变化会威胁自己的地位、权利时，甚至会运用行政方式抵制需要做出的组织变革。

旅游企业战略的变化将导致组织结构的变化，组织结构的重新设计又能够促进公司战略的实施。企业战略与组织结构都处于一个动态变化的过程，独立地制定战略和设计组织结构都是无效的，只有把两者放入一个有机整体中，才能有效地使企业沿着既定目标健康发展。

9.2.4 建立适应环境变化并反应迅速的组织结构

如今，旅游企业所处内外部环境日趋复杂，信息技术日新月异，市场竞争越演越烈，旅游产品生命周期不断缩短，人们对提供的旅游精神需求日益增多，在这种背景下，旅游企业原有的组织结构可能存在着一些弊端。部门分割较为严重，信息传递速度滞后，决策后执行放缓，不能对外界环境的变化做出快速反应，因此，可以着眼于从如下方面建立组织结构，用以随时适应战略上的调整。

1. 适当合并关系密切的部门，把组织结构变窄

旅游企业的组织结构是按照职能部门划分的，如酒店可分为采购部、财务部、销售部、人力资源部、宾客部、厨房、餐饮部等，在这几个部门中，采购部与财务部门打交道最多，可将两者合并，部门合并后，关系得以理顺，合并后的部门有了共同利益，有利于餐饮成本控制、酒店低值易耗品成本控制，也易从全局出发考虑战略任务，综合考虑面临的机遇及问题，因此酒店的快速反应能力会大大加强。

2. 减少中间管理层次，建立扁平式团队组织结构

中间管理层次过多会造成旅游企业内部信息传递路径长、环节多、速度慢、信息失真，是影响快速反应和决策速度的重要原因。可减少管理层次，相应增加管理幅度，建立扁平化的组织结构来解决这个问题。在管理层次大幅度减少的基础上根据组织成员对知识的掌握情况划分不同的能力团队，构成组织相对固定的框架；同时，团队的成员可根据具体任务灵活组建，各个部门都是开放的，人员在企业内部自由流动，可以为了实现一项任务以动态的方式临时组成一个团队，将分散的技术、人力和管理等资源迅速集成一个高效快捷的服务团队，实现优势互补和资源的高效利用，如图 9.2 所示。

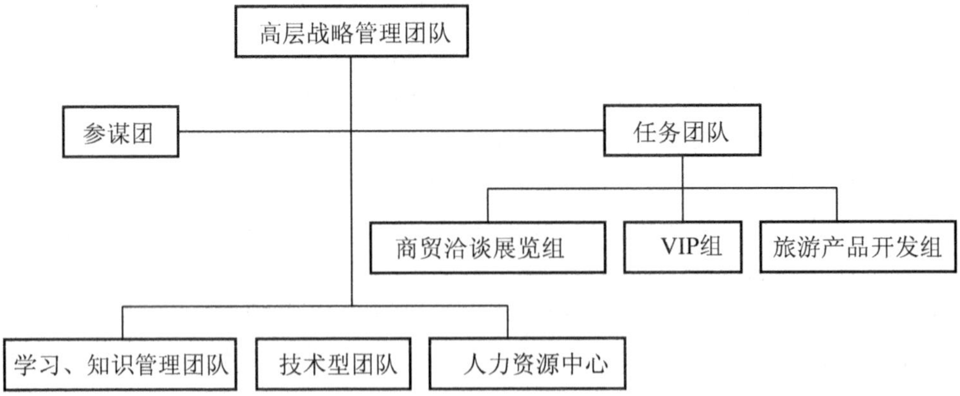

图 9.2 扁平式团队组织结构

酒店管理较多采用金字塔式的层级管理制度：总经理—部门经理—主管—领班—员工。在这个金字塔式的管理模式中，最高一层的总经理不能精简，一线员工可以通过计算人均效能或员工工作量测试来合理设置。部门经理作为独立的收益或服务组织机构，难以取消。

酒店可以从主管和领班两个管理层面进行精简。客房部和餐饮部是酒店的主要一线业务部门，人员数量较多，一线服务人员的工作一般由部门经理或者业务主管负责组织协调。领班一般由具有经验的老员工担任，负责承担对基层员工的监督作用及必要的技术支持作用，严格来说领班不能算是一个管理岗位，但却延长了信息传播的路径，增加了管理层级。因此，建议一线部门不设置领班一职。对于酒店的二线部门，包括工程、保安、人力、财务等部门。由于部门人员数量一般不太多，且人力、财务等管理部门的工作地点都比较集中，建议在二线部门由部门经理起到全面协调和管理的作用，消除主管这一岗位。

3．加强部门之间信息的横向沟通和相互合作

在传统的酒店组织结构中组织成员在各自岗位上处理事务，部门间联系较少，采购、餐饮食品加工和销售环节有些脱节，在时间上造成极大浪费，对市场反应能力大大下降。原材料供应商、财务部负责酒店原材料采购人员、厨房厨师长、营养师、餐饮部经理可形成跨部门的团队，进行餐饮食品、特色菜肴开发与制作研究，这样就大大缩短了餐饮食品的上市时间，提高了酒店对市场需求反应的能力。

建立各种跨部门团队，团队工作的本质是使旅游企业原来面向功能的工作设计转向面向过程、面向旅游产品、面向结果、面向顾客的工作设计。团队工作方式兴起的外部原因是旅游市场的变化，市场要求旅游产品开发、生产和服务必须快，时间已成为在同业竞争中取胜的重要因素。团队工作方式兴起的内部原因是团队工作能够给员工带来更大的工作自主权，使他们能亲自感受到自己工作的成果，在提高旅游企业员工工作质量的同时，得到工作的满足感和工作成就感。

团队工作方式有如下优点：大大缩短旅游新产品上市和服务完成的时间，同时带来较大经济效益并使成本下降；使旅游企业各部门能够重新整合，加强旅游企业部门间的沟通和合作，提高信息在整个企业内的沟通速度，提高企业的应变能力；使整个企业都面向顾客，面向市场，摒弃了以工作和服务为中心的工作模式，转向以市场和顾客为中心的工作模式；增强工作满足感和成就感，提高了团队成员士气，有利于员工心理及生理健康，能充分调动员工的积极性和创造性；有利于员工掌握更多的知识和技能，使员工成为多面手，有利于他们个人事业的发展，随着员工素质的提高对整个企业发展也十分有利。

4．加强企业上下级之间的沟通与合作

实行全员参与管理，采取适当授权模式，即把传统上本来由上级决定的事情分出一部分交给下级去完成。参与管理就是让下一级人员分享上级的部分决策权，在一定权限内下级遇到某一问题要去处理时可不必上报，而是自己做决定，这样旅游企业对市场反应速度就加快了。实行全员参与管理措施之二是增加上下层相互沟通的渠道和机会，实行上下级定期见面，设计各种提案制度，鼓励员工提出建设性意见等。

采用授权方式的核心思想是，在有些问题上，往往是直接从事该项工作的人具有发言权，当然授权是经过考虑的，不能把权力交给一个不具备此能力的人。但这种授权却能大大激发员工的积极性和创造性，大大提高解决问题的速度。实行上下级相互沟通渠道可多样化，可采取正式的，也有非正式的，注意要有激励保证措施。

总之，要建立有利于旅游企业适应内外环境变化快速反应的组织机制，在水平方向上，把关系密切的某些职能部门合并，使组织变窄变瘦，或建立跨部门团队，加强水平部门的沟通。在垂直方向上，减少企业中间管理层次，使组织结构扁平化，建立上下级沟通渠道，对下级适当授权可以提高决策的效率和质量。上述四个方式的核心是使企业组织结构面向整个过程、面向市场和顾客，是整个流程的重新整合。

9.3　旅游企业组织文化

9.3.1　旅游企业文化概述

1．旅游企业文化的含义

旅游企业文化是旅游企业在一定的社会历史文化背景下，在经营活动中以内部创造为主，外部输入为辅而形成的文化观念和文化形式的总和，它是旅游企业及其成员的价值观念、经营哲学、企业精神、企业行为规范、企业形象的体现。简单地说，旅游企业文化是旅游企业在其发展过程中形成的价值观念、行为准则及其在规章制度、行为方式、物质设施中的外在表现，其内核是精神文明与价值观念。

旅游企业文化反映一个企业的精神风貌，决定着企业内在凝聚力的大小，是企业进行管理的一种内在基础。旅游企业文化具有群体性、民族性、可塑性等特点，其核心就是以人为本，尊重人、信任人，把人放在企业管理的主体地位上，强调文化认同和群体意识的作用，反对单纯地强调管理，注重在汲取传统文化精华和先进管理思想的基础上，为企业建立明确的价值体系和行为规范，以此实现企业目标和个人目标的有机结合，实现企业内部物质层、制度层、精神层的最佳组合和动态平衡。例如，春秋公司的文化理念是家庭、军队、学校。其含义是：春秋是个家庭，相亲相爱、团结互助；春秋是支军队，纪律严明、能征善战；春秋是所学校，学习交流、求实创新。

阅读案例 9–3

东方航空公司企业文化理念体系诠释

我们是中国东方航空。

我们站在世界的东方，致力于建设一个“员工热爱、顾客首选、股东满意、社会信任”的世界一流航空公司，为全球客户架起安全高效的空中桥梁。

我们尊重客户需求，也创造客户需求，这一切都源于我们内心对客户的尊敬和对事业的热忱。

我们以战略的眼光着眼全局，谋划未来；我们以务实的行动关注细节，日清日高。我们通过精细化管理实现资源价值最大化，使我们的实力倍增，使我们的基业长青。

作为一家现代航空企业，我们关注员工的成长与幸福，尊重员工的贡献与才智，重视员工的意见和建议，珍惜员工的热情与创意，给予员工公平公正的待遇与机会，营造员工热爱的家。

我们不断追求服务品质的提升，为顾客提供安全、舒适、便捷的航空运输服务和精准、精致、精细的全流程个性化服务，达到或超越顾客的期望，赢得顾客的信赖与忠诚，成为顾客心中首选，与顾客共同创造“世界品位、东方魅力”的品牌核心价值。

我们秉持稳健创新、开放合作的经营理念，构建规范高效的公司治理机制、严谨细致的风险管控机制和敬业创新的团队合作机制，竭力为股东创造持续稳定的投资回报，以共享价值赢得股东满意，使股东对我们的未来充满信心。

我们坚持创造经济效益和社会效益并重，带动全体员工努力提升经营业绩，促进和谐社会关系，投身社会公益事业，推进绿色航空实践，传承东方文化魅力，勇担急难险重任务，以良好的企业公民形象赢得公众的理解与认可，舆论的支持与维护，社会的鼓励与关爱，国家的信任与期待。

作为航空从业者，安全是我们的根基。严谨高效是我们必备的职业素养，也是我们的精神内核。我们必须保证每一位旅客都安全快速地抵达目的地，我们尽力保证及时准确地响应每一位旅客的需求，这是我们光荣而艰巨的使命。

我们不断认识自我、激励自我、超越自我，让每一个细胞都充满激情和活力，知难不难，只争朝夕，在日复一日的学习和创新中坚守平凡，成就不凡。

人一能之，己百之；人十能之，己千之。我们奋斗不懈，持之以恒，努力创建世界一流航空企业，为全球客户创造更多价值。

资料来源：东方航空公司官网

2. 旅游企业文化的特征

旅游企业文化具有一般企业文化的特征，如无形性、软约束性、相对稳定性等，同时还带有明显的行业特点。

1) 服务性是旅游企业文化的基本特征

旅游企业所提供的商品是满足游客多方面需要的商品(包括有形商品和无形商品)，而其主要特点还是出售无形的商品即服务。旅游企业要为游客提供食、住、行、游、购、娱等多种项目的服务，旅游服务项目的综合性要求旅游企业之间相互协调、共同配合。如果某一种服务项目不能满足游客的需要，不仅会直接损害旅游者的消费利益，也会直接影响企业旅游服务的整体水平。对于旅游企业而言，就是要树立宾客至上的观念，热心为客人服务。旅游企业文化的服务性特征决定着旅游服务必须重视细节，关注小事，成就大事，应该成为旅游企业文化理念的重要组成部分。

2) 文化性是旅游企业文化的固有特征

旅游是带有很强文化性的经济事业，也是带有很强经济性的文化产业。旅游经营只有体现出不同的文化特色才能吸引游客，从而提高旅游企业的经济效益。在一定意义上说，文化是旅游业的灵魂。正因为旅游的文化属性，要求旅游企业要具备浓厚的文化意识。一方面，旅游企业为游客提供具有一定文化品位的旅游产品。例如，企业本来是提供游客吃、住、娱的场所，主要是保证良好的服务设施和高质量的服务。但众多的旅游企业，为了形成特色品牌，不仅在装修设计和各种设施上下功夫，以体现其文化特色和民族风格、地域风格，而且在客房、餐饮及整个服务过程中也表现出相当的文化艺术品位。另一方面，旅游企业形象塑造要体现文化内涵。旅游企业的形象不仅表现为有形的、看得见的外显事物，而且体现着无形的内在素质，是旅游企业的实物要素和情感要素留给社会公众的总体形象。

3) 世界性是旅游企业文化的重要特征

随着国际旅游市场的形成，世界各国之间的文化交流更为广泛，旅游组织的等级化、国际性联合企业的发展、旅游信用卡在世界范围的通用等，都是其世界性的体现。旅游企业面对的是来自世界各地的旅游者，文化环境的差异造就了旅游者在语言文字、审美情趣、价值取向、思维方式、道德风俗等方面的不同特点。旅游企业要想在经营活动中满足各国旅游者的不同需求，就必须树立开放意识和全球意识，善于根据各国文化的差异性判断各国旅游者需求的差异性，为游客提供有针对性的服务。

3. 旅游企业文化在其战略管理中的作用

1) 企业文化中的核心价值观决定企业发展方向

企业价值观主要是指企业在追求企业目标过程中所推崇的基本信念和奉行的精神力量。从哲学角度上看，价值观是关于对象对主体有用性的一种观念。而旅游企业价值观是旅游企业全体或多数员工一致赞同的关于企业意义的判断，并将直接决定或影响着企业的行为方式。诚然，核心价值观具有引领旅游企业发展方向的作用。

2) 企业文化的凝聚作用有利于旅游企业战略的贯彻与变革

由于企业文化的群体性特点，企业不同的权力系统、不同的职能部门、具有不同背景的广大员工都可以通过企业文化凝聚人心，可以使大家就旅游企业发展形成相对统一的战略目标，并努力朝着这一战略目标努力奋斗，进而形成核心价值观，对总体战略目标产生高度认可，有利于顺畅地实施企业的战略计划。

3) 企业文化对外的传导作用有利于为战略实施营造良好的外部环境

在全球经济一体化加剧背景下，旅游企业不仅在内部凝聚人心，努力工作，更要营造一个积极的、宽松的外部发展环境。外部环境主要包括：处理好与政府相关部门的关系，利用好政府的政策支持；从旅游企业形象的角度上看，旅游企业必须有良好的信誉与口碑，在网络营销平台上有好评；从市场的角度上看，旅游企业的品牌和所提供的服务产品必须能够为广大消费者所接受认可。如果一个旅游企业能与外部环境之间保持良好关系，将会有助于企业战略目标实施。

4) 良好的企业文化可为旅游企业战略实施提供人才保障

在知识经济背景下的企业运营中，仅仅依靠物质奖励来激励企业员工，已经变得越来越不适宜。工作本身所需要的体力在减少，所需要的智力和创造力在增加。并且企业员工可以享有充分的选择自由，人力资本有了很大的流动性，人才竞争更加激烈。旅游企业能否吸引和留住人才，将成为一个企业战略实施成败的关键。

阅读案例 9—4

“雷尼尔效应”与企业留人

美国西雅图的华盛顿大学准备修建一座体育馆。消息传出，立刻引起了教授们的反对。校方迫于压力顺从了教授们的意愿，取消了计划。教授们为什么会反对呢？原因是校方选定的位置是在校园的华盛顿湖畔，体育馆一旦建成，恰好挡住了从教职工餐厅窗户可以欣赏到的美丽湖光。为什么校方又会如此尊重教授们的意见呢？原来，与美国教授平均工资水平相比，华盛顿大学教授的工资一般要低20%左右。教授们之所以愿意接受较低的工资，而不到其他大学去寻找更高报酬的职位，完全是出于留恋西雅图的湖光山色：西雅图位于太平洋沿岸，华盛顿湖等大大小小的水域星罗棋布，天气晴朗时可以看到美洲最高的雪山之一——雷尼尔山峰，开车出去还可以到海伦火山。他们为了美好的景色而牺牲更高的收入机会，被华盛顿大学的教授们戏称为“雷尼尔效应”。这表明，华盛顿大学教授的工资，80%是以货币形式支付的，20%是由良好的自然环境补偿的。如果因为修建体育馆而破坏了这种景观，就意味着工资降低了20%的程度，教授们就会流向其他大学。可以预见，学校就不能以原来的货币工资水平聘到同样水平的教授了。由此可见，美丽的景色也是一种无形财富，它起到了吸引和留住人才的作用。

纳尔逊女士是美国卡尔松旅游公司的总裁，以魅力和智慧领导着其公司。该公司规定：公司的员工有为期一周的带薪休假；公司对好的建议、出色的工作给予鼓励。纳尔逊女士坚定不移地信守诺言使她获得了美誉，员工欣赏她的企业是因为她的企业不只是追求利润，而且很关心自己的员工。

资料来源：市场报，2002年10月24日第六版，作者：蕾蕾

问题：

1. 想象你未来所掌管的企业，应该会有什么样的“美丽的风光”？
2. 企业文化与战略实施有哪些联系？

众所周知，旅游企业存在严重的人才流失、员工流动快等难题，可否利用“雷尼尔效应”来解决这个问题。美丽的西雅图风光可以留住华盛顿大学的教授们，同样的道理，旅游企业也可以用“美丽的风光”来吸引和留住人才。当然，这里的“美丽风光”主要指良好的人际关系和健康的文化氛围，良好的人际关系有利于沟通，使人心情愉快；健康的文化氛围，有助于凝聚人心，培养团队精神和力量。优秀的企业家都明白，健康向上的企业文化将成为公司成功与否的基石，是企业能否留住人才的关键；如果公司没有一种属于自己的文化氛围，营造一个“企业是我家”的软环境，就根本无法将人才凝聚在一起。良好的人际关系和亲和的文化氛围是企业文化重要的内涵的体现，而通过始终爱护人、尊重人，承认员工的劳动和做出的成绩，构建企业上下左右良好的沟通系统，让人才了解和参与企业的决策与管理，并切实为他们提供各种必要的保障，增强他们的认同感、归属感和忠诚心，让他们毫无怨言地努力与奉献，才是抓住企业文化建设的“本”，才能从根本上稳定人心，留住人才。

旅游企业文化是旅游企业员工普遍认同的价值观念和行为准则的总和。企业文化的形成同企业的战略目标和具体战略有关，对企业战略实施有着极为重要的影响力。

9.3.2 旅游企业文化的类型

根据企业战略实施与企业文化的一致性程度，可以把企业文化分为三类：战略支持型文化、战略制约型文化和战略非相关型文化。

1. 战略支持型文化

战略支持型文化即企业文化的导向完全和战略一致，企业职工的基本假设、价值观念和行为准则与企业的战略目标十分和谐。可以说，每一个成功的企业都有一种战略支持型的文化。因为只有这样，企业的全体员工才能精诚合作，自觉献身于企业的战略目标。此外，企业的文化氛围能够使员工产生亲和力、自豪感和责任感。

阅读案例 9—5

某企业的战略支持型文化

某企业自从建立员工代表大会制度以来，做到了每年召开两次员工代表大会，每季度召开一次员工座谈会或工会委员扩大会。在这些会议中，企业领导同员工面对面沟通，进而探讨一些问题，增进理解，提高了企业决策的透明度，也提高了员工工作的主动性、创造性。几年来，凡涉及企业重大方针决策，如辞退员工、合同解除、劳动工资改革、年度计划、工作总结、投资项目开发等，企业都在员工大会上讨论通过。企业信任员工，还表现在总经理接待日这一制度和开展合理化建议活动上。企业每月设一天为总经理接待日，企业党、政、工、团等负责人一起参加接待，倾听员工的意见和呼声，并及时反馈和落实，面对面的交谈缩短了领导与员工的距离，增进了上下级之间的了解与沟通，树立了领导在员工中的崇高威信，收到了积极的效果，深受员工的欢迎。员工的地位提高了，换来了员工对宾客的优质服务与超值服务。在物质上，企业处处为员工着想，企业员工餐厅与大宴会厅连在一起，而不是设在偏僻的角落，而且企业领导经常在员工餐厅吃饭。在福利上，为员工购买了家庭财产保险、人寿保险和人身意外伤害保险，每隔一定时期向员工发放个人生活用品。企业每年都评选出最佳员工，发放奖金和发荣誉证书，并让他们与家人在企业免费享受一餐。评出的最佳员工都要与总经理合影，员工拿到与总经理的合影照片无不喜形于色，企业还把这些照片陈列在员工通道的显著位置上，以起到激励员工进取的作用。该企业凭着对员工的关心和爱心，增强了员工的凝聚力和向心力，并培养了一流的员工，使企业的经济和社会效益蒸蒸日上，保证了战略实施。

2. 战略制约型文化

战略制约型文化是指企业文化与企业战略相抵触，成为战略实施的一个障碍。这种情况在企业实施新战略或进行战略转变时尤为明显。因为，企业若要实施一项新的战略，必将引起组织、考核机制等一系列管理制度的变化，而企业的行为、价值准则却是在过去形成的，所以，这样的企业文化往往会成为新战略实施的制约因素。这一情况在中国企业转型时期表现得尤为突出。在传统体制下，中国企业已形成了很多与市场经济格格不入的文化因素，这些已经构成了旧体制下的企业文化，在一定程度上增加了企业文化变革的困难，这也是国有企业改革困难的原因之一。

3. 战略非相关型文化

战略非相关型文化即企业文化对企业战略的影响不明显。这里有两种原因，一是企业比较年轻，还未形成一种主导型文化；二是由于管理者忽视对企业文化的培育，使企业文化的作用力非常弱小。在这种情况下，企业文化有可能向战略支持型发展，也可能向战略制约型发展。因此，为了形成战略支持型的企业文化，企业高层管理者应该加强对企业文化的培养、倡导及管理，从而塑造与本企业战略相一致的企业文化。

企业文化既可以成为战略成功的动力，也可能成为战略实施的阻力。因为，企业战略支持型文化可以以其深层性、统一性、普遍性和潜在的规定性成为激发人们热情、统一员工意志的重要手段。同时，企业文化的特征也会影响企业战略实施的效果。将节俭作为共同价值观的企业文化可能非常有利于低成本战略的实施，而以创新、革新为特征的企业文化则可以使追求技术革新、创建技术领先地位的战略得以顺利实施。寻求和塑造企业文化与战略的匹配对于战略的实施非常关键。当然，企业文化并不是总是适应战略的。当企业制定了新的战略，并要求企业文化与之相配合时，却往往由于企业文化的刚性、连续性及继承性，使企业的员工难以很快适应新战略并做出相应的变革。这时，原有企业文化就可能成为实施企业新战略的主要障碍，战略制约型文化就形成了。因此，企业内部新旧文化的更替和协调是战略实施获得成功的保证。

9.3.3 战略实施对企业文化的要求

1. 基于战略目标对企业文化进行及时调整

在保持战略支持型的企业文化的旅游企业里，当实施一个新的战略时，如果重要的组织要素发生很大的变化，但这些变化大多与企业目前的文化有潜在的一致性，经济效益比较好的旅游企业可以根据自身实力通过调整旅游线路、改变旅游产品和市场以适应新的要求。这种旅游企业由于固有文化的大力支持，在实施新战略时没有太大阻力。处理企业战略与企业文化的重点是：企业进行重大变革时，必须基于企业战略目标及时调整企业文化。高层管理人员在管理过程中，一定要注意变革与企业目标相联系的企业文化，要发挥企业现有人员的作用。现有员工之间有着共同的价值观念和行为准则，可以保证企业在文化一致的条件下实施变革。在调整企业绩效考核体系时，必须注意与企业组织目前的奖励行为保持一致。要考虑进行与企业组织目前的文化相适应的变革，不要破坏企业已有的行为准则和价值观念。

2. 加强协同，促进旅游企业文化与战略两者匹配

旅游企业实施一个新战略时，组织内各要素的变化不大，又多数与企业当前的文化相

一致。这时企业要考虑两个重要问题：第一，利用企业目前的有利条件，巩固和加强企业战略与企业文化的匹配，加强各职能部门之间的合作与协调，顺利开展各项活动，特别是那些对企业战略实施至关重要的职能活动，从而有效地促进企业战略的成功实施；第二，利用企业文化相对稳定的有利时机，解决企业经营活动中的问题。

3．保持总体文化，按照经营业务分而治之

在旅游企业实施一个新战略时，主要的组织要素变化不大，但多与企业组织目前的文化不太一致。此时，企业需要研究这些变化是否可能给企业带来成功的机会。属于这种情况的旅游企业根据经营的需要，在不影响企业总体文化一致的前提下，对不同经营业务实行不同的文化管理。企业在对组织机构这些与企业文化密切相关的因素进行变革时，也需要根据企业文化进行管理。

4．革新旅游企业文化，顺应新战略变革

如果是在保持着制约型企业文化的旅游企业实施一个新的战略，组织要素会发生重大变化，而这种变化又与目前的企业文化不一致，或者受到现有文化的强有力抵制，企业战略与企业文化两者之间关系会遇到极大的挑战。这时，需要重新权衡实施新战略的必要性，旅游企业切实从长远利益考虑这种战略上的变革。高层管理人员要痛下决心进行变革，并向全体员工阐明变革的意义与紧迫性。便于尽快形成与新战略相适应的企业文化，旅游企业要通过外部招聘或从内部选拔一批与新文化相适应的管理人员。改变旅游企业原有的考核机制，把奖励的重点放在具有新的文化意识的事业部或是个人，带动企业全员接受新的文化，促进旧、新文化的快速转变。通过有效措施使管理人员和员工明确新文化所应表现的行为，使其形成较完整的规范体系，进而保证新战略的顺利实施。

在旅游企业实施新战略过程中，要明确自己新制定的战略与目前企业文化的关系情况，看两者是否匹配。如果实施的战略与企业文化不一致，这样会危害企业的经营业绩，并在一定程度上可能导致新战略实施的失败。所以，企业高层管理者应充分认识到改变组织基本要素，尤其是企业文化，是一个循序渐进的过程。这就要求旅游企业要抓住每一个可以促成变革或有利于形成新的企业文化的机会，并且要从心理上理解和接受新的战略，最终使战略的使命与员工的价值观达成一致，这样才能保证企业战略的有效实施。

5．要保持旅游企业价值观与战略的适应与协调

企业文化作为企业的核心竞争力可以维持战略优势，主要是依靠一股强大的思想力量——核心价值观，它推动着全体员工向着同一目标不懈努力。旅游企业要建立与战略目标相吻合的价值观，这样，企业有一个良好的文化氛围、主流的思想，企业员工的价值观、行为准则与企业新的战略目标相协调，核心价值观能够充分发挥约束、指导的作用。价值观为企业战略的制定、实施、控制提供正确的指导思想和健康的精神氛围。企业战略的规划成功与否，取决于使规划的制定得以完成的整个文化传统。企业价值观是制定企业战略的基础和前提，企业价值观的质量决定企业战略制定、实施、控制、转型的质量。可见，有高瞻远瞩性的、被旅游企业员工认同的价值观是企业实现战略目标的强大内动力。深圳

福田香格里拉大酒店以发自内心的待客之道，创造难以忘怀的美好经历，时刻令客人喜出望外，这是他们的使命宣言，也是魅力精髓所在，所以本着这样的价值观得以创造香格里拉享有盛名的亚洲式热情好客。对于一个旅游企业，当员工的思想和行为较好地反映了企业的价值观和愿景目标时，企业在情感和精神层面给予员工一定的肯定与鼓励，往往会促进员工加倍努力工作，将个人价值观融入到企业价值观中去。

9.3.4 创建旅游企业学习型企业文化

1. 对旅游企业学习型企业文化的理解

旅游企业学习型企业文化可从如下方面进行理解。①企业组织成员都是愿意不断学习，可适应外界环境变化，随时可以围绕旅游企业战略部署进行调整，具有企业核心价值观和战略思维方式的团队，企业文化是通过不断学习、长期积累的文化积淀的结果；②企业文化所倡导的价值观念和行为准则必须有利于企业组织各成员的学习，可让组织成员看到明确目标和明确的战略导向；③随着中国现代化进程的加快，在国际上经济地位不断提高，全球经济国际化的加剧，学习型企业文化应有开放性和较强的包容性，便于旅游企业实施国际化运营战略；④学习型企业文化要有一定的多元性，应该在建立主流价值观和行为导向的基础上，允许异质价值观和行为准则的存在。因为不同的企业战略需要不同的企业文化支持，若是旅游企业具有多元的企业文化，当企业根据内部情况和外部环境的变化来调整企业战略时，就比较容易获得文化的支持。

2. 构建旅游企业学习型企业文化的意义

当旅游企业进行战略调整，原有企业文化与企业新战略不相适应时，企业应迅速主动地改变不符合新战略基调的企业文化，使其尽快适应新战略实施的需要，进而有利于新战略的圆满完成。事实上，若想革新地被动改变企业文化，必然存在较强的风险与阻力，因为原有企业文化带有一定的惯性因素。但是，如果企业构建的是学习型组织，组织成员愿意去面对，当旅游企业战略调整后，组织成员以积极态度去应对、适应这种变化，改变自己的战略行为方式、工作努力方向来及时顺应企业的战略调整，从而形成企业的战略适应力，而不是以消极、抵触的情绪来抵抗这种改变。可见，为了减少或是消除新战略实施的风险与障碍，提高员工对战略的适应能力，企业必须构建学习型企业文化，变被动为主动，为不同时期、不同情况新战略成功实施作保证与支撑。

3. 旅游企业创建学习型企业文化的前提

学习型企业文化也可称为战略支持型企业文化，这种企业文化要求企业成员严格自觉执行组织内共享的价值观念、组织信念和战略实施行为规范，使企业愿景成为执行组织成员不懈努力的动力。在执行力强的旅游企业组织中，企业的经营哲学、领导人的榜样示范效应、企业家精神及企业发展战略无时无刻都影响着组织内员工的战略行为，同时也影响着新战略实施过程中企业的整体适应能力。显然，要想构造学习型企业文化氛围，必须首先建立战略支持型的企业组织。

学习型组织就是在发展过程中不断适应环境变化和具有持续变革能力的自适性组织，是通过培养整个企业的学习气氛，充分发挥员工的创造性能力而建立起来的一种有机的高度柔性、符合人性并能持续创新发展的组织。注意学习氛围的培养，学习对组织的持续发展至关重要，新经济环境下最成功的企业仍然会是学习型组织，学习型组织在旅游企业文化建设中必将进一步受到关注，这是由旅游的文化属性和旅游市场的多变特性决定的。优秀的旅游企业必须成为不断适应环境变化和具有持续变革能力的自适性组织。

4．建立与企业文化密切相关的旅游企业网络型组织结构

企业要想构建学习型企业文化，就应首先建立与企业文化适应的组织结构。目前，我国许多旅游企业的组织结构建立的都是直线制、事业部制这种层级结构，这样的组织结构虽然可以促进企业效率的提高及企业活动的有序性，但是这种组织结构一定程度上会阻碍成员间有效学习，分工过细使员工知识面略显狭窄，正式的角色关系不利于组织成员的沟通。因而，为建立学习型组织，适应新战略实施的要求，旅游企业应采用网络结构来代替现行的层级结构，让每个层级结构中基层单位成为具有相当自主权的网络结构中结点。而且，同一层次结点与其他层级结点之间又保持着广泛的联系，在这种网络型组织结构中，层级支持着组织活动的有序性，而网络又促进着网络结点上各组织成员的个人学习，同时也有利于这些结点知识共享。

案例分析

独特“关爱之道”成就“杰出品牌酒店”

2010 年在“最能代表 30 年深圳形象的深圳名片”评选中，深圳福田香格里拉大酒店在众多参评酒店中脱颖而出，当选“深圳杰出品牌酒店”。酒店总经理梁发宗认为，赢得顾客，靠的就是发自内心的待客之道，他用自己的个人风格影响自己所带领的团队，喜欢与客人直接接触，倾听他们的意见，甚至与他们成为朋友。经常会有客人直接打电话给总经理梁发宗，让他为其预订房间或者用餐位，他都会亲自处理，而不是简单地转给下属同事。他说：“客人对我的信任，我必须保有这种信任，才能使他们成为忠实客户，并进一步成为朋友。当我这样去做，我的每一位同事都会看到，也会效仿。这样整个酒店自然会形成一种亲切友善的氛围，使每一位客人都能感受到我们的真诚关爱。”2010 年，我们的顾客满意度较 2009 年大幅增长了 80%，相信这便是员工的主人翁精神所带来的改变。

福田香格里拉大酒店能赢得顾客最主要的原因是以发自内心的待客之道，创造难以忘怀的美好经历，时刻令客人喜出望外。

酒店甄选员工时就特别注重其自身的好客品质，如慷慨、宽厚、真诚等。通过培训和长期以来所营造的好客氛围，同事们自然热情友好，从而得以创造香格里拉享有盛名的亚洲式热情好客。此外，酒店一流的硬件设施和技术设备，以及高雅而体现中国传统文化的装饰风格，也给顾客留下了深刻印象。

香格里拉独有的“关爱之道”是将以人为本的思想贯彻在酒店运营的方方面面。集团通过创造良好的如同家庭般的氛围，使同事能够达成他们的生活和事业发展的双重目标，从而激发工作热情，培养人才对企业的忠诚感，香格里拉酒店集团在行业内一直保持着相对低的员工流失率。“关爱”的推行是从高层管理者做起，自上而下，延伸到酒店的每一位同事。

真正的杰出品牌酒店，不仅要提供一流的硬件、完善周到的服务，得到客人的认可，更重要的是要得到自身同事的认可，要使每一位在这里工作的同事都倍感自豪、幸福愉悦，才能参与酒店市场的竞争，未来才能有更加卓越的表现。

资料来源：根据深圳商报 2011 年 01 月 13 日 《独特“关爱之道”成就“杰出品牌酒店”——访深圳福田香格里拉大酒店总经理梁发宗》整理而成

问题：

1. 深圳福田香格里拉大酒店有哪些独特的“关爱之道”？
2. 赢得顾客对战略实施有何作用？

阅读材料

北京首都旅游集团有限责任公司战略实施

首都旅游集团(以下简称首旅)是 1998 年 2 月组建的、全国第一家省级国有独资综合型旅游企业，经过十多年的奋力拼搏，实现跨越式增长，在国家统计局发布的《2007 年中国大企业集团》名录中，排名第 188 位，位居全国旅游服务企业的前列。

首旅集团拥有近千家成员企业，投资和管理地域幅度东到山东日照、西至新疆库尔勒、南达海南三亚、北抵黑龙江哈尔滨，在美国、法国等国家和地区还有若干家控股、参股企业；已经成长为以投资经营管理旅游业及现代服务业为主业，涵盖酒店服务业、旅游商业、餐饮服务业、旅游旅行服务业、汽车服务业、景区服务业和旅游地产等业态的全国性、战略型控股投资企业集团。

首旅集团一直在加大改制和整合力度，已控股首旅股份、全聚德等两家境内上市公司，参股如家酒店集团等境外上市公司，并且正在积极创造条件，争取推动更多的达标企业进入资本市场。

首旅集团不断加强品牌连锁经营管理，提升了核心竞争力。截至 2008 年年末，“首旅建国”品牌连锁经营管理的饭店达到 60 家；“如家”品牌的开业酒店累计达到 471 家；“欣燕都”品牌累计开业酒店达到 24 家；“全聚德”系列品牌(包括丰泽园、仿膳、四川饭店)开业门店累计为 80 家；“东来顺”品牌累计开业门店已达 206 家；“首汽”品牌的汽车保有量超过万辆，市场集中度不断提高；“新燕莎”、“首旅股份”、“康辉”、“古玩城”、“神舟”等品牌得到稳步推广；引进的 “阿缦”、“悦榕”、“凯宾斯基”、“喜来登”、“诺富特”、“日航”等国际高端酒店管理品牌，陆续投入使用。

首旅集团不断加强资产、资金和资本运营管理，开源节流，防控风险。先后建立了经营预算、投资及资本运营预算和总部现金流预算三大体系；结算中心归集资金数十亿元，参与资金归集的企业存款率近 90%，资金归集率为 85%，节省财务费用过亿元；集中采购平台投入运行，节省采购成本 10%左右。

首旅集团不断加强人力资源管理，创建学习型企业，共建人本和谐大家庭。加强全员培训，着重提高经营管理人员的素质；提拔了一批中青年干部，外聘了一些中高级管理人员和专业人才；101 家在京企业为数万多名员工建立了企业年金账户。

首旅集团积极履行社会责任。常年承担全国党代会、人大政协会等接待任务；出色完成奥运总部饭店、18 家签约饭店、“两村两中心”和竞赛场馆集群餐饮、运动员村部分住宿、汽车交通服务、奥博展等服务接待任务，共计接待和服务各国宾客 10.05 万人次，实现了“服务零投诉、工作零差错、安全零事故”，受到市委、市政府及各国宾客的高度评价。为冰雪、地震等灾区总计捐款 1 017 万元，其中 95%是广大员工的个人捐款。

首旅集团不断加强战略管理。第三个五年发展规划确定未来的发展目标是：总资产、总收入、利润总额等主要经济指标到 2013 年翻一番，到 2018 年再翻一番。为实现这个宏伟目标，首旅集团将着重在四个方面推进。一是推进“品牌+资本”战略，全面建设客源、资源、财源、信息共享平台，进一步提升集约经营的水平。二是推进六大板块实体化。每个板块已经或将要以一家上市公司和一个主导品牌为核心，形成企业集群和品牌系列。三是推进物业的全面更新，在北京重点构建“一线六点”产业集群，充分发挥集团效应和“品牌+资本”的优势，即以长安街及其延伸带为轴心，加快推进“新世纪饭店-西苑饭店”、“北京饭店-贵宾楼-北京饭店二期”、“国际饭店”、“京伦饭店、建国饭店、贵友大厦”、“燕莎中心、长城饭店、亮马河大厦”、“燕翔饭店”等六大中心区的建设和档次提升，进一步巩固和增强集团在北京地区的领先优势。四是推进海南首旅产业集群的扩张。以三亚南山旅游文化区、悦榕庄国宾馆为根据地，拓展新的市场。

资料来源：北京首都旅游股份有限公司官方网站

本章小结

战略实施是旅游企业战略管理中最关键的环节。旅游企业战略实施涉及信息管理、组织结构、企业文化等方面。信息管理对于旅游企业战略顺利实施具有重要意义。旅游企业战略信息管理系统是旅游企业战略的必要条件。信息管理有助于旅游企业合理运作，有助于旅游企业实现利益最大化，从而保障战略目标的实现。旅游企业组织结构是企业战略的基础并服从企业战略需要。组织结构要根据战略的变化而不断调整。旅游企业文化在战略管理中也发挥着重要作用。构建学习型企业文化，保持旅游企业价值观与战略的适应与协调，是战略管理的必然要求。

思考题

一、名词解释

旅游企业战略实施　旅游企业信息管理　旅游企业战略信息管理系统　旅游企业组织结构　旅游企业文化

二、简答题

1. 简述信息管理对于旅游企业战略顺利实施的重要意义。
2. 简述旅游企业战略信息系统的构成内容。
3. 简述旅游战略信息管理系统的实施步骤。
4. 简述酒店客户档案管理与个性化服务的关系。
5. 简述构建学习型企业文化的步骤。
6. 简述旅游企业战略支持型企业文化具体内容。

三、论述题

1. 论述旅游企业信息管理与企业战略的关系。
2. 怎样建立适应旅游企业内外部环境变化反应迅速的组织结构？
3. 怎样保持旅游企业价值观与战略的适应与协调？
4. 在旅游企业战略实施中怎样发挥企业家精神？
5. 旅游企业如何运用“雷尼尔效应”来留住人才？

四、实验题

试模拟不同企业文化的酒店如何对待投诉的顾客，说明哪种文化更有利于企业战略实施。

第 10 章　旅游企业战略评价与实施控制

章节知识框架

旅游企业战略评价的原则及要求
旅游企业战略评价的过程及内容
旅游企业战略评价的方法及应用
旅游企业战略控制的类型与原则
旅游企业战略控制的过程

教学目标与要求

通过本章的学习，学生应了解旅游企业战略评价的基本原则及旅游企业对战略评价的过程，旅游企业战略控制的含义与特征；理解旅游企业战略控制的类型与原则，旅游企业战略的可行性与可接受性，从而掌握旅游企业战略评价的方法，掌握旅游企业战略控制的过程及旅游企业战略调整的策略。

导入案例

经营不善的企业如何走出困境

A 集团公司的主业务是橡胶制造业，有 11 家分厂和子公司。G 饭店是该集团公司所属企业，集团公司对于人、财、物实行统一的管理。该饭店按照四星级酒店的标准建造，有 425 套客房，1 200 个餐位，12 个会议室，并拥有 KTV 包房、桑拿中心等娱乐设施。公司领导要求饭店必须为公司创造良好的形象，同时提出了经济效益必须实现“一年平，二年赢，三年利”的目标。为此，饭店制定了三年经营战略，饭店的目标市场定位以会议客源为主，营销方针是以适当的交割进入市场，以优质的服务占领市场。饭店的管理方针是科学管理，严格要求，公平竞争，人文关怀。但是，开业第一年，该饭店就陷入了困境。

为了扩大影响，开拓市场，饭店以低价位进入市场，并采用凡开业后一个月内入住该饭店就可以领到一张贵宾卡的办法，持有贵宾卡的顾客均可享受房费 7 折，餐费 9 折，娱乐 8.5 折的优惠。同时，营销部又与许多单位签订了住房协议，享受房费 6 折，餐费 8.5 折，娱乐 8 折的优惠。结果开业后半年内饭店生意兴隆，但是平均房价和经济效益均大大低于同类饭店，且半年后饭店业务逐步下滑。

该饭店的管理体制是饭店总经理由集团公司的一名副总裁兼任，公司从另一家饭店招聘一位常务副经理，主持饭店业务的日常管理工作。中层以上的管理人员由集团公司任命，饭店的基本制度和主要经营决定由公司制定。该饭店的管理人员，主要由两部分组成：一是从公司有关部门调入，基本上是饭店高层管理者和职能管理部门的管理者；二是从社会招聘的饭店管理人员，大都担任了经营部门的管理者职能。饭店开业以来，上下部门之间的矛盾众多，扯皮现象严重。各部门缺乏协作意识。往往只考虑自己工作的好坏，很少站在其他部门的角度替他们着想和服务，甚至在客人面前遇到不属于自己管辖范围的事情，也敷衍推诿。职能部门与一线服务部门不和。一线服务部门埋怨职能部门官僚主义，不为一线着想，而职能部门则指责说一线部门做事无计划，不按程序办事。

为规范员工行为，饭店采取了一系列措施，但一开始就碰到了麻烦。如饭店前一天规定禁止员工在饭店内用自行车载人，要求各部门通知到每个人，但实施当天就有一名员工在饭店内用自行车载人，当处罚他时，他却说不知道此事。当问部门经理为什么没有通知到他时，部门经理说无法通知这位员工，因为那天他请假，无法联系到他。

为了激发营销部员工的工作潜力，饭店实行“末位淘汰制”。饭店营销部销售经理焦明是集团副总裁的侄子，工作敷衍，在同事中的口碑非常不好。如果考评过程公正、公开，公平，他的考评结果肯定是最后一名。按照既定的制度，他肯定要被辞退。但由于焦明的特殊关系，营销部就调整了他的评价指标，以保住他的岗位，但同时导致另外一名员工的辞退。这严重地挫伤了该部门员工的工作积极性，而且被辞退的那位员工天天找该经理理论，有一次甚至引发了打架行为。最后，饭店只好私下给那位员工多发了三个月的工资作为补偿。

由于经济效益不佳，饭店为了节省开支，在下半年采取了裁员和降薪措施，即职能管理部门裁员 5%，经营部门裁员 10%，部门经理以上管理人员减薪 15%，其他培训人员的奖金减少 5%。但是此举引发了员工的消极抵抗。同时，饭店还减少了 50%的培训费，这就使得本来就不充足到位的培训更是捉襟见肘。

资料来源：http://www.795.com.cn/wz/58204.html

问题：

1. 该饭店为何会陷入经营管理的困境？
2. 你认为，要摆脱困境，该饭店应该采取怎样的措施？

管理学大师彼得·德鲁克认为，“如果你不能评价，你就无法管理”。在战略管理过程中，旅游企业不仅要制定出科学合理的总体战略、经营战略和职能战略并加以有效实施，还要对战略实施进行评价和控制。通过战略评价和控制，检测旅游企业一系列战略实施的进展，评价其战略执行业绩，发现问题，分析问题产生的原因，不断修正战略决策，使旅游企业战略实施更好地与当前所处的内外部环境及企业既定目标协调一致，最终使旅游企业战略得以实现。战略评价和控制是战略管理的最后一个步骤。

10.1 旅游企业战略评价

10.1.1 旅游企业战略评价的原则及要求

旅游企业战略评价是检测旅游企业一系列战略实施的进展，评价其战略执行业绩，不断修正战略决策，以达到预期目标的过程，其中包括三项基本内容：检验旅游企业的战略基础；将预期结果与实际结果进行比较；采取纠正措施以保证行动与计划一致。

旅游企业的战略评价是企业战略管理的重要环节，其主要职能是在战略实施的过程当中发现问题和纠正问题。由此可见，不同的企业战略评价方法，会对这一职能的实现产生不同的效果，因此，要根据旅游业的实际需要来选择旅游企业恰当的战略评价方法。

1．旅游战略评价的原则

优秀的旅游企业战略要适应外部的环境因素，包括竞争与顾客服务等；也要适应企业内部的资源，如旅游企业的资产、人才、组织结构等。最合适的旅游企业战略应该既能利用旅游业外部环境的机会，消除不利环境的影响，又能够加强旅游企业内部的优势。

为什么有些旅游企业战略比其他的更成功、更有效，是否存在一种衡量的尺度和标准呢？战略家理查德·鲁梅尔特(Richard Rumelt)认为，对企业战略评价要满足四条基本原则：战略的一致性；战略的协调性；战略的可行性；战略的优越性。美国战略学家认为，评价战略时应该考虑六个要素：战略要有环境的适应性；战略要有目标的一致性；战略要有竞争的优势性；战略要有预期的收益性；战略要有资源的配套性；战略要注意规避其风险性。

1) 战略目标统一性原则

企业必须成功制定战略并以优于竞争对手的方式实施企业战略才能持续不断地创造价值。因此旅游企业的发展战略及经营目标是决定评价指标体系和价值取向的核心因素，评价指标是战略目标实施计划时的分解，评价指标的完成能够保证战略目标的实现。企业各个部门积极争取达到绩效评价指标要求的过程就是实现企业总目标的过程。

2) 反映行业特征原则

旅游行业的特征首先指的是旅游业作为服务业的特征，如服务产品的无形性、不可储存性、生产与消费的不可分割性、异质性及所有权的不可转移等；其次是指旅游行业的产品本身的特征，如高成本、季节性、行业内部企业之间的相互依赖性、旅游效应及行业本身的脆弱性等。旅游企业战略绩效评价指标体系设置，从基准角度看，应以国家现行相关绩效评价的相关法则、政策为依据，设置具有普遍意义、通行的指标体系，以适应国家旅游法规、政策的要求，同时，每一个旅游企业，旅游社、酒店、旅游景区由于所经营的具体业务不同，有其自身子行业特色和绩效评价的特殊性要求，因而在普遍性、通用性的前提下，还要注意旅游企业战略绩效评价的特色性要求。

3) 动态性原则

动态性原则是指旅游企业战略绩效评价指标体系不仅要与企业战略管理目标导引相适应、相融合，反映和促进旅游企业战略管理目标的实施进展及绩效状况，还要适应企业内外部旅游环境巨大不确定性的波动变化。根据旅游企业战略管理目标的动态变化与适时调整而不断动态性调整指标本身，以适应旅游企业战略管理动态变化现实性诉求。

4) 可比性原则

旅游企业战略绩效评价指标体系的设置强调下述可比性：①与旅游企业预算指标的对比；②与旅游企业过去业绩指标的对比；③与旅游企业主要竞争对手的比较；④与旅游企业所在旅游业的国际、国内平均水平比较；(5)与旅游企业所在旅游业的国际、国内先进企业水平比较。

5) 平衡性原则

首先，长短期战略评价指标相结合。一方面，设置的指标体系既不能不考虑旅游企业战略管理目标实施的长期性，不注意企业价值增长的培育性和发展性，急功近利，过于强调对旅游企业短期绩效评价战略指标体系的设置，产生短期效应，从而导致企业经营者为完成短期目标而对旅游企业现有资源进行扩张性使用，而造成旅游业资源的浪费和破坏，进而破坏旅游企业的可持续生产与发展能力；另一方面，又不能因为过于强调旅游企业战略管理目标实施的长远性，而过分强调企业绩效评价的长远性，忽视企业近期绩效评价造成对企业现实绩效评价的缺失。其次，单一评价与综合战略评价指标相结合。一方面，指标体系中各个指标均有其独特的绩效评价内涵和侧重某一方面的评价功效，单个指标对旅游企业绩效评价有很强的准确性和可靠性；另一方面，要强调指标体系内涵和评价功效的整体性、综合性，回避单一指标评价的缺陷，做到旅游企业战略评价既有侧重，又有综合。

2．旅游企业战略评价的要求

旅游企业战略绩效评价指标体系的设置在满足其设置原则的前提下，还应符合以下五个方面的要求。

1) 定性指标与定量指标相结合

在旅游企业战略绩效评价指标体系设置中，要坚持定量指标为主，定性指标为辅，定量指标与定性指标相结合的主旨，既要防止突出强调定量指标的作用，忽视定性指标运用，又要防止人为主观因素过重，缺失企业绩效评价的客观、公正、合理、可靠性。对于旅游企业绩效评价可定量化因素采用定量指标评价，对于旅游企业绩效评价难以定量化因素，诸如员工激励程度、员工士气、企业形象、企业文化等因素，尽可能多地设置有效、客观的定性指标，描述其绩效状态，给予客观合理的评价。做到资源性企业绩效评价有尽可能多的量化评价，同时又不忽视非量化的绩效评价因素，二者有机结合，相得益彰，有效地促进旅游企业绩效评价。

2) 指标选择将不可控因素剔除

对于构建旅游企业战略绩效评价指标体系，为了保障绩效评价结论的客观、公正、准确、可靠，对于企业无法控制的因素，如外币市场汇率水平的波动、重大不可抗力的自然灾害等因素应首先被剔除在战略评价指标体系之外，以企业可控制因素为基准设置企业战略绩效评价指标体系。同时，设置区分与判定原则和标准，来严格区分旅游企业不可控因素和可控制因素，避免两类因素相互干扰和内容上交叉，尤其是防止因为旅游企业及其经营者主观过错而疏于防范与管理的可控因素，人为错误地强调其不可控性，进而导致企业绩效评价结论的失真和误导。

3) 指标选择上可控性与完整性博弈问题

构建旅游企业绩效评价战略指标体系，在强调可控性的同时，又存在其与指标体系的博弈问题，强调指标的可控性意味着指标完整性的充分性，而强调指标完整性意味着相关绩效评价信息过载与超负荷。指标所产生信息成本——效益均衡性要求被完全忽略，怎样设置一套与企业战略绩效评价相适应的指标体系，使得该指标体系既涵盖了其所有可控因素，又避免指标体系所产生的绩效评价信息不必要的冗余和信息超载，做到二者的有效均衡，是旅游企业战略绩效评价指标体系构建中一个十分值得重视的问题。

4) 注重激励与约束相得益彰

在指标体系的设置中，过分强调其严格约束性，不利于激发旅游企业经营者、职能部门和员工的积极性，不利于促进其为企业战略目标实施贡献力量；而如果过分强调其激励性，放松对其约束性，不利于促进企业绩效评价有效性提高。组织行为学理论强调，激励程度=期望目的概率×效价(目的完成后回馈)，其中任何一项为零，激励程度就为零。因而旅游企业战略绩效评价指标体系设置要寻找其约束性功能和激励性功能的有机结合点，使得企业战略绩效评价既有严格、严谨、规范、科学的一面，同时又具有人性激励的一面，大大调动企业经营者、职能部门、企业员工的主观能动性，发挥其潜能，从旅游企业战略管理目标实现及其实施过程角度出发来评价企业绩效。

5) 强调指标评价体系的预测性、预警性功能

旅游企业绩效评价依据财务指标和非财务指标对企业过去一定时期内企业战略目标实施状况作一个科学、客观、公正的评断。其目的不仅仅是为评价而评价，更重要的是为制定未来企业战略目标及其战略目标实施提供重要基础，同时，作为战略管理目标，未来进一步实施的现实性，预测旅游企业绩效未来趋向性发展方向。与此同时，不论旅游企业财务指标，还是非财务指标，都要强调其早期预警功效，为企业合理控制其经营风险提供有效信息，以保证企业战略目标的顺利实现。

10.1.2 旅游企业战略评价的过程和内容

1. 旅游企业战略评价的过程

不同类型的旅游企业战略可使其战略评价过程呈现不同的特征，因此，评价一家多元化经营的旅游企业战略过程包括该公司的多元化动机，评估公司的竞争力和绩效潜力。具体评价过程如下。

第一，识别当前的旅游企业战略，公司是否在寻求相关或不相关多元化，最近并购和剥离行动的本质和目的是什么，公司的管理层试图想创建的多元化经营公司的种类有哪些。

第二，应用行业吸引力检验，评价旅游企业所在的子行业长期吸引力。

第三，应用竞争力检验，评价旅游公司业务单元的竞争力，以明确他们各自所处的子行业中，哪些是强大的竞争者。

第四，应用战略协同检验，确定现在业务单元中任何价值链关系和战略协同关系的竞争优势潜力。

第五，应用资源匹配检验，确定旅游企业的资源力量是否能满足公司现在业务集合对旅游资源的要求。

第六，在历史绩效和未来预期的基础上，将业务从最高到最低进行排序。

第七，根据资源配置的优先权，将经营业务进行排名，并决定每一业务单元的战略类型应该是侵略性的扩张，设防还是保卫，以此来修正和重新定位。

第八，制定新的战略，以提高旅游公司的整体绩效。

弗雷德·R. 大卫(Fred R. David)认为战略评价的步骤如图 10.1 所示。

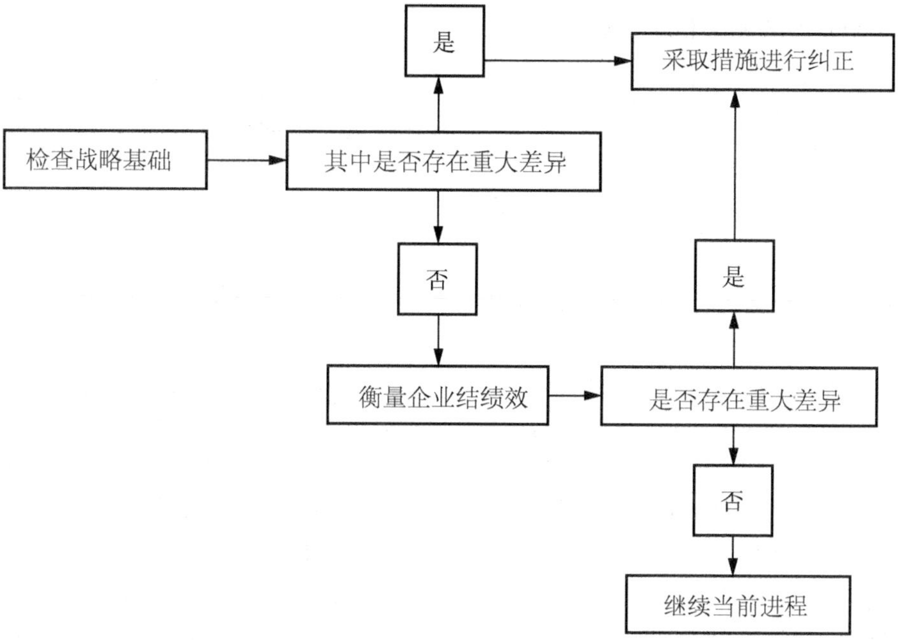

图 10.1　战略评价框架

根据弗雷德提出的框架，从评价的对象和采用的方法看，旅游企业战略评价可理解为一个循环的过程，即首先对旅游企业现行战略的绩效进行评价，检查其是否为企业带来经济效益，是否与经营目标一致，是否能适应环境变化等问题，检查结果或继续执行原战略，或采取适应环境的纠正措施。若决定采取纠正措施，可能在原战略基础上做调整，也可能制定新战略。制定新战略则需要评价旅游企业的现行环境并严格按照以上标准制定备选战略，然后进行战略选择评价，确定并实施新战略，接着进行执行过程评价，及时获取战略执行情况并及时处理战略目标差异，最后对战略实施成果进行评价，也是循环回到了第一步对旅游企业战略实施结果的评价，但是，这里的评价的战略内容与第一步是不同的。如图 10.2 所示。

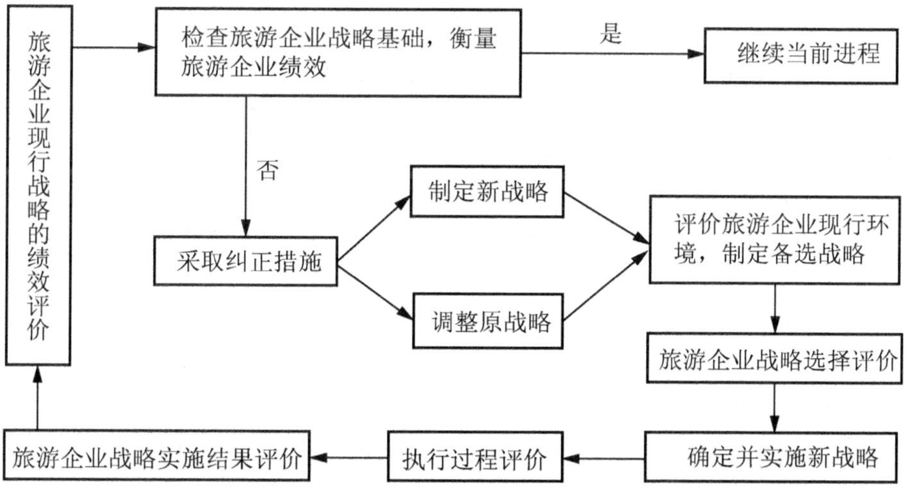

图 10.2　旅游企业战略评价步骤

2．旅游企业战略评价的内容

旅游企业战略管理过程的最后阶段是企业战略评价。领导者对企业战略实施中出现的问题的识别是通过企业战略评价实现的，在此基础上，采取措施，调整战略，快速适应企业内外部环境的变化。

旅游企业战略评价的内容包括三方面。

1) 检查战略基础

旅游企业用外部因素评价矩阵和内部因素评价矩阵的方法检查企业战略的潜在基础。

2) 衡量企业绩效

衡量企业绩效是旅游企业战略评价活动中的一项重要内容。它运用数理统计和运筹学的方法，通过建立综合评价指标体系，采用定量分析与定性分析相结合的办法，对该企业一定经营期间的盈利能力、运营周转速度、偿债能力、社会责任履行等方面进行的综合评判。将预期的结果与实际的结果进行比较，研究实际进程对计划的偏离，评价企业在实现既定目标过程中已取得的进展。它由以下五个基本要素构成。

(1) 目标。业绩评价系统的目标是指整个系统运行的指南和目的所在。作为旅游企业战略管理的一部分，业绩评价系统的目标是为管理者制定最优战略及为实施战略提供有用信息。在战略制定过程中，通过业绩评价反映各部门的优势及弱点，有利于企业制定最佳战略；在战略实施过程中，得到业绩评价反馈的信息管理者能够及时发现问题，采取措施以确保所制定战略的顺利实现。

(2) 对象。业绩评价系统的对象是指对什么进行评价，如酒店的餐饮成本控制评价，对于不同的评价对象，评价的要求、内容、指标等都不相同。

(3) 指标。业绩评价系统的指标是指对评价对象的某些方面进行评价。所说的“某些方面”是指评价对象与旅游企业战略成败密切相关的方面。有财务方面的，也有非财务方面的，所以业绩评价指标也分为财务评价指标和非财务评价指标。旅游企业业绩评价系统设计中最重要的问题就是如何选择能准确反映与企业战略管理密切相关的评价指标。

(4) 标准。战略业绩评价是判断评价对象业绩优劣的基准，评价标准的选择取决于评价的目的。旅游企业业绩评价系统中常用的标准是预算标准、历史最高水平标准、同行业竞争对手标准。标准的选用与评价对象密切联系，也直接影响评价的功能。

(5) 战略业绩评价总结报告。战略业绩评价总结报告是旅游企业业绩评价系统的输出信息，也是业绩评价系统的结论性文件。业绩评价报告的文字与格式应当简洁、清楚，便于理解，应抓住关键的问题与原因以提高效率，业绩评价报告的格式与内容因不同的评价对象而不同。

以上五个要素共同组成完整的旅游企业战略业绩评价系统，它们之间相互联系、相互影响。其中，评价目标决定了其他四个要素，这四个要素选择又影响评价目标的实现。

3) 采取纠正措施

通过变革使旅游企业重新进行更有竞争力的战略定位，从而促进企业的长远发展。它包括对企业组织结构的调整，建立或修改目标，制定新的政策，重新配置资源等。

10.1.3 旅游企业战略评价的方法

1. 平衡计分卡法

1) 平衡计分卡法体现的战略中心思想

20世纪90年代初，罗伯特·卡普兰(Robert Kaplan)和大卫·诺顿(David Norton)经过对在业绩测评方面处于领先地位的12家企业的研究，提出了平衡记分卡这一划时代的战略管理绩效评价工具。平衡计分卡是围绕企业的战略长远规划，体现了“平衡”的战略管理思维，具体的考核体系涉及企业表面现象和深层实质、短期结果和长期发展、内部状况和外部环境的各种因素，通过财务、顾客、内部业务流程、学习和成长四个方面来衡量企业的业绩，财务指标是企业追求的结果，其他三个方面的指标(非财务指标)是取得这种结果的动因，是对财务指标的补充，以便系统、全面地反映企业的整体运营情况，为企业的战略管理服务。平衡计分卡是围绕企业的战略长远规划，与企业目标紧密联系，体现了战略中心思想，同时也体现了“平衡”的战略管理思维。这表明全面考核企业文化建设等方面的业绩可以更好地反映企业的战略实施，更重要的是平衡计分卡参与了战略管理的全过程。

理论和实践的发展都已经证明，平衡计分卡特别适用于那些依赖于人力资本、服务流程、顾客、品牌等无形资产来创造财富的企业。无形资产对企业经营的贡献越大，应用平衡计分卡所产生的效果就越明显。而我国旅游业的迅猛发展和日益激烈的市场竞争，使得旅游企业对品牌、顾客关系、服务流程等无形资产的依赖性日益加强，这恰好能够发挥平衡计分卡的长处。

2) 平衡计分卡法评价指标体系的构成

管理者评价旅游企业战略实施效果如何，可以利用多类指标综合评价其战略实施效果。基于平衡计分卡的旅游企业战略评价主要从财务、顾客、内部业务流程、学习和成长四个维度来设置。

旅游企业财务指标包括可反映营运能力、盈利能力、变现能力和偿债能力的指标。

(1) 净资产收益率，该指标最具综合性与代表性，可反映旅游企业资本运营的综合效益，评价营运资金及其积累获取报酬水平，通过它可以看出企业的获利能力及与其子行业的差异水平。

(2) 成本费用收益率，此指标是从耗费角度评价收益能力，即旅游企业在一定时期内营业收入同成本费用总额的比率，反映了为取得收入而付出的代价。

(3) 营业收入增长率，此指标是预测经营业务拓展趋势的重要标志，是本年营业收入增长额同上年营业收入总额的比率，同时也是评价旅游企业成长状况和发展能力的重要指标，该指标用于衡量旅游企业经营状况和市场占有能力。

(4) 利润平均增长率，此指标能够反映利润增长趋势和效益稳定程度，较好地体现旅游企业的发展状况和发展能力，反映旅游企业利润的增长情况，是衡量发展潜力的重要指标。同时，各子行业企业可以结合企业经营情况设置指标，如饭店可设置如下指标：客房出租率=已出租客房数/可供出租客房数；人均消费额=食品收入总额/供应的客数；座位周转率=用餐人数/座位数；食品成本率=售出食品的成本/食品销售额；饮料毛利率=售出饮料的毛利/饮料销售额。

旅游企业是以向消费者提供旅游产品和服务为其主业，在创造顾客、保持顾客、最大限度使顾客满意的基础上追求利润最大化。平衡计分卡通过对顾客方面的评价，旅游企业可以充分关注顾客反应和市场策略，以便产生更好的财务效益；通过顾客指标，旅游企业和顾客可以建立长期的战略伙伴关系，引导顾客高层关注顾客需求，将顾客满意度作为旅游企业战略发展的重要驱动因素。旅游企业顾客评价指标体系主要是通过顾客方面综合反映顾客对旅游企业所提供的产品和服务的满意程度。

(1) 顾客满意度，此指标关注顾客需求和服务质量反馈，引导旅游企业各个层面的管理人员及员工以顾客为关注焦点，它反映了顾客的需要，是顾客指标中最为重要的。一般来讲，如果一个旅游企业的顾客满意度持续上升，那么其年获利会提升 10%以上，而顾客满意度下降的企业，其年获利会下降至少 14%以上。能够让顾客满意的旅游企业，不仅顾客自己会重复购买，同时还会去介绍给亲人或朋友，该旅游企业的顾客就会增长很快。反之，就会产生不良口碑效应，势必会减少潜在顾客。

(2) 顾客投诉数量，此指标从相反视角反映顾客对旅游企业提供服务的满意程度，该指标具有一定的客观性，由顾客投诉记录获得数据，是对顾客满意度调查的充实和证明。

(3) 顾客保留率，此指标指一定时期内保持同老顾客的业务关系比率。可以反映顾客对旅游企业的忠诚度，该指标可以从旅游企业历年所持有的顾客资料通过纵向分析比较获得。顾客保留率关注的是与顾客的沟通，引导旅游企业相关业务部门关注并加强与老顾客的联系，能促使旅游企业通过营销措施留住老顾客，培养顾客的忠诚度。

(4) 顾客获得率，此指标是指一定时期内旅游企业吸引或赢得新顾客的比率。旅游企业要发展就不仅要留住现有的顾客，更重要的是要能不断地获取新的顾客，而评价旅游企业获取新顾客能力的评价指标主要是指顾客获得率。

(5) 市场占有率，此指标是衡量旅游企业在市场中所占份额的重要指标，用来说明各旅游企业在其所处的子行业中的地位，可通过统计年鉴或统计部门数据获得。

(6) 顾客收益性，是指旅游企业确定的各类目标顾客群能给旅游企业带来收益的程度，反映旅游企业拥有的各类目标顾客群的获利能力，可以通过对顾客资料的分析计算获得。

旅游企业确立使顾客满意和吸引保持顾客的关键因素后，就可以据此在长期的创造价值过程和短期的经营过程方面关注旅游产品创新、服务质量及经营效率。创新程度引导旅游企业管理人员根据顾客需求和竞争对手状况对其服务及产品进行创新，增强旅游企业竞争力；服务质量引导旅游企业管理人员关注服务人员的素质、培训和服务过程控制，降低投诉；效率状况引导旅行社管理人员关注旅行社内部流程，减少不必要的环节和内耗，提高服务效率。旅游企业内部流程评价指标主要有：①产品或服务创新数量和程度，即用来衡量旅游企业确立和培育新市场、新顾客，以及开发新产品和服务的能力，可由旅游企业开发新产品或新的服务项目的数量计算获得；②服务方式和服务效率，即从服务的角度体现旅游企业在销售产品或服务时提供各种服务的质量，可以通过旅游企业的服务设施、服务理念在同业中是否领先来测度；③售后服务质量和售后服务成本，此指标衡量将旅游服务销售给顾客后为顾客提供的后续服务的水平和耗费，是同业之间非价格竞争的主要手段，可由售后服务记录和顾客回访分析获取。

在旅游企业中，员工是运用知识的主体，所以员工通过不断地进行新技术、新知识的培训学习，可以提高知识水平，并将知识转化为价值的创造，在学习与成长纬度的指标设计中主要有以下几个指标。

(1) 员工满意度，即从旅游企业自身角度出发评价员工对企业的满意程度，是员工的工作状态和精神状态的基础，可通过问卷调查获得。对员工满意度的评价可以按照年份进行调查或者滚动调查，调查的内容包括：决策的参与程度；工作的认可程度；对旅游企业总体满意程度等。

(2) 员工培训支出与培训效果，即衡量旅游企业为员工提供培训的强度和水平，可从培训计划和培训记录获得。要了解参加者培训后对所学到的知识、技能和态度的掌握情况，并且是否应用到实际工作当中去，验证培训目的是否达到，就需要建立培训效果评价系统。可运用具体的方法如动态评估法、比较评估法、集体讨论法、个体讨论法、个案评估法、问卷评估法等进行定性或定量分析，将培训后的工作绩效与培训目标和培训状况进行对比。

(3) 员工工作效率，此指标可以从员工岗位特点和工作强度角度进行分析判断获取，从而优化旅游企业人力资源的分配与利用，可通过每位员工给旅游企业带来的收入来衡量。

(4) 责权利对应程度，此指标反映旅游企业内部责任与权利是否匹配，同时制定相应的奖惩措施，可通过责权利对称性分析、规章制度是否完善等判断。

(5) 信息系统的完备程度，此指标用于评价旅游企业信息系统是否健全，信息的收集处理是否准确及时，对顾客预定信息系统的完善程度主要是通过信息响应和处理的时间及信息覆盖比率等数据进行衡量。

需要强调的是，平衡计分卡中非财务指标数据的获得，很大程度上依赖于旅游企业各部门来完成，如旅行社要通过外联部、导游部、计调部、门市等业务部门和营销部、人事部、培训部等职能部门，饭店需要通过客房部、前厅部、餐饮部等部门，所以对于实施平衡计分卡进行战略评价的旅游企业来说，必须要注意协调财务部门与其他部门之间的关系。

2. PIMS分析

1) PIMS研究中的相关概念

PIMS是英文 Profit Impact of Market Strategies 的缩写，PIMS分析又称战略与绩效分析，也叫PIMS数据库分析方法，其含义为市场战略对利润的影响。

(1) 业务。是指PIMS研究的每一个观察单位，这些单位具有独特的旅游产品，可识别客户群和特定的竞争对手。

(2) 市场。包括与业务活动相关的所有旅游产品，所有用户和地区。

(3) 所在市场。业务集中活动的那个市场。

(4) 市场份额。某时期中某具体旅游业务的销售额占统一市场上全部竞争对手销售额的比重。

(5) 相对市场份额。本业务的市场份额与最大竞争对手的市场份额之比。

(6) 营销开支。销售的成本，不包括分销成本。

(7) 投资回报率。税前收入与平均投资额的比值。

(8) 质量指数。优质品和劣质品的比值。

(9) 研究开发支出。用于旅游产品和旅游规划项目的开发。

2) PIMS 研究的数据库

(1) 旅游经营单位环境的特性：长期市场增长率，短期市场增长率，旅游产品售价的通货膨胀率，顾客的数量及规模，购买频率及数量。

(2) 旅游经营单位的竞争地位：市场占有率，相对市场占有率，相对于竞争对手的产品质量，相对于竞争对手的产品价格，相对于竞争对手来说提供给职工的报酬水平，相对于竞争对手的市场营销努力程度，市场细分的模式，旅游新产品开发率。

(3) 旅游运营过程的结构：旅游投资强度，纵向一体化程度，劳动生产率，运营条件利用程度，旅游设施利用率等。

(4) 旅游可支配的预算分配方式：旅游线路或旅游产品研究与开发费用，广告及促销费用，销售人员的开支。

(5) 旅游经营单位业绩：投资收益率；净现金流量，即现金流入量减去现金流出量；净资产报酬率。

3) PIMS 具体评价指标说明

(1) 投资强度。以旅游企业投资额对销售额的比值来度量，或更准确地说，以投资额对附加价值的比率来表示。

(2) 劳动生产率。以旅游企业每个职工平均所创造的附加价值来表示。劳动生产率对经营业绩有正面的影响，劳动生产率高的经营单位较劳动生产率低的经营单位具有良好的经营业绩。

(3) 市场竞争地位。相对市场占有率对经营业绩有较大的正面影响，较高的市场占有率会带来较高的收益；反之，低市场占有率和高投资强度会带来现金的枯竭。

(4) 市场增长率。一般来说，较高的市场增长率会带来较多的利润总额，但对投资收益率没有什么影响，而对现金流量有不利的影响。也就是说，处于高市场增长率行业的经营单位需要资金来维持或发展其所处的竞争地位，因而需要耗费资金，减少了现金回流。

(5) 提供的旅游产品或服务的质量。产品质量与经营业绩密切相关。出售高质量产品(服务)的单位较出售低质量产品(服务)的单位具有较好的经营业绩。产品质量与市场占有率具有强正相关关系，二者起互相加强的作用。当旅游企业具有较高的市场占有率并出售较高质量的旅游产品或提高较高质量旅游服务时，其经营业绩也最好。

(6) 革新或差异化。如果旅游企业已经具有了较强的市场竞争地位，则采取开发出较多的旅游新线路，增加研究与开发的费用，以及加强市场营销等措施会提高经营业绩。

(7) 纵向一体化。一般来说，对处于成熟期或稳定市场中的经营单位，提高纵向一体化程度会带来较好的经营业绩。而在迅速增长或处于衰退期的市场。在一定条件下，提高纵向一体化程度对经营业绩有不利的影响。

(8) 成本因素。工资增加、企业原材料涨价等生产成本的上升对经营业绩的影响程度及方向是比较复杂的。这取决于经营单位如何在内部吸收成本上升部分或怎样将增加的成本转嫁给客户。

(9) 现时的战略努力方向。改变上述任何一个因素，都会以这一因素对业绩影响因而反方向影响着经营单位的未来业绩。例如，较高的市场占有率会产生较多的现金流量，但是，如果经营单位试图提高市场占有率，这会消耗现金。

旅游企业的战略评价结果是根据评价的指标综合分析得到的，而评价的指标包括定量指标和定性指标。定量指标一般有三种类型：以历史数据为基础拟定的标准；以同行的平均水平，先进水平，或者竞争者的所达到的水平作为标准；按照一定的准则，以大家所公认的标准作为评价的标准。定性指标包括：评价战略与环境变化的适应性；战略执行中的风险性；战略执行中的时间性；战略与资源的配套性；战略内部的一致性。

10.2 旅游企业战略控制

10.2.1 旅游企业战略控制的含义、特征

1. 旅游企业战略控制的含义

旅游企业战略控制是指在旅游企业战略实施的过程中，将企业经营过程中反馈回来的结果同既定的战略目标和绩效标准进行比较，发现问题，分析问题产生的原因，纠正偏差，使旅游企业战略实施更好地与当前所处的内外部环境及企业既定目标协调一致，最终使旅游企业战略得以实现。它实际上是对旅游企业经营范围、经营模式、组织结构、激励制度、重要人事调整和长期投资所进行的全局性、长期性的控制，是战略管理的最后一个步骤。包括以下基本内容。

(1) 设定绩效标准，根据旅游企业战略目标，结合企业内部人力、物力、财力及信息等具体条件，确定企业绩效标准，作为战略控制的参照系。

(2) 绩效监控与偏差评估，通过一定的测量方式、手段、方法，监测企业的实际绩效，并将企业的实际绩效与标准绩效对比，进行偏差分析与评估。

(3) 设计并采取纠正偏差的措施，以顺应变化着的条件，保证企业战略的圆满实施。

(4) 监控外部环境的关键因素，外部环境的关键因素是旅游企业战略赖以存在的基础，这些外部环境的关键因素的变化意味着战略前提条件的变动，必须给予充分的注意。

(5) 激励战略控制的执行主体，以调动其自我控制与自我评价的积极性，保证旅游企业战略实施的切实有效。

2. 旅游企业战略控制的特征

旅游企业战略控制的基本特征就是对企业战略控制的基本要求，只要体现在以下几个方面。

1) 旅游企业战略控制的可行性

可行性是指旅游公司一旦选定了战略，就必须认真考虑企业能否成功地实施。公司是否有足够的财力、人力或者其他资源、技能、技术、诀窍和组织优势，换言之，企业是否有实施战略的核心能力。如果在可行性上存在疑问，就需要将战略研究的范围扩大，并将能够提供所缺乏的资源或能力的其他公司或者金融机构合并进行控制，通过联合发展达到可行的目的，特别是管理层必须确定实施战略要采取的初始的实际步骤。

2) 旅游企业战略控制的适宜性

判断旅游企业战略是否适宜，首先要求这个战略具有实现公司既定的财务和其他目标的良好的前景。因此，适宜的战略应处于公司希望经营的领域，必须具有与旅游公司的哲学相协调的文化，如果可能的话，必须建立在旅游公司优势的基础上，或者以某种人们可能确认的方式弥补公司现有的缺陷。

3) 旅游企业战略控制的可接受性

可接受性强调的是与旅游公司利害攸关的人员，是否对推荐的战略非常满意，并且给予支持。一般来说，公司越大，与公司有利害关系的人员就越多。要保证得到所有的利害相关者的支持是不可能的，但是，所推荐的战略必须经过最主要的利害相关者的同意，而在战略被采纳之前，必须充分考虑其他利害相关者的反对意见。

4) 旅游企业战略控制的阶段性

战略控制的标准应该与其经营目标具有一致性，同时，战略控制必须分阶段进行。旅游公司的经营战略是明确的、稳定的且是具有权威的，其目的是某一点。但在实施过程中由于环境变化，战略必须适时地调整和修正，其过程可能会没有规律可循，因此这时的战略控制就必须按阶段出现多样性。

5) 旅游企业战略控制的弹性和伸缩性

战略控制在一定时间范围内有相对稳定性，但在必要的时候需要对战略进行必要的调整和修正。战略控制中如果过度控制，频繁干预，容易引起消极反应。因而针对各种矛盾和问题，战略控制有时需要认真处理，严格控制，有时则需要适度的、弹性的控制。只要能保持与战略目标的一致性，就可以有较大的回旋余地而具有伸缩性。所以战略控制中只要能保持正确的战略方向，尽可能地减少干预实施过程中的问题，尽可能多地授权下属在自己的范围内解决问题，对小范围、低层次的问题不要在大范围、高层次上解决，反而能够取得有效的控制。

阅读案例 10-1

“维景”连锁酒店的战略控制

香港中旅酒店管理有限公司正在统一港澳和内地近 20 家酒店的名称，于 2006 年 5 月隆重推出了“维景”连锁酒店品牌，以“维景”品牌冠名的酒店已分布于香港、澳门、北京、南京、杭州、太原、上海、深圳、苏州、福建等地。港中旅酒店有限公司意识到建立中央预订系统的重要性，这样可以协助解决公司有关市场和销售中存在的问题。2007 年 4 月，维景国际与全球第二大酒店业解决方案供应商思博公司正式建立长期合作伙伴关系。思博公司在全球 100 多个国家中拥有超过 6 600 家用户，其 Epitome 商务智能解决方案能对各酒店的运营信息进行收集、分析并传递给管理层。建立战略合作管理以后，维景国际在中国内地、香港、澳门的酒店均陆续安装思博公司的酒店管理系统 Epitome PMS，并计划在以后的合作中安装中央预订系统 Core CRS，利用 CRS 将旗下所有酒店的 PMS 整合成为可以共享信息的一个整体。同年 7 月，维景国际与全球著名的酒店业全面分销解决方案供应商 Travel Click 公司建立战略合作关系。通过该公司提供客房分销方案，包括在线预定、

B2B 电子商务、全球分销系统等，向海内外客人提供及时无缝隙酒店预订服务。利用 Travel Click 的 GDS 和 Pegasus ODD(全球中型分销系统)的接入服务，所有维景系列酒店的万余间客房接入了全球 83 万台预订终端主机及 400 余家中小型旅行社预订系统。与 Travel Click 建立合作管理以后，维景国际利用了该公司的预订搜索(Booking Engine)系统进行网络营销。有了 GDS 和 ODD 的平台，维景国际积极开拓海外市场，把维景酒店推荐给全世界的客人。目前维景国际已经展开了与 Booking.com、Expedia.com、Travelocity 等几十家全球大型网络订房中心的长期合作，以及 Carlson Wagonlit Travel 等多家全球领先商旅公司的合作，维景酒店将成为多家全球大公司的选择。

资料来源：http://www.renhe.cn/jobs2/10-11352800

10.2.2 旅游企业战略控制的作用

1) 旅游企业经营战略实施控制是企业战略管理的重要环节

旅游企业战略控制能保证企业战略的有效实施，战略决策仅仅能决定哪些事情该做，哪些事情不该做，而战略实施控制的好坏将直接影响旅游企业战略决策实施的效果好坏与效率高低，因此旅游企业战略实施的控制虽然处于战略决策的执行地位，但对企业战略是十分重要的，必不可少的。

2) 控制能力与效率的高低又是战略决策的一个重要制约因素

旅游企业战略控制决定了企业战略行为能力的大小。旅游企业战略实施的控制能力强，控制效率高，则企业高层管理者可以做出较为大胆的、风险较大的战略决策；若相反，则只能做出较为稳妥的战略决策。

3) 旅游企业经营战略实施的控制与评价可为战略决策提供重要的反馈

帮助战略决策者明确决策中哪些内容是符合实际的、是正确的，哪些是不正确的、不符合实际的，这对于提高战略决策的适应性和水平具有重要作用，还可以促进企业文化等企业基础建设，为战略决策奠定良好的基础。

10.2.3 旅游企业战略控制的过程

旅游企业战略控制过程有四项基本的要素：确定评价标准、衡量工作绩效、反馈、采取纠正措施。战略控制过程的四个基本要素相辅相成，缺一不可，对于保证有效的战略控制是必不可少的。

1. 确定评价标准

评价标准是旅游企业工作的规范，它用来确定战略措施或计划是否达到预先制定的战略目标。评价标准必须从计划中产生，计划必须先于控制。

2. 衡量工作绩效

衡量工作绩效是指将实际的工作成绩(即控制系统的输出)与事先确定的评价标准相比较，找出实际活动成绩与评价标准的差距及差距产生的原因。

衡量工作绩效的主要问题是确定评价的时间、地点及间隔时间的长短。为了给管理层提供充分而及时有效的信息，旅游企业应该经常评价工作绩效。

3．反馈

对于衡量绩效工作过程中所发现的问题，必须针对所产生的原因采取纠正措施，这是战略控制的目的所在。

4．采取纠正措施

控制的最后一个步骤就是根据衡量和分析的工作绩效问题采取适当的措施。管理者应该在维持原状、纠正偏差、修订标准的方案中选择一个。如果偏差是由于某些可控因素导致的绩效不足产生的，这时管理者就应该采取纠正措施。工作中的偏差也可能是由于指定的标准不合理，导致员工无法完成预定的任务，这时应进行标准调整而不是绩效的调整。

控制过程可以看成整个管理系统的一个组成部分，并且和其他管理职能紧密相连。控制活动和其他管理只能交错重叠，说明了在管理者的职务中，各项工作是统一的，管理过程是一个完整的系统。

10.2.4 旅游企业战略控制的调整

1．旅游企业战略调整的影响因素

在制定和实施战略的过程中，必须同时考虑现有的定量分析因素、信息上的缺陷因素、不确定性因素、不可知的因素及人类心理等因素。在这些因素中，有一些是旅游企业的内部的特点，正是这些特点才使旅游子行业中的各个旅游公司有所差异。另一些因素由于受到行业性质和环境的制约，则使子行业中的旅游企业战略较为相似。影响战略控制的因素可以分为三类：旅游市场需求、旅游资源和能力、旅游组织和文化。这三类因素在现代旅游企业中呈现如下趋势。

1) 更加重视质量、价值和顾客满意

不同的需求驱动因素(如便利、地位、风格、属性、服务等)在不同的时间和地点扮演了不同的角色。现代的顾客在做出购买决策时更加重视质量和价值。一些卓有成效的旅游企业致力于提高质量，同时降低成本。

2) 更加重视关系建设和竞争导向

现代旅游企业关注于培养顾客的忠诚度，从交易过程转向关系建设，和企业的关联者保持和谐融洽的状态。

3) 更加重视全球导向和旅游区域规划

现代企业的边界日益扩张，无国界经营成为发展潮流。当旅游企业提供出境游服务，进入国外市场时，必须转变传统风气去适应当地的影响力量。旅游企业必须从全球化的角度进行战略思考，但战略计划和实施却是区域化、当地化。

4) 更加重视战略联盟和网络组织

一旦旅游企业全球化，考虑到完整的价值链，旅游企业必须认识到和其他组织进行合作的必要性和重要性。高层管理者把越来越多的时间用于设计战略联盟和网络组织上，以此形成竞争优势。

5) 更加重视权势架构及其影响

任何组织都存在利用权势实现个人或集团利益的现象，在许多时候，旅游企业的战略决策就是由权势决定的。现代旅游企业面临的复杂环境决定了人们在目标、价值观念、利害关系、职责和认识上的分歧，同时彼此对对方有控制权，在某种程度上依赖对方。

2．旅游企业战略调整的原则与目标

1) 旅游企业战略调整的原则

旅游企业作为市场的主体，其所处的环境具有不确定性，那么，旅游企业在这种环境下进行战略调整应遵循的原则有以下 4 种。

(1) 及时反应原则。由于环境是不断变化并具有不确定性的，旅游企业战略必须针对环境变化及时进行调整。

(2) 有效控制原则。旅游企业的控制性是指在一定环境变化条件下，企业能通过控制内部管理系统的方法影响和控制环境系统，以达到企业预期战略目标的能力。

(3) 动态适应原则。在战略调整过程中，旅游企业需要增强战略决策的柔性，使其可以根据新信息加以修正。

(4) 局部调整原则。旅游企业可以根据具体的需要对战略进行局部调整。

2) 旅游企业战略调整的目标

战略目标是旅游企业在实现其使命过程中所追求的长期结果，总的来说，旅游企业战略调整的目标有获取企业持续竞争优势、企业价值最大化两个方面。

3．旅游企业战略调整的策略

1) 旅游企业成长与发展过程中的战略调整策略

要超越影响因素在战略调整过程中表现的路径依赖特征，使旅游企业成长与发展摆脱过去的阴影，企业必须在遵循战略调整的原则和目标的前提下采取一系列行之有效的措施。建立战略预警机制，提高战略调整的预见性；组织知识创新，更新和发展核心竞争能力；改造旅游企业文化，促进组织学习；完善公司治理结构，促进经营者行为合理化；运用平衡记分卡，构建战略管理系统。

2) 不确定性环境下旅游企业战略调整策略

(1) 不确定性环境对旅游企业战略调整的影响。

传统的战略规划是以假定旅游企业可以通过科学的工具和方法来预测任何业务为前提，但企业面临的是不确定的复杂环境，这使得战略规划的可预见性大打折扣。环境的不确定性是一个多维的概念，不同维度的不确定性对企业战略的影响各不相同，具体体现为以下方面。

① 外部环境的多变性导致战略决策的风险提高。旅游企业在经营过程中受到很多外部环境因素的影响，如政治、经济、社会和文化等，而这些外部环境因素经常变化，产生高度不确定感，导致企业没有战略决策的环境基础，战略决策的风险提高。

② 竞争环境的复杂性导致企业的竞争地位发生变化：第一，环境多变使得旅游企业的行业竞争优势、竞争地位发生变化，而企业却无法及时把握住，使得其根据过去的竞争优

势和竞争地位所制定的企业战略不适合企业当前的实际情况。第二，客户需求的复杂化使企业越来越难以面对，导致其竞争地位发生变化。客户需求的复杂化将使得旅游企业要在客户分析方面投入大量工作，如果企业没有与竞争对手可以比拼的实力，那么竞争对手将能更好地满足客户的需求，使客户转向竞争对手。第三，技术进步和技术创新的加快，改变了竞争者之间的技术优势，影响企业的持续竞争优势。

③ 内部管理的复杂性使企业战略调整的过程更为复杂。为了应对旅游企业环境的变化，企业往往对其组织结构、激励制度、绩效管理系统、技术创新管理、部门协作等方面进行调整，而这种调整往往和企业已有的战略发生冲突，这就使得旅游企业在战略调整过程中必须考虑未来内部管理很有可能发生的变革，这就使得战略调整不仅要关注现有影响因素，还要关注未来的可能影响因素，使得调整过程变得极其复杂。

(2) 不确定环境下旅游企业战略调整的原则。

尽管不确定环境使旅游企业的战略调整变得日益困难，但企业能采取的行动就是迎难而上。旅游企业在进行战略调整时应遵循以下原则，使其战略挑战合理有效。

① 及时反应原则。由于环境是不断变化并且具有不确定性，旅游企业战略必须针对环境变化及时进行调整。旅游企业战略调整的这种决策能力不同于一般的决策能力，它不仅要求保证决策的正确性而且要求有较大的决策范围和速度，滞后的战略调整会让企业遭遇较高的风险。

② 有效控制原则。旅游企业的控制性是指在一定环境变化条件下，企业能通过控制内部管理系统的方法，影响和控制环境受控系统，以达到预期企业战略目标的能力。因为，企业与环境实际上是互相影响、相互制约的关系。当旅游企业对自己进行了积极改变的时候，将使企业在环境的变化中处于比较主动的地位，对环境的变化将有更好的预测，进而有助于企业战略调整的成功。

③ 企业动态适应性原则。在战略调整过程中，增强战略决策的柔性，使其可以根据新信息加以修正。因为环境的快速变化使旅游企业不断地接受新的信息，这就要旅游企业战略既有一定的稳定性，又有一定的适应性，进而要求战略具有动态适应的能力，战略方案具有一定的柔性。

(3) 不确定环境下旅游企业战略调整的具体措施。

① 增强环境变化的感知力，提高企业战略自适应能力。

企业作为开放系统，通过组织边界与外界环境进行着能量、物质、信息的交换。外界环境中的微小变化都可能会对组织绩效的取得产生影响。提高企业对环境变化的感知力不仅需要企业时刻监控外围环境，注重企业战略对环境的适应性，还要企业对内部各要素和外部各种资源进行有效集成，使企业整体适应环境变化能力得到提高。旅游企业可以通过以下工作增强环境变化的感知力：首先，管理者要了解环境对组织战略的影响程度。由于环境的多变性和不确定性，管理者首先要随时随地利用各种渠道与方法去认识、了解和掌握环境，研究其变化规律，预测环境变化的趋势及其可能对组织战略产生的影响。其次，在了解和掌握各种环境因素的基础上，对其进行分析研究，确定各种环境因素对组织有什么影响。最后，管理者在对环境因素进行了一定的分析之后，要对各种环境因素所产生的影响做出反应。充分利用环境中对企业战略有利的方面，对企业产生正面作用。对于环境中不利于组织发展的因素，一方面可通过组织变革使其与企业战略相适应，另一方面可通过组织行为调整环境，使其有利于战略。

② 制定柔性组织结构，适应企业的战略调整。

组织结构的功能在于分工和协调，是保证战略实施的必要手段。旅游企业为应对外部环境的变化或不确定事件的影响，往往需要调整内部组织结构，如果某些结构的调整成本太高，代价太大，企业就难以对变化做出相应的反应，这意味着企业的组织结构是缺乏柔性的。战略柔性是旅游企业内部结构所具有的属性特征，是结构在一定范围内的可调整性、可变革性。例如，企业在市场需求发生变化时，需要调整产品的品种结构或产量结构，而品种结构或产量结构的调整依赖于设备、技术、人力、组织等结构的调整。如果企业能够较为容易地实现结构调整，那么企业具有较高的战略柔性，相反，其战略柔性较低。所以企业战略要能适应外部的环境变化，就要使组织结构由刚性变为柔性，因为组织柔性化能取代业务处理过程专门化、任务专业化的同时，还可以减缓陈旧性，提高决策合理性。

③ 运用目标管理方法，局部调整建立短期优势。

旅游企业的成功并非单纯依靠静态的长期战略，还需要许多动态的战略做补充以建立起一系列的短期优势。新型竞争战略就是不仅追求长期优势，还追求短期优势，它是以未来盈利性为主、以适合更多的不确定性为追求方向，使其具有更多的机会。同时，企业的战略制定和实施过程其实就是目标分解过程，并且遵循从上而下的原则。旅游企业制定战略目标后把它进行分解，逐级确定目标的责任主体，以确保目标的实现。当外部环境产生变化时，企业就要对战略目标进行调整，进而也要调整战略措施。但是，如果外部环境变化不是很大，只需对战略目标进行局部的调整，也就是局部领域的微调。战略局部微调的好处是，一方面能使战略的发展具有延续性，确保企业按照既定的方向进行发展，另一方面确保员工对战略产生信赖感，知道自己工作的方向，从而愿意为战略目标的实现而努力。

④ 运用平衡记分卡，构建战略管理系统。

平衡计分卡是从财务、顾客、内部业务流程、学习和创新四个方面来考查企业战略绩效的系统，利用它可以对关键过程进行有效控制，对资源进行优化配置，使考评和战略有效衔接起来，解决传统管理体系中公司长期战略与短期行为脱节的问题。运用平衡计分卡来构建战略管理系统：首先，旅游企业可以在全盘考虑公司现有资源和外部因素的基础上制定公司的远景规划与战略目标；然后把战略目标转化为关键成功因素和关键业绩指标，根据这些指标来制定战略行动方案；接着，根据战略行动方案和各部门工作的重要性分配资源，并尽量使部门间的资源产生协同效应；最后，在外部环境发生变化时，对战略进行反馈和调整，并调整其考核指标体系。通过以上各个环节的实施，确保旅游企业的战略目标、战略行为、战略资源和绩效管理成为一个联系紧密的整体，使企业的战略调整和战略决策获得成功。

案例分析

云南世博旅游控股集团有限公司战略评价与控制诊断

一、背景

为充分发挥云南旅游资源优势，推动云南旅游二次创业，云南省政府对云南世博旅游集团有限公司和云南旅游产业集团有限公司进行了资产重组，合并组建成云南世博旅游控股集团有限公司(简称世博旅游集团)。公司为国有独资公司，股东变更为省国资委。省国资委以世博集团、旅游产业集团和云南省园艺博览局经审计的账面资产注入新公司中，新公司承担两家企业的债权债务，注册资本为 10 亿元人民币，总资产约 45 亿元，净资产约 25 亿元。2009 年 5 月 1 日，云南世博旅游控股集团有限公司正式揭牌。至此，云南规模最大的旅游龙头企业重组成立。

二、问题诊断

经过诊断调研，发现世博旅游集团的战略现状如下。

(一) 原云南世博集团的发展战略

原云南世博集团的发展战略为景区开发和运营、房地产开发和运营及会展业务为核心的综合性旅游产业集团，谋求多元化业务扩张，但战略执行力度不够，导致效果并不理想。

(1) 战略定位：旅游、会展主题城市运营商模式。

(2) 业务组合：以主题公园、房地产和会展为三个核心形成彗星群业务模式。

(3) 经济目标：成为具有一定国际影响力的全国知名的产业集团，年销售收入达 13 亿元，利润率达 20%。

(4) 战略执行效果：①稳定良好的现金流，形成了一定的优质资产，但规模没有快速放大；②战略未能实施；③未利用好世博股份这一上市平台进行资本运作，实现对外扩张；④多个核心兼顾的业务格局对原世博集团管理能力提出较大挑战。

(二) 原云南旅游产业集团的发展战略

原云南旅游产业集团的发展战略聚焦在旅游行业，围绕旅游产业链的六要素进行了积极尝试，对外扩张的势头明显，但从经营成果看，业绩显现还不明显。

(1) 战略定位：做大做强旅游产业。

(2) 业务组合：聚合旅游产业链六要素，全面发展。

(3) 战略执行效果：①全面扩张战略取得了一定进展；初步整合了旅游全要素资源，景区资源获得取得较大进展，但业务间协同不够；②处于云南省旅游企业改革的最前沿，在重组整合上动作积极；③力图和云南旅游产业发展紧紧匹配，对外扩张势头明显；④历史遗留问题较多，企业改革任务较重，影响企业较好、较快发展。

三、解决方案

世博旅游集团的战略规划要解决四个要害问题：一是战略定位的问题，即旅游产业链所有环节都做大做强还是有所侧重，以及不同的环节究竟如何定位；二是发展目标的问题，重点在企业的发展潜力与政府的行业目标之间的平衡；三是产业链之间的协同问题；四是寻找新的利润增长点的问题，最紧迫的是寻找在未来的 2～3 年内的利润来源问题(在土地资源消耗殆尽，房地产利润即将锐减的情况下)。

战略定位的问题，主要通过科学、客观、全面的外部市场分析和内部资源与能力分析，做出准确的战略判断，基本上，结论的得出取决于客观条件，而不是企业的战略意图。

发展目标问题，主要是基于各业务基础及其发展潜力、已经明确的发展措施，并考虑企业管理能力和发展惯性，制定出相对保守的战略目标，并分解到各个业务单元。最终结论是到 2015 年，企业的销售收入占云南省行业收入 5%的市场份额。

产业链之间的协同问题，是集团化管理必须要解决的问题，解决的思路更多是依靠业务布局、业务重组和利益机制来解决，扭转企业内部人员普遍习惯的通过行政手段“拉郎配”的方式。

新的利润增长点是短期内的阶段性问题，更多的是权益之计。解决办法是到地州去寻找土地开发的机会、盘活存量资产、收购兼并成熟的优质景区的方式来实现。

四、客户评价

在项目汇报会上，客户对项目质量给予了充分的肯定，特别强调方案的实操性、明确性、系统性非常到位，为企业的下一步战略执行制定了行动纲领。

资料来源：根据公司资料整理而成

问题：

1. 可以用哪些方法对云南世博旅游控股集团有限公司进行战略诊断？
2. 如何完善云南世博旅游控股集团有限公司战略评价体系？

阅读材料

中青旅集团旅游主业战略评价

中青旅作为我国骨干旅行社之一，在国家旅游局颁布的“中国百强国际旅行社”排名中，连续三年名列第二，在旅游行业内具有较强的影响力。

受行业习性的制约，中青旅现实组织被一个个资源垄断主体所分割，内部形成了“肠梗阻”。“以包代管高压线”实际上强化了小利益主体格局，这种组织架构与管理方式成为阻碍产业升级的一大瓶颈。因而，如何使组织与管理有效支撑战略的实施成为中青旅应解决的又一战略难题。

就中青旅旅游主业来说，公民旅游市场的资源整合成为中青旅做大做强的机会所在，成为实现旅游主业发展战略的重中之重。对于中青旅来讲，变革一定要着眼于未来大网络的发展，着眼于系统的发育。由于行业习性和环境的现实性，全面变革意味着可能带来的破坏性和较高的改革成本。因此，只有采取渐进式的方式，通过增量带动存量，局部变革带动系统变革。显然，旅行社未来业务的增量来自于公民旅游市场，也最有可能由此带动整个网络的建立和系统的发育。

在中青旅现实的财务结构中，主要利润来源于金融与高科技行业，主业占利润总额 20%左右，目前公司上下均弥漫着“旅游业不挣钱”的论断，为维持公司利润水平，公司高层经常感觉处于“百米赛跑”状态。中青旅面临资本市场高收益要求与旅游业整体低利润的矛盾。如何平衡这一矛盾，完成业务单位的过渡与切换，是中青旅面临的第三大战略难题。

自中青旅成立特别是上市以来，始终没有放弃对旅游主业发展的追求，根据环境的变化，旅游业务结构和队伍一直处在调整过程中，目的就是想寻求一种最适合大公司运作旅游业务的模式。同时，为了满足产业市场和资本市场的双重要求，中青旅通过策略性投资，获得了利润支撑，这两方面的努力都标志着中青旅一直在积蓄力量，为变革做着准备。总体而言，中青旅在五个方面具备了转型的能力。①战略方向明确。在上市之初，具有前瞻性的中青旅领导层对产业发展脉搏有准确把握，意识到旅游产业必须在一个新的体制内运作，才具有前途。②控制力度强。中国旅行社业的最大弊端就在于公司离散式经营方式，组织对个人的依赖多过个人对组织的依赖。中青旅新一代领导从一开始就强调对公司的整体控制力，通过业绩考评整肃部门和干部，使得公司内部处在有序的运营体系中。③资源整合能力强。作为团中央的第一家上市公司，中青旅有资源聚合的政策优势；新一代领导层的锐意进取和业绩又加强了人才的聚合能力；资本市场的成功运作，强化了资本聚合的能力。④持续体制创新。内部组织创新和管理创新是中青旅激活传统旅游业的主要经验。分配体制的改革，前后台的分离，业务流程和管理流程的重新设计，部门的调整，责权的划分等阶段性的调整，使得中青旅在组织上适应了大变革的需要。⑤塑造企业文化。锐意进取的领导层带给企业最大的财富就是文化的进化。对经营理念的宣讲，用新观念冲击队伍。更重要的是通过系列制度创新使员工的心态始终处于被激活状态，对新环境和新制度有很强的适应性。

资料来源：根据公司资料整理而成

本章小结

旅游企业战略评价是检测旅游企业一系列战略实施的进展，评价其战略执行业绩，不断修正战略决策，以达到预期目标的过程，包括三项基本内容：检验旅游企业的战略基础；将预期结果与实际结果进行比较；采取纠正措施以保证行动与计划一致。旅游企业的战略评价是企业战略管理的重要环节。要根据旅游业的实际需要来选择旅游企业恰当的战略评价方法。

旅游企业战略控制是指在旅游企业战略实施的过程中，将企业经营过程中反馈回来的结果同既定的战略目标和绩效标准进行比较，发现问题，纠正偏差，使旅游企业战略得以实现。包括设定绩效标准，绩效监控与偏差评估，设计并采取纠正偏差的措施，监控外部环境的关键因素等内容。旅游企业战略控制过程包括四项基本的要素：确定评价标准、衡量工作绩效、反馈、采取纠正措施。这四个基本要素相辅相成，缺一不可，对于保证有效的战略控制是必不可少的。

思考题

一、名词解释

旅游企业战略评价　旅游企业战略控制　平衡计分卡法　PIMS 分析　内部业务流程

二、简答题

1．简述旅游企业战略评价的标准。

2．简述旅游企业战略控制的特征。

3．简述旅游企业战略控制的过程。

4．简述不确定环境下旅游企业战略调整的原则。

5．简述旅游企业平衡计分卡法体现的战略中心思想。

6．简述旅游企业战略评价内容的五个要素。

三、论述题

1．试述旅游企业战略评价的过程。

2．试述旅游企业战略调整的对策。

3．试述不确定环境下，旅游企业战略调整的具体措施。

4．旅游企业怎样运用平衡计分卡法从财务、顾客、内部业务流程、学习和成长四个维度来设置的评价指标体系？

四、实践题

试对大连圣亚公司战略进行评价并提出调整措施。

第 11 章　旅游企业战略管理的新发展

章节知识框架

战略管理理论发展趋势
中国企业战略管理的新趋势
新环境下的企业战略管理新模式
旅游企业发展对战略管理的要求
旅游企业直接面向旅行者推出产品和服务战略

教学目标与要求

通过本章的学习，学生全面了解战略管理理论发展趋势，了解当下旅游企业战略管理新的发展趋势，掌握旅游企业发展对战略管理的要求，深入理解打造好提供优质服务的旅游品牌，正确认识旅游企业国际化发展方向和组织结构网络化问题。

导入案例

星级酒店豪华房价格体系混乱，报价水分大遭疑

2013 年春节旺季前夕，国内酒店业上演了酒店与携程网、去哪儿网之间的“三国杀”。包括万豪、希尔顿、凯悦在内的 300 百家国际酒店集团，集体抵制去哪儿网的订单，而去哪儿网也将战火引向携程网，指责对方暗中捣鬼。不过在旅游电商斗法的背后，却是酒店业错综复杂的价格体系作祟。

去哪儿网、淘宝旅行等平台网站上部分酒店价格远低于携程网、艺龙网，而且价差明显。例如，一家四星酒店的豪华房报价，携程报价是 850 元，而去哪儿网上最低仅为 690 元。如此价差不仅让携程网不满，更引起了 300 多家酒店集团对去哪儿网的抵制。

锦江之星副总裁李予恺说，苏宁、京东的价格战是保护性的“假打”，但旅游电商的价格战则是毫不留情，这次去哪儿网把酒店价格的老底都公之于众。“不同的渠道一定有不同的价格，它结果把信息对称了，问题就出来。酒店一看，价格那么低，又在裸卖，破坏了自身的价格体系，它的利益受损。”

李予恺介绍，酒店的价格体系分多个层次，最高的是门市价，也就是不订房直接去入住时给的价格；其次的是，OTA 在线旅游电商上给出的价格；酒店会员及协议单位享受的价格可以比 OTA 价格低；最低的是酒店给批发商的价格。

李予恺又介绍道，高星级存量房很多，他们全年出租率只有 70%，高星级的销售部会将这些存量房放给包销商。例如，一个酒店生意不好，它 500 元房间可能以 100 元的价格给了包销商，所以他们 100 元可能拿到了五星级房间，但他们是预付费，让酒店提前拿到了钱。

过去，包销商只在线下销售，随着在线预订已经成了很多人出行的习惯后，他们在去哪儿网上提供信息，导致酒店的最低价暴露。

去哪儿网将分销商的价格挂出，也是破坏行规。很多人觉得，现在酒店业价格体系混乱，定价存在误区，但李予恺并不认同，他说，国际酒店业的价格体系都是多层次的，就像同一架飞机上机票分不同舱位、不同价格，其实也是渠道差异所导致。

资料来源：http://www.eastmoney.com/2013年02月04日 14：40

问题：

1. 酒店最低价为何会暴露，说明了什么？
2. 新环境下旅游企业应如何进行战略管理？

战略管理是20世纪企业为适应环境的变化而出现的企业管理的高级形态。随着时代的发展，战略管理也在不断向更高层次演进，特别是进入21世纪后，战略管理在理论和实践方面都出现了一些新的发展趋势。同时，旅游企业发展变化对战略管理也提出了新的要求。重视和研究战略管理的新趋势有助于旅游企业站在实践前沿，构建领先的战略优势，也有助于提高人们对战略管理规律性的把握，进一步丰富和完善这门学科。

11.1 战略管理发展的新趋势

11.1.1 战略管理理论的发展趋势

1. 战略管理理论向动态化趋势演化

当今时代，经济全球化格局明显，信息技术的广泛应用，市场瞬息万变且变化速度加快，国际化及竞争的日益激烈势必加快企业经营环境的动态化变化的进程，使得柔性战略、战略变革、学习型组织理论引起企业管理者们的关注与重视，企业的学习功能在进一步加强。美国学者肖纳•布朗(Shona Brown)和凯瑟琳•艾森哈特(Kathleen Eisenhardt)认为，在高速变化和动态复杂的环境条件下，企业必须打破过去传统的、标准的生存型战略，掌握新的战略管理规则，主动去应对高速变革和不确定的外部市场条件，不断发起创新和变革，才能获得可持续的竞争优势。企业战略管理上将是更多地研究适应全球经济动态变化的战略管理理论，由此会引起企业的组织、人力资源机制、制度结构及企业的生产流程等环节进一步朝着动态战略或合作战略的框架下的新型战略组织演化。

2. 知识创新驱动是企业战略管理人本化的需要

企业的知识创新是指在充分肯定知识带来企业价值的基础上，通过环境的优化和条件的创设整合，形成所有员工能优选、共享、应用组织内部和外部的知识信息，以形成个人智能，并鼓励个人将知识应用到企业生产和产品服务中去，最终提高企业创新能力和核心竞争力的战略性行为。随着经济全球化和企业内部环境的不断变化，人们进行企业战略管理的目的是为了寻求市场竞争优势，创造市场价值。由于企业知识创新带来的巨大经济效益和持续竞争优势，知识创新已成为企业发展无形的驱动力量，影响着战略管理行为方式的转型。在动态化竞争的环境中，企业面临着如何充分利用知识创新获取并且保持长时间的战略优势，提高企业竞争力的问题；同时还面临着如何更新和发展外部战略，使企业的产品、市场的选择和定位更能适应知识经济发展的问题。因此，对于企业而言，以知识创新作为开展企业战略管理活动的驱动力来寻找上述问题的解决方案就成为当代企业管理的必然。

基于中国市场经济进一步发展的大背景，前瞻性地分析知识创新对于企业发展的重要意义及其驱动作用，将有利于促进观念更新，进一步扩大开放，推动企业战略管理的现实化，促成企业核心竞争力的进一步提高，实现企业的可持续发展。

3．系统复杂性理论在战略管理理论中的运用

由于传统的战略管理理论面对的环境具有相对稳定性和可预测性，从而保证了传统战略管理中成功地制定和实施战略，因此系统复杂性理论没有受到足够的重视。但由于当前的环境不确定性因素导致比较准确的中长期预测几乎不可能，必须增强战略的柔性以实现对组织的快速调整和变革。涉及的理论基础进一步拓宽，产业经济学，尤其是建立在博弈论之上的产业经济学将是今后战略管理研究主要的理论基础，社会关系学、伦理学、心理学、生态学等学科正在逐步渗透到战略管理领域。这种突变的、不可逆的、非线性的变化是复杂性的显著特征，使复杂性理论在战略制定和实施过程中运用受到重视。

4．战略研究内容和方法逐步完善、整合

在战略管理内容上，企业能力提升与资源的积累、核心竞争力的塑造、合作与竞争并重、战略架构的预见构造将会不断受到关注，公司愿景、组织学习、文化管理、创新管理这些方面都是对企业战略管理的影响与挑战，同时随着研究理论基础的拓宽，新的战略管理主流范式中，各种理论学派将进一步呈现整合趋势。

伴随着战略管理理论走向完善，必然要求战略管理研究方法的规范化。企业战略理论是实践导向的学问，它的发展源于研究方法的创新和丰富，未来的战略管理必须面向不确定性环境，适应环境的变化，注重理论与实践的适应性与发展性，并提出各种状态下实行博弈的对策和规则，以博弈论为主要分析工具，并把其他相关的学科或理论加以有效整合，从而把宏观分析与微观分析、理性分析与非理性分析、动态分析与静态分析、定量分析与定性分析有机结合起来，使管理研究方法更加规范和完善。

5．企业的全员参与执行理论

战略管理理论中，高层管理者是战略任务的制定主体。高层管理者首先确定企业的整体战略，然后将其加以分解以确定职能层及业务层的战略，并且由高层管理者负责整个战略的实施与评价。这属于沿着企业的等级链自上而下的战略制定模式，在动态变化的复杂环境中，由于高层管理者的有限理性，面对复杂的环境，此种模式极易导致战略的制定滞后于企业环境的变化，难以有效地把握稍纵即逝的商机。因此，面对当今的知识经济、信息经济，企业的战略管理必然要求全员参与，特别是最基层的人员的参与，因为他们能最早、最快感受到环境的变化，能最快地把握市场的机遇。

11.1.2 企业战略管理的新趋势

1. 适应企业战略管理的复杂性趋势

企业战略所处的环境迅速多变，不仅导致企业所采取的战略行动经常会受到企业内外各种事件的干扰而偏离方向，而且致使企业应对环境不确定性的难度加大。从战略管理的过程看，进行的变革和创新需要企业在现有资源基础上，通过对各种战略要素从内部与外部、主观与客观、可能与现实方面进行认识和分析，根据企业环境的变化和发展目标的调整，对战略重新进行定位、修改，进而寻求、选择适应环境变化的企业战略。因此，必然要借助一系列综合定性和定量的方法去分析，而各种战略要素的变动特点，将会大大增加战略分析的复杂性。适应企业战略管理的复杂性趋势，企业应在进行战略管理时建立一个自我强化型的良性循环系统，使其组成部分具有自我调整变化的空间和余地，使个体有更大的随机性。

2. 战略主体不断变化趋势

当前不再是单个企业与单个企业的竞争，而是价值链与价值链、价值体系与价值体系之间的竞合。数十个组织跨行业通力合作，才能将电力传送到千家万户；数百家公司同心协力，才能制造销售一台电脑，数千家企业协调配合，才能向我们提供各种丰富的应用软件。在未来变幻莫测的环境中，任何一个企业都不可能，也没有实力单独参与竞争，未来的竞争是商业群体之间的竞争，对于单独的企业个体来讲，竞争更多地体现在加入或者营造有影响力的、能为自己带来实际价值的企业价值链或价值体系。因此，今后竞争的主体不再简单是企业个体，而是他们各自培育并赖以生存的价值链或价值体系的健康状况。

如果一个企业采取行动时，没有认识到该行动对相关的许多企业或整个价值系统所造成的影响。从企业本身来看，尽管会暂时促进其自身的提升，但却从整体上破坏了价值系统的稳定，并最终带来灾难性后果。企业应当认知自己是处于一个相互依存的企业网络之中，网络中各企业战略管理人员要努力寻找价值链或价值体系有可能被破坏的环节。

3. 战略制定呈现柔性化趋势

柔性战略是指企业为更有效地实现企业目标，在动态的环境下，主动适应变化、利用变化和制造变化以提高竞合能力而制定的可选择的行动规则及相应方案。企业面临的经营环境快速变化，要求公司竞争战略与外部环境变化节奏保持同步。

1) 导致柔性战略趋势的主要因素

一是经济全球化、全球信息化、知识经济崛起，促使企业战略要及时进行转型；二是外国跨国企业大量涌入中国，新产品、新技术开发速度过快、竞争规则变化加快，会促使企业战略转移；三是中国正处于紧急转型重要时期，宏观产业结构调整加快，国家产业政策变动大，会促使企业战略转型。

2) 应对柔性战略趋势的具体做法

企业战略转型是企业战略的重大决策，要求企业高层领导者要有很强的战略转移能力，要掌握好战略变化的方向、幅度及速度等关键因素问题。在复杂多变的环境中，企业竞争优势维持的时间越来越短，如果只对维持原有竞争优势的关键成功因素全神贯注，而不注重企业内部环境的变化，将会给企业带来致命的失败。柔性战略是当企业所生存的经济环境和制度环境发生变化时，企业的经济行为能重新调整，制定富有弹性的战略、制度、流程，而不是与环境的要求相背离。这就要求企业充分发挥自己的主观能动性，去影响环境甚至是改变自己的生存环境，在应付各个因素自发产生变化的同时要主动施加影响，使其朝着有利的方向发展，并争取将各要素的变化作为杠杆加以利用，制定更加具有主动性的柔性战略。公司必须进行持续的自我更新，增强外部柔性与内部柔性。外部柔性包括：一是增加进攻柔性，即主动通过为快速的产品或过程创新创造更好的便利条件，为未来的突破提前做好准备；二是增强防御柔性，在发生重大错误之后立刻改正错误或采取有效措施以减少风险或不确定性，从而使未知因素带来的负面影响最小化。内部柔性则指在出现意外事件时，组织有实施缓冲的能力，这样就要求做到企业战略与外部变化的协调同步，在制定战略时，保证战略的弹性和伸缩自如。

企业柔性战略的制定并非易事，它依赖于企业领导及员工较高的整体素质、企业整体柔性的实现和柔性企业文化的重建等许多条件，涉及企业在组织机构、价值文化、企业制度、生产方式、各种现实利益协调等各方面的系统变革。这些都是企业中最难改变的东西。因而，企业领导应当不断提高自身素质，提升企业文化品位，为战略制定的柔性化打下坚实的基础。

4．核心能力为基础的战略管理趋势

核心能力战略管理是以市场需求为导向，考虑到不断变化的顾客需要，提出以满足用户需求为最高目标，同时依靠良好的预见能力来适应环境的动态变化与发展的战略。它既指出了战略管理对环境的动态依赖性和满足用户需要的最高准则性，又指出了战略实现对企业核心能力的依赖性。以核心能力为基础的战略管理需要考虑如下方面：①明确自己现有的核心能力是什么，认识核心能力的内涵，知晓将来要建立什么样的核心能力，这是重要前提；②如何建立核心能力，把握建立核心能力的正确的途径；③如何结合知识创造、学习型组织，在知识创造和共享的基础上提高核心能力，尤其是技术核心能力；④发挥已有的核心能力，把核心能力转变为现实的、真正的竞争优势。

11.1.3　新环境下的企业战略管理动态模式

企业战略管理满足了企业关注竞争环境、关注企业发展未来的需求，所以企业管理的发展方向是战略导向的企业管理。企业战略管理的“动态模式”是在吸收了理性主义流派和非理性主义流派观点的基础上对传统的“静态模式”的一种改进。动态竞争环境下企业战略管理 “动态模式”的本质特征主要表现在：第一，企业的战略行为既包括事前计划的行为，也包括事中反应性的行为，既是一种“点决策”，也是一种“过程决策”。“点决策”主要包括意图、愿景、宗旨、定位、方式、政策、原则、手段的设计，如同河床对水流的约束一样，这种事前的计划可以防止未来企业在重大战略选择上迷失方向或者失去控制。“点决策”要给“过程决策”中的管理者留出相对足够的应变和创新的空间，以便管理者根

据内外部环境的变化和竞争对手的反应对已有的战略进行必要的动态调整、转型。有效的战略管理者能够在“点决策”与“过程决策”之间保持动态的连续性。第二，有效地制定与实施战略管理既需要依靠理性，也会受到非理性因素的影响。“点决策”中对于企业的战略意图、宗旨和定位的规定，可以更多地借助理性思维的过程和采用理性分析的方法，但是在“过程决策”中对战略意图、宗旨和定位的坚持，则更多是依靠非理性因素，诸如企业价值偏好和选择。企业战略管理者在战略实施过程中的决策则需要应变、博弈，面临速度、创新的要求。动态环境下的企业更应该重视公司治理、组织结构、管理机制、控制方式、高层管理者、企业文化的设计与建设，从而提高动态环境下战略管理的有效性和效率。

11.2 旅游企业发展变化对战略管理的要求

当前，旅游企业不仅要面对由卖方市场向买方市场的转变，更面临着全球化、网络化、生态化、多元化的挑战。旅游企业要在错综复杂的市场竞争中谋求发展生存，在变动激烈的环境中发展壮大，就要对企业本身的内部资源和内部环境有清醒的认识，对所处的外部环境有相应的适应能力，这是旅游企业战略要解决的基本问题。在现代社会，一个旅游企业能否取得成功，从某种意义上来说，就看其能否在灵活运用战略管理将企业资源转变为顾客所需的产品和服务的同时又实现自身的价值。

11.2.1 明确企业战略使命和总体目标

随着经济全球化的趋势和中国加入国际经济活动的不断深入，结合并满足全球化市场的需求，不仅是把握机会形成真正的国际竞争力的要求，也是有效发挥集团优势资源能力的必然选择。旅游企业战略的逻辑起点为立足于全球化市场，满足于来自全球市场客户的需求。例如，广东中旅战略使命首先明确的是所服务的市场边界，基于全球化市场，把握游客需求，构建旅行社和景区两大平台，开展旅行社、旅游酒店、景区投资建设、旅游汽车客运等四大业务。

旅游企业总体目标可以是通过满足客户个性化需求和提升整体服务能力为客户创造价值，通过高品质服务品牌构建企业品牌，构建综合竞争优势。实现客户满意、员工成长、股东财富增长的目标，在中国旅游产业占有领先和重要的地位，并为中国旅游产业健康、持续发展做出积极贡献。在企业总体战略指导下，可以将总体目标根据具体旅游企业情况细化成几个具体目标。例如，加速旅游产品和服务转型升级，走以旅游为主业的“一核多元”发展模式，旅游主业与工业科技、观光农业、贸易旅游、历史文化、体育旅游、养生保健、旅游服务业和军事仿真体验等融合发展，形成有特色、有竞争力、经济效益高的旅游产品或旅游主打线路。

11.2.2 丰富在线直销渠道、抢夺线上旅游市场

由互联网提供在线预订功能始于 20 世纪 90 年代中期，自此在线旅游在全球旅游市场的份额不断增长，目前已达到整体旅游市场的 1/3，2012 年全球在线旅游预订的规模达到 3

亿多美元。旅游移动搜索正以类似于10年前旅游网站搜索的增长高速不断发展，而且这一市场依然有着很大的发展空间。2012年，大约57%的商务旅行者和大约38%休闲旅行者使用移动设备来获取旅游信息。在线旅游网站的增速比旅游供应商的发展速度更快，因为更多的旅游供应商将直接面向旅行者推出产品和服务，能实现强劲增长的将是抢先进入移动互联网等新领域的在线旅游企业。在基础设施方面，如高速铁路的发展为旅游者自主安排旅行提供了便捷。

中国电子旅游市场规模已经达到了2 000亿元，全国有5 000多家有关旅游资讯的网站，有300多家在线旅游服务网站。在线旅游市场中，主要以传统的预订服务模式，在线分销商凭借着手中巨大的消费群体把持着中国在线旅游市场。提供在线旅游预订服务最为典型的在线分销商代表是携程网，以机票、酒店预订为主，然后向航空公司、酒店、景区等单位收取一定比例的佣金是其运营模式。随着网络信息发达、电子商务兴起，消费者无须借助在线分销商也能获得有效的信息。

旅游企业应抓住机遇，丰富在线直销渠道，完善已有的网络直销平台。通过测试网站的内容和布局、搜索界面、搜索结果显示方式，以及每次互动和预订方式的改变等，来了解客户在线旅游中的选择需求，在此基础上增加旅游企业网站功能，影响旅行者决策的信息适时地展现给他们，为其提供更好的在线旅游服务，保持客户忠诚度。上传录制的景点及举办活动的视频、在线导游的语音介绍、实际场景模拟让客户切实体验到个性化的线上旅游服务，对旅游路线进行展示，从而使访客对旅游地的景观和旅行社的服务有更加直观的体验。还可通过对旅行地点、旅行路线、旅游项目等的创新，如半自由行、自驾游等个性化的产品上的创新，成功地通过网络平台实现组团旅游，从而形成良好的线上旅游与线下业务相互推动。

11.2.3 打造好提供优质服务的旅游品牌

大力推进企业标准化工作，按照国家发布实施的《旅游业基础术语》、《旅行社服务通则》、《导游服务规范》等16项国家标准和12项行业标准，对企业的服务规范、服务质量控制规范、服务评价和改进标准及岗位工作标准体系等各方面实行全面的标准化管理，规范化服务行为，保证服务质量。

多种营销宣传推广手段并举，提升产品知名度和美誉度。增加在报纸、杂志、电视、网络等多种媒体上的广告宣传，通过活动赞助、提供电影拍摄景点等方式，还可以在包机游、自驾游等产品方面，与航空公司、汽车公司协定冠名来提高客户对于旅游产品和服务的认知，从而提高产品的知名度和美誉度。例如，广东中旅通过为飞机及自驾游活动进行冠名来传递“用心服务、追求卓越”的品牌内涵。

11.2.4 完善战略实施的保障措施

针对旅游企业目前人才流失较为严重这一问题，结合本企业情况制定相关规则措施来加强人才队伍结构建设，切实提高广大员工的各类技能。结合旅游业务发展的需要，建立健全以提高员工专业技能和综合素质为目标的培训体系，并聘请高校专家及实践精英进行有针对性的培训，提升现有旅游从业人员的服务意识和专业素质。为保障人力资源管理各子职能的协同，建立统一集中的人力资源管理信息平台，及时制订招聘计划，进而为各项工作开展提供合适人选。适时引进部分关键岗位的人才以弥补自有人才的不足，逐步建立规范的人才选拔标准体系，提供具有市场竞争力的薪酬，吸引关键岗位的专业技术人才和管理人员等高端人才加盟。

在人才资源的优化配置方面，可根据岗位价值及同行业水平设定薪酬标准，建立科学合理的绩效考核体系和竞争性薪酬体系，实现绩效评价体系与薪酬体系的挂钩，吸引和留住优秀人才。进行相关职位任职能力考核，有计划地开展“特级优秀员工”评选，按有关标准给予奖励，从而提高绩效考核的权威性、有效性，促进人才的合理流动及综合型管理人才的培养，从而优化公司人力资源结构。

坚持以先进文化引导，进一步强化企业核心价值理念对广大员工的影响。大力弘扬企业忠诚与创新文化，形成企业上下一心，共同实施规划的良好局面。结合企业文化建设和推广活动的安排，将外部环境机会、威胁和企业规划目标有效结合，进一步激发广大员工对企业的自豪感、责任感、使命感及危机感。

在企业文化的建设过程中，要形成一种通过创新实现经济增长方式转型的共识，引导员工主动参与各种创新活动。结合业务单元之间构建经济联系的需要，切实提升员工的合作意识，形成合作精神并逐步凝练出旅游企业特色的合作文化，以保证未来各业务之间的协同效应可以得到有效的发挥。

11.3　旅游企业战略管理发展展望

11.3.1　旅游企业直接面向旅行者的网络营销战略

著名未来学家约翰·奈斯比特(John Naisbitt)说：“21世纪将被三项超级服务业向前推进，分别是信息技术、旅游业和远程通信。”美国经济学家智囊团也曾指出，旅游业的根本业务是信息，因为信息技术与旅游业的市场、分销、销售和传播有着千丝万缕的联系。旅游电子商务，即利用先进的计算机网络及通信技术和电子商务的基础环境，整合旅游企业的内部和外部的资源，扩大旅游信息的传播和推广，实现旅游产品的在线发布和销售，为旅游者与旅游企业之间提供一个知识共享，增进交流与交互平台的网络化运营模式。简单地说，旅游电子商务是在旅游业中利用先进的电子技术进行各种交易活动的方式。旅游电子商务是旅游信息管理系统的重要组成部分。旅游电子商务是旅游企业能够继续获得持续竞争能力的工具，成功应用旅游电子商务能够提高旅游企业的经营效率，可降低成本，增加收入，节约时间和加强联系。

旅游企业必须搞网络化经营，旅游电子商务战略具有必要性和可行性，其管理的具体内容包括：电子化市场战略，通过信息化方式实现在线营销、在线交易和在线服务，达到扩大市场，增加销售和降低成本的目的；客户关系管理战略，将传统旅游业务中销售产品为中心转到符合电子商务特征的以提供服务为中心的模式上来，客户关系管理战略是一个十分重要的环节；电子贸易战略，通过电子交易的方式，合作各方买卖双方能够在线上完成整个业务流程，使企业之间的交易减少许多事务性的工作流程和管理费用，节省人财物的支出，降低企业经营管理成本；网络营销战略，网络的出现不仅改变了企业营销方式，而且推动企业对管理理念、决策方式、业务过程组合营销方式的战略性思考和变革，最为重要的是，电子商务支持并形成战略型伙伴关系和虚拟企业。

阅读案例 11-1

腾邦国际：蓄势待发的航空客运销售代理龙头

腾邦国际是中国领先的在线商旅服务公司，通过对电子商务技术和传统销售渠道的整合，现已发展成为华南地区最大的商旅服务企业，机票销售量全国排名第二。2010 年，公司机票销售总金额为 40.81 亿元，实现营业收入 1.70 亿元，同比增长 37.2%，机票销售量超过 400 万张，约占深圳市航空客运市场份额的 20%，占全国航空客运市场份额的 1.5%。

国内航空客运销售代理市场规模巨大。根据《中国民用航空发展第十二个五年规划》，到 2015 年，我国航空旅客运输量将达 4.5 亿人，年复合增长率为 11%，假设到时航空公司直销比例提高到 30%(2010 年在 10%左右)，预计航空客运销售代理市场的规模将达到 200～240 亿元。公司目前机票代理佣金收入仅 1.70 亿元，未来发展空间巨大。

公司面临提升市场份额的大好机遇。按照当前航空公司和国际航协的相关规定，能够获得较好代理销售政策和充足机票供应的通常是业绩稳定的大型代理企业。此外，我国航空客运销售代理行业集中度低，随着电子客票的全面推行，传统代理企业的配送和渠道优势被削弱，企业淘汰速度和行业整合进一步加快。我们认为，腾邦作为兼具客户资源和电商平台的大型龙头企业，将在这一过程中迅速扩张，收购兼并可能成为重要手段。

率先抢滩集团客户市场这片“蓝海”。除了通过与分散的代理企业合作外，公司尤其重视与集团客户的差异化经营战略，为其设计出行方案，节省差旅费用，优化出行管理。集团客户具有需求稳定、价格敏感度低、佣金费率高等特点，公司在这一细分市场具有先发优势。

从深圳到全国，异地扩张紧密进行中。2009 年以前，公司的机票销售佣金收入 70%以上来自深圳市场，在当地做得非常成功。公司希望以深圳营销总部为核心，把成功的经验复制到北京、上海、成都、西安、重庆和沈阳六地，将业务迅速拓展到全国。根据中国民用航空局的数据，六地机场吞吐量有五个是千万级别的，三年复合增长率均高于深圳，若能切入当地市场并抢占一定市场份额，对公司业绩的提升作用将会十分明显。目前，公司已经利用集团客户资源初步打开上海和北京地区的代理市场。

资料来源：新浪财经，2011-07-21，杨春燕

11.3.2 开拓境外旅游市场战略

随着世界经济一体化的发展，发达国家及发展中国家居民的富裕阶层数量将会实现快速增长，出境旅游将是人们比较青睐的休闲活动。各国政府为吸引境外游客到本国旅行，在办理出入境等国际旅行手续方面越来越精简，旅游障碍日益消失，这些为出境游提供了便利条件。各国政府旅游管理部门还设立了北欧联络处、俄罗斯莫斯科联络处、中国联络处、日本联络处、中国香港联络处和中国台湾联络处，通过这种方式促进境外旅游推介的

常态化。这些都为各国的旅游企业开拓境外旅游市场提供便利条件。一些旅游企业实施北美旅游市场的营销策略，组团赴美国、加拿大参加国际旅游展，举办主题旅游促销活动。在中国举办的旅游年活动中，也吸引了世界知名旅游景点、旅游饭店前来参展。随着人们生活水平的提高，中国旅客每年都保持着12%的增长率，预计到2030年，中国每年的出境游客将达到2亿人次。但是中国大部分旅游者都还在进行低成本旅游，32%的公务旅行者和50%的休闲旅行者都偏好乘坐廉价航空进行跨国旅游。经济型旅行者期待最具性价比的路线和行程，而高端旅行者则希望得到最好的旅行体验。未来中国旅行者将在亚太区及其他地区享受更自由的旅行，宽松的旅游政策，将使多元化的旅游行程成为趋势，也使得人们需要更加完备的预订工具。

阅读案例 11-2

中西旅游社首度在美设立分社

2012年8月10日，在美国东北部的康涅狄格州，三辆标有大红汉字“中西旅游”的豪华大巴停在了位于伍德布里奇(Woodbridge)区布雷德利(Bradley)1号街区写字楼前，引得路人纷纷驻足侧目。这一天，成立于1993年、运营近20年的北京市中西国际旅行社有限公司(下称“中西旅游”)美国公司正式开业，标志着这家以美洲旅游为最大特色的旅行社，在北美地区拥有了自己的分社，掌控了自有地接资源。自2008年6月美国宣布向中国正式开放团体签证以来，美国旅游已经成为中国出境旅游市场最为活跃的目的地；赴美旅游的人数也是节节攀升，四年来接近翻番。

“在美国设立分公司，自营地接社，将更好地服务于中西旅游赴美旅游团队，降低运营成本、提升在当地的服务品质；这将成为中西旅游美洲旅游线路最大的竞争优势。”中西旅游董事长薛琦近期一直亲自在美国督军分公司开业事宜，他并不讳言美国分公司在自己战略宏图中的重要地位。

资料来源：法制晚报，2012年8月14日

11.3.3 旅游企业组织结构网络化

随着知识经济的深化和网络时代的到来，信息的选择与应用将影响和决定企业的组建模式和生存延续，使企业组织内部的运作基础也发生了改变，互联网将企业内部的采购、销售、财务、市场等各部门重新连接起来，信息沟通与交流的方式出现了新的变化。那么，基于信息技术和知识管理的不断结合，将产生未来新型的以知识为核心的团队型网络组织结构。

实行的条件之一是旅游企业具备良好的信息化基础环境。现代信息技术的巨大进步为大型旅游企业先进的信息设施和设备提供的条件，方便旅游企业对大量复杂的信息进行快捷、及时、准确的传输和处理，避免了信息在传递过程中的失真和不必要的干扰，从而大大缩减了组织中原有的进行信息传输和处理的中间层次，降低了企业内部交易成本。网络信息技术的出现、发展和完善为新型组织结构的建立和运行提供了有效的实现手段。

实行的条件之二是旅游企业从业人员综合素质和职业操守不断提高，知识化员工逐步增多，有较强的独立工作能力，并能实现自我管理。为实现企业目标和完成既定任务时，团队成员之间平等、协商、共同参与、相互信任，发挥知识互补的优势，网络结构则为这种关系的形成提供了广阔的操作平台。

实行的条件之三是散客人数呈上升趋势，传统包价旅游逐步让位于散客旅游。随着旅游者旅游经验的丰富和知识的增多，网络技术的发展又提供了方便快捷地获取旅游信息的手段，旅游网站向旅游者全方位展现了旅游各要素详细的资料，使旅游者有条件脱离旅行社通过网络直接与各部门联系。旅游企业要在网上设置自己的主页，迅速传播和更新有关旅游信息，通过网络来连接企业与旅游者，指导散客进行旅游，散客的增多为新型旅游企业组织结构的出现提供了客源支持。

案例分析

香港迪士尼开业七年首盈利，内地客成“功臣”

被冠以全球最小迪士尼乐园、持续亏损等“帽子”后，香港迪士尼乐园自开业以来似乎一直不得志。不过，2013 年它终于可以扬眉吐气。

2012 财年，迪士尼乐园实现盈利 1.09 亿港元；营业额较上年上升 18%，五年来上升近七成，达 42.72 亿港元，为全香港营业额最高的旅游景点。这是香港迪士尼乐园开业七年来首次盈利，内地游客是助其扭亏的最大“功臣”之一。

公开资料显示，香港迪士尼乐园开业第一年游客 520 万人次，第二年下降为 400 万人次，前三年一共 1 380 万人次，即第三年为 460 万人次。香港迪士尼 2010 财年、2011 财年分别亏损 7.18 亿港元和 2.37 亿港元。也正是因为游客达不到预期和持续亏损，香港特区政府下调了对香港迪士尼的盈利预测，未来 40 年收益由 800 亿～1 480 亿港元下调为 647 亿～1 143 亿港元。

2013 年 2 月 18 日，根据香港迪士尼乐园公布的 2012 财年财务数据，首度获得盈利，而乐园入场人次也达到 673 万人次，较上年升 13%，五年来入场人次上升近 50%；酒店平均入住率上升 1 个百分点，至 92%，高于酒店业平均入住率。五年来入住率上升 14 个百分点，香港本地宾客增长 21%，刷新纪录。奇妙处处通会员增加逾 40%，至 19.5 万。内地宾客增长 13%。作为香港吸纳最多东南亚旅客的主题公园，该年度到访的东南亚宾客近 150 万人次。

扭亏为盈之后，香港迪士尼开始大刀阔斧地进行扩建计划。据透露，除已开幕的“反斗奇兵大本营”及“灰熊山谷”园区，目前，第三个扩建园区“迷离庄园”将在 2013 年年中开幕，现阶段的扩建计划比预期提早一年完成。随着三个新园区全部落成，香港迪士尼乐园的总面积将增加约 1/4，令游乐设施和娱乐服务的数目增加至逾 100 项。

此番扭亏为盈的主要原因为内地游客的贡献。目前，内地游客约占香港迪士尼乐园总客源数量的半壁江山，在 2012 财年，其内地游客增长 13%，内地及国际市场的游客数现已约占整体游客总数的 2/3。

香港旅游发展局的数据显示，2012 年前 11 个月到访香港的游客人次增加 16%至 4 380 万，其中内地游客增加 24%，达到 3 140 万。

另一项值得注意的是，香港迪士尼在拉动二次消费，如酒店、餐饮等方面下了很大功夫，从一开始销售门票都只给部分指定旅行社到目前与内地各个小型旅行社主动沟通，放低了营销身段以拉动延伸消费。

瞿佳是佳琦旅游创始人，其旅行社规模在业内不算大，最初与香港迪士尼难以直接合作，而是要通过大型旅行社获得门票和代理，但从去年开始，香港迪士尼乐园定期会有专门的工作人员与其主动联系。

根据香港迪士尼 2012 财年报告，其销售及市务推广团队的宣传工作遍及亚洲区内 80 个城市，已签约的贸易合作伙伴五年间增加逾三成。

资料来源：http://www.eastmoney.com/2013 年 02 月 19 日，乐琰，第一财经日报

问题：

1. 香港迪士尼为何会连续 6 年亏损，其扭亏为盈能持久吗？
2. 上海迪士尼建成后，香港迪士尼应如何进行战略调整？

阅读材料

华侨城 A：打造中国的“迪士尼”

深圳华侨城股份有限公司于 1997 年由国务院国资委直属的华侨城集团公司独家发起募集设立，华侨城集团持股 56.62%。公司是中国主题公园的缔造者、绝对的龙头。2012 年旗下业务总访问量 2 619 万人次，世界排名第八，亚洲排名第一。2015 年目标为 3 000 万人次，世界排名进入前四。

一、从资源到品牌，构建高盈利、低风险壁垒

公司“旅游+地产+文化”模式优越：

第一，大平台各产业相得益彰、品牌号召力强大。公司是中国主题公园的领跑者，世界之窗、锦绣中华、欢乐谷、东部华侨城口碑极好。而控股股东华侨城集团是深圳文化产业的缔造者。文化主导的大型休闲娱乐产业集群形象下地产业务的高端定位正相宜。

第二，成本低，这里的成本指融资成本和拿地成本。融资成本低，①大股东支持，公司长期贷款中来自信用贷款(占比 13.41%)和委托贷款(占比 80.09%，主要来自华侨城集团)的比例远高于其他地产企业，资金使用成本为 6%左右。②香港子公司可作为香港融资平台。香港上市融资便利，贷款成本低。目前中银香港的人民币贷款现行最优惠年利率约为 5%，低于现行的内地银行一年期贷款基准利率的 6.31%；在实际贷款操作中，由于内地企业贷款利率通常上浮到 7%～10%，实际利差可能更大。③公司信誉度高，可以低于市场利率的成本拓展信托等多种融资方式。④2012 年将深圳、上海、北京的欢乐谷门票作为基础资产上市融资推进了多元化融资进程。拿地成本低的原因：公司旅游产品概念新、开发精良，产业溢出效应强，受地方政府欢迎，在拿地等方面享受较多优惠。大部分土地是通过旅游项目获取，成本一直相对较低。

第三，抚平风险。房地产业务主要风险是政策及地产价格波动，而公司通过主题公园成片开发，不仅在一定程度规避了政策风险，还能够改善住宅周边环境，因而具备较强的定价能力。主题公园现金流不稳定，投资回收相对慢，而房地产收入能够及时补充现金流。同时，文化产业具有轻资产输出的优势，风险相对小，将起到稳定业绩的作用。

而其模式能够成功的深层次原因则是公司作为中国主题公园缔造者、深圳市文化产业名片的巨大品牌价值，和依托央企大股东而拥有的天然的政企合作优势。因而公司的经营模式被人们所熟悉，但一直未出现可与之比肩的竞争者。

二、旅游业务：主题公园绝对龙头，内生外延皆有看点

1. 模式创新引导消费

公司管理层视野开阔，学习能力强，能够合理借鉴国外主题公园经营模式。

1989 年，居民收入不高、旅游半径较小，公司借鉴国外经验，开创了第一个微缩主题公园——锦绣中华，集中华风景名胜与风俗习惯于一园，第一年就收回了投资，1994 年打造世界之窗。

1998 年，在微缩景观式公园盲目扩张、盈利不佳之时，公司购买先进的游乐设备，建造了国内第一个游乐类主题公园——欢乐谷，后成为国内最大的主题公园连锁品牌。

2007 年，将游乐类公园与生态公园融合，打造国内领先的休闲娱乐公园——东部华侨城。

2012 年，欢乐海岸开始对外运营，作为全新的、开放式旅游项目，招商工作进展顺利，并将在宁波复制。

欢乐海岸地处深圳湾商圈核心、华侨城主题公园群与滨海大道之间，总占地面积 125 万平方米，投资额 35 亿元左右，是集文化、生态、旅游、娱乐、购物、餐饮、酒店、会所等多元业态于一体的主题商业模式的实践。

整个区域分为三个部分：生态旅游观光区(湿地公园、椰林公园)是以公益性和提高生态环境为目的的非营利单元，都市文化娱乐区(购物、餐饮、娱乐、商业)与绿色休闲度假区(度假公寓)是持有型物业，以租金和扣点盈利。其中购物中心、餐饮中心、写字楼和酒店式公寓是主要盈利点。

2. 二次消费挖掘见成效

公司旗下业务在人均消费水平上与国际主题公园巨头尚存在较大差距。

差距的来源有两点：一是门票价格相对较低，迪士尼门票价格至少在 300 元左右，而欢乐谷的门票价格最高只有 200 元，其差异主要是由于规模和文化内涵逊色。二是收入来源单一。我国运营较好的主题公园门票收入占比达到 80%或以上，而美国主题公园只有半数的收入来自门票，其余的来自食品、饮料、小商品的消费。除消费习惯的差异外，美国游客在主题公园逗留的时间一般是 6～8 个小时，而中国游客只有 2～4 个小时，这是主要的原因。

收入单一的问题已出现了转机：公司通过举办节庆活动、增加商品质量和种类等方式引导消费，2012 年北京欢乐谷门票收入只占到全部收入的 30%。其余地区消费习惯尚不成熟，占比仍在 70%～80%。但公司已有了一定的应对经验，且随着行业步入调整期，文化元素逐渐融入主题公园；经验累积及国际一流主题公园的进驻将推动我国主题公园在运营水平和边缘产业开发方面实现长足的进步，逐渐缩小人均消费水平与国外的差距。

同时，公司在延长游玩季节方面作出尝试：天津欢乐谷将打造室内游乐园。对于开拓北方游乐市场将起到借鉴作用。

门票价格受制于文化及主题公园规模，深层次的制约在于投资额限制：迪士尼乐园动辄投入百亿元，公司主题乐园投资额一般在 10 亿元左右。

三、文化产业：经营基础好，可再造“华侨城”

文化产业是公司未来拓展的重要方向。

文艺演出方面，以往文艺演出只用于增加主题公园人气，2012 年起向演艺总承包商转型，并与辽宁锦州、广西钦州和湖南张家界签订了总额超过 8 000 万元的演艺项目合同。

其经营基础不逊于宋城股份，空间很大：①2012 年公司接待游客已达到 2 619 万人次，观众基础好。②人才基础。拥有创作及演职人员 2 000 多名，比以文艺演出为核心业务的宋城股份更多(总人数 754 人，演职人员 350 人左右)。③演出质量。公司已累计推出大型演出 43 台，演出近 5 万场次，接待观众近 7 000 万人次。其中《东方霓裳》、《创世纪》、《千古风流》等多项演出有非常好的反响。④场地条件。公司拥有千人以上大剧场 19 个，平均排一场节目可以演出 1 500 场。

文化旅游科技公司开拓文化创意、主题旅游、科技创新的产业链整合输出之路。成立以来，迅速发展壮大。2012 年签订了广西柳州、江西九江等多个项目的合作协议，实现了订单规模和员工队伍成倍增长，并通过国家 A 类特种设备制造和安装许可认证，是国内唯一通过此认证的主题公园开发集团，业内影响力不断攀升。文化旅游科技公司将有望成为公司以轻资产输出管理的方式进行扩张的平台。

文化产业具有极强的盈利能力，迪士尼目前来自于媒体网络和影视的收入占比高达 45.97%、13.78%，是主题公园的 1.7 倍。媒体网络毛利润占比 66.43%，是主题公园的 3.48 倍。

资料来源：根据《证券导刊》2013 年 03 月 28 日资料整理

本章小结

企业战略管理随着时代的发展而发展。新时期企业战略管理理论的发展主要表现在战略管理理论向动态化趋势演化、系统复杂性理论在战略管理理论中的运用等。战略管理实践上出现了复杂性、战略主体不断变化、战略制定柔性化等趋势。同时，旅游企业自身也发生了一系列变化，对企业战略管理提出了新要求。为适应上述变化，旅游企业战略管理未来方向将是重视直接面向旅行者推出产品和服务战略、境外市场开拓、旅游企业组织结构网络化等。

思考题

一、简答题

1. 简述旅游企业发展变化对战略管理的要求。
2. 试分析旅游企业战略管理的新趋向。
3. 简述旅游企业组织结构网络化的基础条件。

二、论述题

借鉴国外旅游企业战略管理的先进管理经验，中国旅游企业战略管理可以有哪些新突破？

参 考 文 献

[1] 黎洁，赵文红．旅游企业经营战略管理[M]．北京：中国旅游出版社，2000．
[2] 戴斌，杜江．旅行社管理[M]．2 版．北京：高等教育出版社，2002．
[3] 埃文斯，等．旅游企业战略管理[M]．马桂顺，译．沈阳：辽宁科学技术出版社，2005．
[4] 陈继祥，王家宝．旅游企业战略管理[M]．北京：旅游教育出版社，2006．
[5] 揭筱纹，张黎明．创业战略管理[M]．北京：清华大学出版社，2006．
[6] 杰弗里·S. 哈里森，卡西·A. 恩兹．旅游接待业战略管理：概念与案例[M]．秦宇，等译．北京：旅游教育出版社，2007．
[7] 耐杰尔·埃文斯，大卫·坎贝尔，乔治·斯通休萨．旅游战略管理[M]．马桂顺，译．沈阳：辽宁科学技术出版社，2007．
[8] 曾国军．旅游企业战略管理[M]．北京：旅游教育出版社，2010．
[9] 迈克尔·波特．竞争优势[M]．北京：华夏出版社，1997．
[10] 蒋运通．企业战略管理：理论、过程与实践[M]．北京：企业管理出版社，2006．
[11] 严伟．旅游企业战略[M]．上海：上海交通大学出版社，2009．
[12] 刘冀生．创新时代的企业战略管理[M]．北京：企业管理出版社，2007．
[13] G. 佩奇·韦斯特三世，查尔斯·E. 班福德．战略管理[M]．栾铃，译．北京：中国人民大学出版社，2011．
[14] 胡恩华．企业战略管理[M]．北京：科学出版社，2010．
[15] 伍柏麟．中国企业集团论[M]．上海：复旦大学出版社，1996．
[16] 陈柳倾．湖北经济学院学报[J]．2008，6(1)．
[17] 杨锡怀，冷克平，王江．企业战略管理：理论与案例[M]．北京：高等教育出版社，2004．
[18] 顾强．中国企业集群[M]．北京：机械工业出版社，2007．
[19] 温仲文．基于电子商务模式的旅游企业发展趋势分析[J]．现代企业教育，2012-04-06.
[20] 郭华．我国民营旅游企业发展现状及其战略对策[J]．经济问题探索，2005-04-30.
[21] 姜秀华．治理内核与综合绩效的相关性研究[M]．上海：上海财经大学出版社，2003．
[22] 王化成，刘俊勇，孙薇．企业绩效评价[M]．北京：中国人民大学出版社，2004．
[23] 马璐．企业战略性绩效评价系统研究[M]．北京：经济管理出版社，2004．
[24] 李双杰．企业绩效评估与效率分析[M]．北京：中国社会科学出版社，2005．
[25] 王欣兰．财务管理学[M]．北京：清华大学出版社，2005．
[26] 李剑锋，王君之．战略管理十大误区[M]．北京：中国经济出版社，2004．
[27] 马桂顺．旅游企业战略管理[M]．北京：中国旅游出版社，2008．
[28] 王平换．企业战略管理[M]．重庆：重庆大学出版社，2002．
[29] 刘文海．世界旅游业的发展现状、趋势及启迪[J]．中国市场，2012，33．
[30] 李春波．企业战略管理[M]．北京：清华大学出版社，2011．
[31] 赵顺龙．企业战略管理[M]．北京：经济管理出版社，2008．
[32] 郭鲁芳．论旅行社企业的虚拟经营趋势[J]．旅游科学，2002(04)：31-33．
[33] 刘民坤．旅行社人力资源管理外包流程[J]．金融经济，2009(02)：106-107．
[34] 丁梅．旅行社虚拟经营途径初探[J]．管理观察，2008(8)：55-56．
[35] 李沐纯．业务外包在经济型酒店中的运用研究[J]．特区经济，2006(4)：371-372．
[36] 伍蕾．饭店业务外包模式的选择维度及实证研究[J]．北京第二外国语学院学报，2011(5)：62-70．
[37] 孙静，刘丽英．基于 ANP 理论的饭店业务外包决策研究[J]．哈尔滨商业大学学报(社会科学版)，2011(6)：121-128．
[38] 张文建．会展商务服务外包是我国旅游产业发展的新领域[J]．旅游学刊，2007(12)：10．
[39] 梁峰．服务外包对我国传统旅游价值链的影响及对策研究[J]．特区经济，2010(5)：159-160.

[40] 王力．中国服务外包发展报告(2010-2011)：中国服务外包竞争力评价[M]．北京：社会科学文献出版社，2011.
[41] 高文涛．我国中小旅行社合作运营模式及影响因素研究[D]．青岛：中国海洋大学，2010.
[42] 凯・拜恩斯，罗宾・巴龙．业务外包[M]．北京：华夏出版社，2004.
[43] 苏敬勤．资源外包的理论与管理研究[M]．北京：机械工业出版社，2006.
[44] 李晓辉．虚拟企业协作及相关问题研究[M]．北京：光明日报出版社，2001.
[45] 刘茂松，等．产业组织中的模块化理论发展动态[J]．经济学动态，2006(2)：76-77.
[46] 胡晓鹏．模块化：经济分析新视角[M]．北京：人民出版社，2009.
[47] 贾平．企业动态联盟[M]．北京：经济管理出版社，2003.
[48] 尼尔・瑞克曼．合作竞争大未来[M]．北京：经济管理出版社，1998.
[49] 钱德勒．企业规模经济与范围经济[M]．北京：中国社会出版社，1999.
[50] 内勒巴夫，等．协作竞争[M]．合肥：安徽人民出版社，2000.
[51] 尾关周二．共生的思想：现代交往与共生、共生的理想[M]．北京：中央编译出版社，1996.
[52] 贾平．企业动态联盟[M]．北京：经济管理出版社，2003.
[53] 孙睦优．我国旅游企业集团化发展战略选择[J]．旅游学刊，2002(6)：23-25
[54] 赵丽芬，张淑君．企业战略管理[M]．北京：中国人民大学出版社，2011.
[55] 大卫・凯琴，艾伦・伊斯纳．战略：基于全球化和企业道德的思考[M]．孔令凯，译．北京：中国人民大学出版社，2009.
[56] 姜若愚，刘亦文．旅游投资企业战略管理[M]．昆明：云南大学出版社，2010.
[57] 王坚．2009 世界服务业重点行业发展动态[M]．上海：上海科学技术文献出版社，2009(10)：317.
[58] 戴斌．国有饭店产业重组与集团化管理[M]．天津：南开大学出版社，2005.
[59] 刘庆元．战略管理：分析、制定与实施[M]．大连：东北财经大学出版社，2001.
[60] 蓝海林．企业战略管理[M]．北京：科学出版社，2011.
[61] 张新国．企业战略管理[M]．北京：高等教育出版社，2006.
[62] 王光甫．企业战略管理[M]．北京：中国财政经济出版社，2000.
[63] 祝招玲，杨俊新．基于提升核心竞争力的酒店业务外包决策研究[J]，边疆经济与文化，2011 (7).
[64] 王文君．国际化旅游发展战略研究[M]．天津：天津人民出版社，2008.
[65] 迈克尔・希特．战略管理[M]．吕巍，等译．北京：机械工业出版社，2005.
[66] 小艾尔弗雷德・D. 钱德勒．看得见的手[M]．北京：商务印书馆，1987.
[67] 小艾尔弗雷德・D. 钱德勒．企业规模经济与范围经济[M]．北京：中国社会科学出版社，1999.
[68] 小艾尔弗雷德・D. 钱德勒．战略与结构[M]．昆明：云南人民出版社，2002.
[69] Getz, D.Event studies: theory, research and policy for planned events. Oxford, UK: Butterworth—Hainemann, 2007.
[70] Jeffrey S. Harrison and Cathy A. E. Hospitality Strategic Man—agement: Concepts and Cases. Hoboken: Wilev, 2005: 161-162.
[71] Anttonen N. Tuunanen M, Alon I. The International business environments of franchising in Russia[J]. Academy of Marketing Science Review, 2005(5): 1-21.
[72] Hodur, N. M. , D. A. Bangsund, F. L. Leistritz, et a1. (2006)Estimating the contribution of a multi—purpose event facility to the area economy. Tourism Economics, 12(2): 303-316.
[73] Hu, P. and J. Yang. (2006)A positive research on the pulling effect of convention economy: case study on the New International Exhibition Center, Shanghai. Tourism Tribune, 21(11): 81-85.
[74] Moscardo, G. (2007)Analyzing the role of festivals and events in regional development. Event Management, 11(1): 23-32.
[75] Xiong, W. and B. H. Wu. (2008)SpatiM analysis of large scale exhibitions'impact Oil hotel prices: case study on the 100th Canton Fair. Tourism Tribune, 23(2): 80-86.

北京大学出版社本科旅游管理系列规划教材

序号	书名	标准书号	主编	定价	出版时间	配套情况
1	旅游学	7-301-22518-9	李　瑞	30	2013	课件
2	旅游学概论	7-301-21610-1	李玉华	42	2013	课件
3	旅游学导论	7-301-21325-4	张金霞	36	2012	课件
4	旅游心理学	7-301-23475-4	杨　娇	41	2014	课件
5	旅游策划理论与实务	7-301-22630-8	李锋 李萌	43	2013	课件
6	景区经营与管理	7-301-23364-1	陈玉英	48	2013	课件
7	旅游资源开发与规划	7-301-22451-9	孟爱云	32	2013	课件
8	旅游规划原理与实务	7-301-21221-9	郭　伟	35	2012	课件
9	旅游地图编制与应用	7-301-23104-3	凌善金	38	2013	课件
10	旅游地形象设计学	7-301-20946-2	凌善金	30	2012	课件
11	旅游英语	7-301-23087-9	朱　华	48	2014	课件
12	旅游英语教程	7-301-22042-9	于立新	38	2013	课件
13	英语导游实务	7-301-22986-6	唐　勇	33	2013	课件
14	导游实务	7-301-22045-0	易婷婷	29	2013	课件
15	导游实务	7-301-21638-5	朱　斌	32	2013	课件
16	旅游企业战略管理	7-301-23604-8	王　慧	38	2014	课件
17	旅游文化与传播	7-301-19349-5	潘文焰	38	2012	课件
18	旅游服务礼仪	7-301-22940-8	徐兆寿	29	2013	课件
19	休闲学导论	7-301-22654-4	李经龙	30	2013	课件
20	休闲学导论	7-301-21655-2	吴文新	49	2013	课件
21	休闲活动策划与服务	7-301-22113-6	杨　梅	32	2013	课件
22	旅游财务会计	7-301-20101-5	金莉芝	40	2012	课件
23	前厅客房服务与管理	7-301-22547-9	张青云	42	2013	课件
24	现代酒店管理与服务案例	7-301-17449-4	邢夫敏	29	2012	课件
25	餐饮运行与管理	7-301-21049-9	单铭磊	39	2012	课件
26	会展业概论	7-301-23621-5	陈　楠	30	2014	课件
27	会展概论	7-301-21091-8	来逢波	33	2012	课件
28	旅行社门市管理实务	7-301-19339-6	梁雪松	39	2011	课件
29	餐饮经营管理	7-5038-5792-8	孙丽坤	30	2010	课件
30	现代旅行社管理	7-5038-5458-3	蒋长春	34	2010	课件
31	旅游学基础教程	7-5038-5363-0	王明星	43	2009	课件
32	民俗旅游学概论	7-5038-5373-9	梁福兴	34	2009	课件
33	旅游资源学	7-5038-5375-3	郑耀星	28	2009	课件
34	旅游信息系统	7-5038-5344-9	夏琛珍	18	2009	课件
35	旅游景观美学	7-5038-5345-6	祁　颖	22	2009	课件
36	前厅客房服务与管理	7-5038-5374-6	王　华	34	2009	课件
37	旅游市场营销学	7-5038-5443-9	程道品	30	2009	课件
38	中国人文旅游资源概论	7-5038-5601-3	朱桂凤	26	2009	课件
39	观光农业概论	7-5038-5661-7	潘贤丽	22	2009	课件
40	饭店管理概论	7-5038-4996-1	张利民	35	2008	课件
41	现代饭店管理	7-5038-5283-1	尹华光	36	2008	课件
42	旅游策划理论与实务	7-5038-5000-4	王衍用	20	2008	课件
43	中国旅游地理	7-5038-5006-6	周凤杰	28	2008	课件
44	旅游摄影	7-5038-5047-9	夏　峰	36	2008	
45	酒店人力资源管理	7-5038-5030-1	张玉改	28	2008	课件
46	旅游服务礼仪	7-5038-5040-0	胡碧芳	23	2008	课件
47	旅游经济学	7-5038-5036-3	王　梓	28	2008	课件
48	旅游文化学概论	7-5038-5008-0	曹诗图	23	2008	课件
49	旅游企业财务管理	7-5038-5302-9	周桂芳	32	2008	课件
50	旅游心理学	7-5038-5293-0	邹本涛	32	2008	课件
51	旅游政策与法规	7-5038-5306-7	袁正新	37	2008	课件
52	野外旅游探险考察教程	7-5038-5384-5	崔铁成	31	2008	课件